青海文物考古研究

青海省文物考古研究所　主编

科 学 出 版 社
北　京

内 容 简 介

本书是青海省文物考古研究所主编的研究文集，共收录25篇论文，主要对青海地区古代遗存的文化特征、生业模式、丧葬习俗、文化交流与融合等方面开展了多视角、多层次的探讨和研究，在一定程度上反映了青海在多元一体中华文明及统一多民族国家的形成发展过程中的重要地位和作用。

本书适合考古学、历史学、民族学等领域的研究者及相关专业师生参考、阅读。

图书在版编目（CIP）数据

青海文物考古研究 / 青海省文物考古研究所主编. —北京：科学出版社，2022.10

ISBN 978-7-03-073450-1

Ⅰ.①青… Ⅱ.①青… Ⅲ.①文物-考古-青海-文集 Ⅳ.①K872.44-53

中国版本图书馆CIP数据核字（2022）第190891号

责任编辑：郝莎莎 / 责任校对：邹慧卿

责任印制：肖 兴 / 封面设计：刘可红

科学出版社 出版

北京东黄城根北街16号

邮政编码：100717

http://www.sciencep.com

中国科学院印刷厂 印刷

科学出版社发行 各地新华书店经销

*

2022年10月第 一 版 开本：889×1194 1/16

2022年10月第一次印刷 印张：20 1/4

字数：570 000

定价：258.00元

（如有印装质量问题，我社负责调换）

序

青海地处青藏高原东北部，土地广袤，山宗水源，历史悠久，东越兰州通中原，西部通藏连疆，南接川北高原，北连河西走廊，是古代东西交通和文化交流的要冲。长期以来多民族在这片高原上迁徙互动，开放包容，兼收并蓄，交流融合,共同发展，形成了多元一体历史文化，创造了丰富多彩的文化遗产，是中华历史文化的重要组成部分。

认识历史离不开考古学，考古工作延伸了历史轴线，增强了历史信度，丰富了历史内涵，活化了历史场景。自20世纪20年代初，瑞典学者安特生在青海东部开展史前遗址调查，青海考古已走过一个世纪的历程，一代代青海考古人栉风沐雨、青灯黄卷,不断实践和探索，取得了丰硕的考古资料和重要研究成果，构建起史前文化发展序列，基本厘清了青海古代文化的发展脉络。

党的十八大以来，党和国家高度重视考古工作，强调考古工作是展示和构建中华民族历史、中华文明瑰宝的重要工作。习近平总书记多次就文物考古工作和历史研究进行了重要指示批示，为做好新时代考古工作指明了方向，提供了根本遵循，更加坚定了文物考古工作者耕耘田野、探索未知、揭示本源的初心使命。青海文物考古工作者自觉承担文化遗产保护职责，持续深入推进青藏高原早期人类活动、史前考古学文化发展、多元文化各民族交往交融等研究，实施多项重要主动性考古项目，取得系列重要考古发现，对研究青海乃至青藏高原古代文明发展、中华多元一体文明格局与中华民族共同体的形成有着极其重要的意义。2个项目入选全国十大考古新发现，喇家遗址、都兰热水墓群入选“百年百大考古发现”，并列入国家文物局《大遗址保护利用“十四五”专项规划》。

《青海文物考古研究》一书收录省内外考古学者研究论文25篇，围绕青海地区古代遗存的文化特征、生业模式、丧葬习俗、文化交流与融合等方面开展了多视角、多层次的探讨和研究，是青海文物考古工作者们辛勤工作的阶段性成果总结。文化交流与互动是促进文明形成的重要动力之一，诸多考古材料对深刻阐释青藏高原各族人民共同开创的“高原丝绸之路”具有重要的历史价值和现实意义。对旧石器时代江西沟遗址石制品的分析研究，新石器时代—青铜时代文化遗址、墓葬、动物岩画等遗迹的研究，陶器、玉器、铜器等遗物文化特征的探讨，古代先民的生业方式以及人群和文化间的碰撞融合，描绘了青海独具特色的史前文化图景。对汉唐时期墓葬中多元民族文化因素分析，热水墓群学术史以及丧葬习俗、石刻释读、纺织品的研究，说明当时青海地区是中国西部古代交通、文化交流、民族融合的重要枢纽。对宋明之际的乐都北山石窟、民和石佛寺石像的发现和探索，为青海地区禅宗、道教等宗教信仰研究提供了科学基础，矿冶遗址、藏区盐池、古民居等的调查研究丰富和拓展了考古方法和视野。这些研究反映了青海厚重的历史底蕴和丰富的文化内涵，用考古实证青海在多元一体中华文明及统一多民族国家的形成和发展中的重要作用。作者中既有成就卓著、学养深厚的专家学者，也有朝气蓬勃、充满潜力的青年才俊，他们都为青海文物考古事业做出了自己贡献，展示了考古事业薪火相传、砥砺前行。希望此书对青海考古学文化研究方向的深化拓展及学术成果的转化有所促进和推动，由于编者水平有限，书中收录研究领域还不够宽广，内容也难免存在疏漏和谬误之处，恳请专家学者不吝指教。

值《青海文物考古研究》出版之际，感谢这个时代让我们的优秀传统文化得到重视和复兴，感谢长期关注支持青海文物考古事业的领导、专家和同仁，感谢为本书编辑出版付出辛勤努力的编委会成员和科学出版社考古分社的同志们。

新时代、新征程、新使命，青海文物考古工作坚持以习近平新时代中国特色社会主义思想为指引，认真遵循新时代文物工作方针，逐步增强自身内生动力，聚合各方优势力量，广泛开展多学科综合研究，深入挖掘研究阐释青海古代文明，传承和发扬传统优秀文化基因，推进文化自信自强，为建设中国特色、中国风格、中国气派的考古学，铸就社会主义文化新辉煌努力做出青海贡献。

编　者

2022年10月

目　录

论青藏高原古代各族人民共同开创了“高原丝绸之路”*

霍　巍

“丝绸之路”是德国地理学家F·李希霍芬（F.von Richthofen）最初提出的一个概念，是指代汉代中国通向西方（这里所指的西方，主要是中亚南部、西部以及古代印度）的一条以丝绸贸易为主的交通路线。后来，这个概念随着时代的发展也不断发生变化：一是在时间轴上，人们意识到事实上早在汉代以前，以中国中原地区为出发点的东西方交流已经有之，因而从汉代一直向前追溯到史前时代，也向后延续到汉唐宋元以后，将不同时代的东西方交流的路线均纳入其中；二是在地理空间上，也突破了狭义的“陆上丝绸之路”（也称之为“沙漠丝绸之路”）的空间范围，提出更为北方的“草原丝绸之路”和南方以海上交通为主的“海上丝绸之路”，以及区域间形成的“西南丝绸之路”等不同的概念。如同荣新江先生所言：“丝绸之路是一条活的道路。”[1]然而，迄今为止，却很少有人将中国西南地理空间上极为辽阔、地理位置上极其重要的青藏高原纳入到这个体系当中来加以考虑，从而提出“高原丝绸之路”这个概念。本文拟从以下方面，以历史文献和考古发现作为主要材料，来讨论相关的问题。

一、“高原丝绸之路”这一概念的提出

笔者提出的“高原丝绸之路”，很显然是在狭义的丝绸之路概念上的拓展，是一个广义的概念。具体而言，它是指从中国中原地区经由青藏高原，或者由青藏高原出发的不同时期东方与西方、中国与外域交流的交通网络及其主要干线。

笔者曾对这个概念做过进一步的阐述：“其一，（这个概念）并不仅仅局限在以丝绸贸易为主从而形成所谓‘丝绸之路’的汉代，而是包括了从史前时代开始以来这一地区与外部世界

* 本文系中共中央统战部、中共中央宣传部、教育部、国家民族事务委员会批准设立的“四川大学铸牢中华民族共同体意识研究基地”专项研究成果。

（包括外国与中国内地）交流往来的路线；其二，这些不同时代的交通路线既有主要的干线，也还包括了若干重要的支线，实际上已经形成为一个交通网络；其三，这些路线既有外向型的国际通道，可以直接通向今天的外域；也有内向型的通道，从而将这些通过青藏高原的国际通道和起点在中国内地、沿海的所谓'陆上丝绸之路''海上丝绸之路''草原丝绸之路''沙漠丝绸之路'等连接在一起；其四，这些路线在历史上所发挥的功能均不是单一性质的，它们与政治、军事、经济、宗教、文化等各个方面的交流传播都有着密切的关系，往往都具有复合性的功能。"[2]以往的研究中，曾经有学者从不同的时代、不同的角度和不同的视野对于笔者所论及的"高原丝绸之路"这个概念有过涉及，曾分别提出过诸如"吐蕃丝路""唐蕃古道""香料之路""食盐之路""麝香之路""茶马古道"等若干概念，这些概念均有其合理性，但在内涵和外延上却与"高原丝绸之路"这个概念并不完全等同，后者在时间、空间这两个维度上都要更为广阔。笔者之所以要提出"高原丝绸之路"这个更为广义的概念，绝不是要跟风追潮，标新立异，而是主要基于以下这样一些深入的思考和探索：

其一，近代以来随着学术研究的深入、考古发掘工作的进步并不断提供给研究者以新鲜的实物史料，国内外学术界对于丝绸之路的理解，基本上都不再局限于李希霍芬时代所提出的狭义的丝绸之路概念，而是将其大大的加以拓展。这不仅是学术视野的扩展，也是理论、方法上的进步，我们应当与时俱进，及时地修正旧有的观念和认识，提出新的创见。

其二，青藏高原过去考古工作起步较晚，缺乏较为有力的考古证据来讨论这一概念。近年来西藏考古工作已经取得了很大的进展，从史前时代直到汉唐时代（对应青藏高原而言则可略同于吐蕃早期各"小邦"时代和唐代吐蕃王朝时期）都出土了一批重要的考古材料，其中既有和丝绸之路这个概念直接相关的大量汉晋、唐代的丝绸残片，也有欧亚大陆和海上贸易中常见的宝石、珠玉等装饰品的组件；出土金银器中的器型有不少系仿制中亚地区波斯萨珊王朝和粟特系统金银器，还有最能体现欧亚草原文化色彩的大量装饰在金银器上的有翼神兽、大角动物、马与骑手等纹饰图案。在一些文献记载的重要交通要道上，还发现了和唐代中印交通直接相关的唐代使节王玄策出使印度时所镌刻的《大唐天竺使出铭》摩崖铭刻，更是提供了印证、补充、完善文献史料的重要考古实物。此外，近年来考古发现的位于西藏边境线上古藏文题刻、佛教石刻、铜钟等实物，也都和吐蕃时期与中亚、南亚的交通有关。所以，笔者赞同"不同时代都有不同时代的丝绸之路"这个观点[1]，认为适时地提出这个概念，无疑有助于国内外学术界及时地重新认识和深化"丝绸之路""一带一路"这些整体性的概念。

其三，从青藏高原自身所处的地理位置而论，它北接新疆，和传统的"陆上丝绸之路"相平行；东连四川、云南，和这一区域内的"西南丝绸之路""藏羌彝民族走廊"等天然相接；西南和南面与印度、克什米尔、尼泊尔等中亚和南亚国家与地区相毗邻，在河谷峻岭之间有若干条自然通道相通。这种区位特点决定其不可能成为丝绸之路上的"盲区"。

其四，事实上，虽然自然条件高寒恶劣，但却从来不能阻隔高原上的各民族与外界交流、交往的脚步，他们利用高原上无数"山结""水结"之间形成的若干条主要干道和密如毛细血管般的民间小道，充满智慧地选择不同季节、避开风雪严寒，充分利用地形地势和水草分布特点，一直维系着这些通道的运转，并不断对此进行开拓、改进和完善。直到今天，在青藏高原形成的主要交通干道，其大体走向、主要关隘、出境口岸等都在很大程度上和这些传统的古道相重叠。以今推古，无论从逻辑还是从现实上，我们都无法否认广义上的“高原丝绸之路”的历史存在。

二、“高原丝绸之路”最初的开拓者

从目前最新的考古发现来看，距今5万～4万年前，远古人类已经踏上了青藏高原。在距今5500年，藏东昌都已经出现了定居的新石器时代农业村落，其中具有代表性的考古遗址是卡若遗址、小恩达遗址等。大约在距今4000年，西藏的腹心地带也开始进入到新石器时代，出现了拉萨曲贡、山南昌果沟遗址等一批重要的新石器时代遗址[3]。从这个时期居址的建设、农作物品种的选择与种植，陶器、石器等生产和生活用具的制作，装饰品等高级消费品的出现等考古遗存中，我们都可以观察到一个令人瞩目的客观事实：从外部输入高原的物质文化、精神产品一直没有中止过，而带入这些因素的人群，应当是流动的人群；其中反映出的远程贸易、技术和观念的传播，外来因素和本土因素的融合等因素，都是通过一定的渠道和方式实现的，从而为历史时期丝绸之路的形成与发展奠定了最初的基础。

以卡若遗址为例，在这个遗址的早期遗存当中，发现的主要农作物种类是粟，聚落中发现大量半地穴式的房屋，墙体和地面均做过处理，出土的陶器、石器与黄河上游地区马家窑文化也具有可比性。所以，卡若遗址的发掘主持者童恩正先生认为，“如果我们综合考古和传说两方面的资料进行分析，似乎可以推测西藏的原始居民中有两种因素，一种是土著民族，其定居在西藏的时代目前至少可以推到旧器时代的后期，他们是一种游牧和狩猎的部族；另一种是从北方南下的氐羌系统的民族，他们可能是经营农业的。……卡若遗址早期两期之间文化面貌产生的某些急骤变化，是否与这两种类型的民族文化接触有关，是一个值得进一步探讨的问题”[4]。童恩正先生认为，有一支“从北方南下的氐羌系统的民族”进入青藏高原东麓，从而从外部输入了这些文化因素。

汉文文献中所记载的“西羌”，应当是青藏高原上早期迁入的一个十分重要的民族。《后汉书·西羌传》记载：“西羌之本，出自三苗，姜姓之别也。……及舜流四凶，徙之三危，河关之西南羌地是也。滨于赐支，至乎河首，绵地千里。……南接蜀、汉徼外蛮夷，西北［接］鄯善车师诸国。所居无常，依随水草。”[5]从这段记载中可知，西羌在中国西部的分布极为广阔，南面和蜀汉之外的所谓“徼外蛮夷”相毗邻，其西北已经进入到西域诸国境域，它们从蜀汉、西域等不同的方向迁徙进入青藏高原，应当顺理成章。所以，对于唐代吐蕃的来源，在《旧唐书·吐蕃传上》中讲道：“吐蕃，在长安之西八千里，本汉西羌之地也。其种落莫知所出也。”[6]5219而《新唐书·吐蕃传》则更为直接地认为：“吐蕃本西羌属，盖百有五十种，散处河、湟、江、岷间。”[7]虽然青藏高原早期人群的迁徙情况可能是十分复杂的一个历史过程，但西羌曾是青藏高原古代族群中重要的组成部分应是可信的历史事实。两《唐书》中明确记载吐蕃“本汉西羌之地”，或径言“吐蕃本西羌属”，实际上都强烈地暗示出这种隐藏在文本当中的真实历史线索。历史学者张云认为：“汉文中就有羌即藏的说法，从民族成分的基本构成上和文化风貌上说吐蕃即是羌，在我们看来是对的，象雄人、苏毗人皆与西羌人有关或直接是羌人。”[8]两《唐书》等唐宋时期成书的汉文文献所记载的年代虽然已经晚到汉唐，但童恩正先生则从更为久远的新石器时代开始，便已经注意到这些从北方南下的氐羌系民族，是很有远见的一个推测。

在西藏早期的考古学文化遗存当中，笔者曾经从多方面考察过当中与东西方文化交流有关的因素[9]。例如，与青藏高原西部相邻的今印占克什米尔地区，曾发现布鲁扎霍姆遗址（Burzahom，也译为布尔扎洪遗址），并在20世纪70年代进行了数次考古发掘。由于该处遗址具有与西藏昌都卡若新石器时代遗址相似的若干文化因素，如半月形石刀、穿孔石器、长条形石锛石凿、半地穴式房屋等，包括笔者在内的不少中国学者都认为这个遗址反映出黄河流域和青藏高原东麓的新石器时代文化可能影响到了克什米尔地区①。西藏出土的蚀花料珠——“gzi”（藏族群众称其为“天珠”），近年来在西藏西部地区早期墓葬中多有出土，童恩正先生认为其可能源自伊朗高原[10]，因这种珠饰在南亚地区也多有发现，另一个可能的生产和传播地点或许是在印巴次大陆。又如，在拉萨曲贡新石器时代遗址发掘中，曾发现过一件陶制的猴面装饰[11]。意大利著名学者G·杜齐（G.Tucii）指出，米努辛斯克地区也有这一主题出现[12]；而石硕先生发现，在我国西南少数民族地区的神话传说体系中，这种以猕猴作为早期人类创世者的原始宗教信仰也曾经较为流行[13]。如《隋书·党项传》称，“其种有宕昌、白狼，皆自称猕猴种”[14]。藏文史籍中关于古代人种起源有各种说法，但最令人注目的就是猕猴传人的传说。所以，这种远距离之间的信仰、观念意识的传播，和不同地区人类的交流往来应当有关。再如，拉萨曲贡石丘墓当中，曾出土过一面铁柄青铜镜（编号为M203：2），包括笔者在内的一些考古学者已经敏锐地意识到，它与中国传统的无柄具纽形铜镜系统不同，而与中亚、西亚或南亚的带柄镜系统有相似之处，并对它的来源、装饰艺术风格、传播途径等问题

① 有关论述可参见徐朝龙：《喜马拉雅山南麓所见的中国北方新石器时代文化因素——浅谈克什米尔地区的新石器时代遗址布鲁扎霍姆（Burzahom）》，《农业考古》1988年第2期；霍巍：《喜马拉雅山南麓与澜沧江流域的新石器时代农业村落——兼论克什米尔布鲁扎霍姆遗址与我国西南地区新石器时代农业文化的联系》，《农业考古》1990年第2期。

发表过不同的意见①。近年来在西藏西部象泉河等地考古发掘出土的公元前4～公元6世纪的墓葬中，更是有多枚不同形制的青铜带柄镜，它们常常与前文所说的蚀花料珠“gzi”同出于一墓，其来源地应当大体上相同，目前学术界一般倾向认为其是从南亚、中亚输出的商品。此外，西藏西部的古代岩画中，还出现了一些十分显著的带有“欧亚草原文化因素”的图案，如岩画中刻绘的动物均具有鹿形大角、身饰横置“S”形纹饰或双涡纹等特点，令人联想到欧亚草原青铜时代晚期和铁器时代早期所谓“斯基泰—西伯利亚动物纹”[15]。有学者已经注意到，西藏西部岩画中的“动物形风格”与欧亚草原文化中的“斯基泰风格”极其相似，提出可将其归入到欧亚草原岩画传统，并与其周边的“中亚岩画丛”“阿尔泰岩画丛”相互衔接，可视为“欧亚草原岩画圈”中的“高地亚洲类型”[16]。这些观点都很富启发意义。

综上所述，无论是从文献记载还是从考古实物上，都显示出早在西藏史前时代，青藏高原人群从外部进入到高原的通路已经被充分地开发利用，人们的物质文化和精神文化层面都出现了多种外来文化影响、交流的遗迹。可以推测，这些因素的传播、交流有些可能是由人群的迁徙流动直接带入到高原的；也不排除一些因素（尤其是信仰、观念、意识和技术等精神层面的内容）可以间接地、接力式地长距离传播进入到高原。而这些人群（族群）我认为无疑正是广义上的“高原丝绸之路”最初的开拓者。他们不畏艰辛，筚路蓝缕，拓殖高原，为直到今天仍被许多人视为“生命禁区”的世界屋脊带来了文明的曙光。同时，他们当年排除万难到达高原所行经的道路，也为后世的继续探寻开了先河，标识出方向。

三、高原各族对丝绸之路的历史贡献

“高原丝绸之路”的各条路线、各个段落是在不同时期、不同区域，以不同的规模、不同的方式逐渐形成的。青藏高原的若干古代民族，都曾对这个庞大的交通路网做出过自己的贡献。这些路线一开始可能还是局部的、内向型的、区域之间的，通过多次的整合之后，最后在一定的历史背景之下最终定型为全域性的、外向型的、跨区域的路网。在这个漫长的历史过程当中，各族人民积极投身参与到各个区域间和国际的交往与交流，开拓、维护和利用高原丝绸之路。由于青藏高原幅员辽阔，各个区域形成的交通路线各有其特点，这里，我们着重从以下几个重要的区域来进行考察。

---

① 这一方面的成果，主要有霍巍：《西藏曲贡村石室墓出土的带柄铜镜及其相关问题初探》，《考古》1994年第7期；赵慧民：《西藏曲贡出土的铁柄铜镜的相关问题》，《考古》1994年第7期；霍巍：《再论西藏带柄铜镜的有关问题》，《考古》1997年第11期；霍巍：《从新出考古材料论我国西南的带柄铜镜问题》，《四川文物》2000年第2期；吕红亮：《西藏带柄铜镜补论》，《藏学学刊》第五辑，成都：四川大学出版社，2009年；仝涛：《三枚藏式带柄铜镜的装饰风格来源问题》，《藏学学刊》第六辑，成都：四川大学出版社，2010年。

（一）青藏高原西部

这一地区大体上即指今西藏自治区阿里地区全部和藏北地区一部，历史上是藏文史书中所载的“象雄”（Zhangzhung）和汉文史书中所称的“羊同”所在。这一区域沿喜马拉雅山脉与中亚、南亚等地区相毗邻，也通过高原北部与新疆的南疆相连接，是高原丝绸之路外向型路线重要的干线经由之地。法国学者石泰安（Rolf Alfred Stein）对于古代羊同（象雄）与外界的交流曾做出这样的评价：“西藏西部对西藏文明的形成曾起过重大作用。那里既与犍陀罗和乌苌（斯瓦特）接壤，又与该地区的其他小国毗邻，希腊、伊朗和印度诸文明中的古老成分都经由那里传至吐蕃。”[17]关于具体可能存在的交通路线，石泰安认为：“象雄肯定是向印度开放的，或是通过尼泊尔，或是通过克什米尔和拉达克。”[16]意大利学者杜齐也曾论断：“在吐蕃帝国建立之前，象雄是一个大国，但当吐蕃帝国开始向外扩张时，它便注定地屈服了。象雄与印度喜马拉雅接界，很可能控制了拉达克，向西延伸到巴尔提斯坦及和阗，并且把势力范围扩展到羌塘高原。”①但是，受时代的局限，他们的认识很大程度上还停留在推测和假设的阶段。

中国学术界对于这一区域的关注近年来有很大的研究进展。过去主要的文献史料依据，是唐人杜佑所撰《通典·边防六》“大羊同”条下载：

> 大羊同东接吐蕃，西接小羊同，北直于阗。东西千余里，胜兵八九万人。其人辫发毡裘，畜牧为业。地多风雪，冰厚丈余，所出物产，颇同蕃俗。无文字，但刻木结绳而已。刑法严峻。其酋豪死，抉去其脑，实以珠玉，剖其五脏，易以黄金，假造金鼻银齿，以人为殉，卜以吉辰，藏诸岩穴，他人莫知其所，多杀牦牛羊马，以充祭祀，葬毕服除。其王姓姜葛，有四大臣分掌国事。自古未通，大唐贞观十五年，遣使来朝[18]。

《唐会要》卷九十九“大羊同国”条与《通典》的记载基本相同，但只是明确指出“贞观五年（631年）朝贡使至。十五年（641年），闻中国之威仪之盛，乃遣使朝贡。太宗嘉其远来，以礼答尉焉。至贞观末为吐蕃所灭，分其部众，散至隟地”[19]。从文献记载来看，这个地区和中原唐王朝是在唐太宗的贞观年间方才正式建立联系，遣使来朝。但近年来在西藏西部

① 〔意〕杜齐：《尼泊尔的两次科学考察报告》，《尼泊尔史研究资料》，罗马，1956年，第105页；此系转引自张云：《丝路文化·吐蕃卷》，杭州：浙江人民出版社，1995年，第49页。

相继发现了故如甲木墓地①、曲踏墓地②等几处重要的古墓地，却为此提供了新的更早的实物证据。

西藏西部这批古墓葬的年代均未超出汉晋，即公元2～4世纪。从一座大墓中出土了黄金面具、茶叶、丝绸等遗物，尤其是丝绸上有汉字“宜”“王侯”等字样，充分显示出所具有的中原文化特征[20]。鉴于西藏当地从来没有制作丝绸的传统，所以可以认定它只能是从汉地经过某种途径传来。过去在新疆吐鲁番阿斯塔那汉晋时代墓葬和新疆营盘墓地中也出土过带有“胡王”“王侯”等字样的织锦[21, 22]，构图的形式也与西藏所出的这件“王侯”锦基本一致，所以学术界一般认为，这类织锦很可能都是由汉地工匠或织造机构专为边疆定制，通过商贸交换、官方赏赐等不同的方式流传到边地，成为专供“酋豪”们享用的高级奢侈品。墓葬中出土的茶叶，经自然科学家对其中所含的植硅体和植钙体进行鉴定后表明，“这些考古植物样品中都含有只有茶叶才同时具有的茶叶植钙体、丰富的茶氨酸和咖啡因等可以相互验证的系统性证据，组成一个证据链”，从而确认其“都是茶叶”[23]。墓中所出的黄金面具以及对于尸体进行外科手术式处理的方法，都和上文所记载的羊同“其酋豪死，抉去其脑，实以珠玉，剖其五脏，易以黄金，假造金鼻银齿”的丧葬习俗相似，因而笔者认为，早在汉晋时代，西藏西部便已经存在着一条与汉代开通的陆上丝绸之路相连通的主干道，这条线路最初的开创者，很可能与羊同的“酋豪”们有着密不可分的关系，他们出自对中原王朝的倾慕之情，对汉地和周边各国包括丝绸、茶叶、黄金、珠宝等多种高级奢侈品在内的消费追求，凿通了这条“高原丝绸之路”的重要干线[24]。

值得注意的是，《隋书·西域传》下有一条关于“女国”的记载可与上述史实相互呼应：“女国，在葱岭之南，其国代以女为王。……出鍮石、朱砂、麝香、牦牛、骏马、蜀马。尤多盐，恒将向天竺行贩，其利数倍。亦数与天竺及党项战争。开皇六年，遣使朝贡，其后遂绝。”[25]此处所载的“女国”，在《大唐西域记》《释伽方志》等唐人文献中也有提及，亦称其名为“苏伐剌拏瞿呾罗国”，指其地望为“东接吐蕃国，北接于阗国，西接三波诃国”。目前学术界根据这一地理位置，多倾向于此处所指的“女国”实际上即为“羊同国”，亦即藏文史书中所载的“象雄国”[26]。

将上述历史和考古信息综合起来考虑，可知西藏西部的象雄（也可等视为“羊同”“女

① 关于故如甲木墓地的研究，主要的有金书波：《从象雄走来》，拉萨：西藏人民出版社，2012年，第81—91页；霍巍：《一方古织物和一座古城堡》，《中国西藏》2011年第1期；仝涛：《西藏阿里象雄都城“穹窿银城”附近发现汉晋丝绸》，《中国文物报》2011年9月23日第4版。

② 关于曲踏墓地的研究，主要的有中国社会科学院考古研究所、西藏自治区文物保护研究所：《西藏阿里地区噶尔县故如甲木墓地2012年发掘报告》，《考古学报》2014年第4期；吕红亮：《西喜马拉雅山地区早期墓葬研究》，《考古学报》2015年第1期；仝涛、李林辉：《欧亚视野内的喜马拉雅黄金面具》，《考古》2015年第2期；中国社会科学院考古研究所、西藏自治区文物保护研究所、阿里地区文物局、札达县文物局：《西藏阿里地区故如甲木墓地和曲踏墓地》，《考古》2015年第7期。

国”）早在汉晋以来就已经开通了和南亚天竺、唐代中原王朝之间的远程交通路线，主要向天竺出口食盐，而其他的地方特产“鍮石、朱砂、麝香、牦牛、骏马、蜀马”之类，很可能也是其向外输出的商品种类。来自东方中原唐王朝的丝绸、茶叶也输入到了这个地区，成为当地酋豪们的高级消费品。隋代开皇六年（586年）女国的“遣使朝贡”，是羊同向中原王朝朝贡最早的一次历史记载，年代早出其后唐贞观五年（631年）羊同遣使唐朝朝贡近半个世纪。汉文文献记载的这些史料，事实上都要比考古实物材料所显示的西藏西部与中原王朝开始交流的年代晚好几百年，其原因可能是汉晋时代象雄初通中原不久，正式的官方交流尚未形成，双方信息也不通畅。

（二）青藏高原西南部

青藏高原西南部大体上指日喀则西南部以吉隆为中心的这片地区。从新发现的唐代碑铭《大唐天竺使出铭》所记碑铭位置是“届于小杨同之西”推测其地望，其地理方位当为《文献通考》《通典》等所记的“小羊同”所在区域；而藏文史书中记载的“芒域”，也位于这个地区[26]。历史上，芒域是西藏西南部与古代泥婆罗（今尼泊尔）之间的重要交通孔道，可由此经加德满都盆地进入古代印度（北天竺）。例如，藏文史籍《西藏王统记》记载，吐蕃赞普松赞干布迎请泥婆罗国赤尊公主进藏，“赤尊公主乘一白骡，偕同美婢十人，连同负载珍宝多骑，吐蕃使臣为之侍从，遂同向藏地而来。泥婆罗臣民皆送行于孟域（芒域）之间”[27]。《西藏王臣记》记载，吐蕃时期巴赛朗奉命赴天竺，游方朝圣，至大菩提道场及那烂陀寺，遇寂命大师，“迎至芒域”[28]37。书中还记载，当年莲花生大师进藏，也是取此道而行，“大阿阇黎（莲花生）已由神通照知，见诸藏使跋涉辛苦，乃运用神变，迅速驾临芒域贡塘”[28]38。据《米拉日巴传》记载，西藏佛教高僧米拉日巴父子在其父生前曾经输掉了房屋田产，只好离乡外流，他们到了“芒域贡塘”的江安寨地方才定居下来。著名藏学家刘立千先生在此条之下注释称：“芒域，古为阿里三围之一，今属日喀则行署吉隆县；贡塘在县西南，为该县的一个区。”[29]所以，这一通往南亚地区的重要国际通道，可能开通的时间很早，利用程度也很高，到吐蕃王朝时期正式成为吐蕃与泥婆罗之间的官方通道，史称“蕃尼道”。唐代初年开出的中印之间的“新道”，其实就是将区域性的“唐蕃古道”和外向性的“蕃尼道”相互贯通的结果，对此将在后文中论述。

（三）青藏高原东南部

青藏高原东部地区历史上部族众多，曾经有历史文献上所记载的氐羌、西南夷、东女、白兰羌、附国、“西山八国”、党项羌等多个民族在此活动。这个区域在自然地理上一个最大的特征，是由横断山脉的多条南北向的河谷形成历史上的所谓“六江流域”“民族走廊”，也形成了青藏高原东部独特的自然景观和人文景观带。早在吐蕃王朝兴起之前，这些东部族群沿着“六江流域”从纵向的南北方向以及横向的东西方向上迁徙移动，奠定了后来青藏高原东麓“高原丝绸之路”的雏形。

笔者曾经从这个地区战国秦汉时期石棺葬文化、二次葬与乱骨葬俗、北方草原文化系统青铜器（带柄铜镜、双圆柄首青铜短剑、动物纹饰等）等考古学文化因素分析过这一区域不同族群之间的交流与互动，提出在横断山脉地带先秦至两汉时期，曾有三大系统的民族集团在此活动，即来自甘青高原的氐羌系统民族集团、“西南夷”系统的土著民族集团、北方沙漠草原胡系民族集团（主要为月支胡、煌中胡、卢水胡等支系构成）。如《华阳国志·蜀志》记载，川西高原的汶山郡“东接蜀郡，南接汉嘉，西接凉州酒泉，北接阴平，有六夷、羌胡、白兰峒、九种之戎”[30]。这些民族集团通过横断山脉“六江流域”的民族走廊，不仅促进了北方草原游牧文化的南下，并且以此为中介，将更为遥远的中亚、西亚文化因素也可能渗透到西南地区[31]。

魏晋南北朝时期，这一区域内的部族成为南朝通向西域传统丝绸之路之间的中介者。尤其是在中原阻隔的情况之下，南朝通过青海吐谷浑所控制的“青海道”（也称为“河南道”“吐谷浑道”）和西域陆上丝绸之路相连接，南下可由益州（今四川省成都市）经长江水路前往荆州、建康；北进可通向漠北敕勒、柔然；向西可进入高昌、于阗、乌苌、厌哒，从而突破北方强敌北魏的封锁，打通了江南地区与西方的贸易通道。在这个过程中，益州和吐谷浑之间的宕昌、邓至、党项羌等都进入其势力范围之内，共同起到维护这些通道的作用。

唐代吐蕃时期，随着吐蕃王国势力的向东扩张，到公元7世纪后期，已是“尽收羊同、党项及诸羌之地，东与凉、松、茂、嶲等州相接，南至婆罗门，西又攻陷龟兹、疏勒等四镇，北抵突厥，地方万余里”[6]5224；同时，吐蕃在灭破吐谷浑并占领青海地区全境之后，也将“青海道”纳入其庞大的交通路网当中，并利用这些通道有效地实现了对唐代长安、剑南益州、云南南诏等地的军事攻略与政治交往。

（四）青藏高原东北部

青藏高原东北部最为重要的部族有苏毗、吐谷浑各部。苏毗部族原来也可能属于西羌的一支，《新唐书·西域传》记载：“苏毗，本西羌族，为吐蕃所并，号孙波，在诸部最大。”[32]

吐谷浑原属鲜卑慕容氏分离出来的一支，公元4世纪初开始不断向西迁徙，从阴山南下经陇山抵达今甘肃临夏西北，不久又向南向西发展，到吐谷浑孙叶延时（329～351年）始建政权，以吐谷浑作为国号和部族名，最后定都于青海湖以西的伏俟城[33]1。

吐谷浑人最为重要的贡献，是对南北朝时期经青海外向发展的国际通道的维护与拓展。如上所述，吐谷浑曾长期扼控青海通向益州、西域和漠北的青海道，与南朝政权尤其是梁朝保持着友好往来，双方的使者、商队、西行求法僧通过吐谷浑控制下的“河南道”、经由青海道通向西域和中亚各国。文献史料表明，远在中亚阿姆河流域的厌哒（《梁书》中作“滑国”，也有称其为“白匈奴”者）曾在梁天监、普通、大同年间遣使梁朝；来自西域的龟兹、于阗等国在这一时期从河南道遣使至梁；中国内地与西域、印度的佛教僧人，也利用吐谷浑人所扼控的这些国际通道经吐谷浑往来于西域、印度和中亚之间；吐谷浑人自身也充当起东西方贸易的中继者和向导的作用，曾在与东魏、北齐的交往中引导“胡商”从事驼骡、杂彩丝绢等物品的商贸活动①。

吐谷浑所控的青海道形成的路网大体上可分为三个方向：一是经过柴达木盆地由伏俟城经白兰（今青海都兰、巴隆一带）至西域敦煌、高昌、焉耆、鄯善、于阗等处，最后进入中亚乌苌；二是经漠北向敕勒、柔然；三是经益州南下建康。青海道在中西交通史上占有着极为重要的地位，如同周伟洲先生所言，“在公元五世纪中至七世纪初，吐谷浑所据之青海地区事实上成了中西交通的中心之一。从青海向北、向东、向东南、向西、向西南，都有着畅通的交通路线，联系着中国与漠北、西域、西藏高原、印度等地的交通，其地位之重要，可想而知”[33]144，可谓十分客观的评价。

四、唐代吐蕃王朝实现了高原丝绸之路的整合与统一

公元7世纪，兴起于西藏山南雅隆河谷的吐蕃在松赞干布时代通过不断地兼并与征服，先后将苏毗、大小羊同、白兰羌、“西山八国”等部族纳入到吐蕃版图，定都逻些（今西藏自治区拉萨市），最终建立起吐蕃王朝，完成了对青藏高原的统一大业。在这个历史进程中，吐蕃王朝不仅完成了一次区域性的文化整合，也由此形成了青藏高原全域在地理上具有相对稳定走向和道路的交通路网，高原丝绸之路由此基本定型，对于吐蕃王朝时期的政治、经济、军事、文化、宗教、艺术、对外文化交流等方面均发挥了重大作用，影响十分深远。

吐蕃时代的“高原丝绸之路”，是在前文所述原青藏高原各部族所开凿的区域性交通路线的基础上重新整合而形成的，并以强大的政治和军事力量作为保证，对这些路网实施了有效的控制和利用。“高原丝绸之路”最为重要的主干线，大体上可从西北部、西南部、东北部、东南部等四个主要方向上展开。

（一）西北部路网

西北部路网是在原“羊同”（象雄）时代形成的交通路线上扩展而成。受到青藏高原西部山脉和河流水系的限制，其主要干道有三。一是从原羊同的腹心地带（今西藏自治区阿里地

① 《周书·吐谷浑传》《魏书·吐谷浑传》中对此均有记载。

区）向西北行，大致与今天新（疆）（西）藏公路所经相同，穿越阿克赛钦（Aksai Chin，突厥语，意为“中国的白石滩”）地区，越过喀喇昆仑山与昆仑山进入中亚地区；或越过桑株大坂去往叶城、和阗，与沙漠丝绸之路南线相汇合。二是向西跨越帕米尔高原，进入到古代勃律（Palur，今巴基斯坦所占克什米尔地区之大部）。三是通过今西藏自治区日土县境内的中印边境界湖班公湖一带，进入到印占克什米尔地区[34]57。在具体的出山口岸上，洪扎河谷、吉尔吉特河谷、瓦罕走廊等，吐蕃人都可能有不同程度的利用[34]70~80。近年来由国家文物局组织实施的“南亚廊道”考古调查中，在阿里象泉河、狮泉河等流域（流入印度境内即为印度河上游，称为萨特累季河），也发现一些重要的国际交通孔道，至今作为边贸通商口岸仍然在被边民利用①，但历史记载从来不详，考古调查还在继续进行中。

（二）西南部路网

西南部最为重要的干道是从拉萨向西南行，逆雅鲁藏布江向西，从“芒域”的吉隆河谷进入到中尼边境，进而南下加德满都盆地进入北天竺的国际通道。这条道路在唐初成为中印之间文化交流的一条近捷之路，唐人释道宣在约成书于公元7世纪中叶的《释迦方志·遗迹篇》中，列出了这条新出现的“新道”。唐代的许多求法僧人在唐文成公主和松赞干布的资助和保护之下，便利用了这条新道从西藏高原腹心地带直接贯通高原进入尼泊尔、印度，唐代著名官方使节王玄策数次奉诏出使印度，也利用了这条新道。

1990年在吉隆境内的马拉山下发现的王玄策使团所镌刻的《大唐天竺使出铭》，证明了这条古道主要的走向和出境口岸[35]。明代以后，在吉隆道的两翼又分别开通了定日道、聂拉木道、樟木道等新的通向南亚的通道，形成高原西南部的路网。

（三）东北部路网

东北部路网是在原吐谷浑构建的“青海道”的基础上加以利用、扩展后形成的，其基本的走向大体上和传统的陆上丝绸之路（沙漠丝绸之路）相平行，主要为东西向，从青海湖分数道向西与敦煌、于阗等丝路重镇相汇合，前文已叙，兹不重复。需要特别指出的是，近年来在青海都兰、乌兰等地考古发现了一批年代约为公元8世纪初年的大墓，其中的“都兰热水2018一号大墓”中出土了大量精美的金银器、丝绸残片等遗物。这些金银饰片上多以捶拓、压印、錾刻等不同方法得到忍冬、莲花、团花、缠枝花草以及立鸟、翼兽、狮、狼等动物纹样，可从中窥见其制作工艺与纹饰风格等方面的若干特色，尤其是具有浓厚欧亚北方草原游牧民族风格的大角动物、带翼神兽最富特点。墓中还有多件（套）用金银制作的口、鼻、嘴巴、胡须等面

① 有关考古资料还未公开发表，尚在整理中。

具组饰，死者棺内随葬有印章。“乌兰泉沟一号墓”系用砖、木混建的方形墓室，带有长斜坡墓道，有前室、后室和两个侧室，后来还清理出专门用来放置金冠、金鋬指杯的“暗格”。在建筑方式上，采用大量柏木来搭建墓室，前室为砖室，后室和两个侧室的顶部、四壁都用大量的柏木砌建，前、后室内均残存有壁画[36]。结合过去在都兰热水曾经发掘的墓葬出土文物来看，在丝绸的图案、纹饰，金银器的器形与装饰等方面，都体现出了许多东西方文化交流的因素，死者应是吐蕃占领下的吐谷浑故地王公贵族，他们在吐谷浑灭国之后（唐龙朔三年，663年），与吐蕃王朝之间还通过王室通婚、册封小王等方式保持了友好关系，维护和保证了“青海道”的畅通。

（四）东南部路网

东南部路网除了从青藏高原连系川西北、滇西北高原的跨区域之间的交通路线之外，有文献史料记载吐蕃时期也开通了经“滇缅道”（也称“蜀身毒道”）进入到天竺（古印度）的国际通道。唐代高僧义净《大唐西域求法高僧传》中记载：那烂陀寺东四十驿许，寻弥伽河而下，至蜜栗伽悉他钵娜寺，去此寺不远，有一故寺，但有砖基，阙号支那寺。古老相传云是昔室利笈多大王为支那国僧所造。于唐时有唐僧二十许人，从蜀川牂轲道而出，向莫诃菩提礼拜。王见敬重，遂施此地，以充停息，给大村封二十四所。于后唐僧亡灭，村乃割属余人[37]。

唐代另一位高僧慧琳在其《一切经音义》一书中进一步地解释：

> ……今因传中说往昔有二十余人从蜀川出牂牁往天竺得达，因有此说，遂检寻《括地志》及诸地理书、《南方记》等，说此往五天路经，若从蜀川南出，经余姚、越嶲、不喜、永昌等邑，古号哀牢玉，汉朝始慕化，后改为身毒国，隋王之称也。此国本先祖龙之种胤也。今并属南蛮，北接互羌，杂居之西，过此蛮界，即入土蕃国之南界。西越数重高山峻岭，涉历川谷，凡经三数千里，过土蕃界，更度雪山，南脚即入东天竺东南迦摩缕波国，其次近南三摩怛吒国、呵利鸡罗国及耽摩立底国等。此山路与天竺至近，险阻难行，是大唐与五天陆路之捷径也，仍须及时。盛夏热瘴毒虫，不可行履，遇者难以全生。秋多风雨，水泛又不可行。冬虽无毒，积雪沍寒，又难登陟。唯有正、二、三月乃是过时，仍需译解数种蛮夷语言，兼赍买道之货，仗土人引道，展转问津，即必得达也。山险无路，难知通塞，乃为当来乐求法巡礼者故作此说，以晓未闻也[38]。

从上述两位唐代高僧的记述来看，唐人已知晓从蜀地借道，可以通往天竺，认识到这是从“西南夷”“蜀川牂轲道”经行吐蕃（土蕃）东北部通往古代印度最为近捷的通道，但同时也认识到，这条通道受到诸多条件（气候、地理、语言、风俗等）的限制，其难度也是诸条往天竺道中最为险峻者。目前在这个区域内考古工作的开展还不充分，还缺乏考古证据来进一步论证道路的具体情况，但唐人所载十分详实具体，指出了一些大体的路线和方位，当为可信之史料，为今后的研究提供了重要线索。

综上所述，唐代吐蕃时期所最终定型的“高原丝绸之路”，不仅整合和重构了青藏高原内部各区域间的交通路网，也将其拓展到南亚、中亚和东亚地区，成为连接起北方草原丝绸之路、沙漠丝绸之路和南方西南丝绸之路的枢纽和结点；同时，也通过印巴次大陆的印度洋、东南亚以及中国东海、南海等出海口岸连接起海上丝绸之路，在若干条东西走向的路线之间，形成南北纵向的干线，如同一张经纬相交的路网，将“一带一路”联系成一个整体。

五、结　　语

唐代吐蕃王朝在公元9世纪走向灭亡，但“高原丝绸之路”却始终保持了旺盛的生命力，历经宋、元、明、清直到近现代，还基本维持了其主要干道的走向与格局。对于“高原丝绸之路”的历史价值和现实意义，笔者曾经从五个方面进行了总结：一是构成了体现和代表中外文化交流的丝绸之路网络不可或缺的重要组成部分；二是成为输送中原文明进藏的“主动脉血管”；三是承担着中国西部边疆对外文化交流的中转站和集散地的作用；四是对于吐蕃社会和吐蕃文明的形成起到了特殊的促进作用；五是成为青藏高原文明最终融入中华文明体系强有力的联系纽带，将我国西部疆域和民族最终融入中华民族共同体当中，发挥着无可替代的纽带作用[2]。在这个历史性的伟大贡献当中，青藏高原从史前时代到吐蕃王朝时期以汉藏两个民族为主体、并包括不同时期各族人民在内的命运共同体，既是其开创者、维护者，同时也是受益者。

今天，当我们站在“一带一路”这个广阔的国际视野下重新审视青藏高原的远古历史和文明史，不能不强调“高原丝绸之路”这个概念的提出和定位，既是对历史的尊重和复原，更是对世世代代生活、奋斗在青藏高原上各族儿女心系祖国、向往中华文明、认同中华文化一个实证性的研究课题，其学术意义和价值可供学界同仁进一步共同加以探讨。

参考书目

[1] 荣新江：《丝绸之路与东西文化交流》，北京大学出版社，2015年，第1、2页。

[2] 霍巍：《“高原丝绸之路”的形成、发展及其历史意义》，《社会科学家》2017年第11期，第19～24页。

[3] 霍巍：《西藏史前考古若干重大问题的思考》，《中国藏学》2018年第2期，第5～12页。

[4] 西藏自治区文物管理委员会、四川大学历史系：《昌都卡若》，文物出版社，1985年，第155、156页。

[5] 范晔：《后汉书·西羌传》，中华书局，1973年，第2869页。

［6］ 刘昫等：《旧唐书·吐蕃传上》，中华书局，1975年。

［7］ 欧阳修、宋祁：《新唐书·吐蕃传上》，中华书局，1975年，第6071页。

［8］ 张云：《丝路文化·吐蕃卷》，浙江人民出版社，1995年，第71页。

［9］ 霍巍：《从考古材料看吐蕃与中亚、西亚的古代交通：兼论西藏西部在佛教传入吐蕃过程中的历史地位》，《中国藏学》1995年第4期，第48～63页。

［10］ 童恩正：《西藏考古综述》，《文物》1985年第9期，第9～19页。

［11］ 中国社会科学院考古研究所西藏队：《拉萨曲贡》，中国大百科全书出版社，1999年，图版63：6。

［12］ 〔意〕杜齐著、向红笳译：《西藏考古》，西藏人民出版社，1987年，图17、图18。

［13］ 石硕：《藏族族源与藏东古文明》，四川人民出版社，2001年，第44～53页。

［14］ 魏徵、令狐德棻：《隋书·党项传》，中华书局，1982年，第1845页。

［15］ 西藏自治区文管会文物普查队：《西藏日土县古代岩画调查简报》，《文物》1987年第2期，第44～50页。

［16］ 吕红亮：《西喜马拉雅岩画欧亚草原因素再检讨》，《考古》2010年第10期，第76～85+109页。

［17］ 石泰安著、耿昇译、王尧校：《西藏的文明》，西藏社会科学院西藏学汉文献编辑室编印，1982年，第23页。

［18］ 杜佑：《通典·边防六》，中华书局点校本，1988年，第5177、5178页。

［19］ 王溥：《 唐会要·卷九十九》，上海古籍出版社，2006年，第2100、2101页。

［20］ 中国社会科学院考古研究所、西藏自治区文物保护研究所：《西藏阿里地区噶尔县故如甲木墓地2012年发掘报告》，《考古学报》2014年第4期，第566页。

［21］ 赵丰：《纺织品考古新发现》，艺纱堂/服饰出版，2002年。

［22］ 新疆文物局、上海博物馆：《新疆维吾尔自治区丝路考古珍品》，上海译文出版社，1998年，第130页。

［23］ 吕厚远：《1800年前丝绸之路穿越青藏高原的茶叶证据》，《中国西藏》2016年第2期，第68～71页。

［24］ 霍川、霍巍：《汉晋时期藏西"高原丝绸之路"的开通及其历史意义》，《西藏大学学报（社会科学版）》2017年第1期，第52～57页。

［25］ 魏徵、令狐德棻：《隋书·西域传》，中华书局，1982年，第1850页。

［26］ 霍巍：《从新出唐代碑铭论"羊同"与"女国"之地望》，《民族研究》1996年第1期，第94～100页。

［27］ 索南坚赞著、刘立千译：《西藏王统记》，民族出版社，2000年，第57页。

［28］ 五世达赖喇嘛著、刘立千译注：《西藏王臣记》，民族出版社，2000年。

［29］ 桑杰坚赞著、刘立千译：《米拉日巴传》，民族出版社，2000年，第23页。

［30］ 常璩著、刘琳校注：《华阳国志·卷三·蜀志》，巴蜀书社，1984年，第295页。

［31］ 霍巍：《论横断山脉地带先秦两汉时期考古学文化的交流与互动》，《藏彝走廊：历史与文化》，四川人民出版社，2005年，第272～299页。

［32］ 欧阳修、宋祁：《新唐书·西域传》，中华书局，1975年，第6257页。

［33］ 周伟洲：《吐谷浑史》，广西师范大学出版社，2006年。

［34］ 王小甫：《七至十世纪西藏高原通其西北之路》，《边塞内外》，东方出版社，2016年。

［35］ 霍巍：《大唐天竺使出铭及其相关问题的研究》，〔日〕《东方学报》第66册，1994年。

[36] 霍巍：《近年来青藏高原吐蕃时代考古新发现及其意义》，《中华文化论坛》2020年第6期，第5～12+152页。
[37] 义净著、王邦维校注：《大唐西域求法高僧传校注》，中华书局，1988年，第103页。
[38] 慧琳著、徐时仪校注：《慧琳音义·卷八十一》，上海古籍出版社，2008年，第1943、1944页。

［原文刊于《中央民族大学学报（哲学社会科学版）》2021年第2期］

青藏高原东北缘江西沟2号遗址2012年出土石制品初步研究*

侯光良　杨石霞　鄂崇毅　王倩倩

1 引　　言

青藏高原及其周边地区独特的地质背景和地理环境，使得该地区史前人类活动研究受到国内外学者的广泛关注[1~4]。从20世纪80年代以来，随着科考工作的深入开展，该区域考古材料不断累积、丰富，为了解人类何时何地以何种方式开始在高海拔地区生活提供新的可能[5]。高原面的风化作用强烈（如昼夜温差大、风力大等自然因素），导致大量的石制品暴露于地表，使得出自原生地层的石制品显得更为珍贵并具有更重要的科研价值。近年来多家科研单位在青藏高原周边的青海地区开展了多次考古发掘和调查工作，取得了丰硕的成果[6, 7]，但对于单个遗址石制品结构和技术面貌的介绍尚少。

江西沟第2地点发现于2004年，遗址有连续且保存较好的原生地层以及较为丰富的人工制品，其发现和研究工作有效丰富了青藏高原周边地区的考古材料。已开展的关于遗址的地层学、年代学及环境学研究为探讨其石器文化与技术提供了良好的背景资料[8, 9]。本文主要对2012年试掘出土的669件石制品进行整理和报道，通过石制品原料和技术变化的研究揭示该遗址所反映的生产方式的转变。同时基于已完成的年代与环境研究，探讨生产方式的转变与气候环境的关系。

* 基金项目：青海省科技厅自然科学基金项目（2017-ZJ-903）和国家自然科学基金（41550001、41574061和41621004）。

2 地层、年代及古环境

2.1 地层剖面和年代

青海湖盆地史前文化遗迹丰富，具有时代跨度大、分布较集中的特点。以细石器为主的遗址在湖东及东北部有娄拉水库、晏台东、铜线遗址等，湖南部有江西沟与黑马河遗址，它们年代早到14ka ~ 13ka B.P.（如无特殊说明，下文年代均为日历年）[4]。其中江西沟1号遗址发现了青藏高原目前最早、最为确切的人类活动遗迹（14690 ± 150B.P.）[1]。全新世中期的遗址主要有：151遗址（8.5ka ~ 6.7ka B.P.），白佛寺（5ka B.P.），沙柳河（4ka ~ 3.5ka B.P.）[10, 11]。

江西沟2号遗址（JXG2）位于青海湖南岸（36°35′25″N，100°17′47″E），海拔3312m，距湖岸线约3km（图1）。地形上，JXG2位于青海湖南岸湖滨平原与青海南山山前丘陵交接处，一条自南向北流小河的东侧较为开阔的山坡西麓，高出河面2 ~ 3m；该地区植被类型为西北针

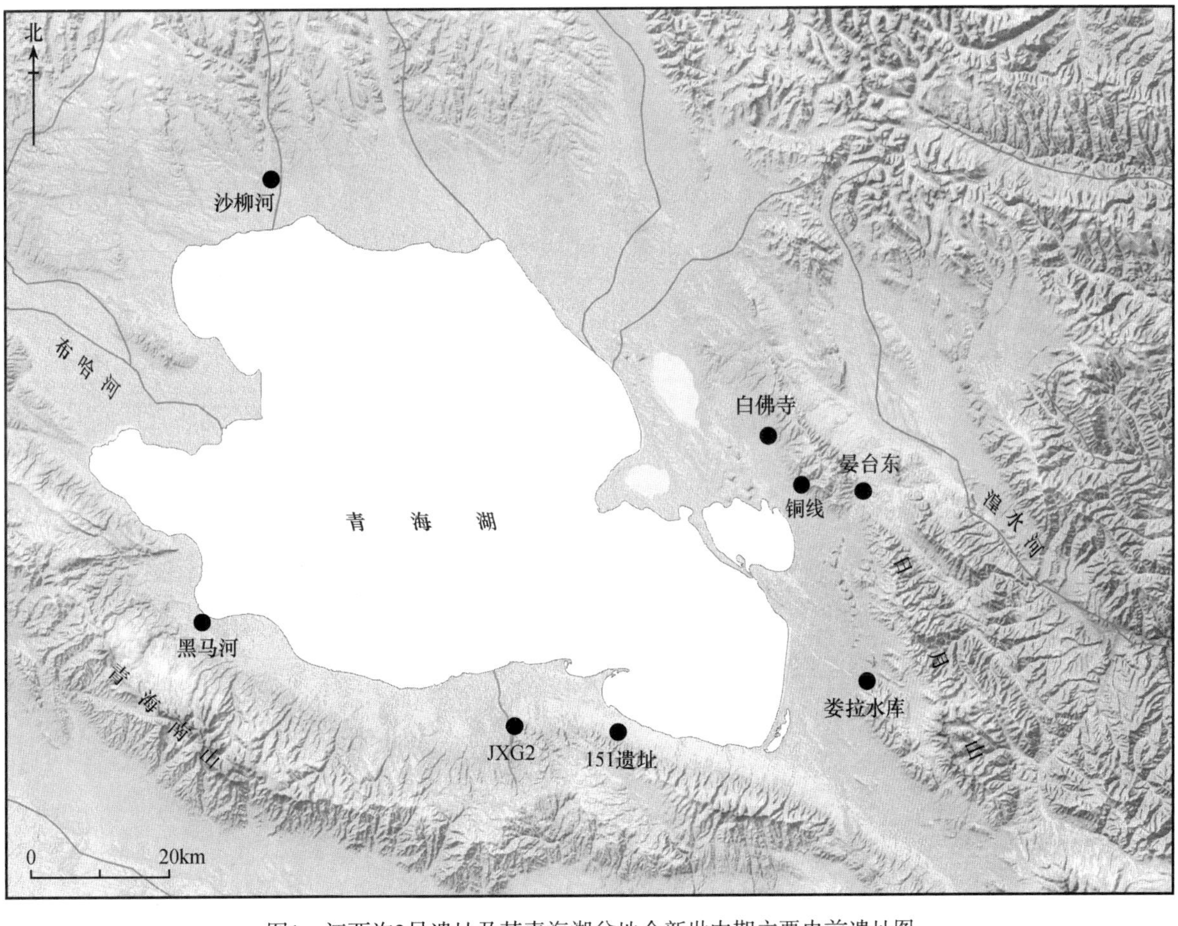

图1 江西沟2号遗址及其青海湖盆地全新世中期主要史前遗址图

Fig.1 Geographic location of JXG2

茅、短花针茅草原。

JXG2剖面深约120cm（图2），含有较多细石器、动物碎骨、炭屑和陶片，无灰坑及明显的后期扰动。根据沉积物颜色和结构特征将剖面分为4层。

（1）0～30cm，为浅黄色现代土壤层，较疏松，有较多植物根，砂粒较多，含少量细石器等。

（2）30～75cm，棕黑色粉砂质黏土层，较紧实，含较多细石器、碎骨、陶片和火烧石等文化遗物；应是全新世中期发育的古土壤。

（3）75～114cm，棕灰色粉砂质黏土层，紧实坚硬，含较多细石器、碎骨等文化遗物。

（4）114cm以下为黄土层，粉砂质，结构疏松匀质、无层理，应为风成沉积，属于典型的马兰黄土，该层含极少量细石器、碎骨等文化遗物。

在JXG2剖面水平选取1.5m×0.5m的样方，垂直方向以10cm为间隔，获取地表至1.2m深的各层土样，进行湿法筛选，并从除表层之外的其余11个层位中（0～10cm的地表层现代人类活动干扰大，不搜集）搜集筛选出的石制品、陶片、炭屑和动物碎骨等。根据出土石器、陶片，该剖面可以分为上下两个文化层，上文化层为10～80cm，大致和沉积剖面地层①～②相对应，

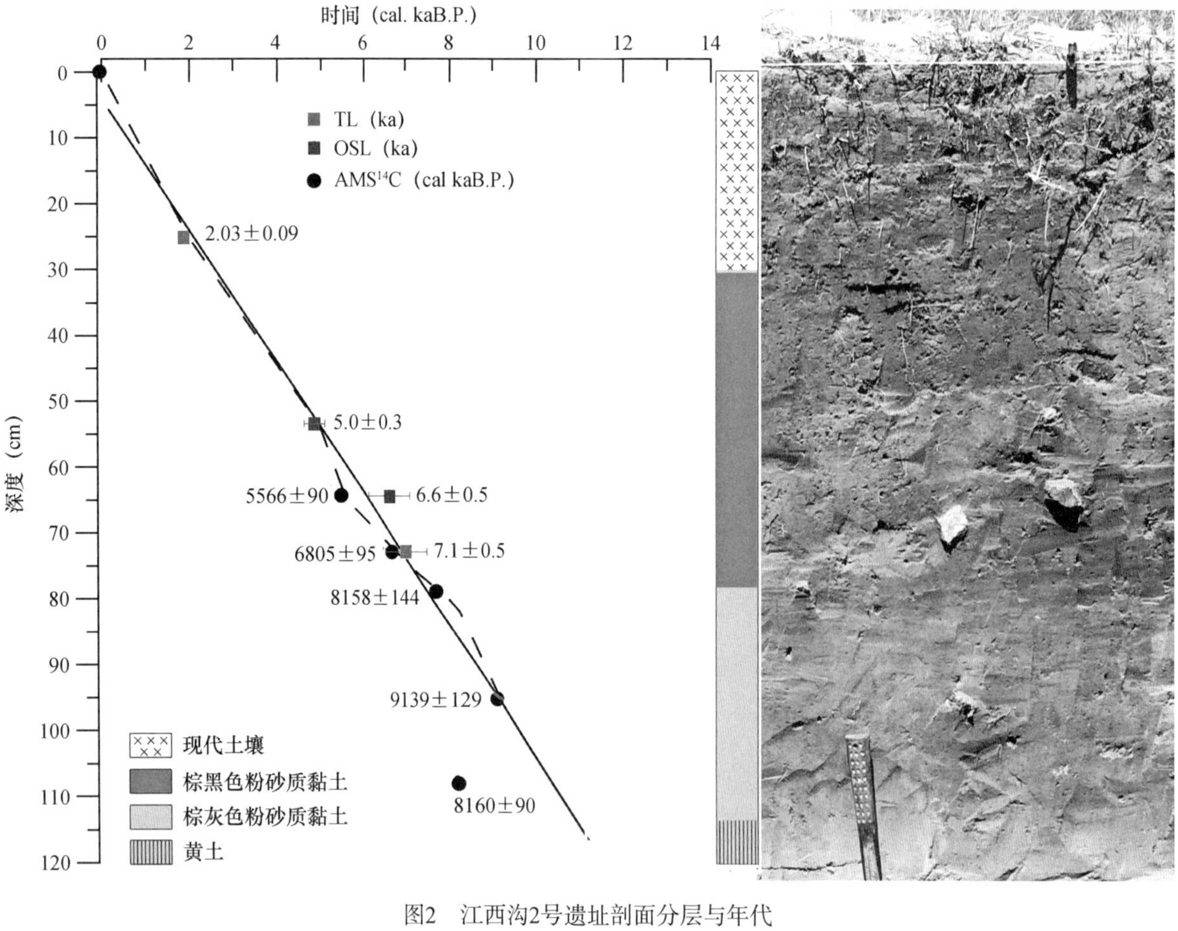

图2　江西沟2号遗址剖面分层与年代

Fig.2　The strata depth-age relationship of JXG2

包含陶片和细石器为主的石制品；下文化层为80cm以下，大致和地层③～④相对应，仅包含石制品，其中除与细石器加工有关的产品以外，同时出土石英砸击产品。

对地层样品进行孢粉分析，采用重液浮选法提取孢粉[12]；选取炭屑和陶片作为测年样品进行年代测试，以建立深度—年代关系（参见表1，图2）。结果显示该剖面为全新世沉积地层。上文化层为8 ka B.P.以来的地层，下文化层年代为9.5 ka～8 ka B.P.。

表1　江西沟2号遗址地层测年数据

Tab.1　The dating results of the JXG2

实验室编号 Numbers	地层深度 Depth（cm）	材料 Materials	年代类型 Method of dating	年代 Years	95.4%置信度（cal a B.P.）
	20～30	陶片	TL	2030 ± 90 a	
BA111964	43	炭屑	AMS^{14}C	＞40000 ^{14}C aB.P.*	
	54	陶片 Pottery	OSL	5030 ± 250 a	
	60～70	炭屑	AMS^{14}C	4850 ± 4014C aB.P.	5657（95.4%）5476
	60～70	陶片	OSL	6600 ± 470 a	
JXG-P14	75	陶片	TL	7060 ± 510 a	
BA111965	70～80	炭屑	AMS^{14}C	5925 ± 35^{14}C aB.P.*	6900（95.4%）6710
	81	炭屑	AMS^{14}C	7330 ± 50^{14}C aB.P.	8303（95.4%）8014
	90～100	炭屑	AMS^{14}C	8170 ± 50^{14}C aB.P.	9268（95.4%）9010
BA111966	108	炭屑	AMS^{14}C	7325 ± 35^{14}C aB.P.*	8250（95.4%）8070

注：有实验室编号为本研究；无实验室编号年代数据来源：释光年代由Rhode David 和Feathers James提供，AMS^{14}C引自参考书目［8］

2.2　区域全新世古环境

据已有研究表明：青海湖盆地全新世期间，植被主要是以蒿为主的草原环境，局部地带有岛状寒温性常绿针叶林分布[13]。从青海湖夏季风指数来看：早全新世11.5ka～8.6ka B.P.，季风强度迅速增强，但波动较大；8.6ka～5.3ka B.P.为稳定的强劲期，表明该时期盆地内降水充足，环境状况较佳，与全新世大暖期相对应；5.3ka B.P.以来季风明显减弱，降水减少。乔木孢粉浓度与有机质含量（TOC）是区域环境的良好指标，二者指示：11ka～8ka B.P.达到一个小高峰，说明盆地内有一定乔木植被发育，湖内积累了较高的有机质，指示了较为温暖湿润的环境。8ka B.P.左右曾出现一次环境恶化事件，可能与8.2ka B.P.气候冷干事件有关[14]；8.1ka～4ka B.P.为全新世大暖期，环境状况暖湿，尤其是8ka～6ka B.P.环境状况最佳。综合地层年代和已有的环境研究（图3），江西沟2号遗址剖面上下文化层所反映的人类活动，分别处于8.2ka B.P.气候干冷事件前后、环境较为温暖湿润的阶段，其中上文化层所处的阶段与全新世大暖期盛期相符合，当时这一地区环境条件适宜，使得该区域开始出现陶器等新文化因素。

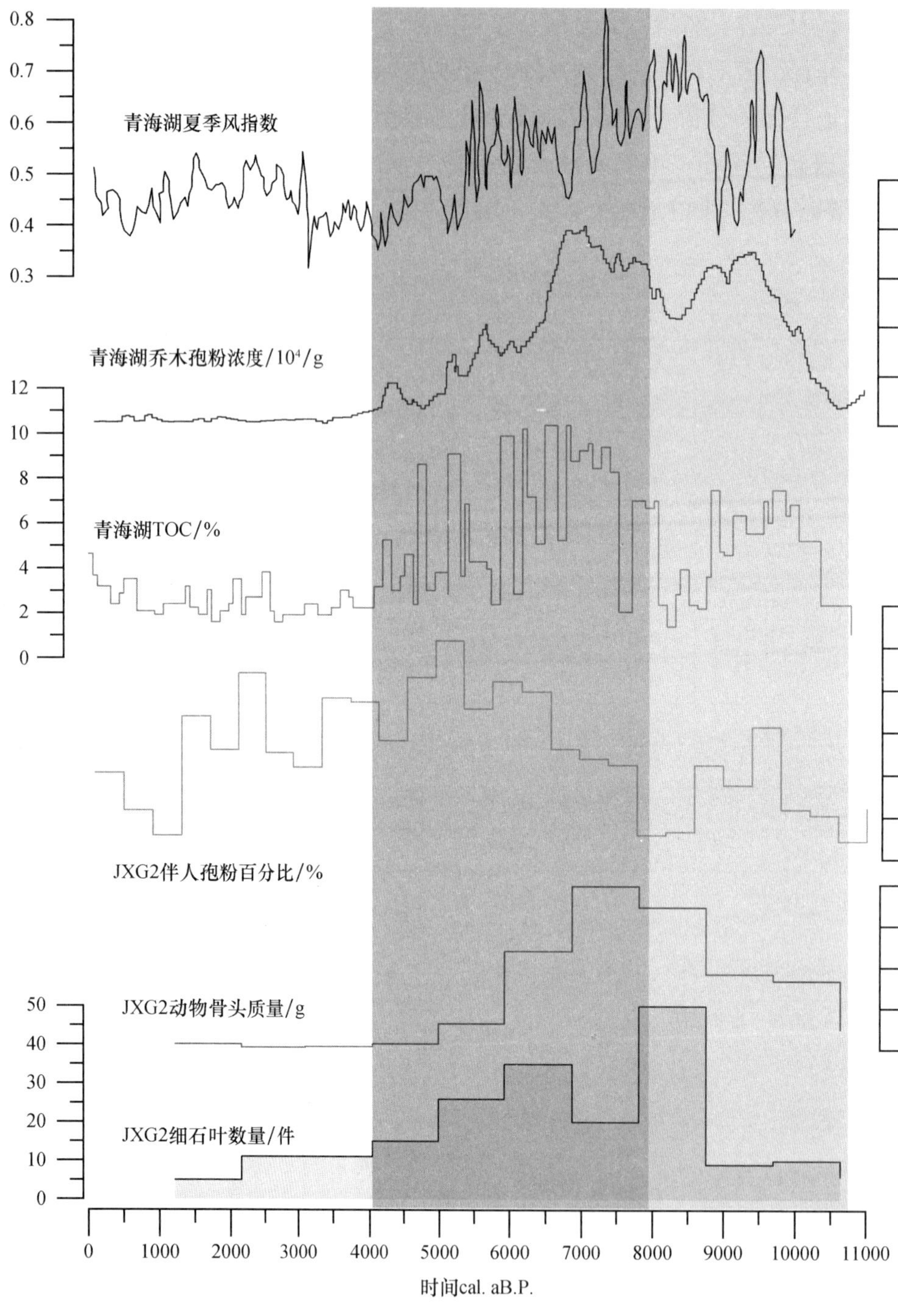

图3　青海湖环境序列与JXG2人类活动指标对比①

Fig.3　Index contrast of the JXG2 environmental sequence and the human activity

① 文献引用：青海湖夏季风指数[15]；青海湖乔木孢粉[13]，青海湖TOC[16]。

伴人植物是指借助于人类活动传播和扩大分布区的植物，它的出现与多寡往往与人类活动相关，用来指示人类活动踪迹；一般包括栽培作物、田园和庭院杂草；在中国北方禾本科（Gramineae）、茄科（Solanaceae）、旋花科（Convolvulaceae）、石蒜科（Amaryllidaceae）、葫芦科（Cucurbitaceae）、大麻科（Cannabidaceae）、十字花科（Cruciferae）、伞形科（Umbelliferae）、豆科（Leguminosae）和蔷薇科（Rosaceae）是典型的伴人植物孢粉[17]，本文选用禾本科、十字花科、伞形科、蔷薇科和豆科进行伴人植物孢粉分析。JXG2伴人植物孢粉含量明显呈现出两个阶段，第一阶段为9.5ka ~ 8ka B.P.低值期；第二阶段为8ka B.P.以来的高值期，该阶段伴人植物孢粉含量虽有波动，但总体含量较高。

3 石制品及其技术类型

本研究围绕江西沟2号遗址出土的659件石制品开展，其中343件来自上文化层，其余316件来自下文化层。上下文化层在石制品技术和类型方面具有一定的相似性，但也在石制品原料、打制技术等方面具有明显的区别。下文化层燧石比例较上文化层较低，同时石英比例较高，原料结构上两者各占50%；上文化层的原料则以燧石为主，原料结构为燧石占87%，石英占13%。整个遗址未见石片石核，仅有石片，且无Ⅰ ~ Ⅲ型石片。所获得石片可能产生于细石叶石核的预制过程中，因此不单独列出石核—石片技术体系的产品，仅对所获石片材料进行简单描述和介绍（表2）。按照时间上从早到晚的顺序，本文将由下文化层向上文化层介绍石制品。

表2 江西沟2号遗址2012年出土石制品分类统计

Tab.2 Classification of the stone artifacts from JXG2

类型（Types）			上文化层（20 ~ 80cm）		下文化层（80 ~ 120cm）		总计（*n*）
			n	%	*n*	%	Total
细石叶石核预制过程产物	完整石片（Complete flake）	Ⅰ型石片	—	—	—	—	—
		Ⅱ型石片	—	—	—	—	—
		Ⅲ型石片	—	—	—	—	—
		Ⅳ型石片	1	0.3	—		1
		Ⅴ型石片	5	1.5	2	0.6	7
		Ⅵ型石片	20	5.8	12	3.8	32
细石叶石核—细石叶剥坯产品	细石叶石核（Microblade-core）		1	0.3	—	—	1
	细石叶（Microblade）		49	14.3	19	6.1	68
	细石叶（残断）		78	22.7	44	13.9	122
砸击石核、碎片及断块（石英）（Bipolar productions）			—	—	30	9.5	30
碎屑（Debris）＞5mm			92	26.8	104	32.9	196
碎屑（Debris）＜5mm			97	28.3	105	33.2	202
总计（Total）			343	100	316	100	659

3.1　下文化层石制品

3.1.1　细石叶

19件（图4），原料为各色燧石，平均宽度为5.45mm，平均长度为14.23mm，平均厚度为 1.86mm。石叶背面可见规整的平行阴疤，横截面多呈梯形，三角形次之。均采用压制法剥取。一般细石叶的宽度用来指示所采用的压制技术，平均宽度在5mm为细石叶生产中的“第一模式”即手握式[18]。

3.1.2　残断细石叶

共44件，原料以燧石为主，平均宽度为4.85mm，该值略小于完整石片，由于并非所有标本均保留石叶最宽处，因此宽度值偏小。

图4　江西沟2号遗址下文化层出土细石叶（含完整及残断）

Fig.4　The micro-blades from lower layer of JXG2

有修理痕迹的细石叶，下文化层出土了1件有修理痕迹的细石叶12JXG2-464（图5），标本尺寸为22.1mm × 7.3mm × 4.7mm，为清楚地进行观察，特将标本放大1.5倍，在石叶左右两侧可观察到细小的修理痕迹，修理方向为自背面向腹面的正向修理。

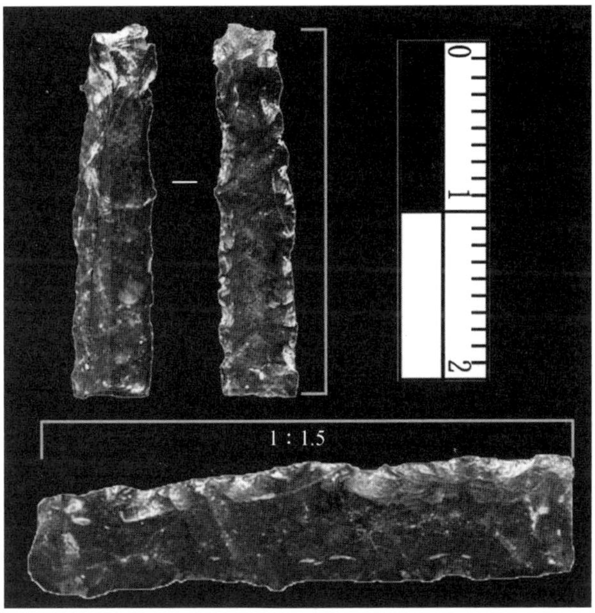

图5 江西沟2号遗址下文化层出土有修理痕迹的细石叶

Fig.5 The retouched micro-blades from lower layer of JXG2

3.1.3 石片

下文化层石片（图6，1～5），共14件，占下文化层石制品的7.6%，原料主要为燧石。石片平均长度为16.8mm， 平均宽度为17.64mm，平均厚度为2.74mm。其中12件为Ⅵ型石片，占石片的85.71%。石片尺寸虽较上文化层大，但仍属于小型石片。个体小、剥坯程度深，说明其主要为细石核预制过程的产物，而非目标产品。

3.1.4 砸击石核及断块

除见于上文化层的细石叶/小石片外，下文化层还出土可辨别的石英砸击石核和断块30件（图6，6～8）。在这些标本上可以观察到明显的砸击痕迹和由于砸击产生的纵向裂片。除以上标本外，另外有石英碎屑130件，均小于10mm，形状不规则，难以观察到具体的技术特征。

3.2 上文化层石制品

上文化层中可直接判断为细石核、细石叶及残断细石叶的共128件，占石制品总数的37.3%。原料均为燧石。

图6　江西沟2号遗址下文化层出土石片及砸击产品

Fig.6　The flakes and bipolar fragments from lower layer of JXG2

3.2.1　细石叶石核

1件，仅占石制品总数的0.3%。12JXG2-335（图7），原料为黄色燧石，形态呈楔形，长宽厚为22.2mm × 22.1mm × 14.2mm。台面可见清晰修理痕迹，核身经两面锤击，修整痕迹清晰，剥片面至少保留7个可观察到的细石叶阴疤。

3.2.2　细石叶

49件（见图8），原料为各色燧石，平均宽度为5.61mm，平均长度为14.83mm，平均厚度为1.77mm。石叶背面可见规整的平行阴疤，横截面多呈梯形，少量为三角形，与下文化层相同。石叶宽度在5mm 左右，初步判断属于手持压制产品。

3.2.3　残断细石叶

共78件，原料以燧石为主，平均宽度为4.85mm，该值略小于完整石片。由于并非所残断石叶均保留了石叶最宽处，因此其平均宽度小于完整石叶。

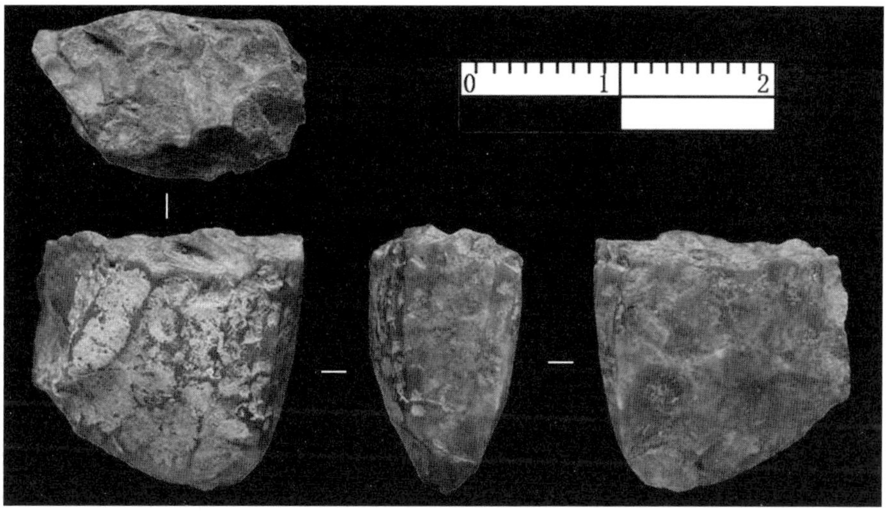

图7 江西沟2号遗址上文化层出土细石核

Fig.7 The micro-blade core from upper layer of the JXG2

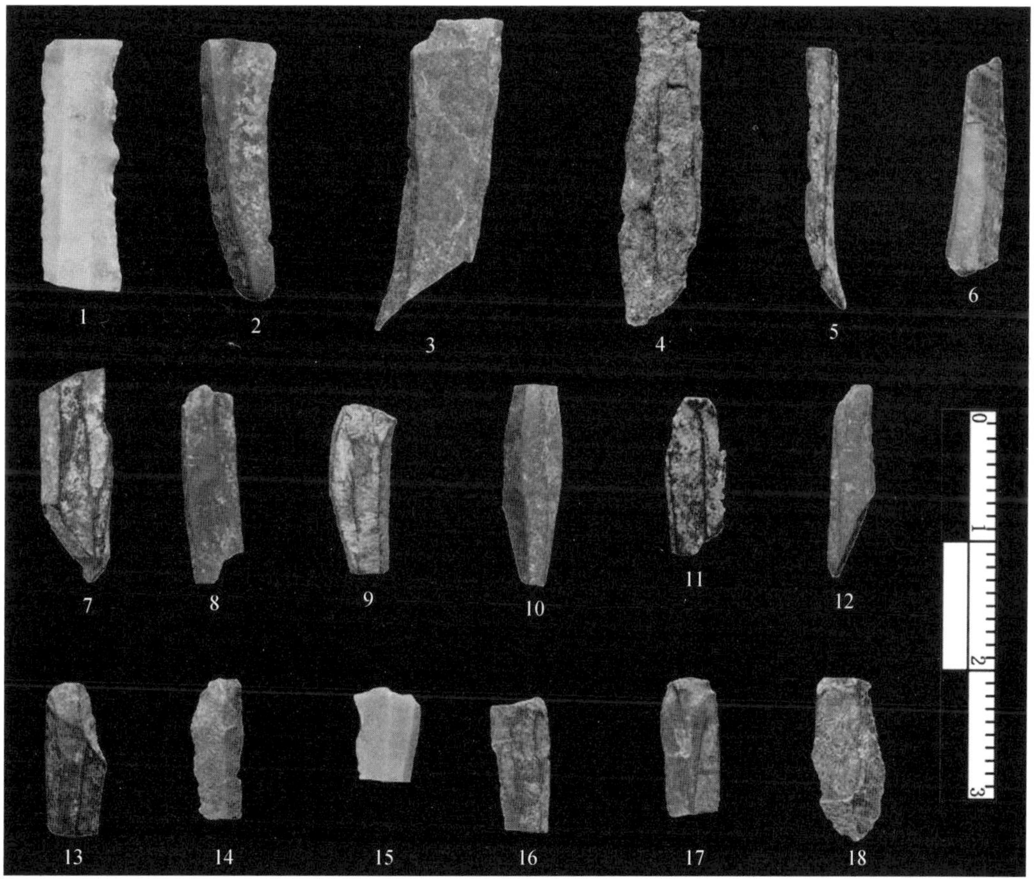

图8 江西沟2号遗址上文化层出土细石叶（含完整及残断）

Fig. 8 The micro-blades from upper layer of JXG2

3.2.4　石片

共26件，占上文化层石制品的7.6%，材料主要为燧石。石片平均长度为12.3mm，平均宽度为10.97mm，平均厚度为2.74mm。有20件为Ⅵ型石片，占石片数量的76.92%，但背面疤的方向较为单一且数量在1～2个之间。石片较小，剥坯程度深，这些特征均说明，这些石片可能为细石核预制过程的产物，而非目标产品。

4　讨论与小结

4.1　遗址文化面貌转变的时序性及其所反映的生产和社会变革

通过对遗址的年代/环境和考古学文化研究，综合地层文化和环境信息，我们可以将遗址划分为上下两个文化阶段。下文化层在9.5ka～8ka B.P.之间，代表性石器技术为细石叶压制技术。通过对所获细石叶及其断片的观察和测量统计，可以判断所采用的压制法为目前模拟实验所认识的五种压制方法中的第一种[18]。除细石叶压制技术外，砸击技术也被应用于石英原料的开发。上文化层石制品的原料结构发生了较大的变化，石英制品的含量从之前的50%下降到13%，而石器加工也主要使用细石叶技术。与下文化层一致，所使用的压制方法依然是手持式的简单压制，所产生的细石叶的宽度在5mm左右。上文化层10～75cm的地层中出土陶片，结合对地层的测年工作，含陶片文化层年代处于7ka～4ka B.P.[9]。综上，上、下文化层的主要差别可归纳为：陶器的从无到有，石制品的加工逐渐倾向于以燧石为核心原料进行细石叶的压制。通过对江西沟2号遗址石制品的观察和研究可以推断：在这一时段（全新世以来）细石器的加工是青藏高原东北缘石器工业的主流。在周边的黑马河、沟后水库、娄拉水库、下大武以及冬给措纳湖等地点都发现了类似的以细石叶生产为主的石器工业[2, 6]。

从时间序列来看，在9ka～8ka B.P.，JXG2发现的细石叶密度达到顶峰，这一现象可能指示狩猎采集者的活动已经达到一定强度与规模；在8ka～7ka B.P.左右动物碎骨达到最多（但因为骨片细碎目前没能明确动物种属），而该时段细石叶数量并无明显增多，这可能指示人类利用细石器狩猎的技巧与效率提高，或者开始驯化动物[19, 20]。伴人植物孢粉可以较好地指示人类的行踪，JXG2伴人植物孢粉分析结果（见图3）明显呈现出2个阶段，分别为10ka～8ka B.P.和 8ka B.P.以来，前期恰与JXG2下文化层人类活动时间一致，应该是典型的狩猎采集经济；后期与上文化层时间吻合。值得注意的是8ka B.P.以前，石器生产单一化，伴人植物孢粉在10ka～8ka B.P.也处于低值期，说明人类活动较弱；之后在8ka～5ka B.P.，伴人植物孢粉含量呈现明显的增长趋势，并在5ka B.P.达到极大值，其后一直在高值波动，说明8ka B.P.以来人类活动显著增强，并可能在5kaB.P.达到史前时期的鼎盛期。JXG2发现了全新世中期的磨棒和陶片，淀粉粒分析证明全新世中期该地区先民已经开始利用粟黍，这种现象可能与新的经济形式——农业的发展有关[21]。在江西沟2号遗址200km范围内发现了一些同时期的其他遗址，表明此时农业已经兴起，如：化隆安达其哈仰韶文化遗址（5.9ka B.P.）[22]，这一时期的先民是典型的粟作种植者；同德宗日遗址（5.5ka～4ka B.P.），除遗址中发现的不少农业生产工具[23]，浮选结果也证明遗址中有粟等遗存（私人交流）；而5.3ka～4ka B.P.活跃于黄河与湟水谷地的马家窑文化则以粟作种植为主[24]。因此上文化层所处时期——8ka～5ka B.P.，虽然区域内细石器生产、狩猎活动有减弱的趋势，但人类活动一直在增强，这意味着古人类的生计模式可能由以狩猎为主向狩猎—牧业—农业混合模式逐步转变。

4.2 周边遗址的关系

近年来的考古发掘和调查在青海湖周边地区发现了一批史前遗址，例如围绕青海湖分布的江西沟1号遗址、151遗址、晏台东遗址、铜钱遗址、白佛寺遗址等[1, 2, 6]。这些遗址在时代上集中于更新世末期（约 12ka B.P.）到全新世中晚期（约4ka B.P.）；在文化性质上反映了西北高海拔地区旧石器晚期到新石器早期的过渡阶段[25]；在文化面貌上体现了细石叶加工技术的发展和成熟，以及陶器制作的开始；在经济形态上从以狩猎为主逐渐过渡到狩猎与农业（及牧业）结合的形式，而青海地区该时段的其他遗址如野牛沟、西大滩等也反映出类似的文化面貌。

本报告系统地介绍了江西沟2号遗址石制品的技术特征，在此基础上综合淀粉粒分析和伴人植物孢粉的分析认识到：江西沟2号遗址上、下文化层的石制品显示了全新世以来以细石叶的生产为主的石器工业面貌，而上文化层在继承细石器加工技术的同时开始出现和发展制陶技术，早期农业、畜牧业开始兴起。本文尝试通过单个遗址连续地层出土文化遗物的分析，讨论其所反映的人类行为的变化，研究尚处于初步认识阶段。在区域内考古材料不断充实、研究程度不断深入的过程中，我们对青藏高原史前人类扩散和生产生活情况的了解将会不断地深入。

致谢：感谢青海师范大学硕士研究生朱燕、高靖易在标本整理和野外考察中的帮助，并感谢中国科学院古脊椎动物与古人类研究所研究生岳健平、雷蕾在标本拍照过程中提供的帮助。

参考书目

[1] Madsen D B, Ma H Z, Brantingham P J, et al. The late Upper Paleolithic occupation of the northern Tibetan Plateau margin. Journal of Archaeological Science, 2006, 33(10): 1433-1444.

[2] 高星、周振宇、关莹：《青藏高原边缘地区晚更新世人类遗存与生存模式》，《第四纪研究》2008年第6

期，第970～977页。

［3］Brantingham P J, Gao X, Olsen J W et al. A short chronology for the peopling of the Tibetan Plateau. In: Madsen D B, Chen F H, Gao X, eds. Developments in Quaternary Science, Amsterdam: Elsevier. 2007, pp.129-150.

［4］Chen F H, Dong G H, Zhang D J et al. Agriculture facilitated permanent human occupation of the Tibetan Plateau after 3600 BP. Science. 2015,347 (6219): 248-250.

［5］张东菊、董广辉、王辉等：《史前人类向青藏高原扩散的历史过程和可能驱动机制》，《中国科学・地球科学》2016年第8期，第1007～1023页。

［6］仪明洁、高星、张晓凌等：《青藏高原边缘地区史前遗址2009年调查试掘报告》，《人类学学报》2011年第2期，第124～136页。

［7］汤惠生：《略论青藏高原的旧石器和细石器》，《考古》1999年第5期，第44～54页。

［8］Rhode D, Zhang H Y, Madsen D B et al. Epipaleolithic/early Neolithic settlements at Qinghai Lake, western China. Journal of Archaeological Science, 2007, 34: 600-612.

［9］Hou G L, Lai Z P, Cao G, et al. The earliest prehistoric pottery in the Qinghai-Tibetan Plateau and its archaeological implications. Quaternary Geochronology, 2015, 30: 431-437.

［10］Dong G H, Wang Z , Ren L L,et al. A comparative study of ^{14}C dating on charcoal and charred seeds from Late Neolithic and Bronze Age Sites in Gansu and Qinghai Provinces, NW China. Radiocarbon , 2014,56: 157-163.

［11］E C Y, Lai Z P, Hou G L,et al. Age determination for a Neolithic site in northeastern Qinghai-Tibetan Plateau using a combined luminescence and radiocarbon dating. Quaternary Geochronology,2015, 30: 411-415.

［12］李小强、尚雪、周新郢等：《黄土花粉分析的筛析——重液综合法》，《干旱区地理》2006年第5期，第663～667页。

［13］刘兴起、沈吉、王苏民等：《青海湖16ka以来的花粉记录及其古候古环境演化》，《科学通报》2002年第17期，第1351～1355页。

［14］王绍武：《8.2ka BP冷事件》，《气候变化研究进展》2008年第3期，第193、194页。

［15］An Z S, Colman S M, Zhou W J, et al. Interplay between the Westerlies and Asian monsoon recorded in Lake Qinghai sediments since 32 ka. Scientific Reports, 2012, 2(8): 1036.

［16］Shen J, Liu X Q, Wang S M, et al. Palaeoclimatic changes in the Qinghai Lake area during the last 18,000 years. Quaternary International ,2005,136: 131-140.

［17］李宜垠、周力平、崔海亭：《人类活动的孢粉指示体》，《科学通报》2008年第9期，第991～1002页。

［18］Pelegrin J. New Experimental Observations for the Characterization of Pressure Blade Production Techniques. The Emergence of Pressure Blade Making. 2012: 465-500.

［19］Miehe G, Miehe S, Kaiser K, et al. How old is pastoralism in Tibet? An ecological approach to the making of Tibetan landscape. Palaeogeography, Palaeoclimatology, Palaeoecology, 2009, 276 (4): 130-147.

［20］Meyer M C, Hofmann C C, Gemmell A, et al. Holocene glacier fluctuations and migration of Neolithic yak pastoralists into the high valleys of northwest Bhutan. Quaternary Science Reviews, 2009, 28: 1217-1237.

[21] Hou G L, Ma Z K, E C Y, et al. Plant utilization at the Jiangxigou site during the middle Holocene. Archaeological Research in Asia, 2016, 5: 54-62.

[22] Dong G H, Jia X, Elston R, et al. Spatial and temporal variety of prehistoric human settlement and its influencing factors in the upper Yellow River valley, Qinghai Province, China. Journal of Archaeological Science, 2013, 40, 2538-2546.

[23] 陈洪海、格桑本、李国林：《试论宗日遗址的文化性质》，《考古》1998年第5期，第23～27页。

[24] 谢端琚：《甘青地区史前考古》，文物出版社，2002年，第61～81页。

[25] 汤惠生：《青藏高原旧石器时代晚期至新石器时代初期的考古学文化及经济形态》，《考古学报》2011年第4期，第443～466页。

（原刊于《人类学学报》2018年第4期）

青海动物岩画初探

乔　虹

岩画，被誉为崖石上的无字史书，形象生动地记录了古代人类的生产生活状况。我国岩画通常分为南北两个系统，北方地区的岩画多表现动物和人物，以内蒙古阴山、宁夏贺兰山岩画为代表，作品风格写实，技法主要是磨刻；南方岩画除描绘动物、狩猎外，还表现村落、宗教仪式等，人物形象程式化，普遍用红色涂染，以广西左江、云南沧源、江苏连云港岩画为代表。

一、青海岩画的考古学特点

青海岩画的大规模调查始于20世纪80年代。1985～1987年，由青海省文物考古研究所和首都师范大学联合调查，共发现岩画13处[1]。新近结束的第三次全国文物普查共登录岩画35处[2]，大致处于北纬33°～37°和东经93°～100°之间。岩画主要分布在祁连山南麓、昆仑山及巴颜喀拉山这三大山系有水源的湖泊或河流地区，如青海湖周边的哈龙岩画、舍不齐岩画、莫合口岩画、卡木屯岩画、切吉岩画、湖李木沟岩画等；玉树地区发现的岩画也集中分布在通天河及其支流的区域。岩画集中分布在青海湖周边及其以西部的地区，即青海省的海北、海西、海南、玉树、果洛等地区13个县境内，以海西州和玉树州最为丰富和集中。青海岩画的内容多表现狩猎、游牧、战争、舞蹈等题材，分为动物、人物、符号三大类，主要包括各种动物、人物、车轮、棋盘、塔形岩画等。青海岩画的分布随地势由东向西逐渐升高。青海湖周边的岩画，海拔约3300米，向西、向南随着地势的升高，岩画分布也随之升高到3600米以上。玉树地区大部分岩画均分布于海拔超过4000米。曲麻莱县的格玛岩画，海拔超过4500米，是目前青海境内海拔最高的一处岩画。

近年来，玉树、果洛、海北、海东等地不断地发现新岩画，除动物岩画外，图案内容更加丰富，增添诸多新的文化因素，填补了多项青海岩画的空白，极大丰富了青海岩画的文化内涵。玉树州境内新发现多处岩画点[3]，初步统计至少有30余处，数千个图案，数量居全省之首，仅称多县共发现24处2269个图案[4]，其中白龙沟岩画是玉树岩画中地域特点突出、文化内涵独特的代表性岩画。在近千个图案中，“塔形图案有57例，占白龙沟符号类岩画总数的30.1%，占白龙沟全部岩画总数的5.5%，这个比重也是目前藏区岩画最高者”[5]。这类塔形图案还出现于曲麻莱昂拉岩画、治多毕色岩画、称多庚卓岩画[6]，可能与青藏高原原始苯教有关。通天河流域称多县昂叶岩画首次发现人面岩画，填补了青海岩画无人面像的空白，为人面岩画的传播交流增添了新材料[7]。两个人面岩画刻于离地表2.2米高的崖壁上，两个人面像左右相邻，与86个塔形图案共存。系用敲凿法加工而成。圆脸、无发、浓眉大眼、三角鼻、一字嘴，风格质朴。玉树岩画中人物形象比较多，特别是佩戴动物面具或头饰牛角的人物形象，颇具地方特色，显示出浓郁的苯教色彩[8]。玉树通天河流域称多县东果、治多县客尤山、玉树市扎寸朵义等新发现多处凹穴岩画，虽然数量不多，但是极大丰富了玉树岩画乃至青海岩画的文化内涵，而且这种凹穴岩画的磨石行为，至今在藏区仍然保留[9]。

近年来，禹王峡岩画是青海岩画非常重要的新发现[10]。该岩画位于民和县官亭盆地，是青海境内分布最东端的一处岩画，大大拓展了青海岩画的分布区域。共发现上百个图案，并存在一定的叠压打破关系。岩画内容丰富，有人面像、持物人像、鸟、凹穴岩画、棋盘状图案、蝌蚪状图案及其他符号等，其中数量最多、最具特点当属凹穴岩画。禹王峡岩画与青海其他地区岩画内容和风格差异较大，动物图案不多，以各类符号为主，凹穴岩画棋盘状图案与河南具茨山岩画风格相近，暗示出黄河上游与中游两地间的联系与交流，同时也为探讨青海凹穴岩画来源及传播路径提供最新的实物资料。

2019年，在青海湖北岸刚察县新发现一处喷绘手印岩画，共12个阴文手印，保存较好，清楚可辨的手印中有左手4个、右手4个，其余均难以辨识[11]。在手印纹下方位置，有单线绘制的两个并列呈站立状的小型人像，与手印大小相若。颜料均为深浅不一的红色，经成分检测含铁，未检测到汞和硫，可以排除是朱砂的可能性，应当是氧化铁类。此外，岩壁上还有斑斑点点的白色，分布散乱，看不出图形，经检测含钙和碳较高，并有硫元素，有可能是硫酸钙或碳酸钙。这种以红色颜料喷绘而成的手印和人像岩画，系青海首次发现，填补了青海境内无涂绘岩画和手印岩画的空白。此外，曲麻莱县新发现黑红彩绘的塔形图案，亦属彩绘岩画[12]。这些新材料不仅补充和丰富青海岩画的文化内涵，对于研究彩绘岩画和手印岩画的传播和演变具有重要的学术价值。

青海岩画通常采用凿刻法加工而成，又可细分为三种：一是敲凿，用硬物在岩石上敲击出许多点窝，勾勒出图像的轮廓，呈现出“剪影”式图像；二是磨刻，线条无明显的凹陷，画面平整光洁；三是线刻，似用金属凿头勾勒出形象轮廓，再掏深线条，线条断面呈“V”形，能够自如地表现细部特征。敲凿法是我省岩画中出现最早、使用最普遍的一种技法，从青铜时代一直沿用到汉唐时期，重点刻画出动物的角、耳、尾等细部特征。

因年代早晚不同，凿刻法加工技法存在差异。在野牛沟岩画中牦牛图像达100个，绝大部分采用通体打击法进行加工，仅有9个采用轮廓打击法；舍卜齐沟岩画有牦牛10个，仅有3个采用轮廓打击法；卢森岩画以轮廓打击法为主；鲁茫沟岩画以打击法为主，由于许多动物图像被后人加工，早期的岩画难以准确地断定加工技法；到晚期岩画的加工技法有了变化，磨划法取代打击法，成为最普遍的技法。哈龙沟岩画以轮廓磨划法居多；湖李木岩画均为磨划法，其中以轮廓磨划法居多；怀头他拉岩画均为磨划法，其中以通体磨划法居多。从表现题材和艺术风格看，青海岩画与北方岩画系统关系密切，地域特色鲜明，可划归为一个单独的区域系统即高原岩画系统。

多数学者依据岩画的内容、风格、技法及其周边的文化遗存等考古材料，结合文献和民族学资料，再运用^{14}C、地衣测年等现代科技手段进行岩画断代，取得了比较科学的结论。21世纪初，汤惠生将综合比较分析法和微腐蚀断代法相结合，将青藏高原岩画划分为四期[13]。本文将一至三期岩画划入早期，即汉代以前，汉代以后为晚期。

二、青海动物岩画的主要内涵

青海岩画集中分布于以畜牧业为主或农牧并存的地区，内容多表现狩猎、游牧、战争、祭祀等，包括动物、人物、车轮、符号几大类，动物在当时人们经济生活中扮演着重要的角色，成为岩画重要的表现对象，常见牦牛、鹿、马、骆驼、羊、虎、狗、狼、豹、鹰、蛇等数十种动物，始终保持着写实的艺术风格。

牦牛是青海岩画出现年代最早、频率最高的一种动物，从青铜时代一直延续到唐代，见有独牛、群牛、人骑牛、射牛图、虎噬牛等。最新普查资料显示，仅少量地点如敖木本哈达、巴里河滩、洪水川沟口未发现牦牛图案。曲麻莱昂拉和章玛、都兰洪水川沟口、德令哈艾力肯达呼尔岩画可辨主要动物也是牦牛。因各地所处自然环境以及时代的差异，牦牛所占比例略有不同。例如早期的野牛沟岩画共计239个形象，动物占207个，以牦牛最多，高达100个，约占动物图案总量的一半；湖李木岩画中有个别形象属于早期，绝大部分为晚期，约有70个图案，动物有63个，牦牛最多，达36个，占动物图案总量的一半还多；哈龙沟岩画可辨形象约17个，全部为动物形象，其中牦牛有6个；舍卜齐沟岩画可辨27个形象，其中动物为24个，牦牛占10个；怀头他拉岩画是最具有代表性的晚期岩画，可辨形象约105个，动物有55个，其中牦牛仅为9个，所占比例已明显下降，新增各类符号是其突出的特点。

因时代不同，牦牛形象也存在差异。早期牦牛形象，头微低，牛角硕大，拱背垂腹，身体浑圆，尾尖呈圆球形。厚重肥硕的躯干与小而尖的脑袋形成鲜明对比，风格古朴，写实性极强。到晚期写实性已不及早期突出，牛角变小，背部隆起不及早期那么明显，身体被拉长，尾巴变短，个别牦牛甚至将四足简化为两足。

除牦牛外，初步统计约50个马的图案。已公布的野牛沟、卢森、舍卜齐沟、巴哈莫力、哈龙沟、怀头他拉及湖李木沟岩画都发现马的图案；“三普”新发现的乌兰牦牛西山、天峻梅陇、德令哈巴嘎、塔温特买图、那仁布勒格斯坦岩画均发现有马。见有独马、人骑马、马拉车、马驮物四种，其中以人骑马数量最多，占一半以上。马图案的数量在时代上并无明显的差别。从地域上看，集中分布于海西地区，以野牛沟岩画的数量最多，独马和人骑马各有6个；其次是怀头他拉岩画，4个独马和6个人骑马，两处岩画中马的数量相差无几。卢森岩画中有2个马图案，轮廓清楚，且将鬃毛也打制出来，制作精细，栩栩如生，堪称青海省岩画中最为精致的马。

骆驼也是青海岩画中常见的动物，其数量与马差不多。野牛沟、卢森、巴哈莫力、哈龙沟、怀头他拉、察汗特买图、鲁茫沟岩画均有发现，以野牛沟岩画数量最多，约20个，几乎占骆驼总数的半数。“三普”新发现格尔木野马滩、乌兰牦牛西山、德令哈塔温特买图和红土沟岩画均有骆驼形象。曲麻莱昂拉、章囊和德令哈巴嘎岩画发现人骑骆驼图像，刚察哈龙和格尔木野马滩岩画发现人牵骆驼图像。曲麻莱塔琼岩画中骆驼刻画简洁，弯曲细长的颈部，微微隆起的背部，其余部分图像被一只牦牛打破，不甚清晰，但造型生动形象[14]。

青海岩画中的骆驼都是双峰驼，也称之为野骆驼。原产于亚洲中部土耳其、中国和蒙古，至少在公元前800多年就被人驯化了。现仍有少量的野骆驼，栖居在中国塔里木盆地至柴达木盆地间。青海曾是骆驼重要的栖息地，至今在青海省乌兰、都兰、格尔木、德令哈等地还生活着一定数量的柴达木双峰驼。都兰塔里他里哈遗址，是唯一经过考古发掘的诺木洪文化遗址[15]。在圈养家畜的大型圈木栏内发现堆积的骆驼粪便，说明距今2600年左右，人们已经掌握了圈养骆驼的技术。骆驼不仅可以为人类提供驼绒、驼肉、驼奶等，而且还是骑乘、驮运、挽曳的良好役畜。都兰热水2018血渭一号墓出土弥足珍贵的骆驼纹印章以及哈日赛墓地发现用骆驼殉葬献祭的习俗，足以说明骆驼发挥着其他动物难以替代的作用以满足人们的特殊需求[16]，在人们精神生活中扮演着极其重要的角色，青海古代游牧民族对骆驼依赖性不言而喻。汉武帝时期，张骞出使西域开辟了著名的丝绸之路；魏晋、南北朝时期，丝绸之路不断发展；唐朝时已达到丝路交往的繁荣鼎盛时期，“丝绸之路”羌中道、河南道、唐蕃古道曾经成为中西交通的主要孔道之一。而骆驼是丝绸之路的主要交通运输工具，成为丝绸之路上标志性的象征符号。

除了上述三种动物外，鹿和虎是青海岩画中比较常见的动物。《青海岩画》中收录的13处岩画除了共和切吉、刚察海西沟、乌兰蓄集、天峻鲁茫沟岩画这4处外，其余都发现有鹿的图案，约20个。“三普”新发现天峻梅陇和道尕尔、乌兰佛岩山和牦牛西山、德令哈巴嘎萨、艾力肯达呼尔、大柴旦红土沟岩画也发现有鹿的形象。近年来，在玉树地区发现数量较多的鹿图案。曲麻莱塔琼岩画中一组鹿的造型别具一格，比较少见[17]。鹿角分多杈呈大“V”形，鹿头均向左，卧膝状，前后肢弯曲呈“L”形，鹿身饰纹饰，短尾。称多噶日岩画（亦称东果岩画）鹿的形象非常有特点[18]，整个画面有三只鹿，羊和牦牛各一只，系用磨刻法加工而成，线条简洁流畅，制作精美。动物头向均朝左，除位于画面中间的羊以外，鹿和牦牛身上均被箭射中。这幅岩画中寓意明晰，应该与祈求狩猎活动成功有关。关于岩画中鹿的文化隐喻，汤惠生认为“青藏高原岩画中的鹿，都可理解为萨满巫师通天的助手”[18]。卡约文化墓葬中发现的鹿纹骨管与岩画中的鹿一样，究其原因，一是鹿是青海高原比较常见的食草动物，跟人们的生产生活关系密切；还有一点，也是其中最重要的原因，那就是在青海古代文化中，乃至全国、全世界范围内，鹿为人们所赋予特殊的文化意义，蕴含着当时人们某种精神寄托或内心期盼。

青海岩画中虎的图案主要出现在天峻卢森（4个）、刚察海西沟（4个）、共和湖李木（3个）、天峻鲁茫沟（9个）等地[19]。“三普”仅在曲麻莱章囊发现虎的形象。从分布地域看，集中分布在天峻、刚察两县。虎的形体较大，身体多饰涡纹，长尾。有独虎、多个虎、虎扑食和人射虎4种表现形式，以虎扑食数量最多，达13个，具有浓郁的北方草原文化特点。

鹰是草原是常见的飞禽，青海岩画出现并不多，野牛沟（3个）、卢森（2个）、舍卜齐沟（1个）、曲麻莱昂拉岩画（1个）、治多毕色岩画（1个）出现单鹰图案[20]。“三普”调查中新增曲麻莱章囊岩画和治多毕色岩画。另外，野牛沟岩画发现一组8个、昂拉岩画两组4个“行列式飞鹰图”[21]。这些鹰多呈展翅状，刻画简捷，采用打击法加工而成。在萨满教中，鹰被认为是萨满通达上下两界，疏通三界最重要的助手之一，其中最重要原因就是鹰特殊的飞翔能力。司巴苯教信仰万物有灵、崇拜自然诸神，认为鹰是神鸟，称之为穹或大鹏。雍仲苯教的创始人辛饶米切沃骑着大鹏鸟首先到象雄传法，象雄古国都城穹窿银城，意为大鹏鸟居住的地方，鹰在苯教的重要性彰明较著。在北方草原青铜文化中，鹰是岩画和青铜器中比较常见的题材，西藏岩画中也发现有鹰纹图案。卡约文化是分布在青海境内的一支土著青铜文化，发现有4件鹰纹骨管、1件鹰纹铜牌饰及饰鹰纹的彩陶罐，是青海古代文化中发现鹰纹数量最多的[22]。这些鹰纹，蕴含了当时人们特殊的精神需求。到晚期由于佛教的传入，人们精神世界发生变化，鹰的文化内涵已被削弱和淡化，因此岩画中很少发现鹰的形象。

三、青海动物岩画与周边地区岩画的相互影响

牦牛是青藏高原特有的物种，也是青藏两地最具代表性的动物岩画。目前西藏岩画约30多处，仅2处未发现牦牛图案，以牦牛为主的岩画达22处[23]，因此青藏高原是我国牦牛岩画的中心分布区。岩画中的牦牛，经常被夸张刻画，显然已被赋予特殊的文化内涵，并随着人群的迁徙向周边地区扩散。甘肃河西走廊的黑山发现牦牛岩画[24]，牛角硕大，拱背垂腹，尾尖呈圆球状，与野牛沟牦牛形象一致。再向东越过黄河到达贺兰山中卫岩画的牦牛特征明显[25]，但与典型的牦牛形象存在一定的区别。牛背稍拱，牛角粗壮，牛尾下垂呈梭形，细部特点已不如野牛沟那么突出。阿拉善左旗岩画的狩猎牦牛图，粗大的牛角向上弯曲，身体趋于细长，看不到拱背垂腹特点，尾尖呈圆圈形[26]，这是目前我国境内分布最东边的一处牦牛岩画。

与青海相邻的新疆且末、阿尔泰山发现的牦牛岩画，牛角呈“O”形，隆背翘尾，身躯健硕，其风格接近野牛沟牦牛形象。盖山林根据岩画的内容和风格，认为是羌人进入塔里木盆地

所为，其年代是青铜时代至早期铁器时代[27]。

大量历史文献、考古资料和民族学资料证实，从新石器时代起，古代氐羌沿着“藏彝走廊”不断向南迁徙，形成了一条古代族群迁徙和文化交流的通道。牦牛岩画因族群的迁徙传入滇西北地区。金沙江流域的岩画主要集中分布于云南中甸、丽江、宁蒗三县境内，此外云南楚雄永仁县、四川稻城及木里县先后发现了50多个岩画点[28]。丽江永胜岩画用白色颜料涂绘牛的形象，表现古人狩猎牦牛的情景，牛很醒目，显得比较强健。牦牛作为青藏高原的文化因素传播到西南地区后，加工技法多采用南方的涂绘法，牦牛演变成野牛的形象，成为西南地区动物岩画的重要表现对象。现今生活在该地区的羌族、佤族、苗族、土家族等少数民族都保留着牛崇拜，溯源这种文化现象，可能与青藏高原牦牛崇拜有着密切的关联。

青海高原至今未发现虎，现存的虎岩画说明，虎作为一种文化符号，通过文化间的交流而传入青海。虎是欧亚草原常见的动物纹之一，是北方游牧民族，特别是匈奴人喜爱的一种动物。以虎为题材的艺术作品，出现于距今3000年左右北方地区夏家店上层文化的动物纹青铜器，盛行于战国至两汉时期，发现大量的虎纹青铜器或金器。隋唐以后，虎纹装饰逐渐减少，以器物和墓葬壁画的形式存在，写实性强。除金属器和墓葬壁画等艺术表现形式之外，在内蒙古阴山、嘉峪关黑山、宁夏贺兰山和北山的岩画中，也发现许多老虎图案，大致可分为单体虎、多体虎、虎扑食和人猎虎4种表现形式。通常岩画中的虎形体较大，处于中心位置。线条宽粗，张口露齿，以虎扑食题材最多，反映出古代人类眼中真实的自然界。青海岩画中的虎，暗示出与北方草原文化之间的关系。

用各种线条装饰动物是北方岩画的突出特点，在黑山、阴山、贺兰山岩画发现用涡纹或折线纹装饰老虎或鹿[29]。这种装饰风格对青海动物岩画产生一定的影响。青海省的岩画中通常用涡纹、平行条纹、“X”射线、网格纹及折线纹来装饰动物，其中以各种涡纹最多。涡纹或繁或简，细分为横涡纹、竖涡纹，单层涡纹、双层涡纹，单个涡纹、多个涡纹等几种类型。卢森岩画的三个虎身前半部分饰横“S”纹、后半部分饰竖涡纹[30]。湖李木沟虎食牛岩画，虎身前半部分饰一个横涡纹，后半部分饰一组平行条纹，还有一处用网格纹饰满整个虎身，这种风格比较少见[31]。共和卡木屯岩画发现以简化的横“S”纹饰鹿，与卢森岩画那个简化的牦牛形象极为接近。类似的鹿在贺兰山也有发现[32]。“三普”新发现的称多赛康岩画多个用涡纹饰鹿图案，与西藏日土的任姆栋、康巴热久、拉卓章的鹿非常接近，张亚莎称为“美丽的鹿”[33]。吕红亮通过对西喜马拉雅地区岩画和考古材料的研究，认为西藏岩画的这种装饰风格是欧亚草原岩画重要的组成部分，并称之为“高原亚洲类型”[34]。这些材料表明，青海岩画，特别是玉树岩画与西藏岩画的关系可能更加密切，同属高原岩画文化圈。

以各种线条装饰动物图案的风格，从不同方向传入青海高原后，融入本地文化因素。“三普”新发现的海晏莫合口岩画发现用涡纹装饰牦牛，身体用两个横涡纹即“S”纹进行装饰，远看就像两个圆圆的眼睛似的，非常有特点。野牛沟、卢森及湖里木用直线或弧线装饰牦牛[35]。

从上述材料可以看出，青海高原动物岩画，出现时间早，延续时间长，始终成为岩画中的核心内容，尤以牦牛最具高原特色，并对周边地区岩画产生了一定的影响。动物岩画的图案造型或装饰风格，明显受到欧亚草原岩画的影响，因各岩画点所处地理位置差异性，可能与新疆、西藏及我国北方草原等不同文化产生直接或间接的相互交流影响，既表现出文化交融后的相似性，又彰显了鲜明的地域性。

注　　释

[1]　汤惠生、张文华：《青海岩画——史前艺术中二元对立思维及其观念的研究》，科学出版社，2001年，第15页。本文岩画名称以第三次全国文物普查录入名为准，与该书名称可能存在差异。如书中舍布齐改为舍卜齐沟、卢山改为卢森、巴哈默力沟改为巴哈莫力、天棚改为鲁芒沟、蓄集改为察汗特买图、和里木改为湖李木沟。文中统计数据来自该书，不再逐一注释。

[2]　青海省第三次全国不可移动文物普查领导小组：《青海省第三次全国不可移动文物普查工作报告》。

[3]　尼玛江才：《玉树岩画》，青海人民出版社，2016年，第26、27页。

[4]　明松·索南稳骤：《称多岩画》，上海文化出版社，2020年，第294页。

[5]　张亚莎、邹沁园、王永军：《青海玉树白龙沟塔岩画的图像学研究》，《青海民族大学学报（社会科学版）》2020年第2期。

[6]　尼玛江才：《玉树岩画》，青海人民出版社，2016年，第133、261、365页。

[7]　明松·索南稳骤：《称多岩画》，上海文化出版社，2020年，第197页。

[8]　张亚莎、邹沁园：《玉树白龙沟岩画与苯教文化关系研究》，《中国藏学》2020年第2期。

[9]　尼玛江才：《玉树通天河流域凹穴岩画的发现》，《西藏艺术研究》2016年第2期。

[10]　青海省文物考古研究所：《青海民和县寺沟峡岩画调查简报》，《四川文物》2021年第2期。

[11]　乔虹、张建林、贾鸿键、王倩倩：《青藏高原首次发现史前彩绘手印岩画》，《中国文物报》2020年2月7日第8版。

[12]　尼玛江才：《玉树岩画》，青海人民出版社，2016年，第31页。

[13]　汤惠生、张文华：《青海岩画——史前艺术中二元对立思维及其观念的研究》，科学出版社，2001年，第167页。

[14]　尼玛江才：《玉树岩画》，青海人民出版社，2016年，第232页。

[15]　吴汝作：《青海都兰县诺木洪塔里他里哈遗址调查与试掘》，《考古学报》1963年第1期。

[16]　赵晓霞：《二〇二〇年中国考古新发现：刷新多项历史认知》，《人民日报海外版》2021年04月05日第11版；肖永明、夏艳平：《2019年青海都兰哈日赛墓地发掘概况》，“青海考古”微信号。

[17]　尼玛江才：《玉树岩画》，青海人民出版社，2016年，第203页。

[18]　明松·索南稳骤：《称多岩画》，上海文化出版社，2020年，第120页。

[19] 汤惠生、张文华：《青海岩画——史前艺术中二元对立思维及其观念的研究》，科学出版社，2001年，第97页。
[20] 尼玛江才：《玉树岩画》，青海人民出版社，2016年，第126、258页。
[21] 尼玛江才：《玉树岩画》，青海人民出版社，2016年，第95、111页。
[22] 青海省湟源县博物馆、青海省文物考古队、青海省社会科学院历史研究室：《青海湟源县大华中庄卡约文化墓地发掘简报》，《考古与文物》1985年第5期；青海省文物考古研究所、吉林大学考古系：《青海大通县黄家寨墓地发掘报告》，《考古》1994年第4期；马兰：《青海文物精品图集》，中国文联出版社，1999年，第68页；刘宝山：《青海化隆上半主洼卡约文化墓地第二次发掘简报》，《考古》1998年第1期。
[23] 张亚莎：《西藏的岩画》，青海人民出版社，2006年，第63页。
[24] 甘肃省博物馆：《甘肃嘉峪关黑山古代岩画》，《考古》1990年第4期。
[25] 周兴华：《中卫岩画》，宁夏人民出版社，1991年，第269页。
[26] 盖山林：《阴山岩画》，文物出版社，1986年，图1301；盖山林：《巴丹吉林沙漠岩画》，北京图书馆出版社，1998年，第77页。
[27] 盖山林：《阴山岩画》，文物出版社，1986年，第123页，图122、123；刘青砚等：《阿尔泰岩画艺术》，山东美术出版社，1998年，图30。
[28] 李刚：《金沙江岩画的考察和保护初探》，《中华文化论坛》2007年第1期。
[29] 银川市贺兰山岩画管理处：《文明的印痕——贺兰口岩画》，上海古籍出版社，2011年，第118、121页；盖山林：《中国岩画》，广东旅游出版社，1996年，第32页图34。
[30] 汤惠生、张文华：《青海岩画——史前艺术中二元对立思维及其观念的研究》，科学出版社，2001年，第39、40页。
[31] 汤惠生、张文华：《青海岩画——史前艺术中二元对立思维及其观念的研究》，科学出版社，2001年，第54、55页。
[32] 盖山林：《中国岩画学》，书目文献出版社，1995年，第91页，图78。
[33] 张亚莎：《西藏的岩画》，青海人民出版社，2006年，第76页。
[34] 吕红亮：《西喜马拉雅岩画欧亚草原因素再检讨》，《考古》2010年第10期。
[35] 汤惠生、张文华：《青海岩画——史前艺术中二元对立思维及其观念的研究》，科学出版社，2001年，第23页，图39；第34页，图66；第58页，图187。

（原刊于《青海民族研究》2013年第3期，本文略作补充修改）

青海史前文化缺首葬俗研究

王倩倩

割肢葬，又名毁尸葬，指人们出于某种信仰对死者实行一定形式的毁坏尸体的安葬方式[1]。由于毁坏部位不同，又有不同的名称，如割指葬、缺首葬（割头葬）、缺肢葬、断趾葬等。而缺首葬则是指此类葬俗中对死者的头骨脱离原身体的埋葬方式，包括单独埋葬头骨或无头尸骨等多种形式。以下仅就通过对青海地区史前时期考古工作中发现的缺首葬资料加以介绍，结合民族学资料对此葬俗所蕴藏的文化现象进行探讨。

一、考古中发现的缺首葬现象

青海史前时期的缺首葬现象多见于墓葬中，少数发现于灰坑中。根据头骨的有无及与肢体的相对位置的不同，可分为以下三类。

A类：仅见头骨，肢体部分缺失。此类又可分为仅见单个头骨和多个头骨两种情况。

仅见单个头骨：如乐都柳湾墓地马厂类型早期M505内有三个个体。西侧个体为一少年女性，四肢不全，东侧个体为一成年男性，仰身直肢。随葬品较丰富，其中斧、凿、锛、刀等石器置于西侧个体头骨附近，陶器放在东、西侧个体头上方或脚下方，共45件。另一个体仅是一具头骨与部分肢骨，置于西侧个体脚下，其周围没有随葬品，这件头骨应该是猎头所得，后作为陪葬品为墓主人陪葬[2]（图一，上）。

有多个头骨：乐都柳湾墓地齐家文化M1179内有四个个体，置于独木棺内的墓主人为35岁的男性，仰身直肢，身首分离，下颌骨放在腿骨上；其余三个个体只有头骨，放在木棺周围，东侧有两个个体，为一18～22岁的青年男性（A）和一10岁的男童（B），西侧个体为一7岁男性（C）。在墓主脚下放置高领双耳罐、侈口罐与陶壶等6件；在B个体东侧放置陶壶4件；在C个体北边放置有陶盆、双耳陶罐、鸮面罐等5件陶器。M979有五个个体，除仰身直置于独木板内的35岁男性墓主外，其余4个个体仅有头骨，皆放置在棺外，其中3具位于棺外东侧，1具置于棺外西侧。仅棺外东侧头骨附近放置一枚海贝[3]（图一，下）。

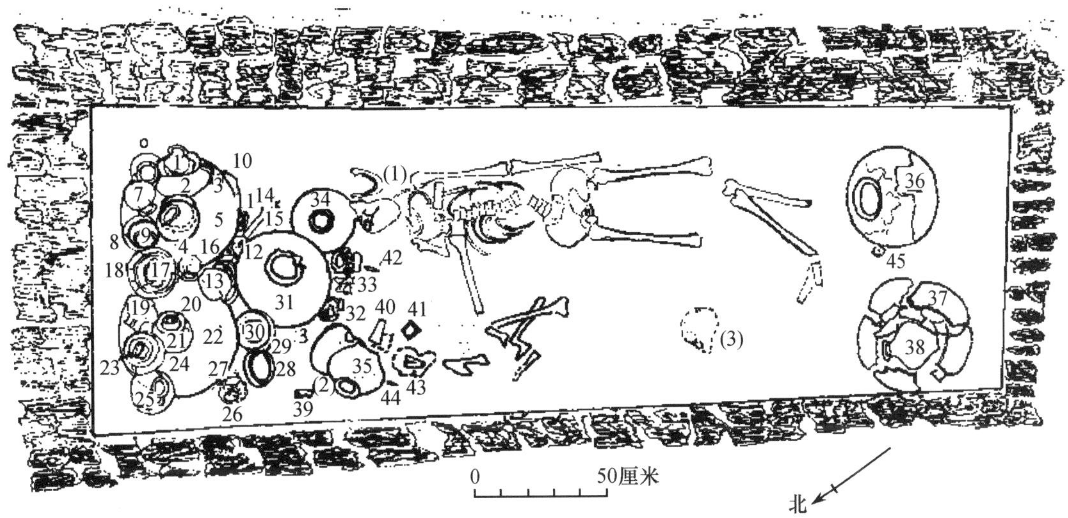

马厂类型M505平面图

1、10～14、16、18、20、25～27、29、30、32、46、49. 粗陶双耳罐 2、8、24、28、48. 侈口双耳陶罐 3. 陶盆 4、15、17、19、33. 小口垂腹陶罐 5、22、31、36、37. 彩陶瓮 6. 长颈陶壶 7、9、21. 双耳彩陶罐 23、47. 陶杯 34、35. 彩陶壶 38. 陶壶 39、41. 石锛 40. 石斧 42、44. 石凿 43. 石刀 45. 陶纺轮

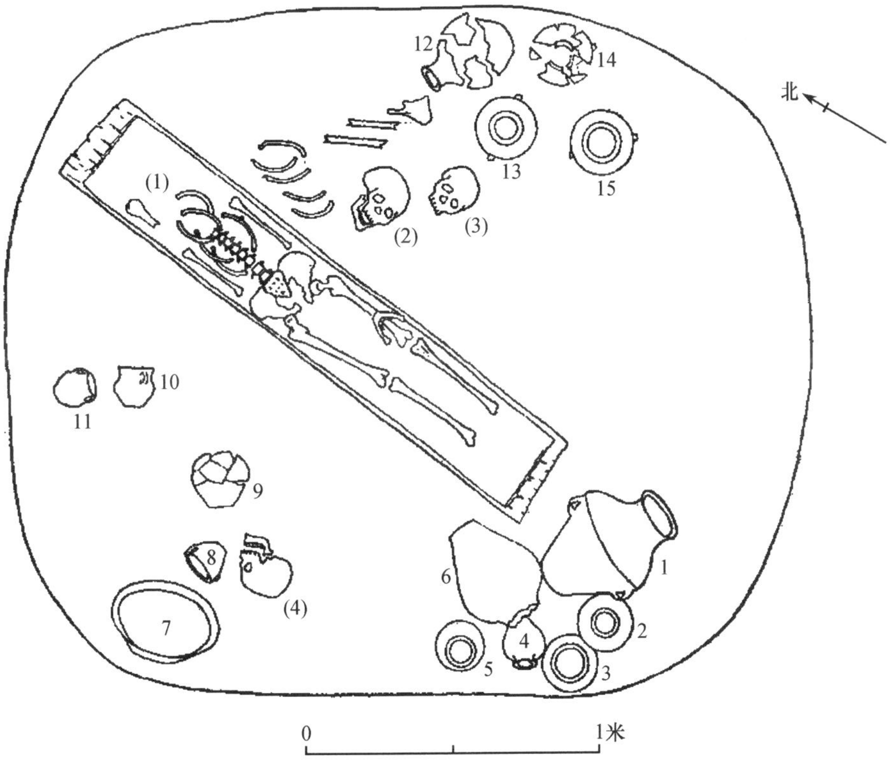

齐家文化M1179平面图

1. 高领双耳陶罐 2、3、6、12～15. 陶壶 4、5. 侈口陶罐 7. 陶盆 8、10、11. 双耳陶罐 9. 鸮面陶罐

图一 柳湾墓地

B类：墓内头骨缺失，只见肢体部分。

民和阳山半山类型墓葬M24内埋葬两个个体，均没有头骨，只剩下身体部分。两个个体人骨架摆放有序，俯身直肢，没有人为扰乱的痕迹，属一次葬。南侧个体为25～30岁男子，北侧个体为6～8岁儿童。南侧男子头部随葬石球、石凿、石锛、彩陶盆、夹砂陶小罐、敛口罐、陶纺轮等12件；北侧儿童头部随葬彩陶壶、彩陶盆、夹砂陶小罐、敛口罐等10件。二者脚下方随葬石凿、彩陶瓮、彩陶壶、夹砂陶小罐等共7件[4]（图二，上）。

柳湾墓地M1337内埋葬两个个体，北侧个体为男性，仰身直肢置于棺中；南侧个体为女性，置于棺外，不见头骨，仰身屈肢侧向男性，部分腿骨膝盖压在木棺下，在腿骨上还压有两块石头。男性头骨处随葬一粗陶双耳罐，男性脚下方棺外及女性头顶处随葬陶器6件。女性右胳膊处随葬一高领双耳陶罐，腰处随葬一件带嘴陶器[5]（图二，下）。

贵南尕马台齐家墓地发现缺首葬6座，分别为M7、M9、M15、M16、M17、M18[6]（图三）。

M9和M15均为单人葬，墓主人都没有头骨，只剩下身体部分。均为男性，俯身直肢，左臂弯曲，右臂直肢或弯曲。随葬品仅有装饰品。M9左腿胫骨附近随葬骨珠，海贝散放于左臂外侧。M15仅在双腿股骨随葬骨珠。

M7和M18墓内均有两个个体，都没有头骨，只剩下身体部分，均为一次葬。M7均为男性，俯身直肢，北侧个体左臂弯曲，右臂直肢，胫骨处随葬一块猪骨；南侧个体双臂弯曲，手骨被割。除随葬1件石器外，其余为装饰品，骨珠主要随葬于股骨间，少量在其右脚附近。M18南侧个体为男性，左臂上伸，右臂向下弯曲，缺肱骨。细石器、骨镞置于右腿股骨处，骨珠置放于男性股骨周围；北侧个体为女性，双臂向下压于盆骨下。颈部放置绿松石珠，左手腕戴有骨腕饰。

M16内有三具个体，南侧小孩无头骨，只剩下身体部分，俯身直肢。成年男性置于墓室之中，俯身直肢，左臂向上弯曲，头部被砸碎，仅存几块碎片，肩胛骨发现于填土中；小孩分置于南、北两侧。北侧小孩为二次扰乱葬，头骨残存几块碎片，左侧肢体被扰乱。无随葬品。

M17为两个个体，北侧个体无头骨，男性，俯身直肢，左臂向上弯曲，右臂下伸手骨压于盆骨下；南侧个体为女性，二次扰乱葬，俯身直肢。男性双腿股骨间随葬骨珠、细石叶。

C类：身首异处，即死者被割头，除肢骨外，头骨放置于填土或墓内的陶罐内。

乐都柳湾墓地马厂类型中期M211为单人墓，墓主人无头骨，成年男性，仰身直肢。近墓门处随葬的M52号瓮内装有人头骨。乐都柳湾墓地像M211将死者的头骨另置于一粗陶瓮的现象，在马厂中期M542和马厂早期M506中也有类似情况存在[7]（图四）。

贵南尕马台齐家墓地M38为单人葬，墓主人的头骨置于填土中，男性，除头部外，其余躯体完整，俯身直肢，双臂下伸。仅颈部随葬海贝、绿松石珠、骨珠相组合的串饰（图五）。

此外，在灰坑中亦所见缺首现象，如大通长宁遗址齐家文化H124①层中仅发现一具人头骨，无随葬品，属缺首葬中的A类[8]。

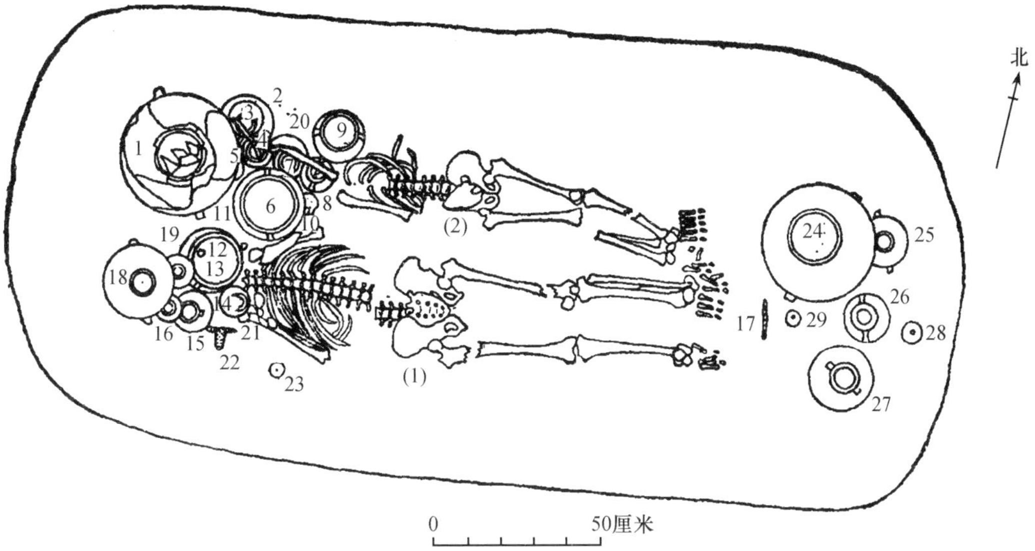

民和阳山墓地M24平面图

1、25. 彩陶壶　2～5、7～10、14、15、20、26、27. 夹砂陶小罐　6、13. 彩陶盆　11. 彩陶敞口罐　12. 石球　16、19. 夹砂陶敛口罐　17、21. 石凿　18. 彩陶小口鼓腹罐　22. 石锛　23、28、29. 陶纺轮　24. 彩陶瓮

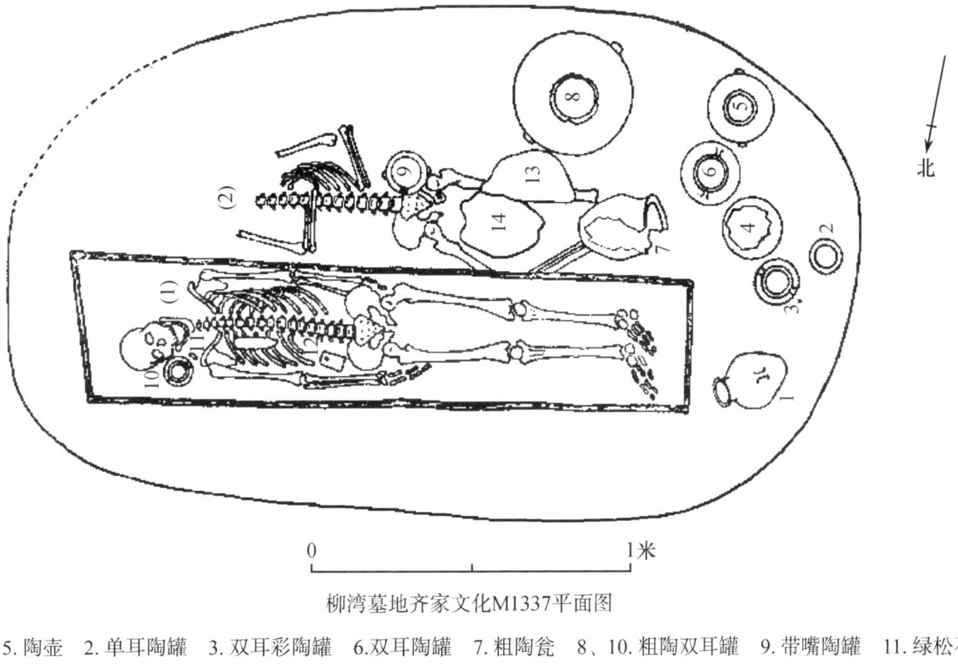

柳湾墓地齐家文化M1337平面图

1、4、5. 陶壶　2. 单耳陶罐　3. 双耳彩陶罐　6.双耳陶罐　7. 粗陶瓮　8、10. 粗陶双耳罐　9. 带嘴陶罐　11. 绿松石饰　12. 石斧　13、14. 石块

图二　民和阳山墓地和柳湾墓地

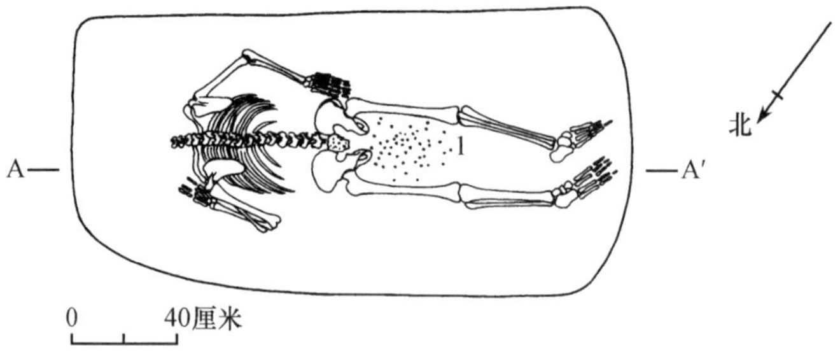

M15平面图

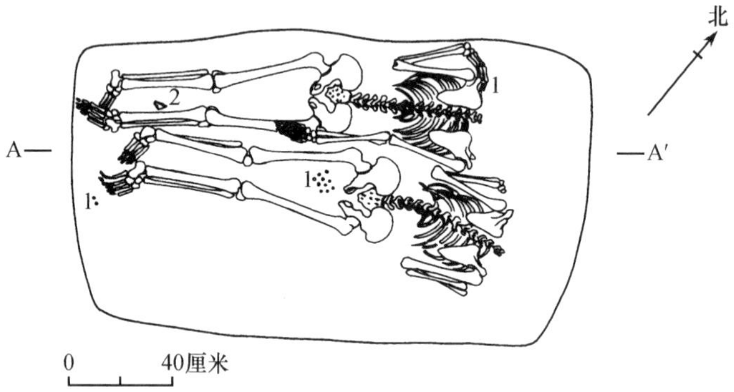

M7平面图

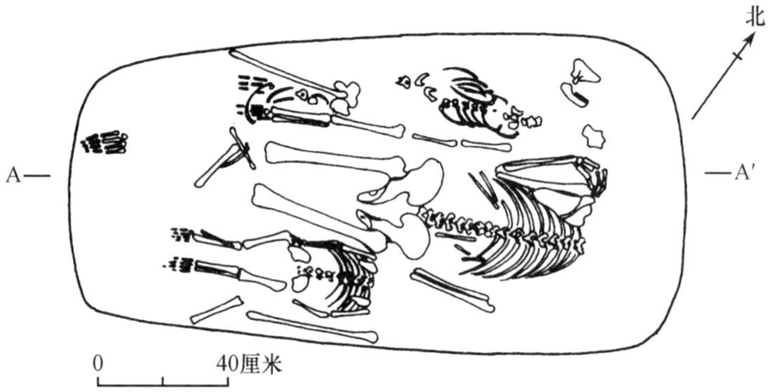

M16平面图

图三　尕马台墓地

由以上可以看出，无头葬“大体上说，缺头现象上有三种情况：一种是只见头骨，不见肢体；一种是只见肢体不见头骨；一种是头骨与肢体都见，但首身分离”[9]。

二、缺首葬的表现形式

这些缺首葬在墓葬中的表现形式不甚一致，或猎首或被猎首。诸墓葬具体属于那种类型，还需要从墓葬本身所反映出的信息，如墓主的位置、缺首者所处的方位以及随葬品的放置位置等方面加以考察（表一）。

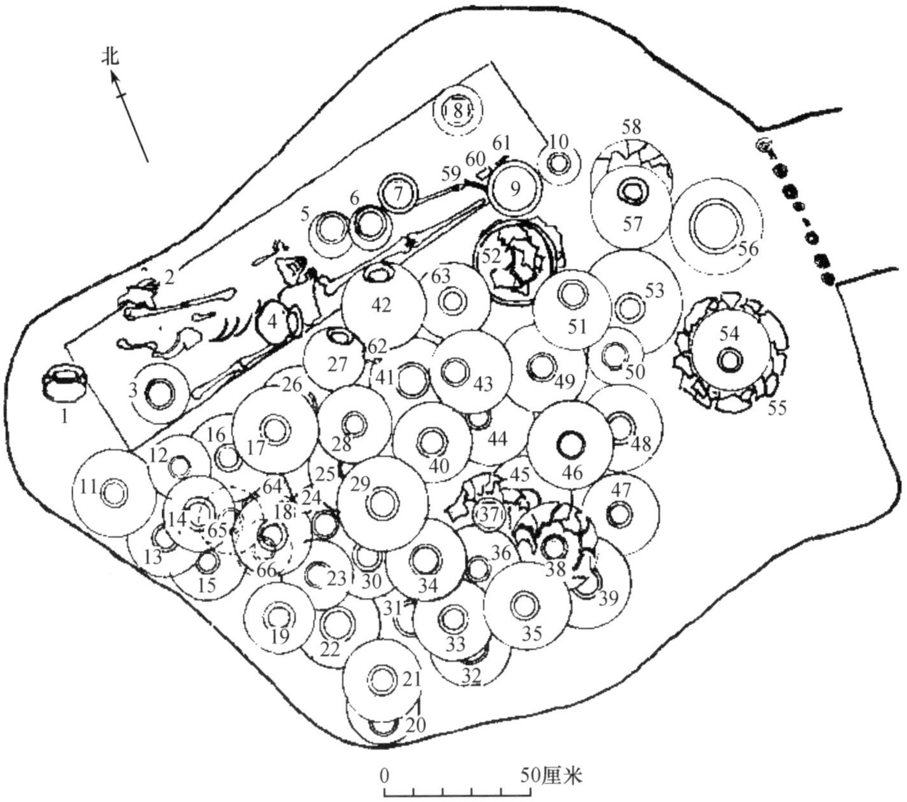

图四　柳湾墓地M211平面图

1、2、7. 双耳彩陶罐　3. 陶盆　4、8. 粗陶双耳罐　5、6、10. 小口垂腹陶罐　9. 彩陶罐　11、12、14～51、53、57、58、62～66. 彩陶壶　13. 长颈陶壶　52、55、56. 粗陶瓮　59. 石斧　60. 石锛　61. 石凿　67. 串珠

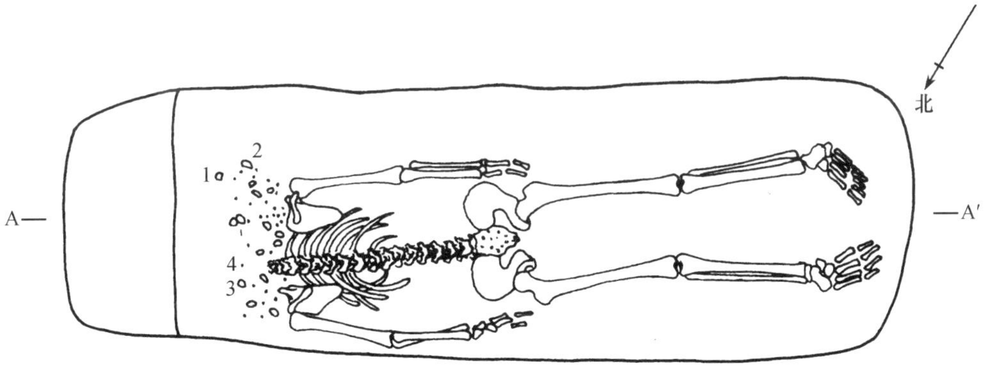

图五　尕马台墓地M38平面图

1、2. 海贝　3. 绿松石　4. 骨珠

表一　青海史前文化部分缺首葬情况统计表

类别	遗址／墓葬名称	墓号	无头埋葬的个体数						
			男	女	儿童	不详	总数	头向	类型
猎首	柳湾墓地	M505				1	1	不明	A类
		M211	1				1	不明	C类
		M979				4	4	东3、西1	A类
		M1179	1			3	4	东2、西1	A类
	尕马台墓地	M38	1				1	东	C类
	长宁遗址	H124		1			1	不明	A类
被猎首	尕马台墓地	M7	1	1			2	东	B类
		M9	1				1	东	B类
		M15	1				1	东	B类
		M16			1		1	东	B类
		M17	1				1	东	B类
		M18	1	1			2	男东、女西	B类
	阳山墓地	M24	1		1		2	西	B类
	柳湾墓地	M1337		1			1	东	B类

1. 猎首

柳湾墓地M505中共有3具尸骨，其中两个个体属于正常埋葬，随葬品放在正常埋葬的两个个体头骨附近或脚下方，应该是墓主；另一个则仅有一具头骨，且置于左侧墓主的脚下方，附近无随葬品，可见其地位较墓主低下，是用猎首来的头骨来埋葬的。M211内有一个个体，墓主人为成年男性仰身直肢，无头骨，在头部置一彩陶体。近墓门处随葬的陶瓮内装有人头骨。这种情形在542号墓和506号墓中均出现过。这具头骨有可能是猎首头骨来埋葬的。

柳湾墓地M1179中的四个个体，男性位于棺内，身首分离，为墓主人，而棺外的三个个体位于木棺周围，且仅有头骨，头骨与随葬品杂陈。M979棺外两侧有四个头骨。这些头骨置于棺外，与随葬品杂陈，是用猎首来的头骨埋葬的。

尕马台齐家墓地M38在填土中发现的头骨。这种情况与上述M211相似，这具头骨是猎首而来埋葬的。

对于灰坑中的头骨，很可能是猎首来了头骨后来作为祭祀而直接埋入所致。

2. 被猎首

尕马台齐家墓地M7、M9、M15、M16、M17和M18均属于无头埋葬，随葬品有，但是较少，仅有装饰品。缺失的这些头骨可能被猎首，所以只好安葬无头尸身。M9与M15墓内有一个个体无头埋葬，M7与M18墓内有两个个体无头埋葬，M17墓内有两个个体，北侧个体无头埋葬，南侧个体为二次扰乱葬，M16中有三个个体，其中有两个个体属于正常埋葬（一成年一小孩），成年男性置于墓室之中，仅南侧小孩无头骨，无随葬品。从尕马台齐家墓地整体情况看，埋葬人骨架完整的墓葬墓主人随葬品丰富，如M25随葬品种类多，有陶器、铜器、装饰品等，头骨前放置生活用具2件，双耳彩陶罐放置在粗陶盆内。装饰品有海贝11枚、骨珠583枚、绿松石珠16枚组合置于颈部；铜泡2件置于左手腕外侧；铜镜置于骨架下的胸部处。而无头埋葬的墓主人仅随葬一些佩带的装饰品。从墓葬埋葬位置看亦有区别，墓地中的整体葬埋葬在墓地中部，而无头埋葬的则位于墓地的东北边缘。缺首墓葬的单独放置可能与对凶死者的处置有关。凶死者一般实行特殊的葬法，其中包括缺首葬。如海南岛有些黎族，正常死亡实行土葬，使用独木棺，归葬氏族墓地；凶死者则令人畏惧，不能入墓地，葬具比较简陋，但送葬时，要走弯曲的路，下葬时采取俯身葬，以木锥钉尸，上面压有巨石，然后才填土。据说这样死者就翻不了身，永远不会扰乱活人，即使亡灵回来，也找不到归途[10]。

阳山墓地M24两个个体均属于无头埋葬，与其他墓葬一起葬入公共墓地，位置并不特殊，葬式都是俯身葬，与其他正常死亡者一样，而且随葬品的数量、品种也都与其他墓葬一样，报告中认为是一种非正常死亡现象[11]。这两个个体可能是被猎头者，结合墓葬周边发现圆形祭祀坑现象，推测被猎头者是为了祭祀。

柳湾墓地M1337内埋葬两个个体，其中北侧个体属于正常埋葬，为男子，置于棺内；南侧个体不见头骨，为女性，置于棺外，部分腿骨膝盖压在木棺下，在腿骨上还压有两块石头。其中石斧置于男性的腰部，陶罐放在头部，绿松石放在颈部，其余陶器放在脚下方。棺外的这具无头骨女性有可能是被猎首后而埋葬的。

“因此原始社会墓地中经常发现的无头葬就是被其他部族猎取了人头的结果。”[12]

三、相关民族学材料

从上述考古资料可以看出，青海史前时期有着形制多样的缺首葬现象。这些各自不同的缺首葬所蕴藏的意义是什么？反映了怎样的社会习俗？只能依托缺首葬本身的考古学资料信息，结合民族学材料来尝试解释这种独特的葬俗现象。

仅使用头骨的缺首葬，无论单个头骨，还是使用多个头骨，这些头骨都是猎取而来的。这些头骨与随葬器物一般放置在一起，故推测这些头骨的来源是猎取了别的人头，抑或是砍下死者家内奴隶的人头来随葬的。

柳湾墓地M1337为成年男子和女子合葬，属于一次葬，其中女子的头骨不存，从墓中放置的相对位置可以看出，两者地位是不平等的。男性仰身直肢，置于墓室中央；女性位于棺外，仰身屈肢侧向男性。这一现象与甘肃永靖秦魏家[13]、武威皇娘娘台[14]发现的男女合葬墓情况相同，所以推测这具女子是用来陪葬的。

阳山墓地M24两个无头埋葬者采取了俯身的葬式。在尕马台遗址齐家墓地中，可辨葬式的无头埋葬者均采用了俯身的葬式，特别值得注意的是，尕马台齐家墓地中的缺首葬都被放置在墓地边缘位置，与正常墓葬虽然在同一区域，却有着明显的间隔，反映出有意而为之的区别对待。这一现象与古代对恶死者的区别对待较为近似。同时作为一种特殊的葬俗，尕马台齐家墓地内的俯身葬与海南岛黎族下葬时采取俯身葬相一致。黎族采用的这种俯身葬是一种凶死者的处置方式[15]，因此尕马台遗址齐家墓地中发现的缺首葬有可能是凶死者。因此，怀疑此墓地内墓主是被猎首后，被自己族人作为凶死者分区埋葬。

考古发现证明，在我国黄河、长江流域等多处地点在新石器至青铜时代都存在猎头现象。例如在居址当中发现的人头骨，其中位于夯土层中的是用来奠基的，出土于灰土层中的则可能是原本放置在屋内的。在填土或陶瓮中发现的头骨，有可能是墓主人的，也有可能是本氏族成员的头被别的氏族猎去，又从别的氏族猎来人头安置于失头者墓中。目前，我们虽无法确切知道这具人头骨的具体意义，但根据宝鸡北首岭仰韶文化墓葬中发现的以陶罐代替墓主失去的头颅的现象推测，可能是用来代替献祭过程中不足数的人头的[16]，用陶器代替头颅，这在一定意义上蕴含有让死者“死而复生”之意[17]。对于灰坑中发现的人头骨现象，在中原地区的龙山文化时期也时有发现。如在河北邯郸涧沟遗址的龙山文化灰坑中发现有“单一的头骨（如T16H2）”[18]。可能在祭祀过程中直接埋入的，用以祭祀田神或祭谷。湖北房县七里河新石器时代晚期遗址中也有发现[19]。如灰坑（76H10）的近底处三件人头骨；陶窑（78Y1）火膛之南的火口内，放置有一个成年人头骨，头朝东北，面朝上，头骨未见有烧烤痕迹，可能与陶窑废弃以后在此举行的祭祀活动有关。近年来，在陕西神木石峁遗址发现头骨坑，头骨的女性明显多于男性，且不见未成年个体。这些头骨上留有明显的火烧痕迹，有的枕骨和下颌部位还有灼烧过的迹象。据分析这些头骨坑可能与祭祀的仪式或者卸取头骨有关。砍掉年轻女性的头，放置在城墙下，用来祈愿或祭神[20]。用猎取的人头祭祀神灵的行为，这种情况在我国史前遗址是常见的。云南出土的青铜贮贝器上有杀人祭祀场面，有手持人头或篮中盛放人头的造型，这种祭祀是为了祈祷谷物丰收。有学者研究认为，将人埋入圆形窖穴，是“祭祀人格化神或‘地母’，等自然崇拜”的[21]。这种将人埋入圆形窖穴（废弃后被称为灰坑）的现象，由于无法直接知道其确切意义，故推测灰坑中的头骨有可能是祭祀类遗存。

从民族学材料看，对我们了解这种葬俗有或许一些启示。佤族直到解放前还流行猎头习俗，用猎获的人头来祭祀主宰万物的神灵“木依吉”[22]。“我国古代生活在云南境内的‘滇族’，每年都要举行隆重的祖先颅崇拜仪式，目的是请求祖先的神灵恢复土地的孕育力。”[23]在云南佤族的猎头习俗中，人头的来源有四种，一是仇头，仇杀械斗时所猎；二是路头，即在路上设坛，凡进入坛内而被剽杀的陌生人的首级；三是鬼头，就是掘墓所砍的头；四是购头，花钱购买奴隶而砍下的首级[24]。同时民族学调查发现，佤族信奉万物有灵的原始宗教，他们最崇拜的鬼神是“木依吉”，他们认为木依吉是创造万物的神灵，掌管刮风、下雨、打雷，甚至谷子长得好坏、人的生死都归他管，他们的砍人头祭谷等较大的宗教活动，都是按照所谓的木依吉的指示和为了祭祀木依吉而举行的。每个村寨附近都有一个“鬼林”（或称“神林”）

是存放供过的人头的地方。他们认为只有人头祭谷，谷子才能长得好，村寨才安全。每年猎头祭谷的时间，一是在春播前后，一是在秋收之前，其他时间有机会也可以猎头，猎取人头后，便开始隆重的宗教仪式，进行祭祀活动[25]。每当播种和收割季节，猎头活动就特别频繁。《太平御览·四夷部》引《南州异物志》载：乌浒人“春月方田，尤好出索人，贪得之，以祭田神也”。《明史·外国传·鸡笼》载：“鸡笼山在澎湖屿东北，故名北港，又名东番□□谷种落地则止杀，谓行好事，助天公乞饭食。既收获即标竹竿于道，谓之插青，此时逢外人便杀矣。”通过民族学资料，可知猎首的习俗更多是为了猎首庆丰收。

从考古发现看，史前时期猎首来的头骨大多是作为墓主的随葬品置于墓中。这些头骨是专门为了陪葬而猎取的，还是如民族学材料那样是为了丰谷祭祀而猎取的，在这一功能完成后，才作为陪葬品出现在墓内的，由于中间过程的无从考察，而难以确实。但根据目前发现的考古资料及民族学证据，概括起来，主要有以下两个方面：其一是猎头为祭，即专门猎取人头用以进行宗教祭祀活动，这种现象比较常见。其二是人头崇拜[26]。在万物有灵观念的支配下，人们相信头颅内藏有这个人的灵魂，而猎获人头就可以将其灵魂为自己所用。头颅是神灵或祖先喜爱的最高级贡品，用其来献祭，定能换得神灵或祖先的保佑。所以人们对猎到的人头怀有敬畏感，反过来又把猎取的人头作为祭祀的对象。

综上所述，缺首葬作为一种特殊的文化现象，在考古发掘及民族学中都有不同程度存在，考古发现的缺首葬俗主要是猎首和被猎首现象，它为研究民族学材料提供了实物资料和验证作用，而民族学材料中反映出的缺首葬俗为阐释考古中发现的缺首葬资料提供了借鉴参考和研究思路。

注　释

[1] 宋兆麟：《民族志中的割肢葬》，《中原文物》2003年第2期。

[2] 青海省文物管理处考古队：《青海乐都柳湾原始社会墓地反映出的主要问题》，《考古》1976年第6期。

[3] 刘宝山：《从柳湾墓地到河湟地区史前考古学研究》，三秦出版社，2010年。

[4] 青海省文物考古研究所：《民和阳山》，文物出版社，1990年，第36~42页。

[5] 青海省文物管理处考古队、中国社会科学院考古研究所：《青海柳湾》，文物出版社，1984年。

[6] 青海省文物考古研究所、北京大学考古文博学院：《贵南尕马台》，科学出版社，2016年。

[7] 青海省文物管理处考古队：《青海乐都柳湾原始社会墓地反映出的主要问题》，《考古》1976年第6期。

[8] 青海大通长宁遗址发掘简报，资料在整理中。

[9] 孙其刚：《考古所见缺头习俗的民族学考察》，《中国历史博物馆馆刊》1998年第2期。

[10] 宋兆麟：《民族志中的割肢葬》，《中原文物》2003年第2期。

[11] 青海省文物考古研究所：《民和阳山》，文物出版社，1990年，第36~42页。

[12] 中国社会科学院考古研究所：《宝鸡北首岭》，文物出版社，1983年，第86页。

[13] 中国科学院考古研究所甘肃工作队：《甘肃永靖秦魏家齐家文化墓地》，《考古学报》1975年第2期，第59页。

[14] 中国科学院考古研究所甘肃工作队：《甘肃永靖大何庄遗址发掘报告》，《考古学报》1974年第2期，第38页。

[15] 宋兆麟：《民族志中的割肢葬》，《中原文物》2003年第2期。

[16] 钱耀鹏：《试论我国史前时代的猎头习俗》，《考古与文物》1994年第4期。

[17] 中国社会科学院考古研究所：《宝鸡北首岭》，文物出版社，1983年，第86页。

[18] 河北省文化局文物工作队：《河北邯郸涧沟村古遗址发掘简报》，《考古》1961年第4期。

[19] 湖北省文物考古研究所：《房县七里河》，文物出版社，2008年，第32、58页。

[20] 陈靓、熊建雪、邵晶、孙周勇：《陕西神木石峁城址祭祀坑出土人头骨研究》，《考古与文物》2016年第4期。

[21] 钱耀鹏：《试论我国史前时代的猎头习俗》，《考古与文物》1994年第4期。

[22] 王克林：《试论我国人祭和人殉的起源》，《文物》1982年第3期。

[23] 李锦山：《史前猎头习俗中的宗教色彩》，《文史杂志》1987年第2期。

[24] 王胜华：《西盟佤族的猎头习俗与头颅崇拜》，《中国文化》1994年第9期。

[25] 田继周、罗之基：《西盟佤族的自然宗教》，《世界宗教研究》1981年第4期，第114～123页。

[26] 钱耀鹏：《试论我国史前时代的猎头习俗》，《考古与文物》1994年第4期。

（原刊于《青海社会科学》2015 年第4期）

青海东北部地区的马家窑类型遗存

肖永明

一、马家窑文化马家窑类型分布与分期

（一）马家窑文化的分布与分期

在仰韶文化晚期阶段，青海东北部地区兴起的是马家窑文化。一般认为马家窑文化是部分吸收了仰韶文化庙底沟期的因素，同时也吸收了黄河流域及其周边地区新的文化因素而发展起来的。广义的马家窑文化绝对年代在距今5500～4000年，一般认为先后经历了三个相继发展的类型期：马家窑类型期距今5290～4880年；半山类型期距今4655～4330年；马厂类型期距今4330～4055年。有些学者在马家窑类型前插入一个石岭下类型，或将以石岭下类型为代表的遗存作为马家窑类型的早期，还有在马家窑类型之后插入一个小坪子期，或把小坪子期归入马家窑类型的晚期[1]。有的学者则认为石岭下类型应归属于仰韶文化大地湾四期类型[2]。马家窑文化与黄河上游的宗日遗存存在并行发展的时期，并对宗日早期遗存有着深刻的影响。有些学者将宗日遗存称为宗日文化，有的则认为宗日遗存是马家窑文化的一个地方类型——宗日类型。

（二）马家窑类型的分布

马家窑文化马家窑类型以陇西至青海东北部的黄河流域为分布中心，东北至宁夏南部，西北至酒泉东南部[3]，西南至青海同德宗日，南达白龙江上游甚至四川西北部[4]。甘青地区代表性的遗存有甘肃临洮马家窑遗址[5]、东乡林家遗址[6]、临夏范家村遗址[7]、兰州西坡岻遗址[8]、兰州曹家咀遗址[9]、兰州王保保城遗址[10]、武都大李家坪遗址三期[11]、永登蒋家坪[12]、天水师赵村五期和西山坪五期遗存[13]、傅家门“马家窑类型遗存”[14]、武威塔儿湾遗址、武威五坝山墓葬[15]，青海尖扎河东台遗址[16]、公伯峡哇家滩遗址[17]、拉毛遗址[18]、化隆亚曲滩遗址[19]、同仁土干木遗址[20]、大通上孙家寨墓地[21]、贵南加土乎遗址

泉二探沟3层[22]、乐都脑庄M1[23]、民和核桃庄马家窑类型一号墓[24]、同德宗日墓地一期遗存等[25]。

二、青海境内马家窑类型遗址的分布与发掘概况

从分布区域上来看，青海境内的马家窑类型的遗存分布是覆盖了民和、循化、化隆境内仰韶文化遗存的分布范围并继续沿黄河、湟水谷地向上游及其支流深入，黄河最上游到达同德县巴沟乡一带，湟水上游到达湟中县多巴镇一带及其支流北川河下游大通长宁一带，东与甘肃境内黄河支流流域的临夏范家村、东乡林家马家窑类型的遗址相衔接。通过调查青海东北部发现的马家窑遗址有200余处[26]。历年来经过发掘的遗址和墓葬如下。

1. 民和核桃庄马家窑类型一号墓[27]

1978年青海省文物考古队对民和县核桃庄公社核桃庄大队拱北台遗址进行了发掘，该遗址位于湟水河支流米拉湾河东岸，在遗址下层发现了一座马家窑类型的竖穴土坑墓。墓葬平面近方形，木椁墓，有熟土二层台，属二次扰乱葬。出土器物261件，其中陶器36件，骨珠215枚，绿松石10粒。此外，还殉有羊、猪头和三十多具鼠骨等。其中陶器器形有盆、壶、瓶、钵、瓮、罐等。

2. 乐都脑庄M1[28]

脑庄墓地位于湟水河中游的支流水磨沟西岸第二台地上，1979年乐都县马营公社脑庄大队第三生产队社员在新建庄院取土时发现该墓，青海省文物考古队进行了清理，编号为M1，墓葬已遭到严重破坏，墓葬形制不清。随葬陶器12件，有钵、壶、瓮、彩陶钵、彩陶盆和彩陶罐等。

3. 大通上孙家寨早期墓地[29]

1973～1981年为配合青海省木材储运公司基本建设，青海省文物考古队、中国社会科学院考古研究所甘青队、甘肃省博物馆以及青海省部分州县的文物工作者，北京大学、西北大学、吉林大学的部分师生对上孙家寨遗址进行了大规模的发掘。该遗址位于湟水河上游的支流北川河西岸台地，既有遗址又有墓葬，包含有新石器时代马家窑文化，青铜时代的齐家文化、辛店文化、卡约文化以及汉晋时期的遗存。其中发掘马家窑类型墓葬21座，墓葬均为方形竖穴土坑墓，有熟土二层台和木椁。有单人葬也有男女合葬，葬式均为二次扰乱葬，还有火葬墓。陶器有钵、碗、盆、罐、壶、瓮等。

4. 贵南加土乎遗址[30]

1980年为配合黄河上游龙羊峡水电站工程建设，青海省考古队在发掘拉乙亥玛泥湾遗址时对加土乎遗址作了调查和试掘工作，加土乎遗址位于贵南县原拉乙亥公社驻地之南的加土乎大队，属黄河南岸二级阶地，距河床约1.5千米。在调查的基础上对加土乎遗址泉二、泉三、泉四等三处地点进行了试掘，其中泉二、泉三遗址是马家窑类型的遗址。

泉二遗址：发掘了一条5米×1.5米探沟，文化层厚1.1米的灰层，可分上、下两层。上层堆积厚0.4～0.5米，为马家窑文化晚期堆积。图案以几何形作为母题，主要纹饰有平行线条纹、竖线条纹、倒锯齿三角纹、垂幛纹、菱形网纹等，器形可辨彩陶钵、罐、壶，泥质灰陶钵、罐，夹砂绳纹罐等。下层厚0.5～0.6米，可辨陶器器形有彩陶盆、钵、壶，夹砂陶有绳纹罐、附加堆纹罐。另有石斧、石网坠、骨锥、陶环其他遗物。陶系以夹砂陶略多，其次为泥质红陶。彩陶纹饰有平行条纹、弧线纹、圆点、弧边三角纹、圆圈纹内填充网格纹。

泉三遗址：发掘了一条5米×1米探沟，文化堆积厚0.2米，马家窑类型中期堆积。可辨陶器器形有彩陶钵、盆、壶，另有石匕、残磨石、石球等其他遗物。陶片较少，多为彩陶。黑彩纹饰主要有平行条纹、弧线纹、弧边三角纹。

5. 宗日遗存[31]

宗日遗存位于同德县巴沟乡团结村南黄河北岸的二级台地边缘，既有遗址又有墓葬。1994～1996年由青海省文物处组织人员进行正式发掘，先后清理墓葬341座，灰坑18个，祭祀坑18个。2002年陈洪海先生发表了《宗日遗存研究》博士论文，系统阐述了宗日遗存的发现、发掘与研究情况。宗日遗存依据墓葬陶器共分为三期六段，一期（分Ⅰ段、Ⅱ段）相当于马家窑类型期，共有墓葬46座。随葬陶器不多，但均为实用器，以马家窑文化系统陶器为主要特色。其中一期Ⅰ段墓葬15座，基本上几乎全是马家窑类型的泥质陶，仅有一两件宗日式陶器。Ⅱ段墓葬31座，Ⅱ段的宗日式陶器渐多，新增了壶、碗。一期器物组合有罐、瓮、盆、瓶、壶、碗。第一期墓葬形制比较大，很多有二层台，使用圆木和半圆木搭建的木椁或用简单的石盖板或仅是四个边框的石椁葬具普遍，一次葬及仰身直肢姿势占有一定的比例，二次扰乱者有30座。

6. 同仁土干木遗址[32]

2005年，为配合阿同公路基建工程，青海省文物考古研究所对同仁县土干木遗址进行了抢救性发掘。遗址位于同仁县城东北约1000米的年都乎村，地处隆务河西岸的一级台地，发掘面积1300平方米。遗址破坏严重，仅存的部分房址的底部基槽、灶址及柱洞，房址靠近河沿，房址呈西南—东北向，方形或长方形，四周挖有基槽，槽内有柱洞；房址内有一大一小两个圆形圜底灶坑；灰坑有袋状、盆状及锅底形等。灰沟呈南北向贯穿台地中部，宽8～10、深0.7～0.8米，其内出土大量陶片、动物骨骼等。生产工具以石器为主，有石斧、锛、刀、杵、凿、石球、盘状器、砍砸器及磨石等；陶器有罐、钵、盆、瓮、甑、瓶、碗及纺轮等；骨器中有骨梗刀、锥、针等；装饰品较少，主要有石环、陶环、绿松石及骨饰等。

7. 尖扎河东台遗址[33]

2004年配合公伯峡水电站建设，青海省文物考古研究所对尖扎县黄河东岸的河东台遗址进行了发掘，发掘面积800平方米。文化层基本已被破坏，仅剩遗迹单位的底部。共发掘圆形房址3座，长方形房址1座。房址保存不好，仅存底部，从局部残存的基槽判断，可能存在地面起建的圆形房址，也有半地穴式的房址，门均向南开，室内有盆状平底灶。有圆形袋状、椭圆形斜壁平底坑。河东台遗址的陶器有钵、瓶、壶、盆、甑、罐等（图一）。

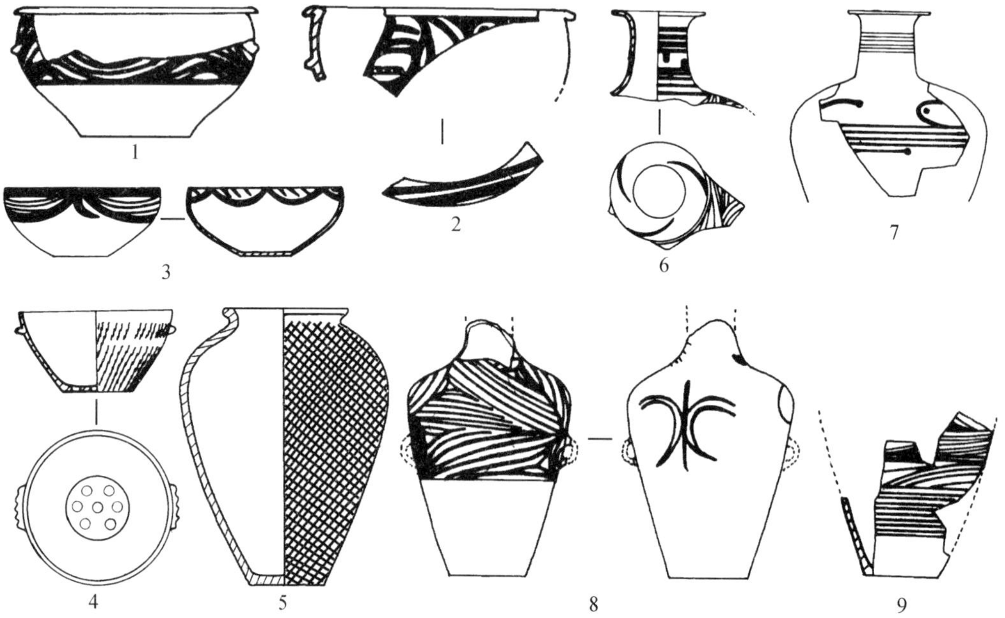

图一　尖扎河东台遗址出土陶器

1、2. 卷沿曲腹盆　3. 直口钵　4. 双鋬盆形甑　5. 侈口夹砂罐　6、7. 长颈圆肩壶　8、9. 细颈瓶

8. 化隆亚曲滩遗址[34]

2004年配合公伯峡水电站基建工程，青海省文物考古研究所对化隆县德恒隆乡亚曲滩村西、黄河东岸的一级阶地上的亚曲滩遗址进行了发掘，共揭露面积750平方米。发掘保存较为完整房址2座，结构为半地穴式，平面呈圆角长方形，面积约25平方米。居住面及墙壁有一层草拌泥，房内有一大一小两个火塘式盆状灶坑，沿墙壁内侧一周有若干柱洞，房址中部也有一排柱洞把房子一分为二。两座房址的门道均向南，位于房址东南角。其中F2填土中包含有大量木炭及红烧土，被烧成炭状的木柱残痕仍清晰可辨，居住面及穴壁俱被烧烤成红色。窑址由

于平整土地，大部已遭破坏，仅剩部分窑箅和火道；在其西面不远处，发现有制作陶器的工作面及取陶土时所挖的圆形大坑。所清理的一条灰坑略呈南北向横穿发掘区东部，平面形状不规则，北宽南窄，口宽6.5～12.5、深0.45～0.75米，沟壁不规整，沟底较平。沟内填满松软的灰土，出土较多的马家窑文化陶片及石块。灰坑有圆形袋状、长方形斜壁坑等。陶器有罐、盆、壶、瓶、甑、瓮等，其中F2中出土1件彩陶罐和2件彩陶；石制生产工具也有斧、刀、凿、锛、钺、环状器及盘状器（图二）。

1 2 3

图二 化隆亚曲滩遗址F2出土陶器

1、3. 彩陶瓶 2. 彩陶罐

9. 尖扎拉毛遗址[35]

2004年配合公伯峡水电站基建工程，青海省文物考古研究所对尖扎县昂拉乡拉毛村村西黄河西岸二级台地的拉毛遗址进行了发掘，共揭露面积1000平方米。

清理出马家窑类型期的灰沟1条、灰坑11座，灰沟长度为16米，口大底小，剖面呈倒梯形。坑口宽2.84～4.28、底部宽径1.1～1.82、深2.96米。沟内文化堆积共分5层。灰坑有圆形袋状、圆形或椭圆形桶状及不规则形11座。

完整陶器较少，泥质陶可辨器形有壶、罐、盆、钵、碗等，有一定数量的彩陶，多为黑彩，也有少量的红彩。彩陶纹饰有弧线三角纹、垂幛纹、漩涡纹、平行条纹、圆圈纹及少量的动物纹饰等。夹砂粗陶可辨器形有罐、盆、甑等，器表纹饰多为绳纹、附加堆纹、刻划纹、网格纹等；陶器制法有手制和轮制，壶、瓶的口沿大部分用慢轮修整，而小的陶器一般用手制，如小陶杯、小陶罐等，制作较粗糙。

石器有磨制石器和打制石器两种。磨制石器主要有单双孔刀、凿、斧、环等；打制石器主要有打制石片、砍砸器等。骨器多用动物的肢骨磨制而成，器形有骨锥、针、指环、鹿角器等。

10. 化隆哇家滩遗址[36]

2004年配合公伯峡水电站基建工程，青海省文物考古研究所对哇家滩遗址进行了发掘。遗址位于化隆县德恒隆乡哇家滩村西的黄河北岸一级台地，发掘面积1200平方米。清理出马家窑类型的房址2座和几座灰坑、灶址。房址虽然部分有破坏，但形制结构基本完整，两座房屋平面均呈圆角长方形。1号房址东西长约6、南北宽约5米，面积达30余平方米，根据现存墙面与四周壁的柱洞分析，房屋结构推测为半地穴式房址。2号房址中发现有大量粗大的木炭遗存，地面与墙壁均呈红色，室内的生活用陶器等均破碎并烧成黑色，表明2号房址废弃的直接原因与失火有关。房址中间为圆形锅状灶，经过解剖，这些灶多次修补，说明房屋的使用时间亦较长。出土了大量的石刀、石斧、石环、陶环、石珠、蚌饰等。完整器有平沿曲腹盆、单耳罐、直口钵等（图三）。

1 2 3

图三 化隆哇家滩遗址出土陶器

1. 彩陶钵 2. 单耳罐 3. 彩陶盆

三、青海东北部各马家窑类型遗存的早晚关系

通过青海与甘肃马家窑类型陶器的对比分析，可以看出青海马家窑类型各遗存的早晚关系。严文明先生将马家窑类型又分为石岭下—西坡屾—雁儿湾—王保保城四组先后发展的序列[37]。张忠培、李伊萍先生根据林家遗址的地层关系将马家窑类型分为早、中、晚三期，其中晚期又分为早、中、晚三段[38]。丁见祥先生在前人分期的基础上，吸收了永登蒋家坪下层、大地湾四期、大李家坪三期、宗日马家窑类型墓地、河西走廊照壁、武威五坝山及川西北的资料将马家窑类型分为五期六段。基本上是在东乡林家分期的基础上，将永登蒋家坪下层作为一期插入林家早期前面，林家晚期后面加上了小瓶子期作为第五期[39]。由于甘肃东乡林家遗址的分期是建立在层位和打破关系基础上的，而且与青海地区的地缘关系较近，所以参考林家遗址的分期对于把握青海地区马家窑类型的发展阶段有着重要的参考价值。

尖扎河东台遗址的陶器有直口彩陶钵、细颈瓶、长颈圆肩壶、卷沿曲腹盆、双鋬盆形甑、夹砂罐等，多见双耳器，但不见尖底瓶。彩陶均为黑彩，纹饰有横条纹、垂弧纹、中间带圆点的弧边三角纹、蜥蜴纹、漩涡纹、空心圆点纹等，夹砂陶饰交错绳纹。彩陶纹饰粗健而宽厚，一般只在器物的上腹部及口沿缘面有彩绘纹样。彩陶瓶的器形及主题彩绘布局与林家长颈溜肩壶Ⅰ型4式相近，但彩绘线条粗而疏朗，蜥蜴纹与林家早期的长颈溜肩壶Ⅰ型1式（T35⑥：110）的蜥蜴纹相近。卷沿曲腹盆同林家早期卷沿盆Ⅰ型2式（H86）相近。彩陶钵与西坡坬甲组H9：3相近。陶器的总体特征类似于甘肃林家早期或西坡坬的陶器，为青海境内发现的马家窑类型早期遗址。

化隆哇家滩遗址完整器有单耳夹砂罐、直口彩陶钵、宽平沿彩陶盆，线条简单宽厚。平沿曲腹盆：泥质橙黄陶，平折沿，折沿下有一周凹旋纹，斜弧腹，双鋬耳，平底；施绛黑色彩，缘面施黑点圆圈纹及斜条纹，腹部施宽厚的平行斜条纹和横条纹，为雁儿湾组的常见彩陶纹样。单耳罐：实用器，夹砂褐陶，矮胖宽扁厚重，侈口，短颈，端肩，最大径在肩部；耳孔较圆，耳部的竖条堆纹已脱落，施交错绳纹，无彩。直口彩陶钵：泥质橙黄陶，直口圆唇，下腹斜收，平底。施绛黑色彩，口部饰宽带纹，下面为垂弧纹和草叶纹，有内彩。陶器整体特征接近于甘肃雁儿湾组和林家中期的陶器。

化隆亚曲滩的彩陶瓶及彩陶罐与甘肃雁儿湾Ⅱ式瓶及Ⅱ式罐相近，彩绘线条略显宽厚，相当于马家窑类型雁儿湾组和林家中期的陶器。

贵南加土乎泉二探沟3层：器形有卷沿曲腹盆，黑彩，纹样有弧边三角纹、黑点圆圈纹、圆圈内接黑点十字纹、蛙纹等，夹砂器为斜绳纹。与甘肃林家遗址中期或雁儿湾组的陶器相近。

宗日墓地马家窑类型陶器一期Ⅰ段相当于马家窑类型中期雁儿湾组、Ⅱ段大多数相当于晚期王保保城组，二期一段相当于马家窑类型向半山类型过渡的小坪子期[40]。

尖扎拉毛遗址的可辨器形卷沿曲腹盆、彩陶壶、彩陶瓮、彩陶罐等大多数器物与宗日墓地一期Ⅱ段相近，相当于马家窑类型王保保城组的陶器。个别器物如宽平沿曲腹盆、饰粗线同心圆的曲腹盆、彩陶瓶等时代略早，相当于甘肃林家中期和雁儿湾组的陶器。时代跨度大致为林家中期至林家晚期晚段。

核桃庄马家窑类型一号墓相当于甘肃东乡林家马家窑类型晚期早段，即略早于马家窑晚期二段的王保保组。相当于林家晚期早段的H9和H20的陶器特征[41]。

乐都脑庄M1与大通上孙家寨马家窑类型墓葬的主要器类接近于甘肃王保保组陶器，但器形较深。彩陶盆口径大于腹径，且腹壁较直。附耳壶器形粗矮，肩部平直，做工粗糙，应晚于林家晚期二段的王保保城组，相当于马家窑类型晚期三段[42]。

根据以上陶器的对比分析，可以看出青海地区已经发掘的马家窑类型遗存可分为三个期别：第一期相当于甘肃林家早期或兰州西坡坬组，代表性遗址是尖扎河东台遗址，本期相近的遗址还见于循化仓库遗址[43]、同仁大场面遗址[44]。第二期相当于雁儿湾组：代表性的遗址是化隆亚曲滩遗址、化隆哇家滩遗址、贵南加土乎泉二探沟3层、宗日墓地一期Ⅰ段、拉毛遗址早期遗存、循化张尕遗址[45]。第三期相当于甘肃林家晚期，可分为三段，第三期早段代表性的遗址是核桃庄马家窑类型一号墓。第三期二段相当于甘肃林家晚期二段或王保保城组的陶器，代表性的遗址是拉毛遗址晚期遗存、宗日墓地一期Ⅱ段、同仁土干木遗址，第三期晚段相代表性的遗存是乐都脑庄M1、大通上孙家寨马家窑类型墓葬。另外，1976年在民和大庄乡征集的长颈溜肩双鋬彩陶瓶[46]，主题纹样有中间有圆点的弧边三角纹、漩涡纹、横条纹、草叶纹、弧状网纹，比甘肃东乡林家早期的长颈斜腹瓶（F19：11）更早。此外在民和肖家遗址[47]和化隆格尔麻遗址[48]调查中采集到的卷沿曲腹盆也是早于甘肃林家早期的器物。由于多是采集品，缺乏明确的出土地层位，暂不将该器物另外划出一个期别。就目前调查和发掘的资料来看青海境内的马家窑类型早期遗址出现在民和、循化、化隆、尖扎境内的黄河、湟水河及其支流流域，与本地区仰韶文化遗址分布区域相重合。

四、青海东北部地区马家窑类型遗址的文化特征

（一）陶器特征

陶器以泥质红陶和夹砂红褐陶为主，泥质红陶呈橙黄色，多为彩陶，有少量的泥质灰陶。常见器形有卷沿曲腹盆、直口钵、长颈瓶、长颈壶（附耳壶）、小口鼓腹罐、大口深腹罐（瓮）、敛口瓮等。彩陶多为黑彩，有少量的红彩、赭彩和白彩。主体纹样有圆点纹、弧边三角纹、中间带圆点的弧边三角纹、横条纹、平行条纹、连续三角纹、锯齿纹、同心圆圈纹、波纹、网纹、漩涡纹、宽带纹、垂弧纹、“十”字纹、并列线条组成的“十”字纹、圆点“十”字纹、并列弧形条纹、爪形纹、草叶纹、蛙纹、蜥蜴纹、鱼钩纹、多人舞蹈纹等。早期彩陶较粗健而宽厚，一般只在器物的上腹部及口沿缘面有彩绘纹样，晚期内彩增多，外彩施彩面积渐大，构图趋于繁缛。

卷沿盆的变化趋势是由深腹变为浅腹再变为深腹，宽沿变为窄沿，早期彩绘出现于缘面，晚期内彩增多。线条由粗变细，由简变繁。

长颈瓶、长颈壶常见于马家窑类型的早、中期，晚期多是由长颈瓶或壶演变而来的附耳壶。瓶、壶类器形的变化趋势由瘦高变为矮胖，口沿由喇叭口渐变为外翻平沿，由溜肩到圆肩再到广肩，腹径渐变大。

小口曲颈鼓腹罐的变化趋势是由侈口变为平折沿，晚期又变为侈口，腹渐深。

大口曲颈深腹罐（或称为瓮）的变化趋势是器形由瘦高变矮胖，由侈口变为卷沿再到折沿，由溜肩到圆肩再到广肩，口径渐小，晚期可以称作瓮了。

钵可能受本地仰韶晚期文化的影响较大，与甘肃地区马家窑类型的钵有一定差异，演变规律是由直口变为敞口再变为敛口，腹渐深。彩绘纹样和阳洼坡、红土坡等本地仰韶晚期文化的同类器相近。

夹砂陶器形主要有单耳罐、卷沿罐、双鋬盆、盆形甑、瓮（缸）等。夹砂器以拍印交错绳纹为主，素面次之，有少量的带状堆纹。

（二）住址结构

居址位置与住居形式：青海地区的马家窑类型居址一般发现于黄河岸边的二级台地前沿，由于发掘规模较小，不能全面反映房址的总体分布格局和聚落的整体情况。尖扎拉毛遗址中发现的灰沟位于遗址的东部边缘，呈西北—东南走向，发掘长度16米，口大底小，剖面呈倒梯形。口径2.84～4.28、底径1.1～1.82、深2.96米，底部局部用石块铺底。由于未作更大面积的勘探与发掘，该灰沟整体分布与走向尚不明确，是否为是聚落中的环壕还不能确定。发现房址的遗址有尖扎河东台遗址、化隆亚曲滩遗址、哇家滩遗址和同仁土干木遗址，其中亚曲滩遗址的两座房址保存较为完整。房址有圆角方形的半地穴式房址和地面起建的圆形或方形房址。

圆角方形半地穴式房址：共发掘了5座，平面呈圆角方形，东西略宽，南北略窄。面积16～30平方米，门向南，由于所发掘的房址残存较浅，不明确房址门前是否有门道。柱洞沿四壁对称分布，每壁有柱洞3～5个，房址中部一般有一排东西向的柱洞3～5个，靠近灶穴附近一般也有两个柱洞，柱洞底部一般垫有石块。灶址一般位于靠近门道的位置，房址内一般有一大一小两个灶坑，圆形直壁平底。其构筑方法为先挖一盆状坑，在坑底垫上大量碎粗陶片和少量小卵石，然后再在坑壁及底部抹一层草拌泥烧烤而成。房址地面及四壁多见红烧土、木炭和草拌泥，房内的红烧土、木炭发掘者认为是房址失火所致。参考甘肃等地马家窑类型期的房址的居住面处理方式，青海地区所房址居住面及四壁的红烧土也可能是专门用来做防潮处理的。

圆形地面式房址：仅在河东台遗址发掘了3座，房址保存较差，仅存房址的底部及柱洞和灶坑，局部残存有基槽，根据残存的基槽推测河东台遗址的圆形房址可能也是周壁为木骨泥墙的地面式建筑，与本地区仰韶文化的安达其哈遗址中带有基槽的圆形地面式房址有渊源关系。房址门向朝南，直径约8米的房址2座，面积约50平方米；直径5米的房址1座，面积约20平方米。圆形房址周壁均有8个柱洞均匀分布，房址中心部位有1～2根立柱，柱洞底部一般垫有石块。房内一般设两个圆形直壁平底灶，也有单灶，室内不见窖穴。地面残留有木炭和红烧土。

方形地面式房址：仅在同仁土干木遗址中发现，房址因破坏严重，仅存的部分房屋基槽、灶址及柱洞等。房址平面呈方形或长方形，呈西南—东北向，门向不明，四周挖有基槽，槽内有柱洞，房内一般设一大一小两个圆形直壁平底灶。

灰坑：有圆形袋状、长方形斜壁坑等。亚曲滩遗址有一座特殊的圆形袋状坑，坑底中央有一灶坑，从红烧土厚度来看，似经长期烧烤，灶坑内填有白色和黑色灰烬，其东侧有石块2块。

（三）经济形态

马家窑类型期是青海地区旱地农业生产领地的快速扩展期，青海河湟地区的农业遗址由仰韶时期的约18处增加到马家窑类型晚期的200余处[49]。青海马家窑类型期的农业人群是以民和、循化、化隆为中心向黄河上游及其湟水河上游扩展的，相当于马家窑类型中期的雁儿湾组期农业人群已经到达黄河上游的同德宗日地区，而相当于马家窑类型晚期农业人群才到达湟水上游的湟中多巴及大通长宁一带，可以说，在当时生产力条件下适合农业生产的河湟地区均得到了开发。能够确定为马家窑类型并进行了植物种子浮选的遗址有民和李家台遗址、红崖张家遗址、循化张尕背后遗址、化隆拉公麻遗址、化隆上多巴遗址、贵德尕义香更遗址、乐都米家湾遗址、湟中多巴奔巴口遗址、互助黑鼻崖遗址。结果表明，黍和粟仍是马家窑类型期主要的种植作物，只是在气温较高的循化、化隆、贵德盆地粟的种植多于黍，而官厅盆地及湟水流域黍的种植多于粟[50]。农业生产工具主要有石铲、石斧、石锛、石刀、盘状器、陶刀等。除长方形单孔石刀外，有梯形单孔石刀，梯形双孔石刀、刃缘有弧刃和直刃，特别是在尖扎拉毛遗址和大通上孙家寨中出现了刀刃和锯刃复合一体表面有星象图案的石刀，这种石刀在同时期的其他地方少见。从石质农业工具上看，马家窑类型期青海的农业生产方式仍然处于“粗耕农业”阶段。与本地区仰韶文化遗址相比马家窑类型期的刮削器、细石叶、石核、骨梗刀、骨镞等细石器工具和狩猎工具较少，反映了马家窑文化马家窑类型期青海地区采集狩猎经济的全面衰退，但是黄河上游的共和盆地细石器的数量较多。在核桃庄M1及大通上孙家寨马家窑类型墓地中发现有用羊头、猪头、牛蹄、牛尾骨殉葬的习俗，说明以养猪、牛、羊为主的畜牧业经济是青海马家窑类型期的一种补充经济成分。此前，猪骨已在西山坪仰韶文化遗址中有发现，牛骨在师赵马家窑地层中有出土[51]。宗日遗址由于处于农业经济区的边缘地带，除了发现有黄牛的蓄养外，未见猪和羊的蓄养，该地仍然以狩猎经济作为农业经济的补充[52]。另外，上孙家寨和宗日还有鱼钩的发现，结合彩陶图案中大量存在的水波纹、漩涡纹、网纹、鱼钩纹判断还存在一定比例的渔猎经济成分。

窑址与烧造技术：未发现这一时期的完整窑址，仅在亚曲滩遗址和宗日遗址发现残窑。亚曲滩遗址仅发现部分窑箅和火道，在附近发现有制作陶器的工作面及取陶土时所挖的圆形大坑。宗日遗址的窑室呈圆形，直径80、深40厘米，下部铺有河卵石，窑顶及东部已经被水冲毁，窑口、火塘、烟囱都不清，尚有6件未及出窑的陶罐和木炭。在制陶工艺上，主要是泥条盘筑法，大型陶器分段制作然后拼接而成。彩陶绘画工艺达到史前彩陶艺术的顶峰，特别是相当于王保保城组期的陶器器形规整，质地坚硬致密，器表进行了慢轮修整，刮磨，表面光滑，彩绘技艺娴熟，图案繁缛且等分均匀，线条流畅。

（四）墓葬形制及埋葬习俗

青海地区马家窑类型早期的墓葬没有发掘过，所发掘的墓葬多为马家窑类型晚期，相当于王保保城组时期或比王保保城组更晚的时期，宗日墓地的个别墓葬为马家窑类型中期雁儿湾组期的墓葬。

墓葬形制及葬具：以圆角方形竖穴土坑墓为主，宗日墓地也有长方形或椭圆形的竖穴土坑墓。墓内一般有木椁，宗日墓地还有石椁，埋葬方法是先挖好土坑，再用木料或石板构筑椁室，一般仅构筑四面边框，无底。椁室外再用土踩踏填实，形成熟土二层台。有些墓葬既有椁又有棺，待放置棺椁、人及随葬品后，再在椁室口部覆盖圆木、石板或木板以及树枝乱草，上面再用土填埋。个别墓葬没有葬具。宗日墓地的石椁葬时代较早，对后期甘、青、川、藏地区的石棺葬有着重要的影响。

埋葬方式：以二次扰乱葬为主，一次葬数量较少。大多数墓葬为单人葬，少数墓葬为双人合葬墓，个别墓葬内未见人骨，可能为迁出葬。人骨摆放的姿势有仰身直肢和俯身直肢，宗日地区的俯身直肢葬数量是仰身直肢葬的两倍多。火葬墓比较流行，民和核桃庄M1、大通上孙家寨墓地、宗日墓地均有发现。有的是下葬时先将棺椁、人及随葬品摆放好，然后将人连同葬具、随葬品一起焚烧，焚烧后再进行填埋；有的是埋葬后经过一段时间再将尸骨挖出来焚烧后填埋。根据大量古籍文献的记载，这种火葬习俗一般被认为是早期羌人的埋葬习俗。

随葬品：墓葬内一般有骨珠、绿松石饰等一定数量的装饰品。陶器多为实用器，马家窑类型中期的墓葬随葬的陶器一般在1～6件之间，晚期的墓葬随葬陶器明显增多，多在1～10件之间，民和核桃庄M1的随葬陶器多达36件。陶器组合一般为盆、钵、壶、罐、瓮等。泥质彩陶占很大的比例，彩陶一般有盆、钵、壶、罐、瓮等器形；夹砂陶一般有单耳罐、瓮等。宗日墓地的马家窑类型的墓内一般有1～4件的宗日式陶器与马家窑类型的陶器共存，宗日式陶器均为器表有乳白色陶衣，饰紫红色鸟纹、折线纹彩绘的夹砂粗陶，器形有瓮、双耳壶、单耳罐、碗等。

五、青海马家窑类型的文化渊源

关于马家窑文化的来源目前学术界主要有三种看法：一种认为马家窑文化是仰韶文化晚期的一个地方分支，故又名甘肃仰韶文化，其承袭甘青地区的庙底沟类型，通过石岭下类型发展而来，将石岭下类型视为马家窑文化的早期类型，由于文化内涵发生变异的原因，主要是仰韶先民的逐渐西进，在新的自然地理环境下与当地土著文化融合，形成了具有强烈地方色彩的仰韶文化[53]。甘肃秦安大地湾遗址发掘后，有学者指出，大地湾仰韶晚期遗存可以代替石岭下类型，大地湾仰韶晚期遗存和马家窑文化属于不同谱系的文化遗存[54]。第二种观点认为马家窑文化和大地湾四期（仰韶晚期）是两支存在于不同空间、年代大体相当的考古学文化，马家窑文化不可能源自大地湾四期。渭河源头地区可能是马家窑文化和大地湾四期交错分布的地区。在不同的时期被不同的文化所占据，始终是一种你进我退的状态[55]。第三种观点认为马家窑文化来源于石岭下类型，石岭下类型不宜归入马家窑文化。从文化分布的角度看，陇山两侧、渭河上游是马家窑文化的起源地[56]。三种结论的焦点在马家窑文化的形成时间、与石岭下类型的早晚关系以及马家窑文化的起源地是在什么地方。

从马家窑类型早期的典型陶器的渊源来看，马家窑类型典型陶器的全面出现是在甘肃东乡林家早期，可以看作是马家窑类型陶器的定型期，主要的典型器物有卷沿曲腹盆、敛口钵、长颈瓶、长颈壶、大口深腹罐（瓮）、小口鼓腹罐、侈口夹砂罐、敛口缸等，单耳罐、附耳壶及敛口瓮则是在马家窑类型中晚期出现的。林家早期的卷沿曲腹盆、敛口钵、大口深腹罐、长颈瓶、侈口夹砂罐等与河湟地区甘肃永登蒋家坪下层出土的侈口曲腹盆、侈口深腹罐（瓮）、敛口钵、侈口夹砂罐，临夏范家村出土的侈口曲腹盆，民和大庄征集的侈口双鋬长颈瓶，民和肖家遗址[57]采集的卷沿曲腹盆，化隆格尔麻遗址[58]采集的卷沿曲腹盆有着密切的渊源关系。但这些比林家早期更早的器物的有关资料都很零散，特别是缺乏与之共存的器物组合。陶器的彩陶主题纹样有中心有圆点的弧边三角纹、横条纹、弧状网纹、连续三角纹、锯齿纹、漩涡纹、爪形纹、鱼钩纹等。而且这些陶器无论是器形还是彩陶纹样都与甘青交界河湟地区的仰韶晚期文化（相当于大地湾四期）有着紧密的联系，可以看作是本地仰韶文化向马家窑文化的过渡类型。

但是林家早期的小口鼓腹罐、长颈壶在河湟地区的仰韶晚期遗址中还找不到比之更早的相似器形，却容易从甘肃东部的石岭下类型中发现与之相似者，如师赵采集的侈口鼓腹罐（师赵采：11）与林家早期的Ⅰ式侈口鼓腹罐（F24：6）相似；大地湾四期Ⅱ段的A型Ⅴ式壶（QDV：2）、C型Ⅱ式壶（H374：28），四期Ⅲ段的Ⅳ式平底瓶（H366甲：15、F410：4）与甘林家的侈口鼓腹罐、长颈瓶、长颈壶有着密切的演变关系。值得注意的是大地湾四期Ⅱ、Ⅲ段的这些器物上的主体彩陶纹样与永登蒋家坪下层等马家窑早期器物上的纹样基本一致。可以认为大地湾四期Ⅱ、Ⅲ段与永登蒋家坪下层处于基本相同的发展阶段。所以说甘肃林家早期的陶器源自永登蒋家坪和大地湾四期Ⅱ、Ⅲ段的同类器，也就是说河湟地区的马家窑类型早期与仰韶文化晚期（含石岭下类型）有着密切的渊源关系（图四）。

从马家窑类型形成和发展的中心地带来看：目前在已经发掘或调查过的遗址当中，相当于东乡林家早期的遗址有青海尖扎河东台、兰州西坡㽗甲组、兰州曹家咀、东乡林家早期、临夏范家村、甘肃东南部的武都大李家坪三期早段、循化仓库遗址、同仁大场面遗址，除大李家坪三期早段外这几处马家窑类型早期遗址都集中分布在黄河上游兰州至青海化隆段的黄河岸边或黄河支流流域，经过历年的调查发现这一段黄河主要支流的庄浪河、湟水河（包括湟水河支流庄浪河、大通河、松树沟河、米拉湾河、巴州河、隆治沟河）、大庄河、马营

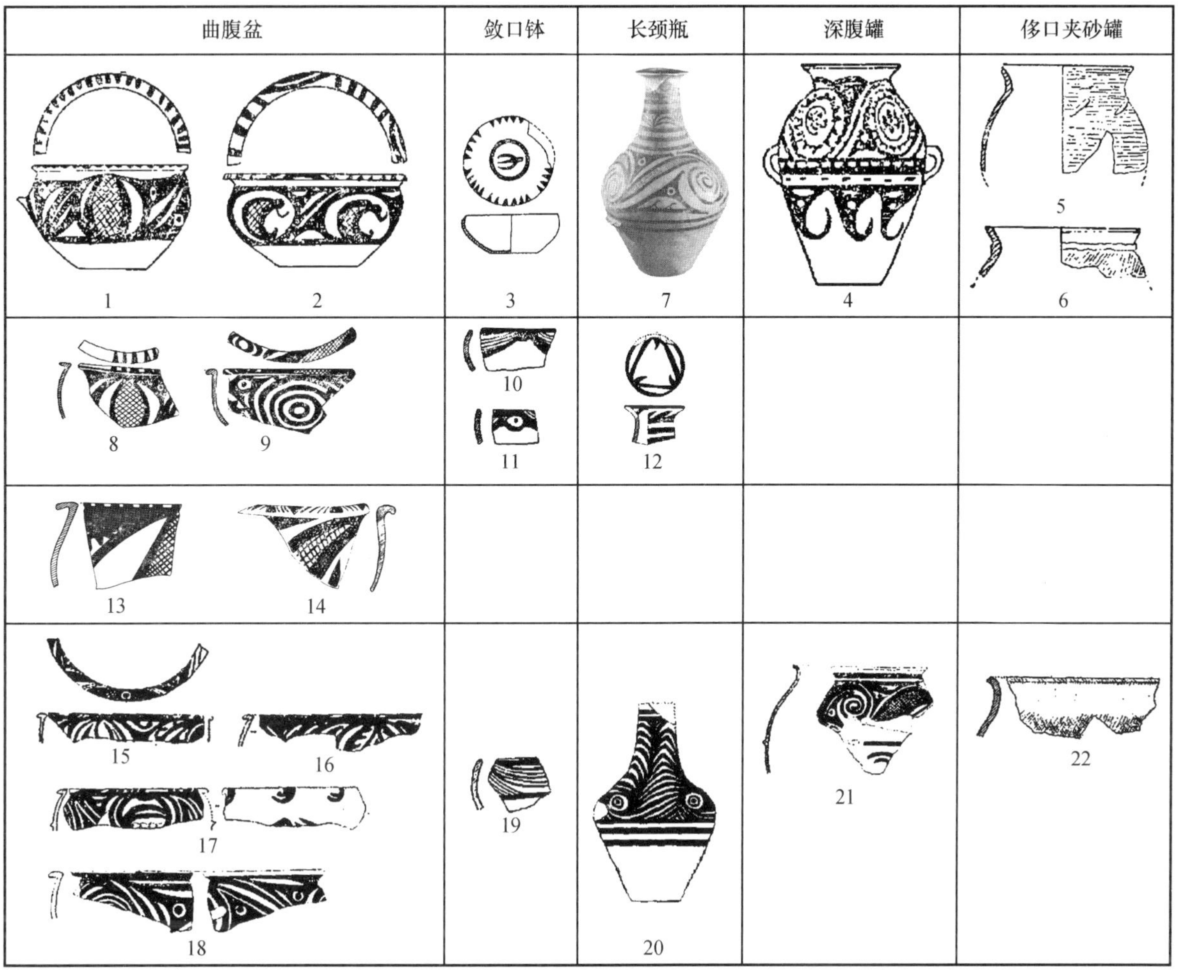

图四　河湟地区马家窑类型早期陶器

1～6. 永登蒋家坪下层出土　7. 民和大庄乡征集　8～12. 临夏范家村出土　13. 化隆格尔麻遗址采集　14. 民和肖家遗址采集　15～22. 东乡林家早期出土

河、洮河、大夏河、银川河、马营前河、乾河滩河、杏儿沟河、起台河、尕楞河、隆务河、昂拉河、加让河、伊沙尔河、昂思多河、黑城河、角家河等均有相对集中的马家窑类型遗址的分布。所以说甘青交界的河湟地区是马家窑类型最早形成的区域，也是马家窑类型遗址分布的中心区域。甘肃东部的马家窑类型遗址见于武都大李家坪三期，傅家门马家窑类型、师赵和西山坪五期等，但是文化因素复杂。青海化隆县以西的黄河游流域及民和县以西的湟水中上游流域及甘肃河西走廊地区马家窑类型遗址分布得相对稀疏，而且年代较晚。在已经发掘的马家窑类型遗址中，甘肃东乡林家遗址是时间延续最长且文化因素较为单一的马家窑类型遗址，包含了马家类型的早、中、晚三个时期，说明该区域的马家窑类型期的人群长期处于相对稳定的发展状态。根据文化传播的波链式理论，同一种文化类型处于中心地带的年代一般早于周边地区，中心地带的文化相对稳定，持续发展的时间较长，文化因素较为单一；边缘地区则延续的时间短，文化成分复杂。

青海地区比马家窑类型稍早的史前文化是当地的仰韶文化遗存，通过历年调查和发掘，发现存在仰韶文化因素的遗存有民和县崖家坪遗址、哈家遗址、肖家遗址、阳洼坡遗址、杨家泉遗址、白崖沟遗址、芒拉张家东遗址、附加台遗址、峡口大庄遗址、峡口老庄遗址、胡李家遗址、胡热热遗址、尕玛卡遗址，循化县红土坡遗址，化隆县安达其哈遗址、格尔玛遗址、沙隆卡等遗址、角家墓群等约18处。其中进行过小面积发掘的遗址有民和阳洼坡、民和胡李家、化隆安达其哈三处遗址。笔者通过对青海东北部地区仰韶文化遗址的典型陶器与甘肃秦安大地湾遗址三、四期的同类器进行对比分析，认为安达其哈遗址相当于大地湾三期Ⅰ至Ⅲ段，胡李家遗址相当于大地湾三期Ⅱ段至四期Ⅱ段。阳洼坡遗址、红土坡遗址相当于大地湾四期Ⅰ段至四期Ⅱ段。但是青海东北部地区仰韶文化晚期遗址（相当于大地湾四期Ⅰ、Ⅲ段）中很少见到甘肃东部地区常见的浅腹盆、长颈瓶、矮粗颈壶（罐式壶）、侈口深腹罐（瓮）、侈口盆等“石岭下类型”的典型器。

青海境内已发掘过遗址中属于马家窑类型早期的遗址是尖扎河东台遗址，大体上相当于甘肃林家早期及兰州西坡㐲甲组的发展阶段。从分布区域上来看，青海境内的马家窑类型遗存分布是覆盖了原有仰韶文化遗存的分布范围并继续沿黄河、湟水向上游及其支流深入。青海境内的马家窑类型最早出现在民和、循化、尖扎、化隆境内的黄河河谷盆地及其支流的中下游，与仰韶文化遗址出现的区域相吻合，大多数仰韶文化遗址附近存在马家窑类型的遗址。在民和县白崖沟、崖家坪、尕玛卡、附加台、肖家、杨家泉、大庄峡口、峡口老庄、芒拉张家东、哈家，化隆县沙隆卡、格尔麻等遗址中既采集到仰韶文化的陶片又采集到马家窑类型的陶片，似乎反映了二者在一定程度上有着紧密的联系，但目前为止尚未发掘过马家窑类型与仰韶文化有叠压或共存关系的遗址。

从青海地区的马家窑类型的陶器器形来看，彩陶钵、卷沿曲腹盆、侈口夹砂罐似乎通过蒋家坪下层继承了当地的仰韶文化的特点。从彩陶纹样上看，弧边三角纹、圆点纹、横条纹、垂弧纹、连续三角纹、锯齿纹、带状网纹、叶片纹、叶片组成的花瓣纹等是本地仰韶文化所固有的纹饰，在本地的马家窑类型的陶器上有所保留。特别是民和阳洼坡、循化红土坡遗址等仰韶晚期的一些彩陶因素，如成组线条、网格纹、带锯齿或不带锯齿的“X”形或“十”字形等彩陶图案具有地方特色，彩陶图案已经趋于繁缛，对本地马家窑类型的彩陶纹样产生了深刻的影响。马家窑类型早期的尖扎河东台遗址的圆形地面式房址不见于附近甘肃东乡的林家遗址，而见于本地区化隆伊沙尔河口的仰韶文化的安达其哈遗址，说明不仅是在陶器器形和彩陶纹样方面，而且在住址结构方面青海地区的仰韶晚期文化对本地马家窑型的形成也产生了深刻的影响。

但是马家窑类型的长颈瓶、长颈壶、小口鼓腹罐、大口深腹罐（瓮）等器形不见于本地的仰韶晚期文化，而和甘肃的石岭下类型有着密切的演变关系。中间有圆点的弧边三角纹、黑点圆圈纹、同心圆圈纹、漩涡纹、圆点漩涡纹、波形纹、爪形纹、变体鸟文、蜥蜴纹等是石岭下类型的常见纹饰，考虑到本地的石岭下类型并不典型，这些彩陶纹样可能是从甘肃中西部石岭下类型传播过来的。

有些人认为马家窑类型的产生可能与土著文化的影响有关，但目前看不到其他比仰韶文化更有影响力的早期彩陶文化。仰韶文化进入青海以前，当地的土著文化都是使用细石器或打制石器从事狩猎或渔猎采集经济的文化，与农业文化有较大的差距，没有陶器的生产，更没有成熟的彩陶文化。马家窑文化的西进意味着对从事采集狩猎经济的土著人活动区域的占领和同化，马家窑文化给当地的土著居民带来了成熟的农业生产技术和培育已久的粟和黍，农业经济代表着一种先进的生产力而易于被当地的土著人群所接受并快速复制。宗日人群是在马家窑文化的影响下才从事农业生产和陶器生产的，并通过宗日式陶器的生产使土著文化得到了彰显，但在马家窑类型期尚未向东有大的影响。青海马家窑类型期的土著文化因素主要体现在俯身葬、火葬、石棺葬等葬俗方面。另外在马家窑类型晚期阶段，同德宗日及大通上孙家寨马家窑类型墓地出土的多人连臂舞蹈纹及二人抬物等人物形象，均出现在马家窑类型分布的西部边缘地带具有地方特色，这些多人连臂舞蹈彩陶图案可能来源于北方地区处于采集狩猎经济模式下的岩画题材，更远的渊源也许与公元前9000～前6000年东欧、近东地区的多人连臂舞蹈图案有关[59]。

结　语

青海境内的马家窑类型有200多处，马家窑类型的早期遗址主要分布在民和、循化、化隆境内的黄河、湟水河及其支流流域，这一区域原是仰韶文化的分布区域，马家窑类型首先覆盖了仰韶文化的分布区域，然后沿黄河和湟水河向西部发展，到了马家窑类型中期的雁儿湾期，马家窑类型到达黄河上游的同德宗日地区，并对当地的土著文化产生了深刻的影响。到了马家窑类型晚期才到达湟水河上游的多巴及大通长宁一带。

青海地区已发掘的马家窑遗址可分为早、中、晚三期，其中晚期又可分为三个阶段，与甘肃东乡林家遗址的发展阶段和文化面貌有很大的一致性，但晚期阶段的脑庄墓地、上孙家寨墓地略晚于林家晚期。青海地区已发掘得最早的马家窑类型的遗址是尖扎河东台遗址，相当于甘肃东乡林家早期及兰州西坡岻甲组、曹家咀遗址及武都大李家坪三期早段。马家窑类型形成和分布的中心是在兰州至青海化隆之间的黄河及其支流流域。民和阳洼坡、循化红土坡等遗址为代表的西部仰韶晚期文化（相当于大地湾四期Ⅰ、Ⅱ段）对马家窑类型的形成和发展也产生了深刻的影响，西部仰韶晚期文化和来自甘肃东部的石岭下类型通过类似于永登蒋家坪下层的遗存过渡到马家窑文化。青海马家窑类型期的土著文化因素主要体现在俯身葬、火葬、石棺葬等葬俗方面。

注　释

[1] 严文明：《马家窑文化》，《中国大百科全书·考古学卷》，中国大百科全书出版社，1986年，第301～305页。

[2] 郎树德：《大地湾考古与甘肃新石器时代研究》，《陇右文博》2002年第2期。

[3] 甘肃省文物考古研究所、北京大学考古文博学院：《河西走廊史前考古调查报告》，文物出版社，2011年，第235页。

[4] 成都市文物考古研究所：《四川茂县营盘山遗址试掘报告》，《成都考古发现·2000》，科学出版社，2002年，第1～77页。

[5] 甘肃省文物管理委员会：《甘肃临洮、临夏两县考古调查简报》，《考古通讯》1958年第9期。

[6] 甘肃省文物工作队、临夏回族自治州文化局、东乡族自治县文化馆：《甘肃东乡林家遗址发掘报告》，《考古学集刊》第4集，中国社会科学出版社，1984年，第111～161页。

[7] 黄河水库考古工作队甘肃分队：《临夏范家村马家窑文化遗址试掘》，《考古》1961年第5期。

[8] 严文明、张万仓：《雁儿湾和西坡呱》，《考古学文化论集》（三），文物出版社，1993年，第12～31页。

[9] 甘肃省博物馆：《兰州曹家咀遗址的试掘》，《考古》1973年第3期。

[10] 甘肃省博物馆文物工作队：《兰州马家窑和马厂类型墓葬清理简报》，《文物》1975年第6期。

[11] 北京大学考古学系、甘肃省文物考古研究所：《甘肃武都县大李家坪新石器时代遗址发掘报告》，《考古学集刊》第13集，中国大百科全书出版社，2000年，第1～40页。

[12] 张学正等：《谈马家窑、半山、马厂类型的分期和相互关系》，《中国考古学年会第一次年会论文集》，文物出版社，1980年，第50～71页。

[13] 中国社会科学院考古研究所：《师赵村与西山坪》，中国大百科全书出版社，1999年，第71～127、253～267页。

[14] 甘肃省博物馆文物工作队：《兰州马家窑和马厂类型墓葬清理简报》，《文物》1975年第6期。

[15] 甘肃省文物考古研究所：《武威塔儿湾新石器时代遗址及五坝山墓葬发掘简报》，《考古与文物》2004年第3期。

[16] 孙鸣生：《尖扎河东台遗址》，《再现文明：青海省基本建设考古重要发现》，文物出版社，2013年。

[17] 蔡林海：《公伯峡库区哇家滩遗址考古发掘进展顺利》，青海省文物考古研究所文化信息（内部资料）。

[18] 王倩倩：《公伯峡库区拉毛遗址》，《青海省文物考古研究所2004年报》。

[19] 王忠信：《公伯峡库区亚曲滩遗址》，《青海省文物考古研究所2004年报》。

[20] 王忠信、陈海清：《同仁土干木遗址完工报告》，2005年（内部资料）。

[21] 卢耀光、李国林：《大通上孙家寨墓地》，《再现文明：青海省基本建设考古重要发现》，文物出版社，2013年。

[22] 吴平：《青海贵南加土乎遗址调查》，《青海文物》第11期，1999年。

［23］ 青海省文物考古队：《青海乐都脑庄发现马家窑类型墓》，《考古》1981年第6期。
［24］ 青海省考古队：《民和核桃庄马家窑类型第一号墓葬》，《文物》1979年第9期。
［25］ 陈洪海：《宗日遗存研究》，北京大学博士论文，2002年，第50、34～121页。
［26］ 国家文物局：《中国文物地图集·青海分册》，中国地图出版社，1991年，第17页。
［27］ 青海省考古队：《民和核桃庄马家窑类型第一号墓葬》，《文物》1979年第9期。
［28］ 青海省文物考古队：《青海乐都脑庄发现马家窑类型墓》，《考古》1981年第6期。
［29］ 卢耀光、李国林：《大通上孙家寨墓地》，《再现文明：青海省基本建设考古重要发现》，文物出版社，2013年。
［30］ 吴平：《青海贵南加土乎遗址调查》，《青海文物》第11期，1999年。
［31］ 陈洪海：《宗日遗存研究》，北京大学博士论文，2002年，第50、34～121页。
［32］ 王忠信、陈海清：《同仁土干木遗址完工报告》，2005年（内部资料）。
［33］ 孙鸣生：《尖扎河东台遗址》，《再现文明：青海省基本建设考古重要发现》，文物出版社，2013年。
［34］ 王忠信：《公伯峡库区亚曲滩遗址》，《青海省文物考古研究所2004年报》。
［35］ 王倩倩：《公伯峡库区拉毛遗址》，《青海省文物考古研究所2004年报》。
［36］ 蔡林海：《公伯峡库区哇家滩遗址考古发掘进展顺利》，青海省文物考古研究所文化信息（内部资料）。
［37］ 严文明、张万仓：《雁儿湾和西坡屾》，《考古学文化论集》（三），文物出版社，1993年，第12～31页。
［38］ 张忠培、李伊萍：《关于马家窑文化的几个问题》，《庆祝苏秉琦考古五十五年论文集》，文物出版社，1989年，第265～272页。
［39］ 丁见祥：《马家窑文化的分期、分布、来源及其与周边文化的关系》，《古代文明》第8卷，文物出版社，2010年，第36～87页。
［40］ 陈洪海：《宗日遗存研究》，北京大学考古系博士研究生学位论文，2002年，第34～121页。
［41］ 张忠培、李伊萍：《关于马家窑文化的几个问题》，《庆祝苏秉琦考古五十五年论文集》，文物出版社，1989年，第265～272页。
［42］ 张忠培、李伊萍：《关于马家窑文化的几个问题》，《庆祝苏秉琦考古五十五年论文集》，文物出版社，1989年，第265～272页。
［43］ 卢耀光：《1980年循化撒拉族自治县考古调查简报》，《青海考古学会会刊》第4期，1982年。
［44］ 青海省文物考古研究所：《同仁县考古调查简报》，《青海文物》1990年第4期。
［45］ 卢耀光：《1980年循化撒拉族自治县考古调查简报》，《青海考古学会会刊》第4期，1982年。
［46］ 青海省文物考古队：《青海彩陶》，文物出版社，1980年，第1页。
［47］ 和正雅、高东陆：《民和转导公社古代文化调查》，《青海考古学会会刊》第4期，1982年。
［48］ 青海省文物考古队：《青海化隆、循化两县考古调查简报》，《考古》1991年第4期。
［49］ 国家文物局：《中国文物地图集·青海分册》，中国地图出版社，1991年，第17页。
［50］ 贾鑫：《青海东北部地区新石器—青铜时代文化演化过程与植物遗存研究》，兰州大学硕士论文，2012年，第47～51页。

[51] 傅罗文、袁靖、李水城：《论中国甘青地区新石器时代家养动物的来源及特征》，《考古》2009年第5期。

[52] 安家瑗、陈洪海：《宗日文化遗址动物骨骼的研究》，《动物考古》第1辑，文物出版社，2010年，第232～240页。

[53] 严文明：《甘肃彩陶的源流》，《仰韶文化研究》，文物出版社，1989年，第311页。

[54] 郎树德等：《试论大地湾仰韶晚期遗存》，《文物》1983年第11期。

[55] 张忠培、李伊萍：《关于马家窑文化的几个问题》，《庆祝苏秉琦考古五十五年论文集》，文物出版社，1989年，第265～272页。

[56] 丁见祥：《马家窑文化的分期、分布、来源及其与周边文化的关系》，《古代文明》第8卷，文物出版社，2010年，第36～87页。

[57] 和正雅、高东陆：《民和转导公社古代文化调查》，《青海考古学会会刊》第4期，1982年。

[58] 青海省文物考古队：《青海化隆、循化两县考古调查简报》，《考古》1991年第4期。

[59] 韩建业：《“彩陶之路”与早期中西文化交流》，《考古与文物》2013年第1期。

（原刊于《西部考古》第柒辑，三秦出版社，2014年）

从柳湾彩陶透视史前先民的审美意识

张成志

彩陶是世界文化遗产宝库中的瑰宝，是中华悠久历史文化遗产中的明珠。新石器时代的彩陶对于史前先民而言具有重要的意义。一方面，它满足了人类生活功能性的需要；另一方面，也满足了史前先民审美的追求。彩陶的发展过程是由粗糙渐进到精致，再从精致到粗糙的过程，最初是先民随手用泥巴捏出器型，而后根据生产生活的需要，对其加工改良，于是实用且精美的彩陶出现了。位于青海湟水谷地的柳湾墓地距今4600～3000年，在柳湾墓地出土了两万多件彩陶，柳湾彩陶以其造型之多样，纹饰之繁缛，构图之精美，艺术风格之独特，再现了青海辉煌的史前文明和厚重的文化底蕴，也是构成我国远古文化的重要组成部分。

一、柳湾彩陶的器形之美

彩陶作为容器在功能上有取水、储藏之分，不仅决定了它们不同的造型，而且彩陶造型的变化是随容器功能的变化而变化的，柳湾出土的两万多件彩陶因功能不同造型有所变化。我们不难看出，柳湾彩陶的造型充分体现了原始先民在制作容器时对器物的空间造型，尤其关注器物的实用性与审美关系。这些彩陶都是从口部至肩部到腹部，再到底部形成一条曲线，这条曲线具有收放的力量，观者从而产生从静态到动态的视觉变化，感觉到张力的存在，这种张力以方向感和力量感冲击着我们的视野，具有强烈的节奏和韵律，使观者感受到一种美的享受，彩陶造型的曲线变化决定了彩陶在空间上的变化，具体地说就是对罐体实空间和虚空间的占有和分割，使对称平衡变化构成了彩陶空间上的造型美感。同时我们发现，彩陶的空间构成也具有良好的功能性，如左右对称、颈部收束、双耳、腹部饱满等造型特征，达到了实用中的平衡、易取、大量装载等作用。用现代科学方法分析，同样的材料，制作圆形器比其他形状的器皿容量大；同样体积，制作圆形器比其他形状的器皿节省材料；同样黏土制作的圆形陶器，比起其他形状的陶器，在干燥时不容易开裂；同样的烧制，圆形器在窑内比其他形状的器皿不容易变形，即使略有变形，也不容易被人们觉察到。从美学角度讲，制作圆形器比其他形状的器皿更容易权衡比例曲直。造型思维是由客观物质世界反映而形成的，在史前先民的生活环境中，所接触到的各种物质的形态是以各种圆形为最多，果实、树干、鸟卵、太阳、月亮等，必然在人们思想上留下印象，在进行造物活动中自然会流露出来，制作出以圆形为基本形制的陶器造型来。现代人对彩陶造型的大腹小底或大口小底有很多分析，一种说这是人们对葫芦形的模仿；一种说是小底便于放入地上的坑洞，尖底是为了便于汲水，而这种尖底瓶极不宜作加热容器[1]。也有人说是因为小底在制作、烧成时不易变形；还有说是因为当时的技术条件造成窑温较低，彩陶还达不到现代陶瓷的强度，而小底和两侧的弧线可以最好地分散容器内物品对器壁的压力，使彩陶不易破损。在使用的时候，这种小底收足的器皿，便于捧拿移动。在我们看来，这种小底大腹、重心在上的形式的产生在一定程度上还是为了获得更挺拔悦目的视觉效果。到马家窑类型时尖底瓶数量骤减，甚至几乎消失。但是对日后的彩陶制作还是有一定影响，由瓶演化出来的壶成为这一时期主要器型之一[2]。彩陶壶口部的造型呈现向外微微翻起的形式是符合史前人“物以致用”的设计思想的，直中见曲，向外张开，便于把物体倒净。彩陶的耳是为了便于穿绳悬挂，方便运输，并且在倒物时起稳定作用。单耳器多为水器，因为倒水时只需要单耳，所以另一耳被淘汰。单耳则是为了追求变化，增加造型的生动感，突破纯粹的对称形式，以达到一种适称的效果。到了马厂类型时期，陶器的造型更加丰富齐全，基本沿袭半山类型的造型，但比半山类型“单纯、淳朴、稳定而饱满”，显得“丰满圆浑”[3]。通过保存至今的陶器看，绝大多数是人们的日常生活用具，如取水器（各种壶、瓶）、贮水器（各种坛、瓮、罐等）、炊烹器（鬲）、饮食器（钵、杯、碗、盘等）、贮存器（瓮、罐、盆、坛等）、盥洗器（盂、匜等）等。所有这些器具都极大地满足了史前先民的生活需要。

彩陶造型的体量组合构成，绝大多数都是表现为相互间的连贯一气，很少明确转折，即便是转折的部分，也多为含蓄柔和，因而才能形成整体感强、浑然一体的造型特点。彩陶的大小和容积完全是从功能的角度出发的，既要有相当大的容量，又要便于搬动。在使用上涉及人体工学，在艺术上涉及造型与人的尺度关系，使观者产生感情变化。有很多彩陶作品的体量是很大的，这种大，使人产生了崇敬的心理，有些大的东西即使并不好看，也会吸引我们的注意，引起我们对其形式特征的关心，尺寸使优美的形式增添了雄伟。当然这种“大”是有限度的，过大的结果是笨重呆板的。原始彩陶不大不小，既有气势又不笨重，恰到好处地展示了自身的形态。

彩陶造型是蕴涵着情感的，形体变化充满了力度，潜存着一种扩张力和收缩力的平衡，因而使人感到是富有生命力的。由此可见，史前先民对待器物的实用性与审美效果的关系必须是相辅相成的，这使得彩陶的造型更具审美价值。

二、柳湾彩陶纹饰产生的原因

陶器作为各种生产工具，生产活动对彩陶纹饰产生了影响。由于陶器质地较脆，在当今社会作为生产工具来使用的情形不太广泛，但是在当时社会生产力水平和简单的生产条件下，陶器还是被作为重要的生产工具，运用到当时的社会生产当中，例如陶球、陶刀等。其中使用最为广泛、发挥作用最大的当属陶纺轮，在新石器时代，纺织生产已有很大的发展，所以无数易于加工的陶纺轮也被广泛地运用于当时的生产生活之中，作为重要的生产工具，甚至一直到现在，青海某些农村牧区以及边远山区陶纺轮仍然在社会生产和生活中发挥着重要的作用。

巫术与原始宗教对刻画纹样产生的影响。在新石器时代，由于社会生产力发展水平的低下和世界认识能力的初始，人们对自然界的许多现象无法认识，也对一些自然事物无法控制，于是便形成了一种特殊的信仰和行为，即在人们的观念世界中产生神灵观念。由于对神灵的神秘感和恐惧感，产生对超自然神秘力量的崇拜，在最初阶段，一般是以日用生活用具来为神灵进行牺牲，后来，这些器具不断规范专门化，于是便形成了用来祭祀天地神灵的一整套器物。因此，陶器在古代中的作用主要有：一是作为陪葬品，与当时人们的生死观有关，如：当时有“事世生”。二是作为各种祭祀用具。三是作为各种巫术或宗教仪式的“法具”。四是作为葬具，招引魂灵。作为祭祀用的器物，成为陶器的一大功能，如“裸体人像彩陶壶”“蛙纹彩陶壶”“人头形彩陶罐”等。还有出土的“鸮面罐”是巫师所使用的重要的一种道具。彩陶的出现对原始文明而言是一次划时代的创举，它表明原始先民已经开始了相对稳定的定居生活，掌握了非常成熟的陶器制作经验，而彩陶上的彩绘纹样更是说明了原始先民开始注重精神生活的追求，柳湾原始先民在生产生活中积累的巫术、宗教等精神意识与他们自身的创作行为把来源于超自然领域的客观感受转化为主观形象，所以，可以说宗教或巫术为柳湾原始先民的形象创造能力提供了精神原动力。随着人们大脑机能的逐渐进化，原始思维活动的抽象化和概念化，彩陶罐上的刻画纹样成为柳湾原始先民对形象认知的外化表现。

彩陶的器型与纹饰之间的关系。柳湾彩陶作为一种容器，其造型和彩绘纹饰体现着它们日常的实用功能和装饰功能，其装饰功能最突出的一点是对空间装饰的表现。彩陶罐口沿、颈部、肩部、腹部的彩绘纹样是用各种几何纹样以二方连续的形式环饰一周，纹饰线条流畅，比例均匀，彩绘纹样丰富，展现了完美的视觉效果，使得彩陶罐的造型与纹饰具有完整统一的审美意识，这一点充分表明了柳湾原始先民对彩陶罐的造型和纹饰在空间中的联系的意识。需要说明的是，柳湾彩陶里还有一些彩绘纹样出现在器物的底部，这些位置非常隐蔽，显然这里的纹样，不再是单纯的装饰作用，而是具有特殊的意义和神秘的用途了。

三、柳湾彩陶的制作工艺方式

史前人类要制作陶器，首先要解决的问题是技术，因为许多陶器造型都是由当时的生产工艺技术和制作目的决定的。那么，到底是什么灵感，促使人类发明创造了彩陶器呢？关于这一点，马克思主义经典作家曾有一个为学术界广为引证的观点。恩格斯在《家庭、私有制和国家的起源》中说："可以证明，在许多地方，或者甚至在一切地方，陶器的制造都是由于用黏土涂在编制或木制的容器上而发生的，目的在使其耐火。因此，在不久以后，人们发现成型的黏土，不要内部的容器，也可以用于这个目的。"[4]这是迄今为止较为令人信服的说法。随着人口的增加，需求食物的品种、数量相应增多，需要到较远的地方采集，单靠两手就很困难，运水贮水需要更有效的容器，而把泥土加工制成陶器，是人类利用化学反应制造用具的开端。除运用化学反应外，在制泥、成型等加工过程中，还要配合物理机械等方面的技术。因此，古代陶器生产工艺，也是史前先民综合运用当时所掌握有关多方面知识与技术所取得的成就，同时它对文化、艺术、生产技术等方面也有一定的影响和促进作用。

从现有的考古学研究我们知道，陶器最初的制作方法主要是手制成型。手制的方法有以下几种：一种是捏塑法，一般小型陶器多用此法成型，用手捏制出一些比较小的器物，因此壁上常留有指纹。这是最简单、最实用的方法，但其造型比较粗糙，器型不太规整，且不适用于一些形制较大的陶器。一种是粘筑法，即将粘湿的泥团捏制成片，在一个物体外部一块块敷贴整合而成，一般用两层或数层泥片。这种方法制作的陶器器身厚重粗糙，器形不规则。一种是泥条盘筑法，即将一块泥料揉搓制成条，然后从下往上一层一层地叠上去盘绕成形，然后再用陶拍和陶抹拍打、里外压抹，制成器形，这是方法是新石器时代最常用的陶器成形法，而且至今我国某些少数民族制陶也还采用这种方法。以上三种是目前发现的陶器制作最早、最原始的方法，此外还有轮制、模制和雕塑法等几种方法。这些方法在陶器制作中出现较晚，是陶器制作技术被发明并且经过一个相当长的发展时期后才出现的，是一种比较成熟的陶器制作技术工艺。而在青海新石器时代制陶最常用的方法是第三种泥条盘筑法；先将坯泥制成泥条圈，一层一层叠筑上去，或是将一根长泥条连续向上盘筑。这种工艺与现代编织草鞋的工艺原理是一样的，在盘条收尾时，必定会出现像陶罐、陶壶那种凸形底。这种凸形底并不是模仿人体的某一部位，而是泥条盘筑法和轮制法工艺所致的必然结果。轮制法是一种进步的制陶工艺，它是将泥料放在陶轮上，借其快速转动的力量，用提拉、修割的方式成形。它们的特点是器形规整，厚薄均匀，并且在器壁表里造有手行密集的轮纹，器底部往往遗有浅割的编心纹。

四、柳湾彩陶纹样的构成之美

彩陶文化是史前人类在创造彩陶满足物质需求的过程中表现出来对形式美的追求，是原始人类审美意识的萌芽。彩陶不仅有实用等功能，还可以通过它的外观形式唤起人们审美感受，满足人的审美需要。器物与人之间的这种相互关系即为审美功能，它是在其他功能基础上产生的另一种精神需求功能或心理功能。彩陶的审美功能主要有：

（1）普遍性。即所有的出土的彩陶文物都存在着不同程度的审美功能，这就是陶器审美功能的普遍性。陶器在史前社会中除生活用具之外，其作用一是作为陪葬品，这与当时人们的生死观有关，当时有“事世是生”的观念。二是作为各种祭祀用具，这一点，我们可以从是否是批量生产和纹饰上看出来，如为什么在不同墓葬中发现的饰有舞蹈纹饰的彩陶盆在数量上都不多，说明这种纹饰的彩陶盆在当时并没有大批量生产，而是为了特定目的制作的[5]。

（2）超功利性。彩陶外在形式能够引起使用者和制作者的审美愉悦，它便有了一种“效用”或“价值”，可以称之为审美功能。审美功能可以使器物具有效用，而它自身却是超功利的，审美只是使人产生一种感情上的愉悦。除了它自身成为审美需求之外，与人的任何其他需要都没有直接的联系。

彩陶艺术是青海新石器时代及青铜时代各文化的卓越成就。所使用的彩料，赭红色用赭石，赭石即赤铁矿，化学成分是氧化铁。黑色用一种含氧化铁很多的矿石，其中还含有氧化锰。白色用配入熔剂的瓷土。彩绘以黑色为主，也有红色。从所绘线条流畅自然看，可能已使用了毛笔（但从现有新石器时代的考古发掘看，还无毛笔出土，只能是推测而已），这些彩绘既展示了当时人类的艺术造诣和审美情趣，也带来了原始社会生活、民族与文化发展的信息。例如：从原始人图腾崇拜意识看，马厂类型彩陶上的蛙纹，可能是当时氏族图腾符号，尤其是从马厂类型早期蛙纹到晚期蛙纹的演变可以看出，图案从写实逐步走向抽象，也说明原始人的审美观有了进一步提高。在青海大通出土的马家窑文化舞蹈纹彩陶盆，绘有五人一组手拉手，摆向划一的大舞蹈场面，表现出当时人们喜庆丰收的动人景象，盆中注水后似在湖边起舞，构思非常巧妙。

为了记事和表达思维，史前先民多使用刻木与结绳记事方法，但在柳湾彩陶上，共发现有319种彩绘符号，这与图画文字有密切关系；另外在裸体人像壶和人面彩陶壶上，都已经有较优美的造型和端正的人像五官；还有出土的陶埙，呈橄榄形，两端都有孔，中间贯通能吹出声音，反映了物质文化水平很低下时的原始人的审美需求。这便是彩陶纹样的审美特征用点线面的形式表现，充分体现了人类的聪明才智，彩陶上的彩绘纹样仿佛凝结成为一种精神符号，体现了史前先民对生活的热爱和对美的追求。

五、结　　语

以上探讨了柳湾彩陶造型及彩绘纹样的特点，造型上的张力、对称与均衡，彩绘纹样上点线面的变化与秩序，形成了史前先民对美的认知，这些审美意识说明史前先民已经掌握了系统的视觉审美法则和精巧的手工技术，同时也说明他们在长期的生活实践中不断完善的审美意识和艺术的心理发生活动来源于两个重要前提，一是实践活动的内化，二是人类大脑机能的进化。柳湾彩陶作为中国艺术史上一颗璀璨的明珠散发着它特有的魅力，彩陶上的彩绘纹样不仅体现了史前先民的智慧和创造力，也为现代艺术带来了众多启示。让我们打开禁锢的思维，立足于中国的传统文化，学习和研究美的各种表现形式，为我们的艺术研究与创作提供了广阔的探索空间。

注　　释

［1］　王勇：《甘肃出土的新石器时代尖底瓶研究》，《陇右文博》2002年第2期。

［2］　张朋川：《中国彩陶图谱》，文物出版社，1990年，第54页。

［3］　李纪贤：《马家窑文化彩陶艺术》，人民美术出版社，1982年，第33页。

［4］　中共中央马克思恩格斯列宁斯大林著作编译局：《马克思恩格斯选集》第四卷，人民出版社，1972年，第19页。

［5］　徐峰：《马家窑舞蹈纹彩陶盆及相关彩陶纹饰的文化隐喻初探》，《史前研究·2004》，三秦出版社，2005年，第513页。

宗日遗址反映的生业模式探讨*

李冀源　乔　虹

宗日遗址位于青海省海南藏族自治州同德县共和盆地内。遗址在全国第二次文物普查中首次发现，被定为马家窑文化半山类型[1]。1994～1996年，青海省文化厅文物处组织考古队对遗址进行发掘，出土大量文物，并根据其独特的文化面貌给予其“宗日文化”的命名[2]。2015年青海省文物考古研究所与兰州大学资源环境学院进行试掘，采集了一批动植物遗存[3]。2020年青海省文物考古研究所联合河北师范大学、南京大学再次开展了较大规模的发掘，发掘面积达800平方米[4]。宗日遗址因其丰富的文化内涵、多样的文化因素以及独特的陶器风格与葬俗，在甘青地区新石器时代至青铜时代考古研究中具有重要地位。

随着考古学研究技术手段的多样化，对史前遗址生业模式的考古学研究进展迅速，尤其是动植物遗存和古环境的分析为我们探讨古代生业模式提供了更多途径。一般而言，人们的生产生活既受到环境条件、生产技术、经济能力、社会组织的影响，也可在这些方面得以反映。本文现就环境资源、文化特征与发展、动植物遗存等方面对宗日遗址所反映的生业模式进行探讨。

一、环境与资源

宗日遗址所处的共和盆地位于青海省东南部，是我国高台阶与中台阶的过渡地带，海拔在此迅速抬升。该地理单元相对独立，包括贵德、贵南、共和、兴海、同德五县，属青藏高原区的侵蚀山地地貌。黄河在区域中心蜿蜒穿行，沿岸的宽阔处以及支流有发育比较好的二级、三级阶地。地貌与海拔条件造就了当地的高原亚干旱气候，属气候变化敏感区（图一）。

宗日遗址北依目杨龙瓦和塔拉龙山，南临黄河。冷气流被山体阻挡，水源充足，灌溉方

---

* 本文得到“国家文物局2020年高层次文博行业人才提升计划”西北大学研究生创新项目“宗日遗址与南坎沿遗址的对比研究”课题资助，项目编号：2021WYYCT-07。

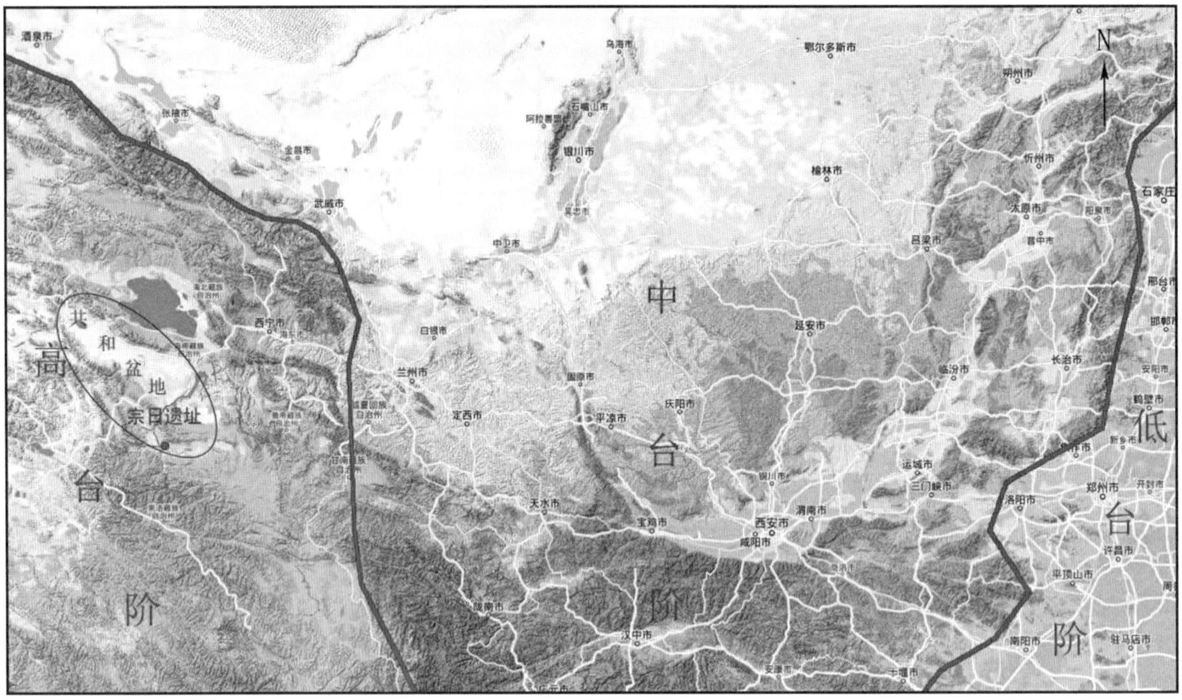

图一　共和盆地与宗日遗址位置图

便。黄河淤积和自然降水冲击下来的马兰台地上的黄土，形成了约15平方千米的河谷平地，海拔2800～3000米。遗址分布在巴沟乡班多村和卡力岗村之间黄河北岸的一级和二级阶地上。因常年雨水冲刷，阶地前缘被分隔为数个舌状台地。一条名为“大沙沟”的季节性河流将宗日遗址分为东西两部分，遗存呈带状分布，向西跨四个台地，向东跨六个台地，东西长达1.5千米以上。遗址所在区域生态环境优越，为古代人类生存提供了良好空间，至今仍是共和盆地乃至整个高原牧区少有的农业区域[5]（图二）。

除了地形地貌外，气候是自然环境的另一重要方面。水涛先生综合湖泊水位、冰川进退以及黄土古土壤等研究成果，总结出中国西部全新世气候变化呈现出一个“三部曲”图式，即距今7500～3500年间的气候最适宜期及两头的相对寒冷期。在此背景下穿插多次气候波动，以距今8300年、5700年、4000年、3000年、2000年、1000年、200年共七个冰进期为代表[6]。甘青地区史前时期的各个文化基本都在气候最适宜期之内，仅距今6000年和4000年的两次短暂寒冷期会发生一定的影响。在距今6000～5000年、4700～4000年间湿热同步的气候适宜期，共和盆地形成了80～100厘米厚的古土壤层，孢粉组合显示当时的植被是较湿润的草原环境[7]。竺可桢先生推算仰韶最适宜期的年均气温比现在高出2℃，1月平均气温比现在还要高3～5℃[8]。这种森林草原或湿润草原的气候环境，加之良好的地理空间条件，使得当地拥有较丰富的动植物资源。

距今4000年前后开始了一个新冰期阶段，气候环境发生了一次较大的恶化。研究者推断这次寒冷期持续了大概200年，平均气温低于现在1～2℃，比上一个最适宜期低3～4℃，降水

图二　宗日遗址遗存分布示意图

量明显减少。黄土高原古土壤明显停止发育，风沙活动加剧，被黄土地带草原和荒漠草原所覆盖。青海东部地区湖泊水位下降，共和盆地的贵南县地层显示出孢粉中麻黄属达到78.21%，相反禾本科仅有17.36%，当地植被景观已变为荒漠草原[9]。自然环境资源的变化左右着古代人群的生存方式与文化发展，这在许多古代遗存中都有所反映。

二、宗日遗存的文化特征与发展

总结以往考古研究成果，宗日遗存的文化特征包括墓葬中石棺、木棺并用；以单人葬为主，多俯身直肢葬，且有一臂上举；二次扰乱葬盛行，焚毁葬具甚至人骨；墓地内有祭祀坑，墓上有石块标志和祭祀痕迹；陶器以夹砂粗乳白色绳纹陶为主，器类以储藏、炊食的瓮（壶）、单耳罐、碗为主，彩陶多施紫红色彩，以饰变形鸟纹、多道连续折线纹、折尖三角纹、网格纹为特色，常被称为“宗日式陶器”；石器分为工具与装饰品两类，其中工具有细石器、砺石、石刀、石球、石锛、石斧、磨盘等；遗址中虽未发现较为完整的聚落，但发掘有较多柱洞，这表示存在半地穴式房屋，还见有袋状灰坑，可以推测其居址情况应与马家窑类型相似。

陈洪海先生通过对宗日墓地随葬陶器的类型学研究以及与马家窑文化陶器的对比，将宗日陶器和墓葬分为三期六段，勾勒出宗日遗存的兴衰过程[10]。宗日墓地早期（包括第一、二段），陶器以马家窑类型泥质彩陶为主，夹砂陶数量较少，出现模仿马家窑器形制造的夹砂瓮（壶）、单耳罐、夹砂碗，个别夹砂陶施紫红色彩绘。墓葬中头向东南的仰身直肢葬占比较大。绝对年代为距今5200～4900年，相当于马家窑类型的雁儿湾至小坪子期。中期（包括第三、四段），陶器中宗日式陶器已经占据绝对多数，器类完整，形态稳定，基本上都是实用器。夹砂瓮制作技术成熟，单耳罐、夹砂碗形态稳定，甚至宗日式陶器风格对周边地区产生影响。墓葬中俯身直肢葬占据了优势，仰身直肢葬衰微。绝对年代为距今4900～4500年，相当于小坪子至半山期。晚期（包括第五、六段），陶器整体减少，宗日式陶器随之衰落，实用器数量降低，明器增多。夹砂陶颜色由泛白向红褐色转化。器形不规整，纹饰少见，彩陶比例减少，标志性彩绘纹样简化并逐渐消失。宗日式陶器趋于消亡，但俯身直肢葬俗有所保留。绝对年代为距今4500～4100年，相当于半山、马厂至齐家期以前（图三）。

结合环境变化与宗日遗存的兴衰过程不难发现，在距今6000～4000年前后气候最适宜期，正值宗日遗存的形成与兴盛期。距今4000年新冰期出现气候恶化的同时，宗日遗存也走到了尽头。可见气候变化很大程度上影响着宗日人群生活。

三、动、植物遗存的发现与研究

动植物遗存是推测古代环境、自然资源以及人们生业方式的重要依据。

安家瑗先生等对宗日遗址（1994～1996年）、羊曲十二档、香让沟三处遗址出土的动物骨骼进行了研究[11]。经鉴定，在三个遗址收集的动物骨骼均为脊椎动物，计有鸟、旱獭、狗、猪、麝、狍、梅花鹿、黄牛、黄羊、岩羊等10种动物。宗日遗址中旱獭最多，其他依次为狍、黄羊、麝、鸟、梅花鹿、黄牛、狗、野猪、岩羊等。羊曲十二档遗址中狍最多，其他依次为黄羊、麝、梅花鹿、旱獭等。香让沟遗址中狍和黄羊最多，其次为梅花鹿，其他的动物中，黄牛、旱獭、狗、野猪、麝均为1只。这些动物的习性及骨骼上反映出来的特点，可推测当时的气候属于草原、旷野和高原地带，居住地周围有一定的树林，气候偏干冷。

任乐乐等对2015年在宗日遗址东二台地试掘出土的动植物材料进行了分析[12]。经鉴定的3132块动物骨骼碎片中，野生动物的数量远远超过驯养动物的数量。宗日类型遗址中发现的唯一驯养动物是狗，野生动物包括蒙古羚羊、蓝羊、野猪、鼢鼠、西卡鹿、麝香鹿和野兔。还有一种身份不明的牛，可能是野生的，也可能是家养的。经鉴定的4150粒炭化植物种子中，黍和粟占大多数，分别占总数的81.3%、15.3%。此外，还有140粒杂草种子，包括55粒灰菜（藜）种子、51粒滨藜、15粒地肤、1粒苜蓿、1粒莲花、10粒狗尾草、3粒杂草、3粒沙棘和1粒莎草。藜和滨藜约占总体的1%，其余类群不到1%。

就目前的发现来看，宗日文化遗址中动植物遗存最显著的特点是黍和粟在植物遗存中的比例和数量上的绝对优势，以及动物遗存中野生种占比的绝对优势。

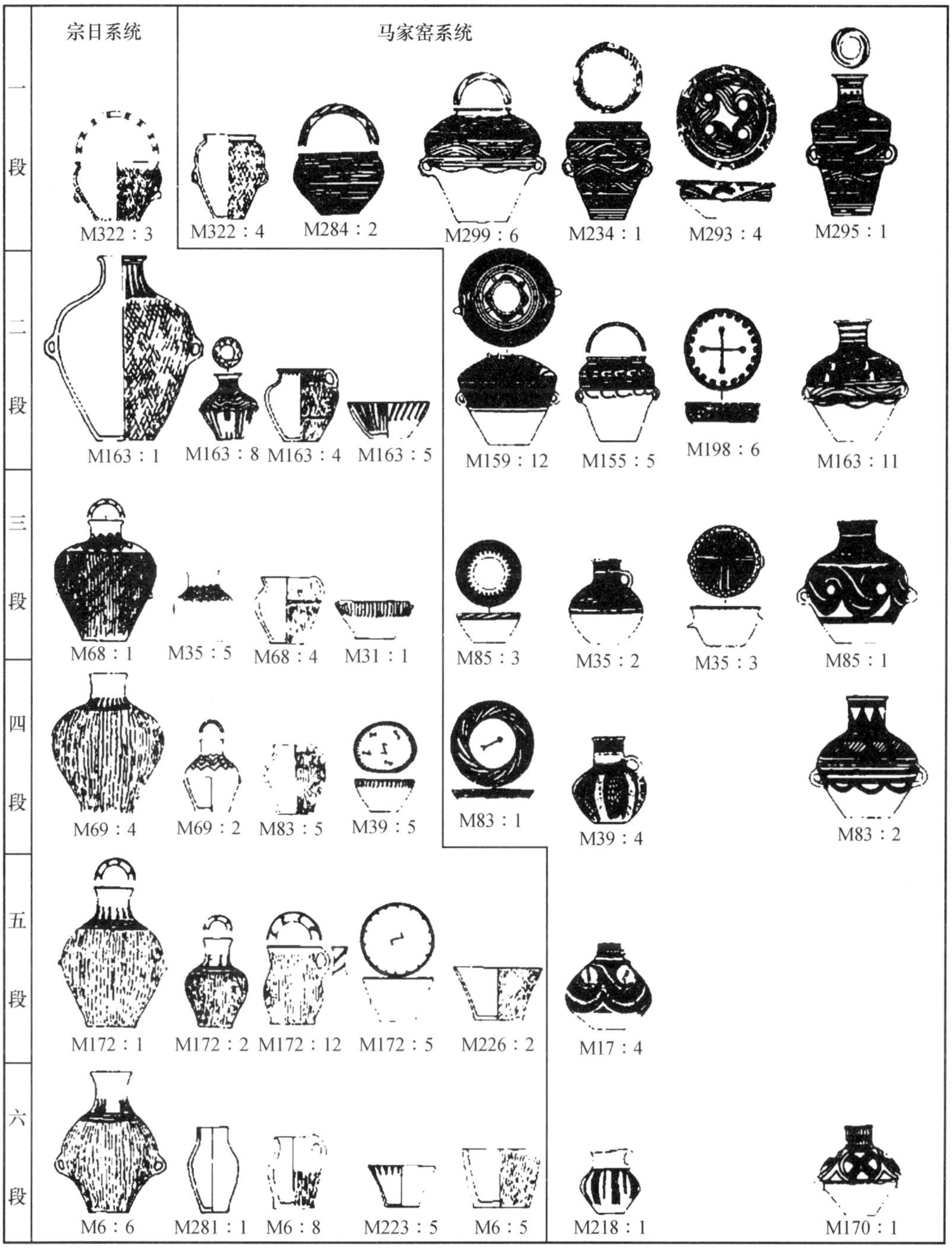

图三　宗日墓地随葬陶器分期图

引自陈洪海：《宗日遗存研究中的几点思考》，《西部考古》第一辑，三秦出版社，2006年，第107页

四、生业模式的讨论

关于宗日遗址的生业模式问题，陈洪海先生最早就依据遗存特征，结合人地关系分析提出“宗日遗存是一种农业文化，是马家窑类型时期东部农业文化向西发展的结果，是以农业定居的土著民为主体的人群的物质遗留”，认为人口压力和气候变迁是宗日遗址兴衰决定的因素[13]。宗日遗址当时的水热环境优于现在的环境，河谷地带是当时的农业区，河谷以外的草原可能是狩猎采集区。宗日遗存属农业兼狩猎采集混合生业经济，随着环境的恶化可能转而从事畜牧业，导致了宗日式陶器的衰落。

本文赞同这一观点。从文化遗存来看，磨制石斧、石锛、石凿等木加工工具[14]和较多柱洞在宗日遗址的出现，表明定居生活已经确立。一般认为，陶器、农业、定居生活三者密不可分。在宗日遗址和墓葬全部出土物中，尤以陶器数量最多。其中马家窑文化系统泥质彩陶在宗日遗址的出现，更是证明当时农业文化已经传播至共和盆地。鉴于宗日遗址当地良好的环境条件，我们可以确信宗日先民是从事农业生产的。正如陈洪海先生所言，“以马家窑类型中晚期遗存为代表的农业人群到达共和盆地后，展现了自己的经济优势，使土著狩猎采集民转化为农业定居民，进而创造了宗日遗存”。宗日遗址植物遗存鉴定[15]和人骨的稳定同位素分析[16]结果表明，粟和黍是宗日先民农业生产的主要作物，也是其最主要的食物来源。

任乐乐等认为，小米不耐霜冻，现代该地区小米种植的海拔上限约为2400米。所有宗日文化遗址却都位于海拔2600米以上，且没有任何历史证据表明共和盆地有小米种植。另外，在宗日遗址发现的作物遗存与杂草种子的比例很高（96.6%），明显高于同时代低海拔的马家窑遗址。“干净的作物”一般需要在收获结束时集中劳力进行加工才能获得。但宗日遗址没有发现用于收割的石质工具，反而是发现了大量体现游牧生活的细石器组合。鉴于此，其文提出“宗日遗址所见粟和黍并非在本地种植，而是通过与低海拔农业文化人群交换所得”[17]。

针对这一说法，笔者认为还需展开进一步讨论。首先对于小米生长来说，海拔并非唯一影响因素，当地的水热条件则更为重要。一般而言，气温是随着海拔的升高而降低的，海拔每上升1000米，气温下降6℃。据竺可桢先生推算，仰韶最适宜期的年均气温比现在高出2℃。我们暂且将其粗略地换算为海拔变化，则相当于平均海拔降低330米。虽然现代小米的海拔上限为2400米，但在气候条件优于现在的宗日文化时期，共和盆地的环境并非绝对不适合小米的种植。其次，宗日遗址虽未发现用于收割的石镰，但在石质工具中所见的穿孔石刀、磨盘、磨棒[18]等都是与农作物收割、加工关系密切的工具（图四）。宗日遗址中虽出土有一定数量细石器、石球等与狩猎行为相关的工具（图四），但宗日式陶器中瓮、罐、碗等与颗粒状粮食密切相关的存储、盛食器的盛行，依然凸显出旱地农业生产在宗日先民经济生活中的重要地位。再者，马家窑文化遗址的动物考古研究表明，以农业经济生产为主的马家窑人群本就有采集狩猎的传

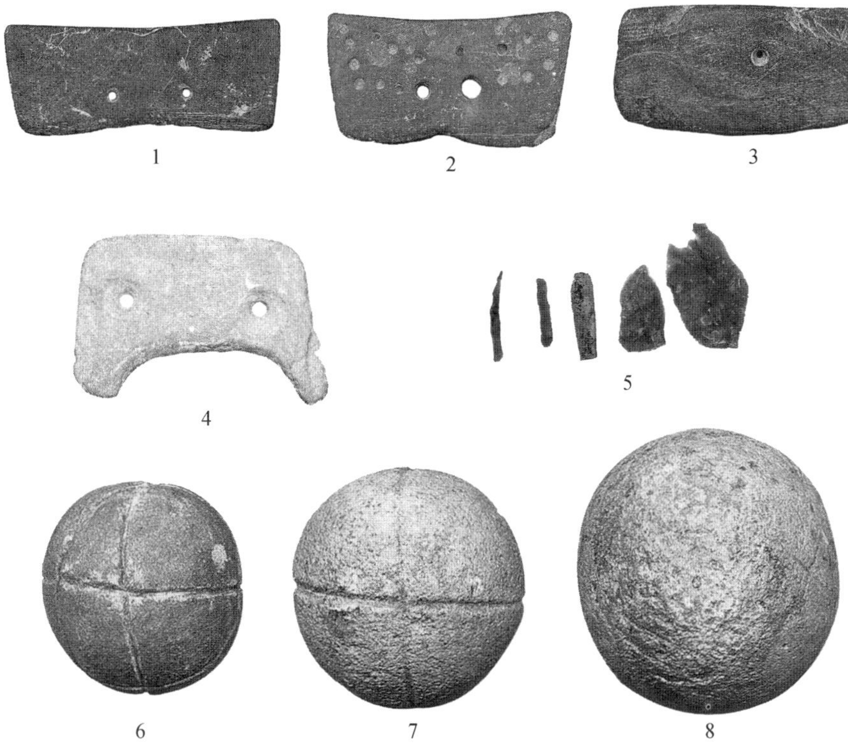

图四 宗日遗址出土石器

1~4. 穿孔石刀（95TZT25②：33、95TZT15②：10、95TZT25②：31、95TZT17②：1） 5. 细石器（95TZT15②：16）
6~8. 石球（95TZT24②：27、95TZT27②：7、95TZT16）
引自陈洪海、格桑本：《宗日遗址文物精粹及论述选集》，四川科学技术出版社，1999年，第127~131页

统且普遍饲养家猪（马家窑文化中期）。如甘肃天水师赵村遗址（马家窑类型文化层的年代为距今5400~4700年），发现有狗、家猪、黄牛和绵羊等家养动物，猪占哺乳动物可鉴定标本总数的74%，虽然家养动物的数量明显大于野生动物，但马家窑人对野生动物资源的利用明显存在[19]。无论从环境资源还是经济传统来说，以马家窑文化为代表的低海拔农业文化人群并没有与宗日人群交换狩猎采集产品的需求。只有当交易双方都承认对方所拥有的物品中的价值，双方才能进行物物交换[20]。虽已存在采集狩猎民与农民交换粮食的先例[21]，但就目前考古发现而言，还没有发现宗日人群用于与马家窑文化人群交换粮食的实物证据。另外，马家窑文化与宗日遗存之间关系密切，宗日式陶器在器类、器型和纹饰上都有借鉴马家窑陶器的迹象，如器类中都有罐、盆、钵、壶等。彩绘位置上，罐类都在口、颈等肩部以上部位，敞口器则普遍施内彩。如果说创造宗日式陶器的宗日先民抛弃陶器的功能性，仅在制陶技术和艺术上向马家窑文化人群学习，却没有接受先进的农业技术，是令人难以理解的。宗日式陶器随着气候环境优劣而兴衰的现象，就是宗日先民的农业生产受环境影响的直接体现。

关于宗日先民是否已经开始从事畜牧业，是否完成向畜牧经济转化等问题，目前也存在分歧。

陈洪海和安家瑗先生认为宗日先民可能已经进入了畜牧化过程。安先生提出宗日文化居民基本上过着农业定居的生活，在他们获取肉食资源的活动中，家畜动物占有一定的比例，但狩猎活动比较频繁。随着气候的变化，宗日文化的居民可能经历了从农业经济向畜牧经济的转化过程。但考虑到遗址中野生黄羊较多，却不见作为畜牧重要对象的绵羊和山羊，说明畜牧化经济还没有完全形成[22]。

崔亚平先生则通过对被认为是宗日文化孑遗的未分期墓葬人骨材料的食谱分析提出，这批先民的主食仍是C_4植物，但比例却小于宗日遗址各期先民，其动物性食物的摄取基本与各期持平。宗日先民并没有发展起畜牧经济的趋势，只是受气候恶化影响下农业衰退，为了满足粮食供给的需要，可能一定程度上恢复了采集经济。宗日遗址已经在朝着畜牧业为主的经济过渡的论据尚不充分[23]。

经前文对宗日遗址动植物遗存研究的梳理，本文赞同崔亚平先生的观点。在安家瑶、任乐乐等对宗日遗址动物遗存的分析中，狗是宗日文化遗址所发现的唯一可确定的驯化动物。而宗日文化遗址中的“黄牛”是否被宗日先民作为畜牧对象仍是难以确定的[24]。此外，西北地区青铜时代的畜牧对象基本上都是以羊为主，并非牛[25]，但在宗日遗址没有发现家养的羊品种。如果宗日人群已开始向畜牧转化（从对黄牛的驯化开始），到卡约文化阶段形成了自己的畜牧经济（以羊为主要畜牧对象）。那么其畜牧对象转变的动因也是值得深究的。因此，就目前在宗日文化遗址发现的动物遗存而言，还缺乏支持畜牧业出现的证据。宗日遗址陶器的衰落更可能是源于环境恶化导致农业生产衰落后人群丧葬观念的改变。

五、结　　语

本文在梳理既往宗日文化遗址生业模式研究的基础上，综合遗址环境资源、文化特征与发展、动植物遗存等多方面因素认为，宗日遗址先民应从事着农业生产与采集狩猎相结合的经济生产活动，过着较为稳定的定居生活。但因农业生产与狩猎采集两种不同生产行为所留下的遗存种类不同，就目前考古发现而言，还难以对两种生产模式的占比以及其历时性变化展开讨论。在自然环境为主多因素共同作用下，不同地区不同考古学文化的生业模式存在着差异，同一地区同一考古学文化中的不同时期生业模式也是动态变化的。这要求我们开展生业模式的考古学研究时，需在不同的时空内进行动态的考量，关注不同时期、不同层位中相关遗存的特征并考察其异同，以阐明生业模式的变化、动因与影响。这是已往宗日遗址考古工作中所缺失的，期待在未来的工作中能得到相应补充。

宗日遗存经过多年的发掘，目前还未发现可以确定的居址，甚至未发现一处完整的房屋建筑，我们对于宗日遗存聚落形态的了解几近空白。但这是否也间接暗示出宗日人群相对于马家窑人群稳定性较低的定居状态呢？这一问题也只有在未来开展相关工作时，引入聚落考古考古学和地质考古学的研究方法进行考察。内蒙古西拉木伦河流域的相关研究[26]已为我们提供了良好范例。

注　释

[1] 高东陆：《同德县巴沟乡兔儿滩马家窑文化半山类型遗址发现记》，《青海省考古学会刊》1985年第7期，第43~47页。

[2] 青海省文物管理处、海南州民族博物馆：《青海同德县宗日遗址发掘简报》，《考古》1998年第5期，第1~35页（总第385~419页）。

[3] 青海省文物考古研究所、兰州大学资源环境学院：《青海省同德县宗日遗址2015年试掘简报》，《青海文物》2017年总13期，第101~117页。

[4] 乔虹、李冀源、施兰英、马骞、吴文玉：《考古揭露“宗日遗址第一灶”拓宽对宗日人生活场景的认识》，见文博中国微信公众号2021年2月23日报道，原文中第二作者李济源，应为李冀源，特此改正。

[5] 青海省文物管理处、海南州民族博物馆：《青海同德县宗日遗址发掘简报》，《考古》1998年第5期，第1~35页（总第385~419页）。

[6] 水涛：《论甘青地区青铜时代文化和经济形态转变与环境变化的关系》，《中国西北地区青铜时代考古论集》，科学出版社，2001年，第207~215页。

[7] 胡双熙等：《青藏高原东北部边缘区栗钙土的形成与演化》，《生物地理和土壤地理研究》，科学出版社，1990年，第169~177页。

[8] 竺可桢：《中国近五千年来气候变迁的初步研究》，《考古学报》1972年第1期，第15~38页。

[9] 竺可桢：《中国近五千年来气候变迁的初步研究》，《考古学报》1972年第1期，第15~38页。

[10] 陈洪海：《宗日遗存研究》，北京大学文博学院，2002年。

[11] 安家瑗、陈洪海：《宗日文化遗址动物骨骼的研究》，《动物考古》第1辑，文物出版社，2010年，第232~240页。

[12] Lele Ren et al. Foraging and farming: archaeobotanical and zooarchaeological evidence for Neolithic exchange on the Tibetan Plateau.Antiquity 2020 (3), pp.1-16.

[13] 陈洪海：《环境变迁与宗日遗存发展的关系》，《中国史前考古学研究——祝贺石兴邦先生考古半世纪暨八秩华诞文集》，三秦出版社，2004年，第376~383页。

[14] 钱耀鹏：《略论磨制石器的起源及其基本类型》，《考古》2004年第12期。

[15] Lele Ren et al. Foraging and farming: archaeobotanical and zooarchaeological evidence for Neolithic exchange on the Tibetan Plateau.Antiquity 2020 (3), pp.1-16.

[16] 崔亚平、胡耀武、陈洪海、董豫、管理、翁屹、王昌燧：《宗日遗址人骨的稳定同位素分析》，《第四纪研究》2006年第4期，第604~611页。

[17] Lele Ren et al. Foraging and farming: archaeobotanical and zooarchaeological evidence for Neolithic exchange on

the Tibetan Plateau.Antiquity 2020 (3), pp.1-16.

[18] 李国林、王国顺：《宗日墓地的随葬品》，《宗日遗址文物精粹及论述选集》，四川科学出版社，1999年，第24页。另见《宗日遗址文物精粹及论述选集》，第127、131页。

[19] 周本雄：《师赵村与西山坪遗址的动物遗存》，《师赵村与西山坪》，中国大百科全书出版社，1999年，第335～339页。

[20] 米歇尔·福柯著、莫伟民译：《词与物——人文科学的考古学》，上海三联书店，2016年，第197页。

[21] Ofer Bar-Yosef著、王佳音译：《农民与采集者的相互关系：来自西亚的认识》，《考古学研究》（九），文物出版社，2012年，第244～259页。

[22] 安家瑗、陈洪海：《宗日文化遗址动物骨骼的研究》，《动物考古》第1辑，文物出版社，2010年，第232～240页。

[23] 崔亚平、胡耀武、陈洪海、董豫、管理、翁屹、王昌燧：《宗日遗址人骨的稳定同位素分析》，《第四纪研究》2006年第4期，第604～611页。

[24] 安家瑗、陈洪海：《宗日文化遗址动物骨骼的研究》，《动物考古》第1辑，文物出版社，2010年，第232～240页。

[25] 水涛：《论甘青地区青铜时代文化和经济形态转变与环境变化的关系》，《中国西北地区青铜时代考古论集》，科学出版社，2001年，第207～215页。

[26] 夏正楷、邓辉、武弘麟：《内蒙西拉木伦河流域考古文化演变的地貌背景分析》，《地理学报》2000年第3期，第329～336页；崔之久、杨晓燕、夏正楷：《初论古文化类型演替与传承模式的区域分异——以西拉沐伦河流和汶泗流域为例》，《第四纪研究》2002年第5期，第434～441页。

浅谈多学科考古调查青海齐家文化矿冶遗址
——兼论考古学与地质学合作探寻青海铜矿资源

叶茂林

考古发现和考古学研究表明，甘青地区的马家窑文化就开始发现了早期铜器标本。而中国最早铜器标本出现在更早的仰韶文化。当然这些发现都还是很孤立的零星资料。到了龙山时期和齐家文化时期，早期铜器的发现在中国若干地区都有更多资料，可谓丰富[1]。其中齐家文化的铜器发现最多，经测试大部分是青铜，也有红铜和砷铜[2]。因此考古学界很多学者都把齐家文化作为铜石并用时代或把它直接作为中国最早的青铜时代文化来看待[3]。而现在，把齐家文化认为青铜时代文化，已经成为普遍的共识。

有研究资料结合国外矿冶考古研究还反映出很可能在齐家文化时期，甘肃青海都有自然铜存在，被先民们发现，找到并采掘，成为他们加工制作铜器标本的原料[4]。目前大多数学者，特别是冶金考古的学者，相信其推断是有根据的，也很有说服力。

关于中国早期铜器的起源也有本土起源和文化传播的两种不同观点。但不论哪种观点，对于齐家文化出土铜器都是非常重视的资料也是重要研究课题。现在还相当明显缺乏的，就是对齐家文化的矿冶遗迹的考古发现资料和更深入的认识。

其实，应该说，迄今为止，我们考古学界对于整个齐家文化的认知都还是不够的，相对来说也还是较为保守的和比较拘谨的，很可能我们现有的许多认识，也许还没有真正反映齐家文化的实际的发展水平和经济文化、社会发展的高度。这需要新的考古发现资料来充实，同时也需要我们研究者的反思和做更加深入的探索。

也有地质学的研究已经证明，青海和甘肃有出产自然铜的条件[5]，这些天然铜很可能就是地下铜矿在地表的一些出露部分[6]，还有的成为块体，或沉入沟谷，或进入了河流砾石中。本来地表暴露自然铜或矿石，可以是地质考察勘探的专家们寻找铜矿的一个非常有力的重要实证根据，可是几千年前的齐家文化及先后时期的人们，早已共同把这些能够看到和找到的天然铜都采掘光了，甚至把地表暴露的铜矿石等能够认识的物质也都几乎一扫而光采掘没了。这就给现代找矿带来了很大的困难。本来中国铜矿资源与找矿就存在许多实际的特殊困难和问题[7]，有可能我们上述的这种情况，又是目前地质学家寻找铜矿面临的另一个可能较特殊的问题。

地质矿物专家当然并不只是根据地上有铜或铜矿石暴露出来，才能去找矿，他们有着自己的相关地质学科的找矿方法和理论总结的知识[8]，可以知道什么样的地质岩石的构造带和埋藏条件下的岩体，就可以反映出地下或山体有可能存在铜矿或其他什么矿产的矿体。但地质学家也是需要通过直接找到和见到自然铜或铜矿石以及钻探标本，来充分证明确实存在的矿藏，以此取得最直观的物证。当然很多时候都是地质学家采用钻探方法获得样品来证明。

史前时期先民一般情况下并没有深入挖掘地下埋藏矿体的能力，他们主要通过采掘地面上和地表能够看到的、比较好采掘的、力所能及更容易达到的、当然也是较好发现和开掘出来的铜矿资源，地面下的不好采掘的较深矿藏，没办法就只好放弃或者无奈罢手。我们可以想见，早期冶铜的利用率是很低的，采矿也是低效的，由于生产力低下，先民们只能利用较为方便开采、便于获取的资源，而把不易获得的资源都废弃和放弃了。那时的铜资源利用可能基本上是广取薄收的状况，开采资源的同时也大量浪费资源，而且还只能冶炼获得较少的铜。因此，早期铜业的生态代价很可能也是巨大的，可以说是破坏性的。或许这也是甘青地区早期生态恶化的其中的原因之一[9]。由此我们认为，齐家文化的铜业生产，很可能损耗浪费和弃置埋没了大量的铜矿资源，在现在看来，完全可以更充分加以利用和开发的铜矿资源，这些早期并未怎么真正深入开发利用的铜矿，成为荒废隐伏状态的被弃置的铜资源。因此我们相信，开展齐家文化矿冶考古研究不仅对于齐家文化技术发展的认识有直接帮助，并且还可能对于现实的找矿提供有用线索，这就还有着很重要的现实意义[10]。

史前时期的先民，在遗址里或附近范围的区域，会进行冶炼和锻铸等手工业活动，这就会留下古代矿冶遗迹。矿冶遗址一般可能距离矿源不很远，如果不是在居址，那也是距离居址不太远，比较方便采掘和冶炼及人们的生活。如果发现矿冶遗址，那就有可能在附近不远的地方或许找到铜矿，这为当今之探矿也就获得了新的历史物证。地矿部门所谓的综合方法找矿[11]，应该也可以包括考古方法。

随着考古学研究的深入，考古学家目前十分关注青海省在齐家文化遗址主要分布区的地域范围的相关铜矿的发现情况，它可能提供考古学家为寻找相关矿冶遗址而确定其发现目标的方向，并进一步解答相关铜器发展传播的更多问题[12]。至今，我们最多也只能是通过查阅已经公开发表的地质矿产研究资料来获得一些相关信息。与此同时，考古发现矿冶遗址，也就有可能提供地质学家探寻铜矿的新线索，带来的很可能是实际发现新矿源的更大可能性。因此，这种双方携手的跨学科合作，必定具有互惠共赢的作用，也可能是有更加重要的学术价值，以及重要的现实意义。

至今，考古学家和矿冶考古专家已经在相关的中原和北方地区开展了史前矿冶考古调查，找到了数量可观的遗址和遗迹及相关遗物，他们在甘肃的黑河流域也发现了多处遗址包含矿冶遗存，成果颇为丰硕，初步完成了这些地区早期青铜产业的课题[13]。考古学家更早就在湖北铜绿山发掘古铜矿，并预备申报世界遗产。这都可供我们借鉴。不过，我们则更希望进一步可为找矿做出考古学的贡献。这是我们此课题设置的一个与众不同的新想法。

据我们所知，青海省的矿产资源十分丰富，青藏高原拥有重要的矿产资源巨大潜力和找矿前景，因它处在“中亚成矿域”[14]和“大陆碰撞成矿论”[15]的大背景下。但探明的矿藏多数还是理论上的，实际困难还很多，还需地质学家做更加艰苦深入的找矿实践活动去进一步验证矿源[16]。相当程度上，就要求获得准确可靠的实际矿点，特别是矿源的露头，为确认矿床的埋藏寻找准确的定位的依据和分析资料。多数情况下，地质学家是采用钻探方法，向地下钻取岩石采样获取矿石样品，来得到相关矿产资料。如果有考古的相应资料为依据，很可能也就可以更快得到铜矿的出露线索，快速准确定位，帮助地质学家较快分析和确认隐伏的矿体和可能曾经暴露地表的现象，从而更好取得对于铜矿的更多认识。虽然地表出露的铜或铜矿石已经被史前人类采集殆尽了，已找不到地表露头，但有可以确定的矿冶考古信息，也就可以为找准钻探的地点提供比较可靠的有利于分析判断的位置范围，从而可以确定和布下一个有限度的小范围目标。这对于地质学家来说无疑就是相当明显地缩小了包围圈。

我以为，这是考古学与地质学相互支持的一个大有可为的合作方式。从考古方面说，我们在甘青地区开展的考古学研究项目，通过相关研究及相关的考古文物普查资料，已经初步具备了比较好的充分的资料条件，目前许多地方已有较完整的古遗址分布资料[17]，尽管还不是更全面的、很完善的、细化的资料，很可能还有未暴露和待发现的古遗址和文化遗存仍然还埋藏在地下，但是现有资料也已经具有很好的一些线索，至少是已经发现的古遗址属于什么文化和大体的年代，都可以得到确认。这些资料是很方便的并可以充分利用。通过考古调查寻找相关遗物，可能发现一些遗迹，采用地理信息系统，就可以很直观表现出来青海省早期的铜产业矿冶遗存的格局。当然，对于齐家文化或卡约文化的矿冶遗址，这是还没有被发现的问题，需要考古学家进一步开展细致工作，深入分析辨识，发现新线索，从而努力去找获新发现。这是我们初步拟定的考古学新课题。

我们研究认为，齐家文化从东向西的发展，特别是向河西走廊西部和向青藏高原纵深的深入，不应排除的一个重要原因，很有可能是先民为寻找资源而来的向前推进。在齐家文化时期，最重要的矿产资源，显然就是铜矿资源，是要找到铜这种新认识的金属物质的矿物。还有就是制作玉器的玉石资源。这两种矿藏、两种物质，都是当时史前社会中极为贵重的物品，是重要物资。《山海经》和《穆天子传》等古文献，都记载了上古时期处于中国西部的青海与东中部华夏部族之间的交往，特别是书中以神话形式描述了一个美丽的高原景象。其中不乏玉石和矿产的资料，对于中原腹地和东方的人们来说，那里充满了无穷的魅力与幻想。这些记述多是神话传说的形式，与真实的历史还有很大差距。但我们也完全可以从神话传说中拨开迷雾，去窥探其中包含的真实成分及相关历史痕迹。为探究史前开发的真实历史，考古调查发掘与分析研究，特别是考古多学科的合作探索，很有可能获得对史前和远古历史的全新的重新认知。

从已知青海齐家文化遗址分布地来看，其走向主要是沿河湟谷地而铺开。河湟谷地即是处在拉脊山的南北两边的河谷平原和阶地面；甘肃的河西走廊和青海的湟水流域也是分属祁连山的南北两边。有地矿专家就曾有认为，祁连山和拉脊山[18]，都是具有铜矿资源和找矿前景的青海东北部的山脉。也或者可以说这是一个巧合，这个分布格局恰巧与出产铜矿的山脉对应上了，是齐家文化等青海相关史前文化自东向西发展必定要沿着这样的路线的走向分布。但是请注意，这些古遗址并不是按照早晚而排列有序地自东而西分布，对已知的这种遗址分布状态，我们并不能简单去那样理解。当然，我们却也很难排除，它一定不是与沿着寻找铜矿资源和其他物产资源的路线，在向西发展而长期累积形成的可能性。在一定程度上我们似乎可以认为，有很大的可能，齐家文化就是在寻求资源而向西部扩展。

当然，我们今天也不能知道先民们探寻矿藏，是不是如同今天的地质队勘探考察一样，有专业的队伍或人群，但是肯定是有一定经验的人在起作用。我们也应该明白，也不会是一个聚落的人都是为找矿而来。所以，已知发现的聚落遗址是族群在一个区域分布的遗留，这些其中的人们做什么活动，怎样生活，则需要依靠出土的具体考古资料来说明具体的细节情况。能说明到什么程度，就要看我们的考古发现和研究做到了什么程度。

现在我们要找到这些山里的铜矿，似乎是很有困难的。地质队充满了艰险和艰辛，而且有科学为基础。可是在齐家文化时期的先民们来说，估计当时在约4000年前后的那些时间，他们中间的开拓者们，不顾劳顿，顺流而上，再顺一个个山坡、山谷、山沟进入去寻觅，在他们眼里，也许直接很容易就能够感应到铜的吸引和强烈召唤。那一处处可能出露的自然铜和铜矿石露头，给齐家文化人们带来了不断惊喜，还有财富。他们在青海高原上，收获了矿产资源宝藏，气候波动的齐家文化时期，先民仍向高海拔分布，或许绝非偶然。

一个事实或可能是反面的证据，就是在齐家文化先民那时还没有达到的地方，在青海的南部和西部许多地方，现在新发现的铜矿，在地表就可见到铜或铜矿石露头[19]。在东部齐家文化较集中的分布区域，却难觅矿藏在地表的踪迹。对此或可解释为，齐家文化先民早已有目的找寻到了这些暴露的铜矿。我们推断出：齐家文化先民早把他们见到找到的地表铜矿已采掘殆尽，一般就见不到露头了。

国内外考古资料均显示，在铜矿资源的矿点附近，或有可能发现先民留下的一些或许多石器，这些资料也是矿冶考古的重要标本。在矿区寻找矿冶遗址，显然首先要有充分的矿源依据，有地质资料表明附近区域有可能的铜矿床存在；其次需要调查寻找相关古遗存线索，如发现石器和古文化遗物（包括陶片或矿渣、烧结物或红烧土残块等甚至有可能找到铜器残留物）；再就是找寻可能被埋藏下来的矿冶遗迹得以暴露的可能性目标。至少目前来看，有一些遗址深入到了山沟山谷区域的这种现象是很值得予以重视的线索。

目前可以参考相关已经进行过矿冶遗址调查和有所发现的区域的考古工作情况，借鉴别人的经验，然后着手制定我们的计划和方案。联系相关地质部门和地质专家、环境考古学者、冶金考古学者等，多学科合作讨论工作安排。考古调查是每个考古学者都具备的基本专业素质，但是矿冶遗址考古调查需要专门知识和作业的条件及要求。与相关多学科专家合作组队，是专业互补的最好办法。地矿部门的合作很重要，同时附带有提供找矿的明确目标，对于他们一定具有重要的强烈吸引力，也将更有利于相互配合。

顺便再简单说说考古学的多学科合作问题。我试从喇家遗址来略加说明，并借此对其中出现的争议，也表明一下态度。

中国社会科学院考古研究所甘青队与青海省文物考古研究所的同行们一起，共同发掘了青海民和的齐家文化喇家遗址，取得了很好的考古发现成果和多学科的一系列研究成果[20]。如今，喇家遗址不仅在青海、在中国著名，而且也在世界很有名，成为举世闻名的古遗址。喇家遗址的早期约在距今4200多年，晚期也在接近4000年前[21]，一场大灾难发生[22]，喇家遗址这个齐家文化的较大聚落，毁于一旦。不可思议的是，大地震和之后紧随地震而来的大洪水，让先民们连抗震救人都来不及做，地震和洪水就彻底埋葬覆没了遗址。考古发掘出来的现场，还保留了许多地震灾难时人们的骨架定格的惨状，让人触目惊心，无比震撼。有的场面，和许多地震现场清理出来的场景相似。尤其是护佑孩子和相互救助的场面，感人至深。喇家遗址也出土了极少量齐家文化的铜器标本，虽然只是很小的小物件，但足以说明铜器的重要性。

喇家遗址的考古工作，在许多方面得益于多学科学者们的帮助。如果不是地学家的参与合作，考古学家对于发现的有些现象，在解释上就可能没有权威性。也可以说是多学科的成功合作，使我们取得了更好的成果[23]。但实际上，考古学也在帮助其他相关的多学科，开展了一些重要的工作。比如，喇家遗址的地震和洪水现象的资料，提供了相关科学研究的重要资料数据，无论是史前地震现象，还是史前洪水计算出来的黄河洪灾的水文信息，都是难得的科学资料[24]。再比如，考古遗址方面的许多发现资料，提供了环境变化许多信息和数据，已成为多学科相关科学家极为重视的考古资料[25]。

但也有一些研究者或团队不愿意听取考古学家对考古发现现象地层关系的认识，而是按照自然学科的眼光，去看这样一个本来属于人文的遗迹，显然就有可能在判断上出现分歧或者问题，这种多学科的不合作，当然也就有可能暴露出来更多分歧的问题。但是，有问题这也没什么关系。科学研究就是要允许不同观点和不同的认识。

即使目前在喇家遗址多学科研究中还出现了一些不和谐的情况，有一些咄咄逼人的不同声音甚至影响了学术争鸣的正常气氛，我们还是很坦然地认为，喇家遗址这种多学科争议，就算产生风暴，也不是坏事！只是，有一些人却利用权威想要压制不同声音的做法，是有违科学精神的表现！不过，我相信，这也只是喇家遗址多学科研究的大潮中的小逆流而已，考古学应正视。而且我们还认为正常的科学研究讨论甚至争论，还应该深入继续下去。这是我的态度。

借此文一角，我还想提一下杨景春老师。前不久，北京大学环境学院的杨景春老先生，突然去世了，我得到消息比较晚了，没来得及送别杨老师，也未及表达感激之情。在此公开说出来，非常感念杨老师对喇家遗址灾难研究的支持和推动！杨老师是相关许多研究者的老师，甚至是老师的老师。如果有机会大家还可以去查阅一些资料。2009年在得知吴庆龙提出了喇家遗址被地震堰塞湖溃决洪水彻底毁灭的观点后，杨老师对此非常关心。作为国内著名地震地貌学家，杨先生于2004年在考古所召开的喇家遗址史前灾难的多学科座谈会上，就提出喇家遗址毁灭可能与附近峡谷的地震堰塞有关，而吴庆龙关于喇家遗址灾害的研究思路与杨先生的思路是一致的。杨先生给了吴庆龙很多鼓励和指点，这些估计对于吴庆龙最终完成积石峡溃决洪水与喇家遗址灾害的研究起到了重要的作用。遗憾的是，另外有的研究者，却没有认真考虑过杨先生关于喇家遗址灾害研究的联系。有争论、有不同看法，这本来很正常，但有些人的做法却超出了学术争论的范畴。杨老师鼓舞增强了我们的信心。杨老师平实的学术人生，令人景仰！杨老师是一位真正的、纯粹的科学家！谨向老科学家杨景春先生致以深切缅怀和崇高敬意！

多学科合作是现今科研越来越细分的情况下，跨学科优势互补的一个突出特点。因此，当我们考虑到进一步探寻齐家文化的矿冶遗址课题的时候，首先想到了多学科合作，特别是我们更希望通过考古学优势，以考古发现矿冶遗址，为找矿的地质工作提供线索，希望能够助力探寻青海铜矿，加速青海矿业开发新进展。

我们对这种多学科合作以及可能的收获成果，抱以期待[26]。

附记：本文完成后，仍扩大查阅到更多相关资料，其中就包括地质找矿学界的“就矿找矿”的理论。时任地矿部长朱训先生1982年发表过《论就矿找矿》的文章，重提倡导并引领了地质矿业界继续重视这种找矿思维和理论。就矿找矿的学术思想，在行业学界又再形成风气领先的积极态势并且取得了明显成绩。地质矿业学界一直都传承着这种科学思维。就矿找矿在我看来，或许也可称之为“旧矿找矿”，是科学探寻隐伏矿藏的既有传统又有创新的科学新思维。我们本文提出考古与地质合作调查矿冶遗址找矿的思路，理念上与之有点相似或异曲同工，似乎还可成为就矿找矿理论下的另一种探索方法。就矿找矿，本来是中外地质探矿的行之有效的方法，在深具辩证哲学思想的朱训先生推动下，升华到科学哲学的认识高度。学界发表不少论文探讨，还组织出版了就矿找矿丛书四本，凝聚朱训先生和许多地质矿产学者们的智慧。就矿找矿这种科学思想、理论思维和成功的实践经验，进一步总结并提升出来的新的认知理论，显然也是更加强了本文提出这个课题思路认识的充分信心！

注　释

［1］ 北京钢铁学院冶金史组：《中国早期铜器的初步研究》，《考古学报》1981年第3期，第287～302页；郑德坤：《中国青铜器的起源》，《中国文化研究所学报》第16卷，1985年；黄盛璋：《中国青铜时代最早形成的地域和年代初论》，《传统文化与现代化》1994年第1期，第29～39页；白云翔：《中国的早期铜器与青铜器的起源》，《东南文化》2002年第7期，第25～37页。

［2］ 李水城：《西北与中原早期冶铜业的区域特征及交互作用》，《考古学报》2005年第3期，第239～278页；徐建炜：《甘青地区新获早期铜器及冶铜遗物的分析研究》，北京科技大学硕士论文，2009年；王振：《从齐家文化铜器分析看中国铜器的起源与发展》，《西部考古》第三辑，三秦出版社，2008年，第

74～90页；刘翠：《早期甘青地区冶铜及铜器铸造技术研究》，山西大学硕士论文，2012年。

[3] 陈戈、贾梅仙：《齐家文化应属青铜时代——兼论我国青铜时代的开始及其相关问题》，《考古与文物》1990年第3期；蒋晓春：《中国青铜时代起始时间考》，《考古》2010年第6期，第76～82页。

[4] 喻兰、关东杰：《人类早期对自然铜的利用》，《金属世界》2001年第1期；金正耀：《中国金属文化史上的“红铜时期”问题》，《中国社会科学院研究生院学报》1987年第1期，第59～66页；汪常明、金正耀：《人类早期文明中的自然铜》，《东南文化》2009年第5期，第108～113页。

[5] 夏湘蓉等：《中国古代矿业开发史》，地质出版社，1980年，第243、244页；曾乔松等：《中国自然铜矿床类型、特征、分布及形成条件》，《地质科技情报》2006年第6期，第41～46页。

[6] 郑大中等：《自然铜、铜合金矿物及其矿床形成机理新探索》，《四川地质学报》2002年第2期，第72～81页。

[7] 孙海田等：《我国铜矿床主要类型及找矿方向初探》，《地球学报·中国地质科学院院报》1992年第1期，第25～41页。

[8] 孟宪民：《中国铜矿的分布情况及其勘探方向》，《地质学报》1953年第1期，第53～58页；谢家荣：《中国铜矿的分类、分布及今后普查勘探的方向》，《地质论评》1957年第1期，第2～22页；郭文魁：《十年来中国铜矿地质普查勘探工作的成就》，《地质学报》1959年第4期，第373～378页；还可参考应立娟等：《中国铜矿成矿规律概要》，《地质学报》2014年第12期，第2216～2226页。该文分析了中国约6000个铜矿的成矿资料，加以总结了铜矿的规律性。

[9] 李小强等：《河西走廊西部全新世气候环境变化的元素地球化学记录》，《人类学学报》2013年第1期，第110～120页。

[10] 叶茂林：《齐家文化研究相关的现实意义——纪念齐家文化发现90周年》，《2015中国·广河齐家文化与华夏文明国际研讨会论文集》，文物出版社，2016年。

[11] 俞志杰：《我国铜矿资源和铜矿普查》，《中国地质》1985年第10期，第19～22页。

[12] 罗武干：《对青海省若干遗址齐家文化铜器的考察》，《中国文物报》2014年7月4日第7版。

[13] 李延祥：《中原与北方地区早期青铜产业格局的初步探索》，《中国文物报》2014年2月28日第5版。

[14] 涂光炽：《初议中亚成矿域》，《地质科学》1999年第4期，第397～404页。

[15] 侯增谦：《大陆碰撞成矿论》，《地质学报》2010年第1期，第30～58页。

[16] 许长坤：《青海成矿地质特征的特殊性及找矿布局探讨》，《地质与勘探》2011年第5期，第782～793页。

[17] 国家文物局：《中国文物地图集·青海分册》，中国地图出版社，1996年。

[18] 王全明、张大权：《中国铜矿资源找矿前景》，《地质通报》2010年第10期，第1145～1151页。

[19] 温家宝总理年轻时在地质队，就曾经深入祁连山的青海一侧，做地质勘探考察，在记录中就有调查铜矿化点，而且实际亲手亲见铜矿石暴露并采集铜矿石孔雀石、铜蓝等。位置在祁连县与天峻县交界的地带，比较偏西的分水岭区域。这些地方显然先民们未到。见《温家宝地质笔记》，地质出版社，2016年。

[20] 中国社会科学院考古研究所、青海省文物考古研究所：《青海民和县喇家史前遗址的发掘》，《考古》2002年第7期，第3～5页；中国社会科学院考古研究所甘青队、青海省文物考古研究所：《青海民和县喇

家遗址2000年发掘简报》，《考古》2002年第12期，第12～25页。

[21] 张雪莲、叶茂林等：《民和喇家遗址碳十四测年及初步分析》，《考古》2014年第11期，第91～104页；张玉柱、黄春长等：《黄河上游官亭盆地喇家遗址地层光释光测年研究》，《地理学报》2013年第5期，第626～639页；叶茂林：《喇家遗址3号、4号房址出土齐家文化人骨的血缘关系及测年》，《无限悠悠远古情——佟柱臣先生纪念文集》，科学出版社，2014年，第324～332页。

[22] 夏正楷等：《青海喇家遗址史前灾难事件》，《科学通报》2003年第11期，第1200～1204页。

[23] 吕厚远等：《Culinary archaeology: Millet noodles in Late Neolithic China》，《Nature》2005年第7061期，第967、968页；吕厚远等：《青海喇家遗址出土4000年前面条的成分分析与复制》，《科学通报》2015年第8期，第744～756页；张雪莲：《碳十三和氮十五分析与古人类食物结构研究及其新进展》，《考古》2006年第7期，第50～56页。

[24] 杨晓燕、夏正楷、崔之久：《黄河上游全新世特大洪水及其沉积特征》，《第四纪研究》2005年第1期，第80～85页；吴庆龙、张培震等：《黄河上游积石峡地震堰塞溃决事件与喇家遗址异常古洪水灾害》，《中国科学》D辑《地球科学》2009年第8期，第1148～1159页；李志敏等：《拉脊山断裂古地震与喇家遗址灾变事件研究》，《地震研究》2014年增刊，第109～115页。

[25] 张小虎等：《黄河流域史前经济形态对4kaB.P气候事件的响应》，《第四纪研究》2008年第6期，第1061～1069页；殷志强、秦小光等：《黄河上游官亭盆地红粘土层成因机制再探讨》，《第四纪研究》2013年第5期，第995～1004页。

[26] 本文写作过程中参阅的多学科文献甚多，最后我们还是尽可能简化了参考文献注释，特此加以说明。另外再补充一个引文，提供参考。《科学世界》2021年第10期，《中国考古学百年纪念——科技助力考古学》，其中的“第3部分　东方庞贝——喇家遗址”（叶茂林执笔）第40～49页简要通俗介绍了喇家遗址相关的多学科合作研究的一些比较突出的成果事例。反映了喇家遗址多学科合作的成功和研究进展。仅供参阅。

浅议青海地区齐家文化玉器

任晓燕

齐家文化地处中国西部，最初发现于甘肃省广河县齐家坪，距今4000年左右，兴起在黄河上游，延续了6个世纪之久，在华夏文明的形成中扮演了十分重要的角色。

该文化是黄河上游极为重要的青铜时代早期文化，分布地域广阔，东起泾水、渭河流域，西至河西走廊西部、湟水流域及青海湖畔，南抵白龙江流域，北达内蒙古西南部及宁夏南部，主要分布地区即甘肃大部、青海东部、宁夏南部、陕西北部和内蒙古西南部，中心区域在甘青地区，现已发现遗址1100多处。

自20世纪70年代以来，在青海境内多处齐家文化遗址与墓地中陆续出土了数百件玉器，种类繁多，包括礼器、生产工具和装饰品等。著名的史前灾难遗址——喇家遗址是黄河上游齐家文化极具有代表性的重要聚落，1981年在此征集玉器7件，1999～2007年考古发掘出土玉器108件，占据了青海地区齐家文化出土玉器总量的四分之一之多，基本囊括了目前青海地区齐家文化已出土玉器的全部器形，该遗址出土的玉器从不同角度展现出了齐家玉文化的文化面貌，同时也展示出这一时期玉器使用的社会时尚及齐家文化所取得的艺术成就。这批玉器具有典型性和代表性，不仅促进了齐家文化玉器的深入研究，也是探索青海地区齐家文化玉器的重要素材，本文试以该遗址出土的玉器为基本材料，浅议青海地区齐家文化出土玉器的器形分类、制作工艺与时代特征。

一、出土地点

据“三普”最新调查资料，在青海地区齐家文化遗址达505处之多[1]，除主要集中分布在青海东部农业区的河湟谷地及支流台地上，共和盆地也有分布。

经统计目前考古调查及发掘资料，在青海地区共有12处地点出土、采集或征集到齐家文化玉石器（参见附表），其中考古调查的地点有民和中川旱台遗址[2]与乐都白崖子[3]两处遗址，其余10处均属考古发掘地点。早在1973年考古发掘的大通上孙家寨早期墓地中出土有玉器，已发表的玉器资料仅有大玉刀1件[4]，由于该地点尚未进行全面整理，具体出土玉器数字不清；1974～1980年乐都柳湾墓地出土玉璧1件、玉斧1件、玉锛1件、玉凿2件、玉纺轮3件、玉璧芯1件、绿松石饰34件[5]。1977年贵南尕马台出土玉璜1件、绿松石饰188件[6]。1979～1980年互助总寨出土玉斧1件、玛瑙石饰5件、绿松石饰3件[7]。1991年平安东村墓地出土玉璧1件、玉条形器1件、绿松石饰10件[8]。1992～1993年西宁沈那遗址，出土玉器30多件（包括玉璧、玉环、玉锛、玉凿、玉璧芯、绿松石饰、玛瑙石饰），发表资料中未报道各类玉器的数量[9]。1994～1996年同德宗日遗址出土玉璧1件、环1件、钺1件、玉刀3件、玉凿1件[10]。2003年化隆拉卡遗址出土玉璧1件及玉料（出土件数未报道）[11]。1999～2007年民和官亭喇家遗址出土玉石器108件，有玉璧9件、玉三璜联璧3件、玉环5件、玉瑗1件、玉钺2件、玉刀1件、玉斧2件、玉锛3件、玉凿4件、玉璜3件、玉纺轮2件、玉条形器6件、玉管饰6件、天河石珠饰2件、绿松石饰3件、璧芯6件、琮芯1件、玉片7件、刀形玉器1件、梯形玉器1件、璜形玉器1件、玉坯1件、玉料35件、绿松石片3件[12]；另外，早在1981年在喇家遗址征集玉器7件，器类有玉璧2件、玉瑗1件、玉刀1件、玉钺2件、玉锛1件[13]。2006年大通长宁遗址出土玉器35件，其中玉璧3件、玉斧3件、玉锛6件、玉凿7件、玉纺轮1件、绿松石饰5件、玉料10件[14]。2012年互助金禅口遗址出土玉锛及玉纺轮各1件[15]。

根据上述资料统计，青海境内齐家文化中出土玉器共计420件。

二、器形分类

玉器的种类有23种之多，按其功用可分为礼器、工具、饰品及其他四大类。

1. 礼器类

在青海地区齐家文化玉器群中，除保留有甘青地区前期文化中一些经典器型，如生产工具类的斧、锛、凿和装饰品类的串珠、绿松石饰外，其最大的特征就是出土了大量的制作精美的玉礼器，器类有璧、环、瑗、三璜联璧、璜、钺、刀。其中以璧、环类为主，钺及刀的数量相对较少，琮这类礼器目前在青海地区尚未出土完整的器形，仅在喇家遗址中出土1件玉琮芯，由此反映出了这一地区“重璧轻琮”的礼仪现象。刀在齐家文化玉器的分类中有人将其分在工具类中，也有人把其分在礼器类。青海地区出土的玉刀均为多孔玉刀，不具有实用性应归入礼器中。

璧　共计19件。孔径小于直径的二分之一的环形器。在喇家遗址中出土9件，其中有3件出于3座墓葬中（M2、M12、M24），位于墓葬的填土、人骨胸部及腹部处；3件出于居址F4中，3件出于灰坑（H19、H79）与地层中。另早年采集玉璧2件。璧以圆形为主，个别作椭圆形或不规则扁圆形。均单面钻孔、素面无纹。玉璧表面均经打磨，磨制痕迹明显，有的璧面磨制不平整，略有起伏，厚薄不一；部分璧面还保留有多次切割痕迹。外缘只有个别磨制规整，少数玉璧厚薄均匀、浑圆规整、打磨精细。大多不规整，并有自然破裂面。孔钻旋转切割痕迹明显，留有断裂痕迹。玉璧颜色多呈绿色，有浅绿与深绿之分；少数呈白色，亦有灰白及青白之别。璧面有的局部受沁，受沁的程度不等，呈白色或灰白色。

璧大小不一，标本1（喇家H79：1），器形最大者，直径长21.8、孔径长5.8、厚1.1厘米。标本2（喇家F4：23），器形最小者，直径长7.6、孔径3～3.28、厚0.3厘米（图一）。

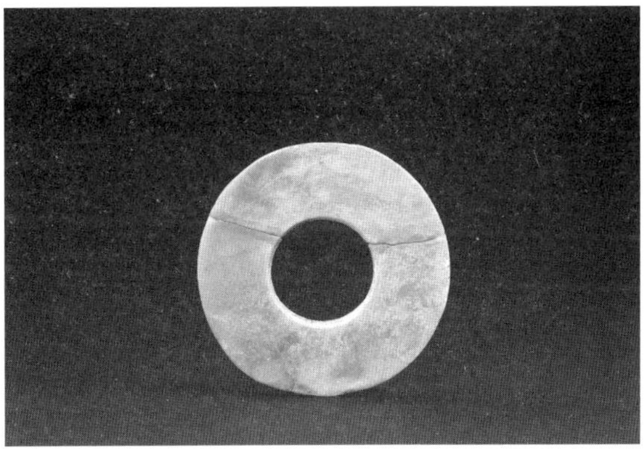

图一 玉璧

环 共7件，孔径大于直径二分之一的环形器。形制基本规整，圆形，单面钻孔，光素无纹，部分打磨不精，保留有切割痕迹。外缘多平直，少数加工成刃状。

标本1（宗日遗址），整器切割得十分规整，通体磨光，素面无纹，直径长8.6、孔径5.1、厚0.6厘米。标本2（喇家M17号：12），位于人骨胸部，圆形。璧面不平整，略有起伏。外缘加工规整。断裂处已磨平。直径长10.1、孔径4.8～5.24、厚0.44～0.65厘米（图二）。

瑗 2件。孔径大于孔旁宽度的环形器，均出于喇家遗址，出土及采集各1件。皆采用璧芯再加工而成，质地晶莹透亮。瑗内宽度不匀，单面钻孔，素面。

标本（喇家M17：16），呈淡绿色，素面，无沁。瑗周边边缘不规整，器体厚薄不均。内孔偏于一侧，孔内壁留有较清晰的制作痕迹，钻切的旋转方向与外周边缘的旋转方向相反；从玉瑗的外周边缘有旋转切割痕迹，最薄处外缘有断裂面分析，可确定玉瑗的用料采用了玉璧的玉芯制成。玉瑗一面磨制痕迹清晰。直径5～5.15、孔径3.3～3.5、厚0.47～0.62厘米（图三）。

三璜联璧 3件，均出于喇家遗址墓葬及地层中，其中2件器形完整，同出在M17填土中，均呈深绿色，玉色中夹杂有褐色，无沁，不透明，素面抛光。由三片玉璜拼合而成，单璜长度

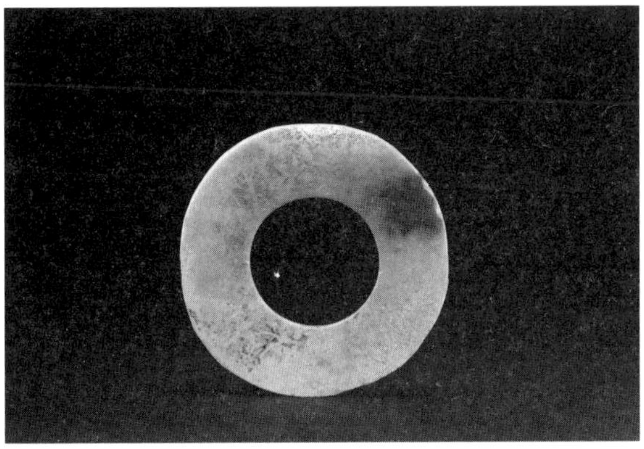

图二 玉环

图三 玉瑗

不一，呈扇面形，两端各有一个单孔以便拼连，孔均为单面钻，钻痕清晰。

标本1（喇家M17：8），系由一块玉料切割为三块玉璜磨制拼对，直径长7.3、孔径长3.4、厚0.36厘米，璜孔径长0.19～0.36厘米（图四）。标本2（喇家T1013硬面：9），器残，亦由三片玉璜拼合成器，直径长8.1、孔径长3.8～4.1厘米，璜孔径长0.25～0.43厘米（图五）。

璜　共3件，有2件同出土于喇家遗址F27房址内。玉色不透亮，夹杂白色斑块或深褐色，颜色整体呈黑褐色。两面磨制成片状，磨制痕迹较明显，素面抛光。璜呈扇面形，两端各有一孔以便相连，孔为单面钻，旋转痕迹清晰。2件玉璜均残断，长短不等。

标本1（喇家F27：49），残长6.6、宽2.06、厚0.31、孔径长0.11～0.31厘米（图六）。标本2（喇家F27：48），残长4.8、宽1.9、厚0.36、孔径0.22～0.45厘米。

钺　6件。器体近长条形，两侧平直，上下两端的宽度基本相等，柄端单面钻单孔。

标本1（喇家F25：1），置于居址奠基坑内。呈白色，通体透亮，局部受沁。整器制作精细，顶端拱形，两侧圆弧，平刃。长14.1、宽4.78、厚1.17、孔径0.58～0.73厘米。标本2（喇家F7：35），置于陶器内。玉色深绿色，其间夹杂有褐色，素面抛光，无沁。斜顶，两面磨制起脊。斜刃。长7.6、宽5.1、厚1.3、孔径0.83～1.02厘米（图七）。

刀　6件，均为多孔玉刀，可分两种形制。

图四　三璜联璧

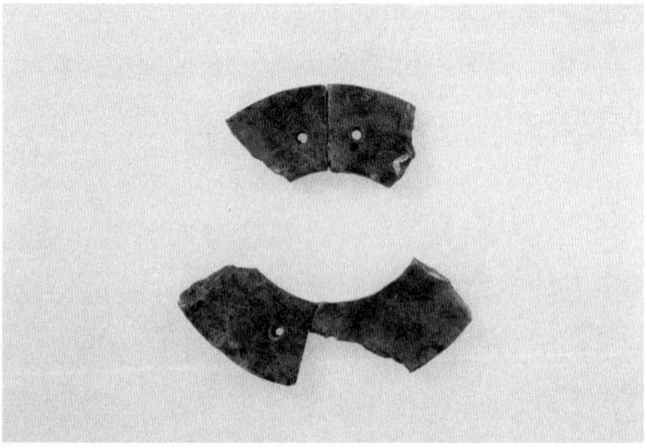

图五　三璜联璧

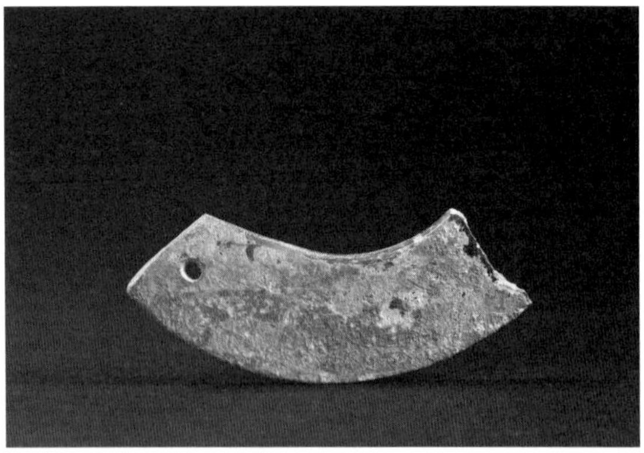

图六　玉璜

图七　玉钺

一种为窄条形，共5件，黄青色或青灰色，均素面无纹，双面开刃，通体磨光，无使用痕迹。器形最长者为青海大通上孙家寨墓地出土，长54、宽8.5～10.3、厚0.8厘米。刀身背部有4个等距单面钻孔，孔径1～1.2厘米；最短者青海同德宗日遗址出土，长18.7、宽3.7～5.6、厚0.5厘米。背部单面钻有三孔，孔径大小不一，径长0.5～1.2厘米。

一种为宽条形，仅1件（喇家T537④：1），出于疑似祭坛附近的地层中。通体较透亮，淡绿色，玉色中夹杂白色斑纹，并裹有褐色水锈。器形制作规整精致，棱角分明，刃部锋利，素面磨光。顶窄刃宽，平顶，斜边，双面弧刃。刀身顶部有两个单面钻孔。刀身已残断，断裂处有磨制痕迹。残长32.8、宽16.6、厚0.4、孔径2厘米（图八）。

图八　玉刀

2. 工具类

包括有斧、锛、凿、纺轮。这类器物在居址和墓葬中均有出土，是工具类玉器中比较常见的器形，制造工艺粗精不一，有的残断破损或有使用痕迹，尚未脱离实用的范畴。

斧　8件。体扁平，长条形，顶窄刃宽，顶端单面钻单孔，素面无纹，双面刃，多数刃面有使用痕迹。

标本1（喇家F27：5），置于房址内。深绿色，玉色中夹有少量白色。顶端拱形，器体较薄，两侧平整与器面棱角分明，磨制光滑，器表磨制痕迹较明显。刃部一端残断，通体残长12.5、宽7.1、厚1.04～1.7、孔径1厘米（图九）。标本2（喇家F23：26），置于门前场地。青灰色中夹杂白色斑块。顶端残断，两侧棱角分明。磨制光滑，器表磨制痕迹较明显。残长8.2、宽6.4、厚1.12厘米。

锛　共13件。其中喇家遗址出土的3件玉锛分别位于F7陶器内及F28填土内。长方形，顶窄刃宽，加工规整，棱角分明，顶端均留有自然破裂面，单面斜刃或弧刃，刃部有使用裂痕。素面磨光。

标本1（喇家F7：32），置于陶器内。深绿色，无沁。单面弧刃。长5.07、宽4.2、厚0.67厘米（图一〇）。标本2（喇家F7：33），置于陶器内。玉质透亮，深绿色，夹杂有褐色，局部受沁呈灰白色。单面斜刃。长6.38、宽3.05～3.4、厚0.44厘米（图一一）。标本3（喇家

图九　玉斧

图一〇　玉锛

图一一　玉锛

F28：1），置于房内填土中。灰白色，玉色中夹杂黑褐色和白色斑块，局部受沁，呈白色。单面斜刃。长5.45、宽3.2、厚0.67厘米（图一二）。

凿　14件。喇家遗址出土4件，分别出土于地层、房址及墓葬中。长条形。顶端在自然破裂面上稍做磨平，器身磨制平整光滑，棱角分明，素面抛光。

标本1（喇家M17：10），位于墓葬中人骨下肢处。通体透亮，白色无暇。器身略弯曲，平刃。长14.2、宽1.74、厚1.53厘米（图一三）。标本2（喇家F23：25），位于门前场地处。黑褐色，玉色不透亮，顶端受沁局部呈白色。磨制痕迹清晰，横断面呈梯形，单面弧刃。长18.9、宽2.5、厚2.5厘米（图一四）。标本3（喇家T526⑥b：1），位于地层中。绿色，局部受沁呈浅褐色，器身包裹有白色水锈。器身中部略外凸，两头渐收，横断面略呈八棱状，斜刃，周身有细微的磨制痕迹。长8.84、宽2.02、厚1.4厘米。

纺轮　共7件。圆形，单面钻单孔，孔内壁旋转钻痕清晰，素面磨光。

标本1（喇家M17：15）位于人骨胸部。玉质透亮，呈灰白色，相夹有褐色与深褐色。圆形不规整，单孔位置未居中，略偏一侧，周缘交错磨制有棱角。径长4.3～4.5、孔径0.57～0.95、厚0.9厘米（图一五）。标本2（喇家T1105⑦：1）位于地层中。器残，仅存一半。灰白色，玉质中夹杂有黑褐色和白色斑块，局部受沁呈白色。径长6.1、孔径0.85～1、厚0.82厘米（图一六）。

图一二　玉锛

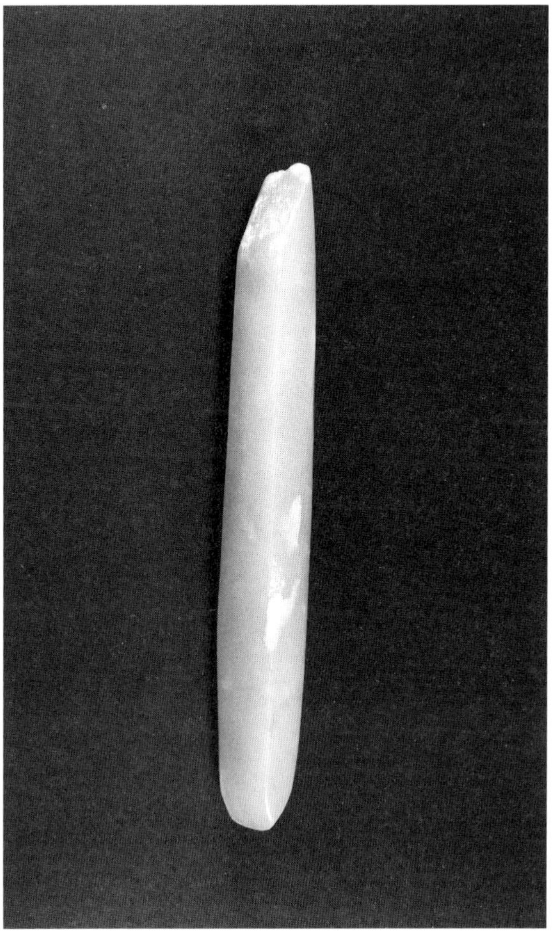

图一三　玉凿

图一四　玉凿

图一五　玉纺轮

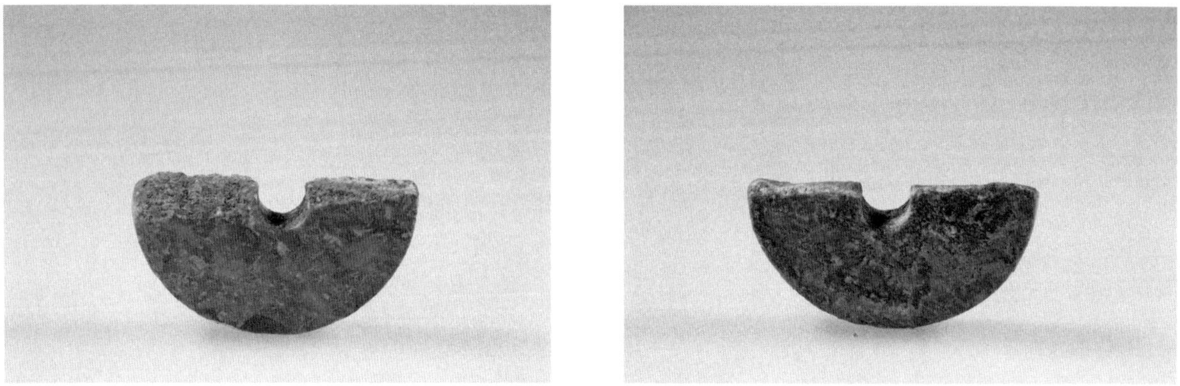

图一六　玉纺轮

3. 装饰品

包括有玉条形器、玉管饰、天河石管饰、绿松石珠饰，其中绿松石饰是新石器时代晚期比较常用的装饰品之一，在齐家文化遗址中屡有发现。

条形器　共7件。其中5件器形较长，长6.2～7.47厘米，分别置于3座墓葬中，平安东村墓葬位于颅骨附近。喇家遗址置于M2与M25中，各墓均出土2件，都位于人骨腹部，从5件较长的条形器位于墓葬人骨腹部及颅骨处，推测可能属装饰品。器形均为长条形，两端磨成圆弧形，周边棱角分明，磨制痕迹清晰。玉质透亮，颜色为白色或青白色，局部受沁呈灰白色，通体打磨，素面抛光；另2件器形较短，长2.5～3.95厘米，分出于F23与F26门前场地及填土中，亦呈青白色或灰白色，包裹有褐色水锈。

标本1（喇家M2：2），白色，横断面略呈方形。长6.8、宽1.4、厚1.4厘米。标本2（喇家M2：3），白色，横断面略呈方形。长7.47、宽1.44、厚1.22厘米。标本3（喇家M25：3），青白色，横断面呈长方形。长6.55、宽1.04、厚0.6厘米（图一七）。标本4（喇家M25：5），青白色，横断面呈长方形。长6.2、宽1.14、厚0.6厘米（图一八）。标本5（喇家F23：22），置于居址门前场地处，玉质不透亮，横断面呈长方形。长2.5、宽1.24、厚0.82厘米（图一九）。

标本6（喇家F26：28），置于居址填土中，横断面呈长方形。长2.5、宽0.8、厚0.6厘米。

玉管饰　6件，同出于喇家遗址M12中，位于人骨腹部及头部。青灰色，受沁较甚，多呈白色。喇叭形，制作精致，上下端磨平，单孔双面对钻，孔内旋转痕迹清晰。素面抛光。

标本（喇家M12：3），管孔未居中，略偏一侧。长5.14、径宽1.6～2.16、孔径0.4～1.04厘米（图二〇）。

图一七　玉条形器

梯形玉器　1件（喇家M10：1），位于人骨颅骨处。从此件玉器所处位置推测为饰品。器体光洁透亮，浅绿色，局部受沁呈白色。梯形，顶厚底薄，顶底两边略呈弧线，顶端有切割的槽痕。器身一面为直面，另一面为弧面，四周棱角分明。上宽5.96、下宽8.1、高1.54、厚0.2～0.7厘米（图二一）。

天河石管饰　2件，均位于喇家遗址M17颅骨处。梭形，翠绿色，玉色中夹杂白色，素面抛光。单孔对钻，对钻衔接有错位。标本1（喇家M17：13）两端磨平，长3.7、宽1.54、孔径0.4厘米（图二二）。标本2（喇家M17：14）两端磨成斜面，长3.74、宽1.5厘米（图二三）。

绿松石珠饰　243件。呈扁圆形或管形单孔对钻。标本1（喇家M12：6），绿色，周身磨制不规整，长1.45、宽1.2、孔径长0.3厘米。标本2（喇家M12：7），蓝色，局部受沁呈灰色，长1.35、宽1.1、孔径长0.32厘米。

图一八　玉条形器

图一九　玉条形器

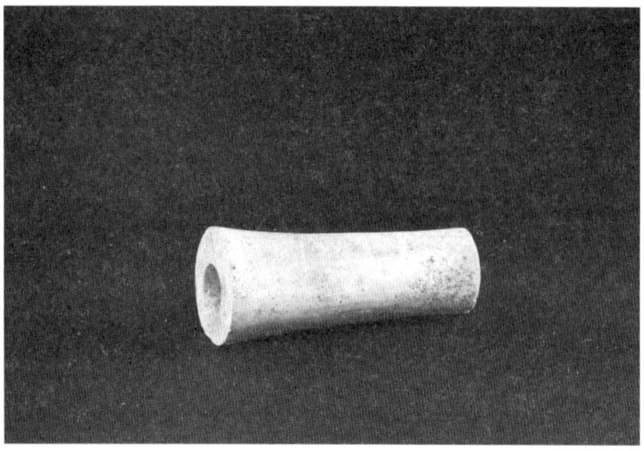

图二〇　玉管饰

图二一　梯形玉器

图二二　天河石管饰

图二三　天河石管饰

4. 其他类

包括有玉璧芯、玉琮芯、玉片、刀形玉器、璜形玉器、玉料、玉坯、绿松石片等。这些玉料及玉片均为玉器加工的剩余料或待加工成型的半成品。玉料与玉片虽然不成器，但从玉料上可以清楚地了解到当时的切割方法及钻孔方法，是一批非常珍贵的齐家出土玉器资料。

璧芯　7件，均见于喇家遗址，只有2件出于地层内，其余均位于墓葬中。玉芯属切割玉璧、玉环等环形玉器中部的玉料，周边旋转痕迹清晰，断裂处有的加以打磨，也有的未经磨制。由于制作工艺采用了单面钻，故径长上下不等。素面无纹，玉色有绿色、浅绿色、浅青色、白色多种。有的玉质通体透亮，有的局部受沁成白色或包裹有褐色水锈。玉芯以圆形为主，个别作椭圆形。标本1（喇家M14：1），圆形，绿色，器表有交错磨制的痕迹，上径长5.71、下径长5.8、厚0.48厘米（图二四）。标本2（喇家M17：4）作椭圆形，绿色，局部受沁，并裹有褐色水锈。器表两面平整光洁，一面留有一道清晰的切割槽痕，外周边缘钻痕清晰，长径5.71、短径4.33、厚0.66厘米（图二五）。标本3（喇家M17：7），浅绿色，玉质极好，通体透亮，玉芯极小，径长1.55、厚0.63厘米（图二六）。标本4（T537⑥：10），绿色，夹杂有少量褐色，玉质较好，通体透亮。在玉芯的背面留有一周宽0.33厘米的圆形管钻凹槽，

图二四　玉璧芯

图二五　玉璧芯

图二六　玉璧芯

径长4.16、厚5.8厘米。

琮芯　1件（喇家T537④b：4），出在地层中。深绿色，并夹杂有不规则的黑色斑纹，部分位置受沁呈白色，表面包裹有浅褐色的水锈。玉琮芯呈圆柱形，上端略收口，向下逐渐变得粗细匀称。柱形琮芯外壁存有清晰的孔钻加工痕迹，外壁通体布满极细的旋转痕迹，上端孔钻旋转凹槽痕较粗向下端逐渐变细，下端圆周有断裂面，琮芯两端未经打磨，为玉料原始面。通高7.9、径长3.8～4.1厘米（图二七）。

刀形玉器　1件（喇家F23：20），位于门前场地处。通体透亮，深绿色，夹杂有黑色斑纹。长方形，一端已残。顶厚底薄，顶平直边，底呈刀刃状，不锋利。一侧有对钻单孔，孔钻旋转痕迹清晰，深0.4毫米。素面磨光。长11.6、宽2.8、厚0.4、孔径0.22～0.42厘米（图二八）。

璜形玉器　1件（喇家F23：24），位于门前场地。玉色不透亮，灰绿色，包裹褐色水锈。璜形。两面磨制成片状，磨制痕迹明显，两端残断。长2.7、宽1.53、厚0.3厘米（图二九）。

玉片　8件，分别位于喇家遗址墓葬与房址中。均呈薄片状。形状各异，有不规则形、圭形、长方形、不规则三角形、不规则长条形、三角形、圆形多种。

图二七　玉琮芯

图二八　刀形玉器

标本1（喇家M8：3），不规则形玉片，位于人骨腹部。绿色中夹杂白色、黑褐色杂质，无沁。片状，一面切割成平面，另一面磨平，略带弧度，平整光洁。断裂处一侧边磨平，其余各边为自然断裂面，未经磨制。长9.6、宽6.4、厚0.8厘米（图三〇）。标本2（喇家F23：21），不规则形玉片，置于门前场地。通体透亮，灰绿色，局部受沁呈白色。不规则形，两面为切割光洁面呈片状，一边薄一边厚，两面平整，磨制痕迹明显，一侧有切割线痕清晰，深3毫米，呈斜坡状。周边为自然破裂面和切割断裂面。长3.7、宽2.95、厚0.3～0.42厘米。标本3（喇家M12：1），圭形玉片，置于填土中。青灰色，局部轻微受沁呈白色。形似玉圭，残断一角。长13.5、宽5.4、厚0.66厘米。标本4（喇家F29：？），不规则三角形玉片，置于门前场地。青白色，玉色受沁较重呈白色。两面为切割面。一侧有切割痕迹，其余各面为自然破裂面。长2.1、宽1.7、厚0.2厘米。标本5（喇家F26：27），不规则长条形玉片，置于房内填土中。青白色，玉色受沁呈白色，裹有褐色水锈。一面为磨光面，其余为自然破裂面。长3.6、宽1.8、厚0.3厘米。标本6（喇家M8：5），三角形玉片，置于墓葬填土中。玉色较透亮，绿色，局部受沁呈白色。两面均为切割面，光洁平整。正面上有切割线四条，组成三角形。底边切割并有断裂。其余侧面为自然断裂面。长4.5、高2.63、厚0.14～0.36厘米。标本7（喇家M8：2），圆形玉片，置于人骨腹部。玉色较透亮，浅绿色，夹杂条纹状褐色杂质，部分受

图二九　璜形玉器

图三〇　玉片

沁呈白色。正反两面均为切割面，平整光滑。边缘为自然面加工磨制，不甚规整。一边厚一边薄。径6.1、厚0.23～0.36厘米。标本8（喇家F27：3），长方形玉片，位于房址内。绿色，正面光洁平整，四侧向背面斜收，背面有深褐色的残留物，深褐色残留物有可能是镶嵌器物的胶质物。长2.53、宽1.08、厚0.2厘米。

玉坯　1件（喇家M17：2），出于墓葬填土中。黄褐色，该器应属锛的坯体，未成器。长方形，顶窄刃宽，顶端自然破裂，稍做磨平，刃部略残，单面斜刃。一面为平整的切割面，另一面经磨制略带弧度。侧面均磨制起脊，一侧有切割断裂痕迹，但已磨平。长10.2、宽3.37、厚0.36～1.14厘米（图三一）。

玉料　46件。喇家遗址中出土35件，大多出土在墓葬及房址中，少数是出于地层及灰坑内。玉料大小不等，形状各异，以不规则形居多，个别作三角形、长方形、楔形等。玉料大多都留有加工的切割痕或磨制痕，个别玉料无加工痕迹。

标本1（喇家M2：4），长方形，置于墓圹南壁。深绿色，玉色中夹杂有褐色条纹，无沁。顶端厚底端薄，顶端磨制呈弧线，底端为自然破裂原始面。一面平整光洁，另一面将自然破裂面磨平，磨制痕迹清晰。侧面一侧在自然面上稍做磨制，另一侧切割整齐光滑。器长19.2、宽7.74、厚0.36～0.7厘米。标本2（喇家M17：3），三角形，置于填土内，玉质较透亮，绿色，局部受沁变白，并包裹褐色水锈。正反两面均为切割面，一边厚一边薄，呈楔形，光滑平整。长5.7、宽2.9、厚0.56～0.82厘米（图三二）。标本3（喇家M13：3），不规则形，置于填土中。浅绿色，玉色中含白色，外层裹有少量褐色水锈。两面切割呈片状，切割线痕迹清晰，槽宽0.7、深3毫米。其余侧面为自然破裂面。长10.1、宽3.3、厚1.84厘米。标本4（喇家M25：1），不规则长条形，位于人骨腹部。青白色，玉色受沁，局部泛白。两面均为切割面，两面平整，有磨制痕迹，周边为自然破裂面和切割断裂面，侧边有两处切割线痕迹清晰，深3.6毫米，呈斜坡状。长9.14、宽6.1、厚0.62厘米（图三三）。标本5（喇家H65：7），青灰色不规则形。各面全部为自然破裂面，无打制痕迹。玉色夹杂白色、绿色，表面部分受沁变白。长13.1、宽12.2、厚6.9厘米（图三四）。

图三一　玉坯

图三二　玉料

图三三　玉料

图三四　玉料

玉屑　2件，均出在喇家遗址中，为长条形碎屑，两面磨光，其余为断裂面。标本1（喇家F23：27），位于门前场地，青白色，玉色通体较透亮，局部受沁呈白色。残长1.2～2.8、宽0.2～0.7、厚0.2厘米。标本2（喇家H68：1）出于填土中，玉色透亮，翠绿色，有白色斑块。不规则长条形，两端残断，其余面磨制。磨制痕迹不明显。长1.2、宽0.7、厚0.5厘米。

绿松石片　3件，均出自喇家遗址中。标本1（喇家H73：1），位于填土中。一面为蓝绿色，另一面为黑褐色。长条形，周边棱角分明，素面抛光。长1.2、宽0.8、厚0.15厘米（图三五）。标本2（喇家M13：1）位于墓圹北壁。玉色正面为浅绿色，部分面积受沁呈黄褐色，背面为黑色。长方形。正背两面平整光滑，周边三侧向背面斜收，一侧为自然断裂。长2.3、宽1.07、厚0.28厘米（图三六）。标本3（喇家M13：2），置于填土内，正面为绿色，背面为黑色。长3.6、宽1.46、厚0.4厘米。

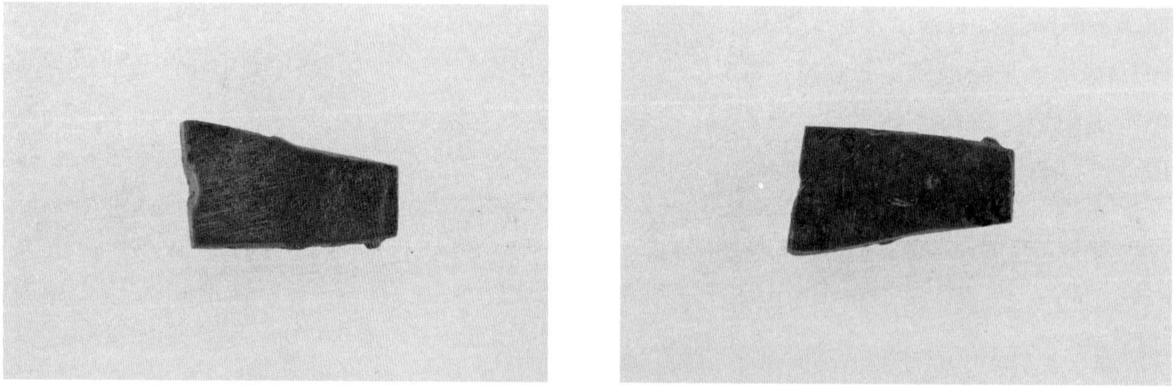

图三五　绿松石片

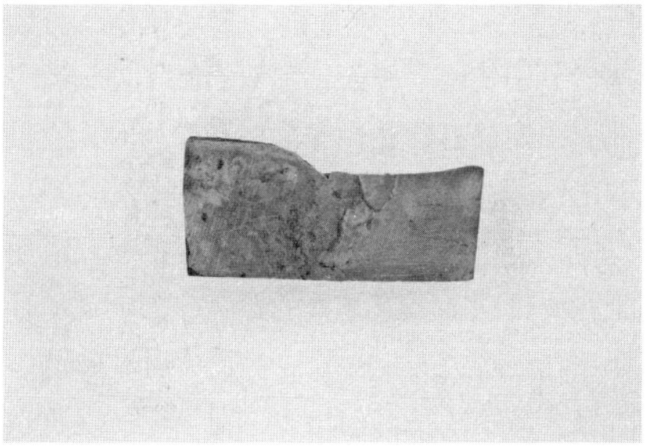

图三六 绿松石片

三、制作工艺

齐家文化玉器的制作工艺，主要有选料、开料、切割、钻孔、打磨、抛光等工序。

青海境内出土的齐家文化玉器目前未经系统检测，初步观察玉料选材多样，种类繁杂，以甘青地区本地产玉为主，含有透闪石、蛇纹石、大理石、石英石、天河石、绿松石等。就近就地取材，另对甘青地区齐家文化出土的少数质地晶莹的白色软玉是否均为新疆和田玉有待讨论。就青海喇家遗址的出土玉器而言不见新疆和田玉，个别白色透亮的玉器应是青海昆仑玉，如17号墓葬中出土的玉凿（M17：10）为白色软玉，经专家观察鉴定，玉质可见水线，属青海昆仑玉。

新疆和田玉与青海昆仑玉，从地质矿物构造而言，它们基本属于一个成矿带，所产玉料成分具有极大的相似性，从矿物组成上两者区分不大，检测结果相同。但新疆和田玉与青海昆仑玉之间存在感官上的区别，青海昆仑玉呈半透明状，比和田玉透明度要好，质地比和田玉稍粗，质感不如和田玉细腻，缺乏羊脂玉般凝重的感觉，经常可见有透明水线。青海昆仑玉原料以山料为主，新疆和田玉有籽料与山料之分。

此外，玉器的选材，表现出鲜明的因材致用。按其功能分类来观察齐家玉器，如玉质滋润、色泽纯正的玉材普遍用于玉礼器。斧、锛、凿等工具类玉器，其玉石材料多为普通玉料，甚至部分选材接近石质材料。

玉器的开料与切割采用了片切割的方式，但无论是单面切割还是双面对切，在带有切痕的玉料或器物上往往有一条较为平直的断茬，这是齐家文化切割工艺的特点之一，应是在切割结束时直接将玉料用力敲断所致。从这一时期尚未出现大型锋利的青铜切割器分析推测，玉器切割工具可能是用坚硬的石板制成锋利的带刃工具进行切割。齐家玉器的切割技术已非常娴熟，其薄片切割最为突出，喇家遗址地层中出土的残刀（T537④：1），复原长度65.8、宽16.6、厚仅0.4厘米，反映出了令人叹为观止的切割技艺。

齐家文化的有孔玉器再现出了当时钻孔的工艺特点及钻孔工艺之成熟，按照使用工具的不同，可分为管钻和锥钻；按照所需孔洞的大小不同，分别使用了单面钻和双面钻不同钻孔方法，普遍以单面钻孔为主。单面钻孔在孔径小的一面周缘多留有断茬，这是钻孔快通时，直接敲击孔中的内芯，使其迅速崩落，即采用了振截法取出钻芯，也是本地钻孔技术的工艺特点。单面管钻主要应用于孔洞偏大，器形较薄的器物，如璧、环、钺等，形成的孔洞内部旋痕明显，孔洞上大下小。双面管钻工艺应用较少，应用于孔洞较深，器形厚重的器物，如喇家遗址出土的琮芯即保留有双面管钻的加工痕迹。由于双面钻孔很难完美地对接，因此常常在孔的中间部位留有明显的对接痕迹，即使经过打磨，也很难完全掩盖。琮芯的出土，清晰明了地再现出这种钻孔工艺特征。

琢磨和抛光是玉器加工的最后工艺，由此使玉器作品显露出圆润明亮、温润光洁的效果，凸现出玉器作品的艺术价值。齐家文化玉器不同种类的玉器不仅有选材之分，在琢磨与抛光工艺上也有精粗之别。玉礼器中玉钺、玉刀，琢磨抛光精致，多数不留切割、打磨、抛光痕迹，又如喇家遗址中M17出土的玉器选材多数质地晶莹透亮、磨制抛光精细，大多是齐家文化同类器的精品。璧、环类玉器亦属礼器，部分器面却往往残留有切割的痕迹，厚薄不均，多数只经过一般的琢磨、抛光加工，玉器表面的光泽不强；工具类玉器则琢磨抛光略粗，有的还保留有切锯痕迹或石皮。

四、时代特征

黄河源头青海地区出土的齐家文化玉器与甘肃、宁夏等地齐家玉器相比较，时代特征基本相同，玉器的选材、切割、钻孔、琢磨和抛光等制作工艺，都具有相同的地域特征，基本特征主要体现为以下几个方面。

一是玉料选材具有多元性，以就近就地取材为主，主要采用甘青地区的本地玉。玉器的玉材选择已存在着材料的分化现象，出现了不同类别的玉器在选材上的差异。

二是加工工艺非常成熟且有其特点。切割开料多使用片切割的方式，琢磨粗犷大气，部分打磨抛光精致，表面多呈蜡状光泽。造型工艺随意平实、量力而为，不苛求奇特严谨，呈现出了两极风化的特点。

三是造型简洁、沉稳厚重、朴实大气、类型简单。装饰风格以质为美，以素为美，均光素无纹、不使用雕刻工艺。沁色柔和自然，光则沉稳，体现出独特的地域特色。

四是出现了新型的玉礼器。与甘肃地区齐家玉礼器相比较，青海地区齐家文化玉礼器更加呈现出重璧轻琮的地域特征，同时也出现了独具地方特点的礼器——“三璜联璧”。玉礼器璧、钺、刀在整个社会观念中亦占有重要地位。

从玉礼器的用材与其他类别玉器出现了差异来看，齐家文化礼制制度已形成。礼乐制度根植于私有制的基础之上，体现的是特权和社会成员间的不平等。如喇家遗址在疑似祭坛之顶，埋葬有一座形制特殊的17号墓葬，墓中随葬有16件玉器，出有三璜联璧2件、玉环2件、玉瑗1件、玉凿1件、玉纺轮1件、玉璧芯3件、天河石管饰2件、玉料3件、玉坯1件，别无他物，其玉器选材考究、制作精美，大多属青海地区齐家玉器的精品，在一定程度上反映出墓主人在当时应该拥有某种特权和地位。喇家4号房址，制作规整，居室面积较大，房屋及居住面白灰面光滑平整，而且室内物品均集中陈放在居住内东壁，使得西侧空间大，可以集中容纳多人活动。居室中设置有直径长近1米的圆形灶面，显然是满足众人特殊活动的需要，反映出了此居址不是一般的家庭住房。室内有着特殊的遗迹现象，在居址内东壁北段紧贴白灰面房壁上二次重砌了一段凸出墙面，墙面上均匀地涂有一层黑色涂层，玉璧、玉料均集中放在黑色壁面旁，另有1件玉璧盛于敛口瓷中，亦紧贴黑壁放置。贵重的玉礼器等集中放在黑色壁旁，这种特殊的迹象可能反映出的是深厚的礼制意义。

总之，在喇家遗址的地层、居址与墓葬中都出土了一定数量、不同种类的玉器及玉料，反映出青海地区齐家文化时期已出现了一定规模、专业性较强的玉器作坊，玉器手工业在当时已经发展成为一门独立的手工业体系，已拥有一批制作工艺相当熟练的制玉专业人员，已形成自成一体的玉文化体系，由此才出现了大批玉制礼器、工具、装饰品及制作玉器的玉料及半成品。

齐家文化玉器群中工具与装饰品的主要制作工艺，都可在大地湾文化和马家窑文化的玉器中找到根源。突然出现的玉礼器，则是受外来文化的影响，直接是受到了黄河流域的龙山文化的影响，间接受到了长江下游良渚文化的影响。玉礼器在青海境内首先是在其东部黄河上游地区涌现，除了是文化传播、交流融合所致外，也是所有制基础上的等级制的产物，是原始氏族社会走向瓦解、氏族贵族阶层出现、社会等级的分化、阶级社会出现的重要标志之一，表明青海地区齐家先民已迎来了文明的曙光。

黄河上游齐家文化玉器为史前西北玉器的典型代表，与同时期的山东龙山玉文化、陕西龙山玉文化相映生辉。齐家文化玉器为研究史前玉文化的发展演变提供了重要的实物材料，在史前玉文化中占有十分重要的地位，向人们展示了中华文明起始阶段的重要信息与玉之魅力。

注　释

[1] 资料来源于第三次文物普查资料《青海省第三次不可移动文物名录》，待出版。

[2] 刘小河等：《民和县官亭、中川两公社古代文化调查》，《青海考古学会会刊》1982年第4期。

[3] 乐都白崖子调查资料未发表，该遗址的玉器资料来源于《中国出土玉器全集·15》，科学出版社，2005年。

[4] 青海省文物处、青海省文物考古研究所：《青海文物》，文物出版社，1994年。

[5] 青海文物管理处考古队、中国社会科学院考古研究所：《青海柳湾》，文物出版社，1984年。

[6] 青海省文物考古研究所、北京大学考古文博学院：《贵南尕马台》，科学出版社，2016年。

[7] 青海省文物考古队：《青海互助土族自治县总寨马厂、齐家、辛店文化墓葬》，《考古》1986年第4期。

[8] 任晓燕：《平安东村古墓葬及窑址发掘简报》，《青海文物》1994年第8期。

[9] 王武：《西宁沈那齐家文化遗址》，《中国考古学年鉴·1992》，文物出版社，1994年；吴平：《西宁沈那遗址》，《中国考古学年鉴·1994》，文物出版社，1997年。

[10] 青海文物管理处海南州民族博物馆：《青海同德县宗日遗址发掘简报》，《考古》1998年第5期；格桑木、陈洪海主编：《宗日遗址文物精粹及论述选集》，四川科学技术出版社，1999年；《中国出土玉器全集·15》，科学出版社，2005年。

[11] 青海省文物考古研究所编著、任晓燕主编：《再现文明——青海省基本建设考古重要发现》，文物出版社，2013年。

[12] 《喇家遗址1999—2007年考古发掘报告》，待出版，本资料来源于笔者整理资料。

[13] 叶茂林、何克洲：《青海民和县喇家遗址出土齐家文化玉器》，《考古》2002年第12期。

[14] 大通长宁遗址资料正在整理中，本资料来源于笔者整理资料。

[15] 互助金禅口遗址资料正在整理中，本资料来源于笔者整理资料。

（原刊于《玉泽陇西——齐家文化玉器》，北京美术摄影出版社，2015年）

附表　青海地区齐家文化出土玉器种类统计表

出土地点	礼器							工具				装饰品					其他								
	璧	三璜联璧	环	瑗	璜	钺	刀	斧	锛	凿	纺轮	条形器	管饰	天河石管饰	绿松石珠饰	玛瑙石饰	璧芯	琮芯	玉片	刀形玉器	璜形玉器	梯形玉器	绿松石片	玉料	玉坯
大通上孙家寨墓地							1																		
乐都柳湾墓地	1							1	1	2	3				34		1								
贵南尕马台墓地					1										188										
互助总寨墓地								1							3	5									
民和中川旱台遗址	1		1						1?															1	
乐都白崖子遗址						1		1																√	
化隆纳卡遗址	1																							√	
西宁沈那遗址	√								√	√					√	√	√								
平安东村墓地	1											1			10										
同德宗日遗址	1		1			1	3			1															
大通长宁遗址	3							3	6	7	1				5									10	
互助金禅口遗址									1		1														
民和喇家遗址	11	3	5	2	2	4	2	2	4	4	2	6	6	2	3		6	1	8	1	1	1	3	35	1
合计	19	3	7	2	3	6	6	8	13	14	7	7	6	2	243	5	7	1	8	1	1	1	3	46	1

注：√表示具体数量不清

青海境内齐家文化铜器初探

乔 虹

齐家文化因1923年由瑞典考古学家安特生发现，并以甘肃广河县齐家坪遗址而命名。其东起陕西的渭水上游，西至青海湟水流域，北达宁夏和内蒙古，南抵甘肃省文县。齐家文化是甘青地区，也是我国最早普遍使用铜器的一种文化，冶铜业的出现，标志着齐家文化进入了青铜时代。目前，发现铜器的齐家文化地点10余处，总数已超过200件，器型简单，以装饰品和小型工具为主，质地包括青铜、砷铜、红铜等。

一、考古发现青海齐家文化的铜器资料

青海境内年代最早的铜器发现于齐家文化，主要分布于东起甘青交界的河湟流域，西至青海湖北岸，北到湟水支流大通河流域，南至黄河支流隆务河沿岸区域，共发现遗存505处。年代距今4200～3800年。从20世纪70年代开始，先后发掘了乐都柳湾墓地与遗址，大通上孙家寨墓地、黄家寨墓地、长宁遗址，贵南尕马台墓地，互助总寨墓地和金禅口遗址，平安东村墓葬，尖扎直岗拉卡砂石料场处遗址，西宁沈那遗址，同德宗日墓地，民和喇家遗址和清泉遗址，化隆纳卡遗址14处地点，遗址和墓地各占7处。上述发掘地点湟水流域占8处，其中5处出土铜器18件（柳湾遗址、沈那遗址、长宁遗址、金禅口遗址、总寨墓地），柳湾墓地、黄家寨墓地、东村墓葬未发现铜器；黄河流域6处，2处地点（宗日遗址和尕马台墓地）出土铜器52件，直岗拉卡砂石料场处遗址、喇家遗址、清泉遗址、纳卡遗址未发现铜器。大通上孙家寨墓地和西宁沈那遗址资料未发表，出土铜器情况不详。

柳湾墓地位于海东市乐都区高庙镇东面的湟水河北岸。1974～1981年对该墓地进行了大规模的发掘，清理齐家文化墓葬366座，均未发现铜器。2000～2001年为配合柳湾博物馆建设进行了抢救性考古发掘，揭露面积1000平方米，在齐家文化层中发现一件铜镞，是目前青海齐家文化所见仅有的铜制武器[1]。

互助总寨墓地位于海东市互助县，地处湟水谷地北侧、沙塘川河下游谷地的沙塘川镇。

1979～1980年对10座齐家文化墓葬进行了清理[2]，出土6件铜器，包括铜刀、骨柄铜锥、骨柄铜刀各2件，全部为小型工具，未发现装饰品，骨、铜复合是该墓地铜器突出的特点。M7规模较大、随葬品最为丰富。长方形竖穴土坑墓，长2.45、宽0.7、深1.2米，人骨完整，仰身直肢葬，墓主人系成年男性；除随葬铜刀、骨柄铜刀、铜锥各1件外，还有陶器、石器、骨器 400多件，仅细石器就达250件，是出土工具最多的一座墓葬。

长宁遗址位于大通县长宁乡，是一处以齐家文化为主的聚落遗址。2006年对该遗址进行了抢救性考古发掘。共揭露面积3000平方米，清理出房址15座、墓葬6座，灰坑及窖穴150个，出土陶器、玉石器、骨器等文物2000余件。仅H32发现一件铜环，已残断[3]。

金禅口遗址位于互助县加定镇，地处大通河右岸二级阶地，东北与甘肃省天祝县隔河相望。2012年对该遗址进行了发掘，面积为285平方米，清理齐家文化房址5座、灰坑15个、墓葬1座及窑址2座。出土各类遗物230余件，其中铜器6件，4件出自房址（泡、镞各1 件，残铜器2件），灰坑和文化层各发现1 件（耳环、指环）[4]。

贵南尕马台墓地位于海南州贵南县拉乙亥乡，地处黄河南岸第二台地上。1977年对该墓地进行了考古发掘，清理墓葬44座。出土铜器42件，包括泡25件、环8件、指环7件、镯1件，是目前青海齐家文化铜器最丰富的一处地点[5]。随葬铜器墓葬共9座，其中M27铜器数量最多[6]，10件铜泡置于左臂手腕处，另随葬2件铜环，墓主人为成年男性，未被扰乱的俯身直肢葬。M25是整个墓地随葬品最为丰富的墓葬[7]，除随葬著名的七角星纹铜镜外，在左手腕处有2枚铜泡，头骨处有1枚铜泡和2件陶器，颈部放置由11枚海贝、583枚骨珠及16枚绿松石组成的串饰。墓主人系成年男性，俯身直肢葬，是该墓地4座中未被扰乱的俯身直肢葬的墓葬之一。W16，以瓮和双耳盆为葬具，内葬一具周岁小孩，肘骨上带有6件铜环，铜器总数仅次于M27和M35[8]。

宗日遗址位于海南州同德县巴沟乡团结村，黄河北岸的第一、二阶地上。1994～1996年对该遗址进行了发掘，清理墓葬341座、灰坑及祭祀坑各18个。出土铜器10件，主要是装饰品[9]。遗址第二文化层出土铜器3件，包括铜环、铜饰、残铜器各1件；4座墓葬出土铜器7件，包括铜环4件，铜饰2件、残铜器1件。M122系瓮棺葬，内葬小孩，随葬品较丰富，随葬3件铜环，是出土铜器数量最多的遗迹单位，此外还随葬骨刀和绿松石珠饰。M80随葬铜饰、残铜器各1件，另随葬海贝若干枚。

喇家遗址位于海东市民和县官亭镇喇家村，黄河河谷地带北岸的二级阶地上，是齐家文化的一处中心聚落，面积达67.7万平方米。从1999年发掘至今，面积逾8000平方米，仅在文化层中发现1件残铜器。

沈那遗址考古发掘资料未发表，零星刊布的资料见有环2件、矛和铜饰各1件。

二、青海齐家文化铜器种类及特征

经初步统计，考古出土铜器共71件，征集铜器1件。铜器器型普遍不大，可辨器物共67件，主要分为装饰品、小型工具、武器等，无法辨别器型的残铜器5件（表一）。

表一　青海齐家文化铜器统计表

序号	地点	总数	泡	环	指环	耳环	镯	镜	铜饰	刀	锥	镞	矛	残铜器
1	乐都柳湾墓地与遗址	1										1		
2	大通上孙家寨墓地	/												
3	大通黄家寨墓地	/												
4	大通长宁遗址	1		1										
5	西宁沈那遗址	4			2				1				1	
6	互助金禅口遗址	6	1		1	1						1		2
7	互助总寨墓地	6								4	2			
8	平安东村墓葬	/												
9	贵南尕马台墓地	42	25	8	7		1	1						
10	同德宗日墓地	10		6					2					2
11	民和喇家遗址	1												1
12	化隆纳卡遗址	/												
13	民和清泉遗址	/												
14	尖扎直岗卡遗址	/												
15	大通文管所征集	1											1	
合计		72	26	15	10	1	1	1	3	4	2	2	2	5
			57							6		4		5

装饰品的数量和种类最为丰富，共57件，数量最多的是泡和环，其次是镯、镜及其他饰物。

铜泡　共26件，尕马台25件，金禅口1件。系用薄铜片制成。圆形或椭圆形，中部略凸，边缘对称有两个穿孔，个别铜泡边缘饰一周凸起的联珠纹。尕马台M25：1[10]，径3.5、厚0.1厘米。平面呈圆形，周边饰有一周凸起的联珠纹。金禅口F4：1[11]，长径残长2.3、短径2.1、厚0.1厘米。平面呈椭圆形，素面。长径边缘各有一个穿孔，其中一孔残。

铜环　共26件，其中指环10件、耳环1件，分别出自尕马台、宗日、沈那、长宁、金禅口。由粗细不均的铜丝或铜片扭圈而成，分为单圈闭合、单圈未闭合及螺旋形多圈三种形制直径分别为1.9～4.3厘米。尕马台铜环W16：1[12]，最大径4.7厘米，重2.9克。系用铜丝扭圈而成，呈椭圆形。铜丝一端尖细，一端粗圆，两端闭合。金禅口铜耳环H7①：1[13]，长5.7、宽

4.1、厚0.35厘米。由圆形铜丝卷曲而成，一端呈尖状，两端未合拢。

铜镯　1件。出自尕马台M37[14]。已残断，残长7.6厘米。采用扁平铜条卷制而成，铜条横断面呈椭圆形。墓主人系成年人，性别不详，局部扰乱的二次葬。仅随葬铜镯，放置肱骨处。

铜镜　1件。出自尕马台M25[15]。直径9、厚0.25厘米。铜镜正面磨光，背面为七角星纹，各角之间饰斜线纹。中间有半圆形纽，已残。“镜边缘钻有两个小孔，双孔上结系着一圆木，应为镜柄……镜柄甚朽，无法采集。”铜镜置于人骨胸前，在左手腕处有两枚铜泡，头骨处有一枚铜泡。该铜镜是迄今中国境内年代最早的青铜镜，堪称齐家文化的青铜艺术精品。

铜饰　3件。宗日T15：④[16]，已残。平面呈三角形，长1.1、宽0.9厘米。

小型工具　6件，分为刀和锥，均出自总寨墓地[17]。

铜刀　4件。按刀柄质地细分为连柄铜刀和骨柄铜刀。连柄铜刀2件，分别出自M5和M7。M7：4，长11.4、宽1.6、厚0.1厘米。片状，刀身与刀背连为一体。两面开刃，一头平，柄端（一头）卷曲成筒形，中孔可以穿绳系挂。骨柄铜刀2件，分别出自M1和M7。M7：5，残长、宽2厘米。刀体镶嵌于骨柄内，双面开刃，刃部有使用痕迹。

铜锥　2件，出自M1和M7。长条锥形。M1：3，残长6.7、径约1厘米。

武器　2件，仅发现铜镞。柳湾和金禅口遗址各发现1件镞。柳湾铜镞[18]，长3.4、宽1.5厘米。镞身扁薄，平面呈三角形，略起中脊，两翼突出、稍长，短铤并带三锋。金禅口F1d：4[19]，残长2.9、宽2.2、厚0.3厘米。平面呈三角形，器体扁薄，尖部较圆钝，下端缺失。器表锈蚀较严重。

铜矛　2件，一件出土于西宁沈那遗址[20]，另一件由大通县文物管理所征集。两件铜矛形制相似，矛叶呈阔叶形，前锋圆钝，中起厚脊，骹较长，骹口处饰凸弦纹，系耳与倒钩分置两侧。沈那铜矛长61.5、宽19厘米，保存完整。大通铜矛长34.2、宽11厘米，矛叶上方有残缺[21]。

铜器　4件。均出自宗日遗址，已残[22]。M80：3，平面呈三角形，中间起脊，残长8.7、宽2.2厘米。T28④：2，长2.2、宽1厘米，形似铜刀残片。

现有考古材料表明，在河湟两地齐家文化铜器表现出一定的地域差异。迄今共发现铜器地点15处（发掘地点14处，大通文管所收藏铜矛），其中湟水流域占9处，黄河流域占6处；湟水流域略多于黄河流域。从铜器数量来看，黄河流域铜器53件，明显多于湟水流域；从铜器种类来看，装饰品、工具、武器及大铜矛地均发现于湟水流域，黄河流域只有装饰品。

从年代上看，已发掘地点的14处地点中，年代偏早的黄家寨墓地、长宁遗址、金禅口遗址、柳湾墓地、宗日遗址、喇家遗址等遗存，遗址所发现铜器略多于墓葬。柳湾墓地是青海境内已发掘规模最大的一处齐家文化墓地，清理墓葬366座，未发现铜器；2000年在遗址区发现1件铜镞。喇家遗址是齐家文化的一处中心聚落，从1999年开始发掘，揭露面积达8000平方米，仅发现1件残铜器。位于祭祀土台顶部的M17[23]，形制特殊，等级较高，随葬三璜联璧等玉器达15件，未随葬铜器。马家窑文化没有生产、使用玉器的习俗，与其年代相当或稍早的红山文化、凌家滩文化及良渚文化都形成一定规模的用玉礼制体系，到齐家文化出现使用玉璧、多璜联璧、玉环、玉刀、玉斧、玉锛等现象，这种重玉和葬玉的礼制制度与二里头文化、陶寺文化等中原玉文化的传播有着密切联系。喇家遗址地处青海最东边的黄河谷地官亭盆地，是中原文化率先进入河湟谷地的第一站，除了发现丰富的玉器外，还出土陶盉、陶斝等，就是受到中原文化强烈影响的结果。柳湾墓地和喇家高等级的墓葬未随葬一件铜器，究其原因，一是可能与当时的文化传统和丧葬礼制有关，二是与铜器传播路径及传入当地的时间有关。

齐家文化沿袭马家窑文化种植粟黍的旱作农业模式，但个别遗址开始出现麦类遗存。小麦原产于西亚，随着欧亚草原青铜文化的东传进入我国。目前，在青海黄河流域尚未发现齐家文化时期麦类植物遗存。喇家遗址发现以粟黍加工的面条。宗日遗址虽未发现植物遗存，但通过对人骨C和N稳定同位素分析表明，宗日人主要以C_4类粟黍为主食[24]。金禅口遗址发现大、小麦遗存[25]，经检测，炭化小麦种子最早年代（公元前2030～前1890年）晚于炭化粟种子的最早年代（公元前2200～前2020年），这是目前青海省境内有确切测年数据年代最早的麦类遗存，由此可以初步推断，该遗址所在地区种植粟黍早于麦类作物。此外，长宁发现大麦遗存，木炭测年为公元前2200～前2000年，也是青海年代较早的麦类作物[26]。近年来，在河西走廊的西城驿遗址、民乐东灰山遗址中均发现有大麦和小麦遗存。长宁和金禅口均位于湟水流域，刚好处于河西走廊进入青海湟水流域的北川河和大通河，似乎暗示着与铜器共存的麦类作物遗存进入青海的路径即首先传入湟水流域，尔后再到黄河流域，因受现有考古资料所限，这种推断还缺乏有力的证据，需要更多的考古发现和进一步的研究来证实。

河湟两地所表现的差异性，一方面与目前所做的考古工作有关，但更主要的可能与两地所接受不同文化的影响或同一文化对两地影响的程度不同有关。

青海齐家文化铜器大多数出自墓葬，而铜器又集中于少数墓葬中。随葬铜器墓葬的数量、规模、葬式均不同于普通墓葬，随葬品数量相差悬殊。总寨墓地10座墓葬出土各类遗物300余件，其中铜器6件，分属3座墓葬；尕马台墓地44座墓葬出土各类遗物13 383件，其中铜器42件，分属9座墓葬。铜器随葬于少数墓葬中，说明社会财富分配不均，稀缺资源被极少数人所控制。

总寨10座齐家文化墓葬中，墓室长度超过2米的墓葬有4座（2男1女1母子合葬），其中2座出土铜器，随葬品明显多于普通墓葬。如M7规模最大[27]，长方形竖穴土坑墓，长2.45、宽0.7、深1.2米，除随葬3件铜器外，还随葬陶器、石器、骨器 400多件，是随葬品最丰富的墓葬。10座墓葬中7座是二次葬，仅3座是未扰乱的仰身直肢葬（2男1女），2座男性墓均随葬有铜器。尕马台墓葬，通常边长为2米左右，所有随葬铜器墓葬的边长均超过2.2米。随葬铜器的9座墓葬，除1座为瓮棺葬外，7座为单人葬，其中未被扰乱的俯身直肢葬有4座（3男1女），另1座为双臂略有扰动的俯身直肢葬；其他3座为局部扰乱的俯身直肢葬（2男1女）。剩余1座是成年女性与小孩合葬墓，为二次扰乱的俯身直肢葬。无论是俯身直肢葬，还是仰身直肢葬，特别是未扰乱的直肢葬在当时可能属于比较高规格的葬式，代表了社会地位较高、少数特殊人群的丧葬习俗。因性别不同，所随葬铜器的数量和种类也存在差异。随葬铜器的墓主人中男性数量和种类均比女性丰富。总寨随葬铜器的墓主人均为男性，出土铜刀和铜锥，属小型工具，未发现装饰品。尕马台随葬铜器的9座墓主人中男性占4座，铜器28件；女性3座（包括1座合葬），铜器7件； M37性别不详，铜器1件；W16为瓮棺葬，铜器6件。出土铜泡25枚，出自4座墓，墓主人均为男性。镜也出自男性墓葬。15件铜环（包括指环）出自5座墓，其中3件分属2座女性墓，4件出自成年女性与小孩合葬墓，6件出自瓮棺，2件出自男性墓中，1件出自性别不详的成人墓，可见铜环多出现在女性或小孩墓葬中。

李新伟曾专门撰文指出，在史前时期，社会上层远距离获得稀缺资源，是其获得和维持特权的方式之一[28]。稀缺资源不仅包括高级物品的制作，还包括权力表达方式、丧葬和祭祀礼仪、原始宇宙观、天文历法等只有上层社会才能掌握的知识。齐家文化时期，社会生产力水平明显提高，特别是冶铜业的出现与发展，加速了人类进入文明社会的步伐。铜器作为当时非常珍贵的资源，为极少数人所控制，成为权力、财富及地位的象征，他们不仅生前拥有铜器，而且在其死后还将葬于墓内，其中包括极个别年龄很小的婴幼儿。社会财富分配不均，导致社会结构也随之发生了深刻变化。男性社会地位不断提高，女性社会地位慢慢降低，男性逐渐取代女性成为社会的主导，重要的社会资源也开始由男性掌控，男尊女卑的父系社会渐渐形成，从墓葬的形制规格、埋葬习俗以及随葬品都表现出男尊女卑的社会格局。

社会上层对稀缺资源的需求所形成的交流网对文化间的交流互动发挥着积极的推动作用。距今4000年左右，东西方文化迎来了一次大规模的交流和碰撞，西方青铜文化中的铜器、绵羊、小麦等传入中国，东方农业文明中的彩陶、玉器、粟黍等不断向西传播。青海地处东西方文化交流和人类迁徙重要通道，青铜文化呈现出多元文化相互交融的特点。阔叶形倒钩铜矛就是文化交流中非常重要的实证。塞伊玛—图尔宾诺文化是分布于欧亚草原东部的一支青铜时代考古学文化，东起南西伯利亚，西经乌拉尔山，直迄乌克兰草原，倒钩铜矛、弧背刀、套管空首斧是其典型器物，年代为公元前2200～前1800年。迄今我国发现至少16件倒钩铜矛[29]，发掘出土6件（西宁沈那遗址1件、河南淅川下王冈遗址4件及安阳宜家苑墓地1件），非发掘出土10件（河南、山西、甘肃各2件，陕西、青海、辽宁、国博藏各1件）。林梅村、梅建军、刘瑞、高江涛等多位学者对将我国境内发现的倒钩铜矛及其与塞伊玛—图尔宾诺之间的联系进行阐述与研究，林梅村研究认为，沈那铜矛与典型的塞伊玛—图尔宾诺倒钩铜矛相比，器身较宽，矛锋圆钝而非尖锋，“山字脊”消失，倒钩与系耳异侧，仿制于典型的塞伊玛—图尔宾诺倒钩铜矛，故称之为“塞伊玛—图尔宾诺式倒钩铜矛”，年代为公元前2000～前1750年。沈那铜矛器形硕大，圆锋，红铜制，应该不是实用器，而属于礼仪性器物。另外一些学者认为铜矛沈那与齐家文化铜器差别大，不是齐家文化的器物，而属于卡约文化。2008年河南淅川下王冈遗址H181出土的4件倒钩铜矛，与沈那倒钩铜矛形制一致。从地层堆积可以判断，倒钩铜矛的年代应不晚于西周，不早于龙山文化。部分学者认为沈那铜矛年代大约属于卡约文化中晚期，下王冈铜矛与沈那铜矛形制相似，由卡约文化传播而来[30]。

近年来，多位专家学者对青海齐家文化铜器进行了检测分析（表二）。宗日遗址地层中3件铜器均为铜合金，成分比较复杂，铜饰为砷铜（含铅？）、残铜器为锡青铜（含砷？）、铜环为砷铜（含锡？）。金禅口6件铜器，泡为锡青铜，其余5件均含砷，其中2件含砷量2%～0.5%，1件接近2%，2件超过2%。长宁遗址铜环为含砷的类锡青铜；沈那遗址残铜器为含砷较高的砷铜，铜矛则为红铜[31]。尕马台23件铜器检测结果表明，12件铜泡均为不含砷的锡青铜，铜镜是锡青铜；其余11件测试样品（镯和环）中砷铜4件、类砷铜4件、红铜3件，均含一定量的砷，个别样品砷含量超过2%，其他样品砷含量2%～0.5%[32]。上述检测标本共36件，以锡青铜数量最多，达16件；其次是砷铜10件，其中2件含铅；再次是红铜5件，其中2件含砷；还有类砷铜4件及铅青铜1件。从上述结果可以看出，合金铜器成分比较复杂，锡青铜、砷青铜、红铜等多种合金并存；锡青铜和砷青铜（包括类砷铜）数量相差无几，含砷铜器所占比例很高。

表二　青海齐家文化铜器合金成分统计表

地点	总数	锡青铜	砷铜	红铜	类砷铜	铅青铜
大通长宁遗址	1	1（含砷）				
互助金禅口遗址	6	1	3		2	
西宁沈那遗址	2		1	1		
同德宗日墓地	3	1	2（含铅、锡各1件）			
贵南尕马台墓地	23	13	4（2件含铅）	3（2件含砷）	2	1（含砷）
大通文管所征集铜矛	1			1		
合计	36	16	10	5	4	1

从器类合金成分可以看出，13件铜泡均为不含砷的锡青铜，铜镜是锡青铜，2件铜矛均为红铜。各类环状器（包括环、指环、耳环、镯）的合金比较复杂，数量最多的是砷铜或类砷铜，共12件，合金中除砷、铜外，还含有铅元素；红铜指环2件，其中1件含砷；镞和残铜器的合金是砷铜或类砷铜。通过对不同器类的合金分析可以看出，铜泡的锡青铜合金技术比较稳定，其他器物的合金比较复杂。由于检测标本数量有限，难以全面、客观地反映齐家文化的冶铜工艺，但从中折射出古人已经开始对不同合金材料的性能有了初步了解，并有意识地加以筛选和利用。

砷铜是人类发展史上使用的第一种合金。世界早期文明发达的地区，砷铜使用的年代都早于锡青铜。整个欧亚大陆都看到使用砷铜的现象。早在公元前4000年后的伊朗Susa地区就已开始使用砷铜，公元前4000年以后，砷铜得到迅速广泛的使用，直到公元前2200年才逐渐为锡青铜所替代；南亚印度山谷的Copper Hoard彩陶文化（公元前2650～前1180年）和位于印度河流域的哈拉帕文化（Harappan）（公元前2350～前1750年）均发现有使用砷铜的现象。中国砷铜最早见于齐家文化和陶寺文化，西北地区发现较多的砷铜遗存。齐家文化的宗日遗址、金禅口遗址、长宁遗址、沈那遗址、尕马台墓地、磨沟墓地均发现砷铜，四坝文化的玉门火烧沟、民乐东灰山、酒泉干骨崖等墓地，新疆天山北路墓地、南湾、五堡、焉不拉克、黑沟梁等墓地以及新疆西部的尼勒克县也发现砷铜或砷铜的冶炼遗迹。离欧亚草原更近的新疆地区所发现的砷铜以天山北路墓地年代最早，约公元前二千纪中叶，部分遗存的年代可能早到公元前二千纪初期[33]。上述地点以宗日遗址的砷铜年代最早，同时在宗日遗址和尕马台墓地附近发现铜、砷矿，具备本地起源的矿源条件[34]。张旸根据现有考古资料进行推测，认为中国的砷铜最早可能出现在甘青地区的齐家文化，而后影响了四坝文化，大约到公元前19世纪，砷铜继续西行，传播到了新疆哈密天山北路地区[35]。如果这个推测成立，那么青海砷铜传播的路线可能经湟水、祁连山扁都口进入河西走廊地带乃至新疆地区，或经黄河传播到甘肃东南部。近年来在河西走廊张掖西城驿遗址发现砷青铜和冶炼遗存[36]，为我们研究甘青地区砷铜来源提供了新资料，需要重新审视湟水流域砷铜的来源，并且与黄河流域、河西走廊之间砷铜源流、冶金技术交流等相关问题。

通过对测试标本的金相组织观察得知，宗日铜环、铜器残片和尕马台铜镜、铜镯系铸造成型， 尕马台铜泡系热锻加工成型，局部采用冷加工的技术工艺[37]。两种成型技术并存，说明当时人们已掌握了一定的成型工艺，而且铸造可能是当时比较常用的制铜工艺。

与青海相邻的甘肃武威皇娘娘台、永靖秦魏家、临潭磨沟等齐家文化铜器对比可以看出，两地存在诸多共性，如器型不大，以装饰品和小型工具为主，锡青铜、砷铜、红铜、铅青铜等多种合金并存，采用铸造与锻造的加工工艺。但甘青两地铜器亦存在比较明显的差异。甘肃铜器在数量和器型上要比青海略胜一筹，仅磨沟墓地铜器数量超过百件[38]。甘肃齐家文化发现削、匕、钻、凿，管饰、月牙形项饰、铜叶等器物不见于青海。喇叭形耳环是欧亚草原安德罗诺沃文化的典型铜器，在陈旗磨沟齐家文化墓地、四坝文化、新疆天山北路、夏家店下层文化等均有发现，至今尚未在青海齐家文化，以及卡约文化、辛店文化等青铜文化中发现，说明当时虽然与周边文化存在着交流与互动，但青海铜饰已形成了自身的装饰风格；青海红铜数量少、砷铜所占比例明显高于甘肃，特别是年代较早的宗日砷铜，具有明显的地域特色，反映了青海齐家文化冶铜业发展的地域特征，同时对探讨青海、西北地区乃至我国早期冶金技术的起源与发展都具有非常重要的学术研究价值。

三、对青海齐家文化铜器的初步认识

青海境内最早铜器出现于齐家文化。铜器器型不大、便于携带，以装饰品为大宗。作为贵重原料，铜已开始用来制作高消耗性兵器。大部分铜器制作简单、质朴无饰，个别器物装饰简单的三角纹、联珠纹等几何纹饰。铜器更多地用于人身装饰，而不是生产生活，体现了以铜饰身的发展特点，对后来的卡约文化、辛店文化及诺木洪文化产生了深远的影响。

青海齐家文化铜器合金成分比较复杂，多种合金并存，含砷铜器所占比例很高，红铜所占比例小，凸显了青海齐家文化的地域特点。当时人们掌握了一定的冶铜技术，采用锻制和铸造成型，并对合金材料有了初步的认识和了解，对不同的器物采用不同的合金材料进行制作，但技术不是特别成熟，所以合金成分不太稳定，表现出铜器制作早期阶段的技术特点。宗日砷铜的来源对探讨西北地区乃至中国砷铜与欧亚草原、南亚砷铜的关系提供了极为重要的实物资料，同时也为研究中国早期冶铜技术的演变和发展意义非同一般。

齐家文化处于原始社会解体进入阶级社会的转折点。随着社会生产力的不断提高以及经济模式的改变，新资源的出现，打破了原有的格局，为男性掌控新资源提供了契机，导致男女地位发生改变。墓葬制度反映了社会等级的分化现象。随葬铜器的墓葬不仅数量少、规模大、随葬品丰富，而且葬式特殊，墓主人多男性，男性占据社会的主导地位，男尊女卑的社会格局逐渐形成。

青海地处东西方文化交流的交汇区，中原农业文化与北方草原文化的接合部以及藏彝族走廊的重要通道，与周边文化保持着不间断的碰撞与交流。青海境内齐家文化所发现的玉石礼器、粟作农业、铜器、小麦、驯养动物、海贝等，反映了与中原地区、欧亚草原及南亚等地多种文化千丝万缕的密切关系，在其发展过程中兼容并蓄，形成了具有一定地域特色、复杂多元的青铜文化。

齐家文化是中国青铜文化产生和发展的重要源头，青海齐家文化铜器是中国早期铜器的重要组成部分，同时在东西方文化的交流发挥着非常重要的桥梁作用。但目前仍有诸多问题尚不清楚，如青海境内齐家文化冶铜发展的脉络不甚清晰，特别是宗日砷铜源自本地还是文化传播的结果，以现有的考古成果还很难定论。因目前尚未对齐家文化的冶炼遗址展开调查或考古发掘工作，无法得知当时采矿、选料的技术与方法，难以确定铜器产于本地还是由外传入境内。对出土铜器未做全面系统的检测分析和深入研究，难以科学地考察冶金技术的发展演变特点。此外，齐家文化与四坝文化、卡约文化、辛店文化、东疆青铜文化、北方草原青铜文化及中原青铜文化的影响背景及交流方式，与欧亚草原青铜文化和南亚青铜文化交流联系的模式及传播路线等等问题，有待今后更加深入的研究和更新的考古成果加以论证。

注　释

[1]　青海省文物考古研究所编著：《再现文明——青海省基本建设考古重要发现》，文物出版社，2013年，第51页。

[2]　青海省文物考古队：《青海互助土族自治县总寨马厂、齐家、辛店文化墓葬》，《考古》1986年第4期。

[3]　青海省文物考古研究所：《再现文明——青海省基本建设考古重要发现》，文物出版社，2013年，第47页。

[4]　青海省文物考古研究所：《青海互助县金禅口遗址发掘简报》，《四川文物》2020年第1期。

[5] 青海省文物考古研究所、北京大学考古文博学院：《贵南尕马台》，科学出版社，2016年，第128页。

[6] 青海省文物考古研究所、北京大学考古文博学院：《贵南尕马台》，科学出版社，2016年，第105页。

[7] 青海省文物考古研究所、北京大学考古文博学院：《贵南尕马台》，科学出版社，2016年，第104页。

[8] 青海省文物考古研究所、北京大学考古文博学院：《贵南尕马台》，科学出版社，2016年，第118页。

[9] 青海省文物管理处等：《青海省同德县宗日遗址发掘简报》，《考古》1998年第5期；格桑本、陈洪海主编：《宗日遗址文物精粹及论述选集》，四川科学技术出版社，1999年，第136页；徐建炜：《青海同德宗日遗址出土铜器的初步科学分析》，《西域研究》2010年第2期。

[10] 青海省文物考古研究所、北京大学考古文博学院：《贵南尕马台》，科学出版社，2016年，第132页。

[11] 青海省文物考古研究所：《青海互助县金禅口遗址发掘简报》，《四川文物》2020年第1期。

[12] 青海省文物考古研究所、北京大学考古文博学院：《贵南尕马台》，科学出版社，2016年，第130页。

[13] 青海省文物考古研究所、北京大学考古文博学院：《贵南尕马台》，科学出版社，2016年，第130页。

[14] 青海省文物考古研究所、北京大学考古文博学院：《贵南尕马台》，科学出版社，2016年，第130页。

[15] 青海省文物考古研究所、北京大学考古文博学院：《贵南尕马台》，科学出版社，2016年，第130页。

[16] 青海省文物管理处等：《青海省同德县宗日遗址发掘简报》，《考古》1998年第5期；徐建炜：《青海同德宗日遗址出土铜器的初步科学分析》，《西域研究》2010年第2期。

[17] 青海省文物考古队：《青海互助土族自治县总寨马厂、齐家、辛店文化墓葬》，《考古》1986年第4期。

[18] 青海省文物考古研究所：《再现文明——青海省基本建设考古重要发现》，文物出版社，2013年，第51页。

[19] 青海省文物考古研究所：《青海互助县金禅口遗址发掘简报》，《四川文物》2020年第1期。

[20] 青海省博物馆：《河湟藏珍·历史文物卷》，文物出版社，2012年，第111页。

[21] 刘翔：《青海大通县塞伊玛—图尔宾诺式倒钩铜矛考察与相关研究》，《文物》2015年第10期。

[22] 徐建炜：《青海同德宗日遗址出土铜器的初步科学分析》，《西域研究》2010年第2期。

[23] 中国社会科学院考古研究所甘青工作队等：《青海民和喇家遗址发现齐家文化祭坛和干栏式建筑》，《考古》2004年第6期。

[24] 崔亚平等：《宗日人骨的稳定同位素分析》，《第四纪研究》2006年第4期。

[25] 青海省文物考古研究所：《青海互助县金禅口遗址发掘简报》，《四川文物》2020年第1期；杨颖：《河湟地区金蝉口和李家坪齐家文化遗址植物大遗存分析》，兰州大学硕士论文，2014年。

[26] 青海省文物考古研究所：《再现文明——青海省基本建设考古重要发现》，文物出版社，2013年，第54页。

[27] 青海省文物考古队：《青海互助土族自治县总寨马厂、齐家、辛店文化墓葬》，《考古》1986年第4期。

[28] 李新伟：《中国史前社会上层远距离交流网的形成》，《文物》2015年第4期。

[29] 林梅村：《塞伊玛—图尔宾诺文化与史前丝绸之路》，《文物》2015年第10期；林梅村：《塞伊玛—图尔宾诺文化在中国》，《考古与文物》2016年第2期；梅建军：《关于中国冶金起源及早期铜器研究的几个问题》，《中国冶金史论文集》第四辑，科学出版社，2006年；刘瑞等：《中国所见塞伊玛—图尔宾诺式倒钩铜矛的合金成分》，《文物》2015年第10期。

[30] 高江涛：《河南淅川下王岗遗址出土铜矛观摩座谈会纪要》，《中国文物报》2009年3月6日第7版；三宅

俊彦：《卡约文化青铜器初步研究》，《考古》2005年第5期，第73页。

[31] 罗武干：《对青海省若干遗址齐家文化铜器的考察》，《中国文物报》2014年7月4日第7版。

[32] 青海省文物考古研究所、北京大学考古文博学院：《贵南尕马台》，科学出版社，2016年，第188页。

[33] 梅建军等：《新疆东部地区出土早期铜器的初步分析和研究》，《西域研究》2002年第2期。

[34] 徐建炜：《甘青地区新获早期铜器及冶铜遗物的分析研究》，北京科技大学硕士学位论文，2009年。

[35] 张旸：《试论古代中国的砷铜发现及传播问题》，《文物世界》2016年第2期。

[36] 甘肃省文物考古研究所等：《甘肃张掖市西城驿遗址2010年发掘简报》，《考古》2015年第10期；陈国科等：《张掖西城驿遗址出土铜器的初步研究》，《考古与文物》2015年第2期。

[37] 徐建炜：《青海同德宗日遗址出土铜器的初步科学分析》，《西域研究》2010年第2期；青海省文物考古研究所、北京大学考古文博学院：《贵南尕马台》，科学出版社，2016年，第182页。

[38] 梅建军等：《新疆东部地区出土早期铜器的初步分析和研究》，《西域研究》2002年2期；甘肃省文物考古研究所、西北大学文化遗产与考古学研究中心：《甘肃临潭县磨沟齐家文化墓地》，《考古》2009年第7期。

[原载于《青海师范大学学报（哲社版）》2018年第5期]

齐家文化及相关遗址出土双大耳罐研究

甄　强　马　骞　卢　璐

齐家文化是中国西北地区新石器时代晚期至青铜时代早期十分重要的一支考古学文化，该文化出土的典型器物有高领双耳罐、双大耳罐、侈口罐等。其中，双大耳罐因制作精致、造型独特而极具特色。该类器物最早发现于甘肃齐家坪遗址，被安特生命名为“安弗拉式双耳罐”[1]，之后在齐家文化几乎所有的遗址中都有发现，并有“双耳瓶”[2]“大双耳罐”[3]等多种称谓。其造型特征是小巧精致，双大耳从口沿连接至腹部，耳长一般超过器高的三分之一或二分之一，个别器物的双耳甚至超过器身的三分之二，耳部常有刻划纹或镂空。双大耳罐多为泥质红、黄陶，有少量彩陶、泥质灰陶，极少夹砂陶，胎质薄而细，侈口或喇叭口，高领无肩，腹部形态各异，平底，有部分凹底，器高多在10～15厘米之间，器表磨光或涂抹细泥陶衣的现象比较常见，多为手制，常见慢轮修整现象。

目前，齐家文化的范围和内涵在学界仍有争议，如师赵村、西山坪第七期文化遗存，隆德页河子龙山时代遗存，武山傅家门晚期遗存等[4]。无论这些遗存属不属于齐家文化的范畴，他们都与齐家文化有着密切的关系，本文暂不讨论这些遗存的性质问题，但试图将此类与齐家文化密切相关的遗址出土的双大耳罐也纳入研究范围，据此或许对于厘清齐家文化的范围和内涵有一定帮助。

据不完全统计，目前已公布采集和出土双大耳罐的齐家文化及相关遗址点有30余处，公布线图或照片能辨别清楚的双大耳罐有190余件[5]。由于双大耳罐这类器物在齐家文化出土数量众多，形态特征变化明显，因此被当作齐家文化分期研究的标志性器物之一。在诸多研究文章中，研究者对双大耳罐进行过粗略的类型学分析，用于齐家文化分期研究。目前，还很少见到对该类器物的系统研究[6]。

本文拟结合以往的考古发现和研究成果，通过对齐家文化及相关遗址出土双大耳罐的类型学分析[7]，考察这类器物的产生、发展和演变过程，并试图阐述其用途、影响和交流等问题。

一、类型学研究

齐家文化出土数量众多的双大耳罐，以泥质红、黄陶为主，其中，有少部分泥质灰陶、彩陶、夹砂陶等。这些陶质、纹饰各异的双大耳罐从整体形态来看并无太大差异，因此统一进行类型学划分。

根据双大耳罐的形态差异，可将其分为两大类。

1. 甲类

整体矮胖，器身最大径大于或等于器高，双耳较小。根据领部形态，可分为三型。

A型　粗领，领部外撇较甚，领腹分界不明显，腹径大于口径。依据腹部变化，可分三式。

Ⅰ式：弧腹。师赵村T362②：1，腹部有戳印纹一周，器形较大。口径15.3、高15.1厘米[8]（图一，1；图九，1）。

Ⅱ式：圆鼓腹。西山坪T23③：5，凹底。口径7、高8厘米（图一，2；图九，2）。

Ⅲ式：扁垂腹较折。柳湾M990：14[9]（图一，3；图九，3）。

B型　侈口，领内斜，领腹有明显分界。依腹部变化，可分三式。

Ⅰ式：弧腹。师赵村F9：3，凹底，器表饰平行篮纹。口径12、高11厘米（图二，1；图九，4）。西山坪M1：1，腹部饰绳纹。口径11.2、高11厘米（图九，5）。

Ⅱ式：圆鼓腹。西山坪T9③：3，口径8.4、高9.8厘米（图二，2）。西山坪T48③：11，双耳残。口径8.6、高8.8厘米（图九，6）。

Ⅲ式：折腹，折棱明显。柳湾M727：1（图二，3）。柳湾M972：11（图九，7）。

C型　弧领，领腹分界不明显。依腹部变化，可分四式。

Ⅰ式：弧腹。师赵村F9：2，凹底。口径10.5、高9.8厘米（图三，1；图九，8）。直岗拉卡乡M1：4，泥质红陶。口径9、高7.5厘米[10]（图九，9）。

Ⅱ式：圆鼓腹。喇家F3：33，细泥红陶。口径8、高10.8厘米[11]（图三，2；图九，11）。西山坪T49③：11，腹部及底部饰蜂窝状绳纹。口径10、高9厘米（图九，10）。

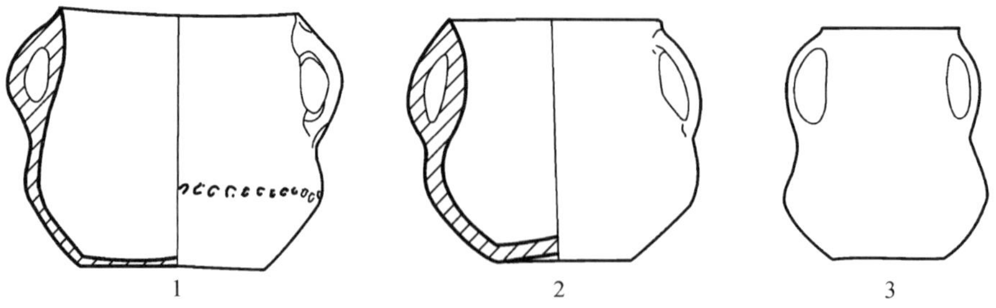

图一　甲类双大耳罐

1. A型Ⅰ式（师赵村T362②：1）　2. A型Ⅱ式（西山坪T23③：5）　3. A型Ⅲ式（柳湾M990：14）

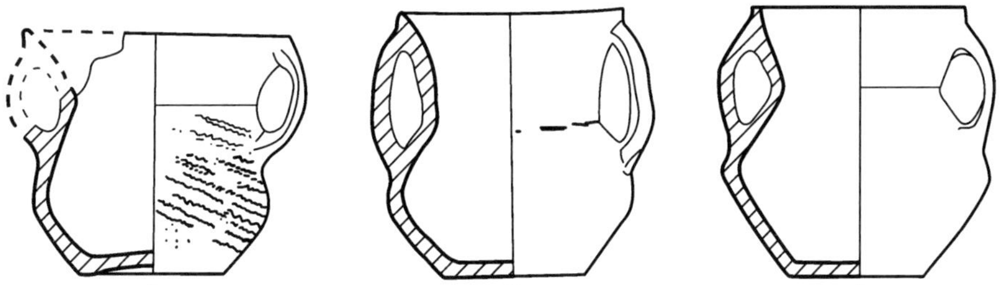

图二 甲类B型双大耳罐

1. B型Ⅰ式（师赵村F9：3） 2. B型Ⅱ式（西山坪T9③：3） 3. B型Ⅲ式（柳湾M727：1）

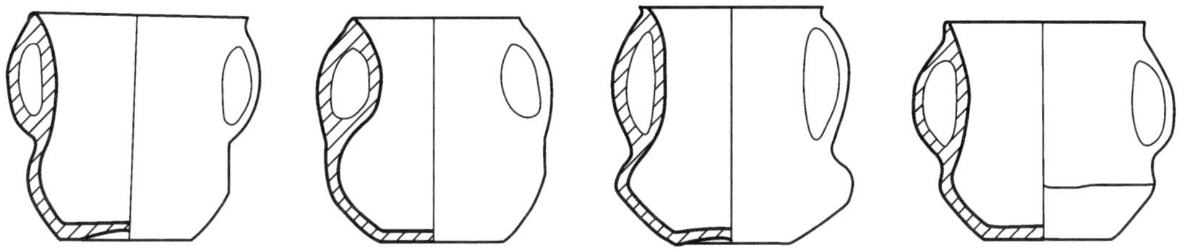

图三 甲类C型双大耳罐

1. C型Ⅰ式（师赵村F9：2） 2. C型Ⅱ式（喇家F3：33） 3. C型Ⅲ式（柳湾M849：8） 4. C型Ⅳ式（柳湾M292：1）

Ⅲ式：领部变长，扁垂腹。柳湾M849：8，底部稍内凹。口径8.7、高11厘米（图三，3）。柳湾M961：5，口径7.6、高11.8厘米（图九，12）。

Ⅳ式：领部继续加长，折腹，双耳变大。柳湾M292：1，器表施一层红陶衣。口径8、高8.2厘米（图三，4）。柳湾M740：1（图九，13）。

2. 乙类

器形瘦高，造型匀称，器身最大径小于器高。根据领部形态，可分为五型。

A型 弧领，领腹分界不甚明显。依腹部形态变化可分四式。

Ⅰ式：扁鼓腹。柳湾M992：15，彩绘红色方块纹。口径8.5、高11.5厘米（图四，1）。柳湾M1322：3，口径7.3、高12.5厘米（图九，14）。

Ⅱ式：圆腹。柳湾M369：3，器表光滑。口径9.3、高11.4厘米（图四，2）。傅家门H1：18，口径6、高8厘米[12]（图九，15）。

Ⅲ式：弧腹。尕马台M11：2，口径9.25、高10.5厘米[13]（图四，3；图九，17）。柳湾M1325：2，彩绘横排人字纹红彩。口径8.4、高10.4厘米（图九，16）。

Ⅳ式：弧领变高，腹微折，双耳较大。页河子T301④：16，夹砂黑陶，领上部至底饰横篮纹。口径10.4、高12.6厘米[14]（图四，4）。柳湾M871：2，彩绘菱格纹与网状三角纹。口径8、高12厘米（图九，18）。

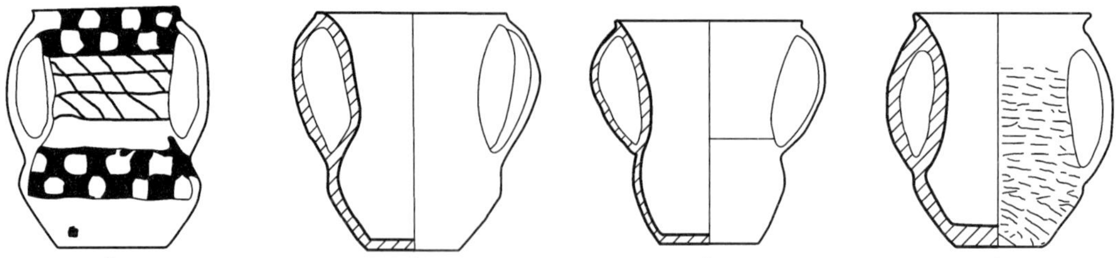

图四　乙类A型双大耳罐

1. A型Ⅰ式（柳湾M992：15）　2. A型Ⅱ式（柳湾M369：3）　3. A型Ⅲ式（尕马台M11：2）　4. A型Ⅳ式（页河子T301④：16）

B型　矮领斜直，腹较深，领高小于腹高，双耳较小，领腹分界明显。依腹部形态变化可分三式。

Ⅰ式：深腹圆鼓。柳湾M977：5，彩绘黑彩三角纹。口径7.8、高10.8厘米（图五，1）。大通长宁H82②[15]（图九，19）。

Ⅱ式：长弧腹。尕马台M22：1，耳部刻长方形孔。口径6.8、高8.2厘米（图五，2）。尕马台M29：1，耳部刻长方形孔。口径9.4、高10.8厘米（图九，20）。

Ⅲ式：折腹。互助总寨M39：1，口径9、高11.2厘米[16]（图五，3；图九，21）。

C型　直领内斜，领相对B型较高，双耳较大，领腹分界明显。依腹部形态变化可分四式。

Ⅰ式：圆鼓腹。尕马台M26：1，口径7.8、高9.6厘米（图六，1；图九，23）。西山坪T25③：11，口径7.6、高10厘米（图九，22）。

Ⅱ式：弧腹。喇家F4：19，口径7.8、高9厘米（图六，2）。柳湾M696：3，耳把上饰有六道纵行划纹，并在中间由三角形、圆形镂空组成一组串珠式的镂刻花纹，器表打磨光亮。口径10、高14厘米（图九，24）。

Ⅲ式：折腹，上腹较短、微鼓。皇娘娘台M47：11，夹砂灰陶。腹下部饰对错的三角形镂孔，有两层底，上层底在折腹处，下层底中间有一小圆孔，两耳上端各有两排人字形划纹。口径10.5、高13厘米[17]（图六，3）。皇娘娘台M60：2，泥质红陶，两耳上端有刻划纹。口径9、高10.5厘米（图九，25）。

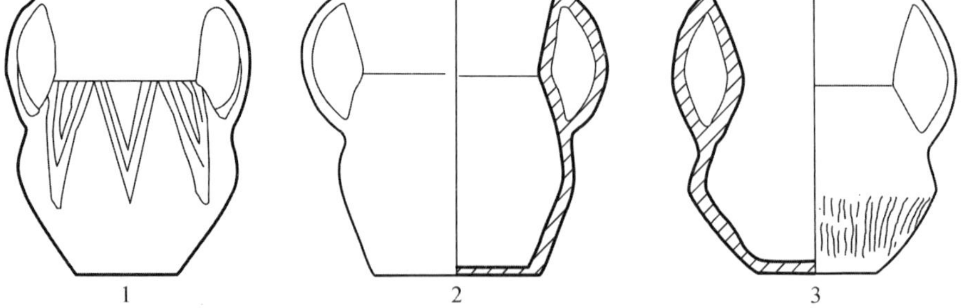

图五　乙类B型双大耳罐

1. B型Ⅰ式（柳湾M977：5）　2. B型Ⅱ式（尕马台M22：1）　3. B型Ⅲ式（互助总寨M39：1）

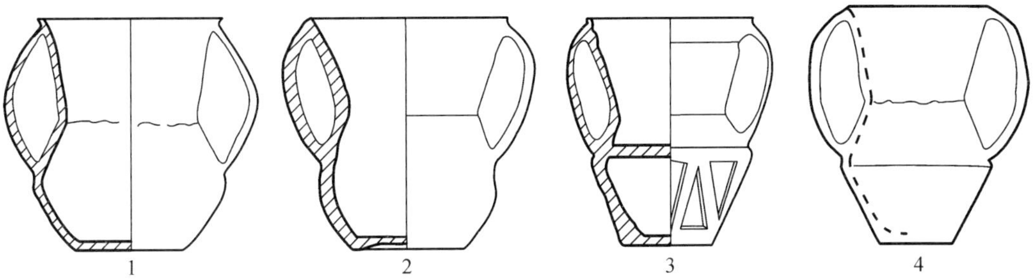

图六 乙类C型双大耳罐

1. C型Ⅰ式（尕马台M26：1） 2. C型Ⅱ式（喇家F4：19） 3. C型Ⅲ式（皇娘娘台M47：11） 4. C型Ⅳ式（阳洼湾M1：1）

Ⅳ式：器形变高，折腹，折棱明显，上下腹对称，腹最大径居中。阳洼湾M1：1，陶色棕灰。口径8.8、高14.5厘米[18]（图六，4）。阳洼湾M2：1，陶色砖红。口径9.1、高13.5厘米（图九，26）。

D型 喇叭口，高领斜直，领高大于腹高，领腹多有折棱，分界明显，宽双大桥形耳，耳长超过器高的三分之二或以上，部分耳朵有镂孔或刻划纹。依腹部形态变化可分三式。

Ⅰ式：扁鼓腹。页河子T302③：29，口径9.6、高10.4厘米（图七，1；图九，27）。

Ⅱ式：扁腹较小。柳湾M1108：1，口径9.7、高10.5厘米（图七，2；图九，28）。

Ⅲ式：小腹微弧，体瘦，口径大于腹径。秦魏家M89：1，灰陶。口径6.3厘米[19]（图七，3）。尕马台M31：1，双耳有刻划纹饰。口径8.8、高12.3厘米（图九，29）。

E型 喇叭口，束领内弧较甚，深腹，领高小于腹高，领腹过渡平滑，出现一定数量的带流双大耳罐。根据腹部形态，可分为四个亚型。

Ea型 扁弧腹，体较瘦。依腹部变化可分四式。

Ⅰ式：上腹外弧较短，腹最大径靠上。秦魏家M106：4，口径7.5、高11.4厘米（图八，1；图九，30）。

Ⅱ式：上腹变溜，腹最大径居中。齐家坪M98：7[20]（图八，2；图九，31）。齐家坪M28：21（图九，32）。

Ⅲ式：上腹变长，下腹扁鼓，腹最大径靠下。齐家坪M28：19（图八，3）。齐家坪M32：2（图九，33）。

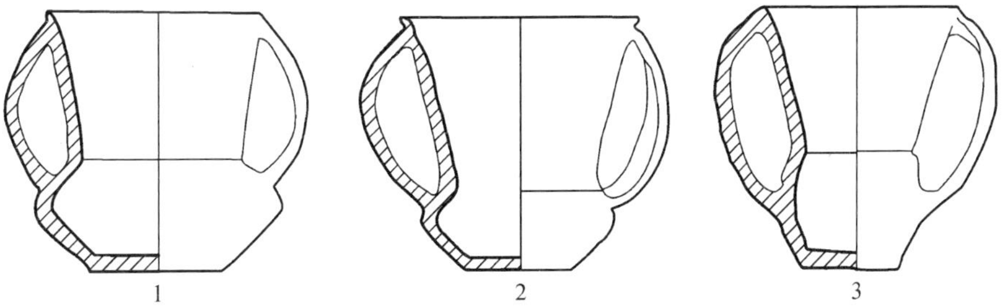

图七 乙类D型双大耳罐

1. D型Ⅰ式（页河子T302③：29） 2. D型Ⅱ式（柳湾M1108：1） 3. D型Ⅲ式（秦魏家M89：1）

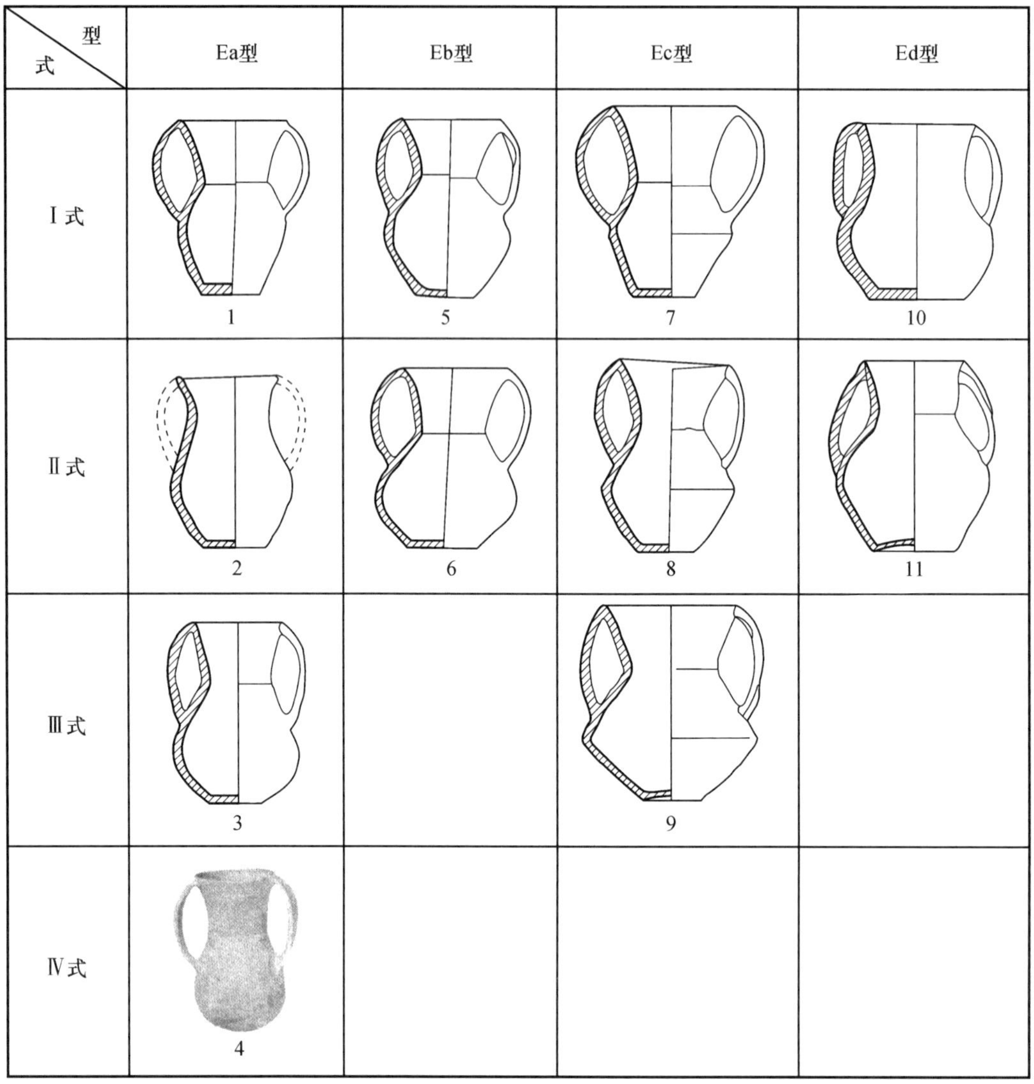

图八　乙类E型双大耳罐

1. Ea型Ⅰ式（秦魏家M106：4）　2. Ea型Ⅱ式（齐家坪M98：7）　3. Ea型Ⅲ式（齐家坪M28：19）　4. Ea型Ⅳ式（秦魏家M40：1）　5. Eb型Ⅰ式（大何庄M36：2）　6. Eb型Ⅱ式（秦魏家M9：5）　7. Ec型Ⅰ式（秦魏家M134：4）　8. Ec型Ⅱ式（齐家坪M28：11）　9. Ec型Ⅲ式（齐家坪M76：1）　10. Ed型Ⅰ式（磨沟M303：B9）　11. Ed型Ⅱ式（齐家坪M5：4）

Ⅳ式：扁垂腹，腹最大径继续下移，体瘦。秦魏家M40：1，口径6.4、高11厘米（图八，4；图九，34）。

Eb型　圆鼓腹，体较宽，腹最大径大于口径。依腹部变化可分二式。

Ⅰ式：上下腹匀称，腹最大径居中，少数上腹有内曲现象。大何庄M36：2，泥质红陶。口径6.9、高11.4厘米[21]（图八，5；图九，36）。秦魏家M117：4，腹下部有细绳纹。口径7.5、高11厘米（图九，35）。

Ⅱ式：扁圆腹下垂，上腹外撇较甚，腹最大径靠下。秦魏家M9：5，口径6.7、高12.6厘米（图八，6）。齐家坪M4：2（图九，37）。

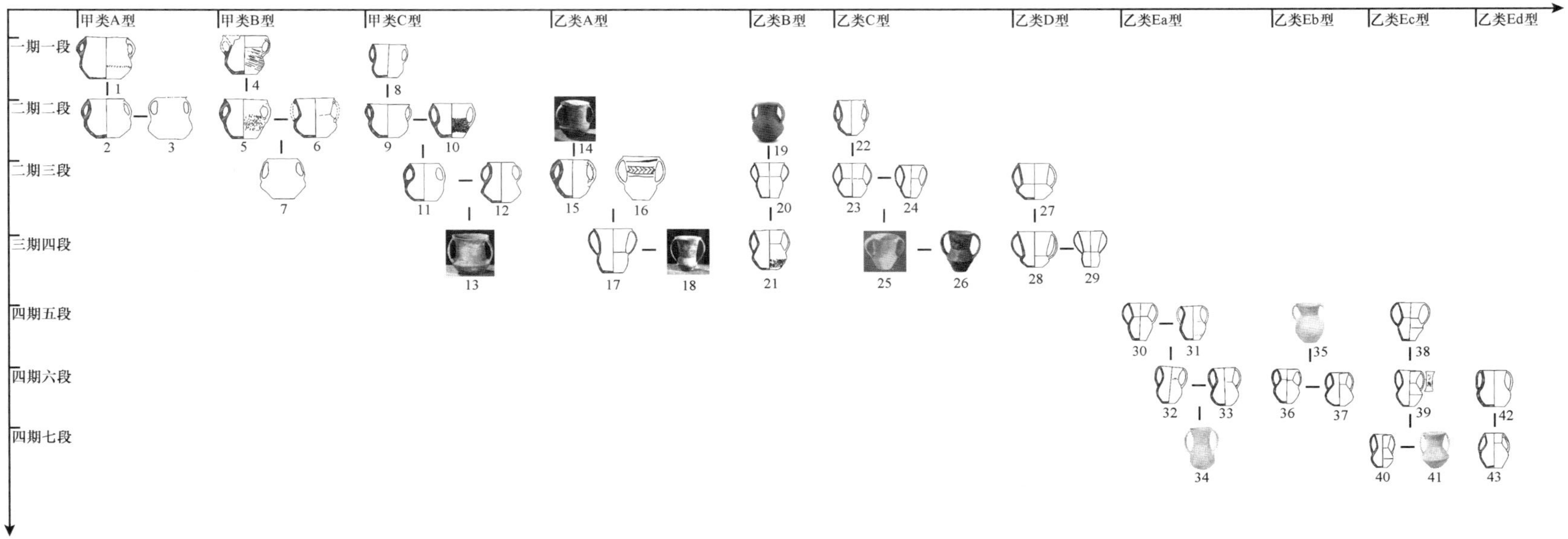

图九　双大耳罐演变关系示意图

1～3. 甲类A型（Ⅰ式师赵村T362②：1、Ⅱ式西山坪T23③：5、Ⅲ式柳湾M990：14）　4～7. 甲类B型（Ⅰ式师赵村F9：3、Ⅰ式西山坪M1：1、Ⅱ式西山坪T48③：11、Ⅲ式柳湾M972：11）　8～13. 甲类C型（Ⅰ式师赵村F9：2、Ⅰ式直岗拉卡乡M1：4、Ⅱ式西山坪T49③：11、Ⅱ式喇家F3：33、Ⅲ式柳湾M961：5、Ⅳ式柳湾M740：1）　14～18. 乙类A型（Ⅰ式柳湾M1322：3、Ⅱ式傅家门H1：18、Ⅲ式柳湾M1325：2、Ⅲ式尕马台M11：2、Ⅳ式柳湾M871：2）　19～21. 乙类B型（Ⅰ式大通长宁H82②、Ⅱ式尕马台M29：1、Ⅲ式互助总寨M39：1）　22～26. 乙类C型（Ⅰ式西山坪T25③：11、Ⅰ式尕马台M26：1、Ⅱ式柳湾M696：3、Ⅲ式皇娘娘台M60：2、Ⅳ式阳洼湾M2：1）　27～29. 乙类D型（Ⅰ式页河子T302③：29、Ⅱ式柳湾M1108：1、Ⅲ式尕马台M31：1）　30～34. 乙类Ea型（Ⅰ式秦魏家M106：4、Ⅱ式齐家坪M98：7、Ⅱ式齐家坪M28：21、Ⅲ式齐家坪M32：2、Ⅳ式秦魏家M40：1）　35～37. 乙类Eb型（Ⅰ式秦魏家M117：4、Ⅰ式大何庄M36：2、Ⅱ式齐家坪M4：2）　38～41. 乙类Ec型（Ⅰ式秦魏家M134：4、Ⅱ式齐家坪M28：11、Ⅱ式齐家坪M25：8、Ⅲ式秦魏家M33：2）　42、43. 乙类Ed型（Ⅰ式磨沟M303：B9、Ⅱ式齐家坪M5：4）

Ec型　折腹，折棱明显。依腹部变化可分三式。

Ⅰ式：上下腹匀称，腹最大径居中。秦魏家M134：4，口径8.5、高12.6厘米（图八，7；图九，38）。

Ⅱ式：上腹变长，腹最大径下移。齐家坪M28：11（图八，8；图九，39）。齐家坪M25：8（图九，40）。

Ⅲ式：腹部扁鼓，下腹急收，腹最大径靠下，体变宽。齐家坪M76：1（图八，9）。秦魏家M33：2，口径9、高13.5厘米（图九，41）。

Ed型　束领已不明显，领变粗，双耳变小，器型更接近于泥质双耳罐。依器形大小及腹部变化可分二式。

Ⅰ式：扁鼓腹。磨沟M303：B9，口径8.7、高11.5厘米[22]（图八，10；图九，42）。

Ⅱ式：器形变宽，深鼓腹。齐家坪M5：4（图八，11；图九，43）。

二、分期与年代

目前来看，由于齐家文化及相关遗址发表资料的缺乏，以及简报、报告公布的相关叠压、打破关系和出土器物较少，使得双大耳罐的分期较为困难，但仍为判断上文所划分诸型式双大耳罐的相对年代提供了一些线索。柳湾墓地M1008打破M992[23]，其中M992出土了甲类A型Ⅲ式、甲类C型Ⅰ式、乙类A型Ⅰ式双大耳罐，M1008出土了甲类C型Ⅱ式双大耳罐。可认为甲类A型Ⅲ式、甲类C型Ⅰ式、乙类A型Ⅰ式为同一段，早于甲类C型Ⅰ式。皇娘娘台遗址前三次发掘中，M24出土了两件双大耳罐[24]，分属乙类C型Ⅲ式和D型Ⅲ式，表明这两式属同一期；第四次发掘中，F8不论在层位关系还是器物组合上均早于墓地年代[25]，由此推断，F8出土的乙类A型Ⅲ式与C型Ⅰ式双大耳罐同期，早于乙类C型Ⅲ式和D型Ⅲ式。秦魏家墓地南部上层（第二层）如M9、M106、M117、M134等，均出土了乙类E型双大耳罐，而下层（第三层）M89、H68两个单位则出土了乙类D型Ⅲ式双大耳罐，且M9打破M89[26]，因此，乙类D型Ⅲ式早于乙类E型各式。

根据以上叠压、打破关系，结合双大耳罐种类和型式的变化兴衰，将其发展演变过程分为七个阶段（图九；表一）。

第一段　主要有甲类A型Ⅰ式、B型Ⅰ式、C型Ⅰ式双大耳罐。此段双大耳罐整体矮胖，耳朵为环形小耳，粗领，弧腹，素面为主，个别饰划纹或戳印纹。含此段双大耳罐的遗存单位有师赵村七期F9、T308②层、T362②层等。此段与双大耳罐共存的典型器物有腹部饰竖向划纹的三大耳罐；腹部饰蜂窝状绳纹的夹砂侈口罐；圆肩、腹部饰绳纹、器身矮胖的高领双耳罐；腹侧置双鋬耳的敛口瓮；鬲、斝、尊以及与敛口瓮配套使用的塔形器盖等。

表一 双大耳罐分期表

期段＼型式			甲类			乙类							
			A型	B型	C型	A型	B型	C型	D型	Ea型	Eb型	Ec型	Ed型
一期		一段	Ⅰ式	Ⅰ式	Ⅰ式								
二期	早段	二段	Ⅱ式 Ⅲ式	Ⅰ式 Ⅱ式	Ⅰ式 Ⅱ式	Ⅰ式	Ⅰ式	Ⅰ式					
	晚段	三段		Ⅲ式	Ⅱ式 Ⅲ式	Ⅱ式 Ⅲ式	Ⅱ式	Ⅰ式 Ⅱ式	Ⅰ式				
三期		四段			Ⅳ式	Ⅲ式 Ⅳ式	Ⅲ式	Ⅲ式 Ⅳ式	Ⅱ式 Ⅲ式				
四期	早段	五段								Ⅰ式 Ⅱ式	Ⅰ式	Ⅰ式	
		六段								Ⅱ式 Ⅲ式	Ⅰ式 Ⅱ式	Ⅱ式	Ⅰ式
	晚段	七段								Ⅳ式	Ⅱ式	Ⅱ式 Ⅲ式	Ⅱ式

第二段　甲类B型Ⅰ式、C型Ⅰ式仍有延续，在前段基础上发展出甲类A型Ⅱ式、A型Ⅲ式、B型Ⅱ式、C型Ⅱ式，新出现乙类A型Ⅰ式、B型Ⅰ式、C型Ⅰ式等。甲类双大耳罐由弧腹演变为圆鼓腹、扁垂腹，新出现器身最大径小于器高的乙类双大耳罐，以中矮领为主，腹部圆鼓，双耳较小，开始出现较多的彩陶双大耳罐。含此段双大耳罐的遗存单位有西山坪七期T3③层、T9③层、T48③层，柳湾M990、M992、M1061，长宁H82，直岗拉卡M1等。与此段双大耳罐共存的典型器物和前段有一定区别，其中，腹部饰竖向绳纹的夹砂侈口罐增多；高领双耳罐腹部变瘦长；鬲变为高领、三足对接、形态成熟；敛口瓮在鋬耳下接一对环耳；新出现大量带有马厂因素的彩陶双耳罐、极少数陶盉、鸮面罐等。

第三段　甲类A型消失不见，甲类B型、C型，乙类A型、B型、C型则继续流行并迅速壮大，在此基础上发展出甲类B型Ⅲ式、C型Ⅲ式、乙类A型Ⅱ式、A型Ⅲ式、B型Ⅱ式、C型Ⅱ式、D型Ⅰ式双大耳罐。其中甲类双大耳罐由圆鼓腹、扁垂腹向折腹发展，而乙类双大耳罐则体现出自身的演变趋势，双耳变大，腹部从圆鼓向弧腹过渡，彩陶双大耳罐继续流行，新出现的领部饰凹弦纹，腹部饰竖斜向绳纹的泥质灰陶双大耳罐则是该段特有的形态（图一〇）。含此段双大耳罐的遗址点较多，其中，比较典型的遗存单位有柳湾M369、M696、M972、M1039、M1325，傅家门H1、F6，喇家F3、F4，长宁H23、H75，皇娘娘台F8，尕马台M22、M26、M29，页河子T302③层、H128，金禅口F4[27]等。与此段双大耳罐共存的典型器物较为丰富，主要有高领双耳罐、侈口罐、夹砂带耳罐、泥质双耳罐、三大耳罐、深腹罐、敛口瓮、盆、尊、豆、杯、带流罐、鸮面罐、器盖等。这些器物在形态方面与前段略有差异，其中，三足器急剧减少；高领双耳罐领部变高，以宽广肩为主，开始出现窄斜肩，肩腹交接处折棱明显；侈口罐和夹砂带耳罐器身变瘦高，出现口领戳印花边的现象；三大耳罐以素面为主；盆、尊等盛水器口沿有施彩现象；豆均为浅盘，豆柄粗矮；鸮面罐进一步增多；而深腹罐、带流罐则为新出现的器形；值得注意的是此段出现少量西城驿文化（过渡类型）的双耳彩陶罐。

第四段　前段较为流行的甲类B型Ⅲ式、C型Ⅲ式、乙类A型Ⅱ式、B型Ⅱ式、C型Ⅱ双大耳罐均已不见，乙类A型Ⅲ式仍有延续但数量变少，新出现甲类C型Ⅳ式、乙类A型Ⅳ式、B型Ⅲ式、C型Ⅲ式、C型Ⅳ式、D型Ⅱ式、D型Ⅲ式双大耳罐。此段双大耳罐领部变高，双耳宽大，腹部变浅，以折腹、小弧腹为主，双耳镂孔或施刻划纹现象较为常见，彩陶双大耳罐仍有发现。含此段双大耳罐的遗存单位有柳湾M114、M292、M740、M871、M1108，尕马台M23、M31、M35，页河子H311，皇娘娘台M24、M47、M60，秦魏家H68、M89，总寨M39等。经过前段异彩纷呈的发展与演变，此段与双大耳罐共存的器物风格逐步确定下来，其中，高领双耳罐、侈口罐器身变得更加瘦高；仍有一定数量的西城驿文化双耳彩陶罐；敛口瓮、深腹罐、带流罐、鸮面罐等器形急剧减少或消失不见。

第五段　甲类各型、乙类A型、B型、C型、D型双大耳罐均戛然而止、消失不见，新出现的乙类E型双大耳罐迅速占领齐家文化各遗址，衍生出Ea型Ⅰ式、Ea型Ⅱ式、Eb型Ⅰ式、Ec型Ⅰ式。此阶段双大耳罐领部趋向统一，喇叭口，束领内弧，领高均小于腹高，腹部形态各异，有扁弧腹、圆鼓腹、折腹等，纹饰以素面为主，彩陶双大耳罐已经不见。含此段双大耳罐的遗存单位有秦魏家M106、M117、M134，齐家坪M98、M108，磨沟M49、M168等。此段与双大耳罐共存的器物与前段区别较大，如高领双耳罐为斜溜肩，肩腹折棱开始变得不明显；素面侈口罐数量增多，高领内束；新出现折腹大口罐。

第六段　乙类E型双大耳罐继续发展，Ea型Ⅱ式、Eb型Ⅰ式延续到此阶段，在此基础上，新出现Ea型Ⅲ式、Eb型Ⅱ式、Ec型Ⅱ式、Ed型Ⅰ式双大耳罐。此阶段双大耳罐腹最大径下移，下腹垂扁，出现一定数量的带流双大耳罐。含此段双大耳罐的遗存单位有齐家坪M4、M28、M37、M110，秦魏家M9、M42、M54，大何庄M63，磨沟M303等。此段与双大耳罐共

1

2

图一〇　领部饰凹弦纹、腹部饰竖斜向绳纹的泥质灰陶双大耳罐（乙类A型Ⅲ式）

1. 皇娘娘台F8∶14　2. 长宁H23出土

存的器物与前段仍有区别，其中，高领双耳罐溜肩明显，肩腹交接处已无折棱；素面侈口罐逐渐演化为细颈罐；豆数量增多，以高柄豆为主，豆盘较深，柄足有镂孔现象；大口罐出现圆鼓腹，并有在肩部饰戳刺圆圈纹或剔刺纹的现象；新出现单大耳罐、矮领鼓肩瓮、薄胎细绳纹侈口罐和圜底彩陶罐。

第七段 为齐家文化双大耳罐发展演变的末期，新出现乙类Ea型Ⅳ式、Ec型Ⅲ式、Ed型Ⅱ式双大耳罐。此阶段Ea型、Ec型双大耳罐腹最大径继续下移，下腹垂扁加剧，Ed型Ⅱ式双大耳罐器形变宽大，双耳较小，上腹外鼓，已与齐家文化泥质双耳罐无太大差别。含此段双大耳罐的遗存单位有秦魏家M40、M33，齐家坪M5、M25、M76，磨沟M164、M337等。此段与双大耳罐共存的器物与前段基本一致，其中高领双耳罐体更瘦，领部变得更长，肩腹过渡平滑；细颈罐领部出现小双耳；单大耳罐腹部变折鼓。

整体上看，齐家文化双大耳罐的发展和演变虽然有着较强的规律性，但连续性不明显，而且每种类型的演变趋势有各自的特点，段与段之间的差别也并不一致。因此，可将这七段分为四期。其中，第一段为第一期，该期为齐家文化双大耳罐的初始期；第二期包括第二段（早段）和第三段（晚段），这一期属于齐家文化双大耳罐的发展壮大期；第四段为第三期，是齐家文化双大耳罐的繁盛期；第四期包括第五段、第六段（早段）与第七段（晚段），该期属于齐家文化双大耳罐的转折衰落期。以上四期都有自己显著的特点，分别代表了齐家文化双大耳罐发展进程中不同的阶段。

关于各期的绝对年代，有以下参考数据。西山坪第七期遗存，2件木炭标本，经^{14}C年代测定，T1③为公元前2140～前1529年（ZK2149），T10③F1为公元前2138～前1906年[28]，其下限误差较大，上限可代表第二期的年代上限；柳湾墓地M392棺木测年结果为公元前1915±155年[29]，可作为第二期的年代下限；喇家遗址测年数据较多，其中被灾难毁坏的F3Ⅰ号人骨、F4Ⅳ号人骨^{14}C年代经校正分别为公元前1945～前1885年和公元前1950～前1895年，喇家遗址齐家文化偏早阶段校正年代主要集中在公元前2300～前2000多年，偏晚阶段校正年代为公元前2000～前1900年[30]，虽然喇家遗址目前未发表早期遗物，但公元前2300年应当是双大耳罐第一期年代上限可供参考的范围，而偏晚阶段、人骨测则确定了双大耳罐二期晚段的年代范围；大何庄遗址F7两件木炭标本，经放射性碳素测定，分别为距今3690±95年（公元前1725±95年）和距今3695±95年（公元前1695±95年）[31]，可作为双大耳罐第四期的年代上限；由北京大学考古学年代实验室检测的齐家坪人骨年代在公元前1700～前1500年[32]，可代表双大耳罐第四期的年代范围。综上考虑，双大耳罐第一期绝对年代大致为前2300～前2150年；第二期绝对年代应在前2150～前1900年；第三期绝对年代范围大体为公元前1900～前1800年；第四期绝对年代范围大致为公元前1800～前1500年。其时间跨度与齐家文化的兴衰一致，为公元前2300～前1500年。

三、渊源与发展

仰韶文化之后，双耳系陶罐一直是中国甘青宁地区的主流器物。在众多的双耳系陶罐中，双大耳罐作为其中最具特色的一类，显然不是从齐家文化才开始出现的。要探寻这类器物的来源，就要从双大耳罐最早的型式入手，往上追溯比齐家文化年代略早，地域接近的考古学文化遗存。据目前的发掘资料来看，甘肃东部、宁夏南部、关中西部的泾渭上游地区都发现了一定数量早于齐家文化的双大耳罐，我们据此做一分析。

菜园遗址发现之前，宁夏南部、内蒙古中南部等地区零星清理一些墓葬，据墓葬内发现的双大耳罐等器物将其归入齐家文化，如宁夏固原海家湾[33]、固原店河[34]、西吉兴隆镇[35]、内蒙古白音浩特[35]等。宁夏菜园遗址发掘之后，这些墓葬和出土器物的性质逐渐得以澄清，同属于菜园文化[37]，而其中出土的双大耳罐则显示了菜园文化与齐家文化有着非同寻常的关系。

菜园文化出土的双大耳罐普遍矮胖，器身最大径大于或等于器高，双耳较小，侈口，弧领。根据其腹部特征可分为三组。

第一组　曲腹较甚，小平底，如菜园切刀把QM33：10（图一一，1）、瓦罐嘴WM42：7（图一一，2）、海家湾M1：2（图一一，3），齐家文化目前未见到这类双大耳罐；

第二组　弧腹，如菜园林子梁LM1：2（图一一，4）、切刀把QM44：12（图一一，5），与齐家文化甲类C型Ⅰ式一致（图一一，6）；

第三组　圆鼓腹，如菜园瓦罐嘴WM20：1（图一一，7）、瓦罐嘴WM39：20（图一一，8），与齐家文化甲类C型Ⅱ式一致（图一一，9）。

这三组有着年代上的早晚关系。

由此可见，菜园文化双大耳罐的发展演变与齐家文化是一脉相承的，特别是甲类双大耳罐，经历了曲腹—弧腹—鼓腹的演变过程。从地域来看，双大耳罐最早的型式均在甘肃东部天水地区有过发现，这一区域与宁夏南部非常接近，理应存在演变和发展的可能。综上，笔者认为齐家文化早期双大耳罐应来源于菜园文化。

以甘肃镇原常山遗址命名的常山下层文化[38]出土了两件形制相同的双大耳罐，其中一件为彩陶[39]（图一二，1、2）。这两件双大耳罐整体矮胖，器身最大径大于器高，但其微敛口或直口，无领，直腹外鼓，形似筒形杯的特征显然属于甲类双大耳罐更早期的形态。无独有偶，在陕西关中西部地区的旬邑下魏洛庙底沟二期[40]（图一二，3）、扶风案板三期文化遗存[41]（图一二，4）中则出土了与此完全一致的双大耳罐。鉴于庙底沟二期、案板三期、常山下层文化大致处于同一时期，又彼此相邻，理应存在一定程度的交流和影响[42]。据此，菜园文化双大耳罐的源头则需要从这几支文化中寻找。

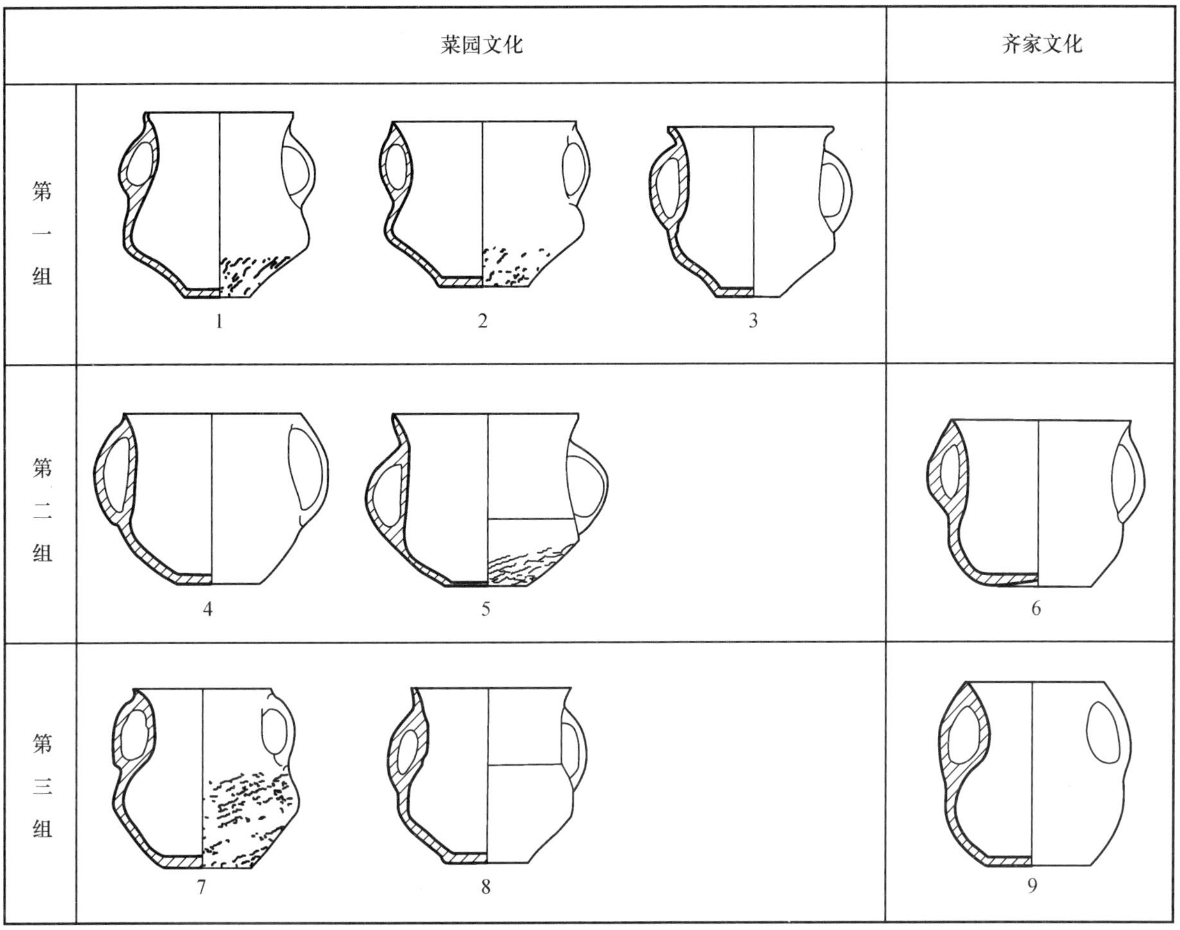

图一一　菜园文化与齐家文化出土双大耳罐对比

1. 切刀把QM33：10　2. 瓦罐嘴WM42：7　3. 海家湾M1：2　4. 林子梁LM1：2　5. 切刀把QM44：12　6. 师赵村T313②：1（甲类C型Ⅰ式）　7. 瓦罐嘴WM20：1　8. 瓦罐嘴WM39：20　9. 喇家F3：33（甲类C型Ⅱ式）

关于齐家文化与客省庄二期文化的关系问题历来有较多学者做过研究，从双大耳罐来看，客省庄二期文化的多数遗址都有出土（部分发掘者将双大耳罐均归入双耳罐类别之中），如临潼康家[43]、武功赵家来[44]、宝鸡石嘴头[45]、岐山双庵[46]、凤翔大辛村[47]、长安客省庄[48]、西安米家崖[49]等。这些双大耳罐在细微处虽然有各自的特点，但基本不出齐家文化双大耳罐的范围，如米家崖H42：10（图一三，1）与齐家文化甲类B型Ⅱ式一致（图一三，9）；客省庄H179：3（图一三，3）与齐家文化乙类B型Ⅰ式相似（图一三，11）；康家H5：1（图一三，4）与齐家文化乙类C型Ⅰ式相似（图一三，12）；康家H4：17（图一三，7）与齐家文化乙类B型Ⅲ式相似（图一三，15）；石嘴头F5：1（图一三，5）与齐家文化乙类A型Ⅱ式一致（图一三，13）；大辛村H9：5（图一三，2）与齐家文化甲类C型Ⅱ式一致（图一三，10），大辛村M3：1（图一三，8）与齐家文化乙类D型Ⅱ式（图一三，16）相似，唯器形更瘦高，双耳较小且位置偏下；双庵H6：1（图一三，6）与齐家文化乙类A型Ⅲ式相似（图一三，

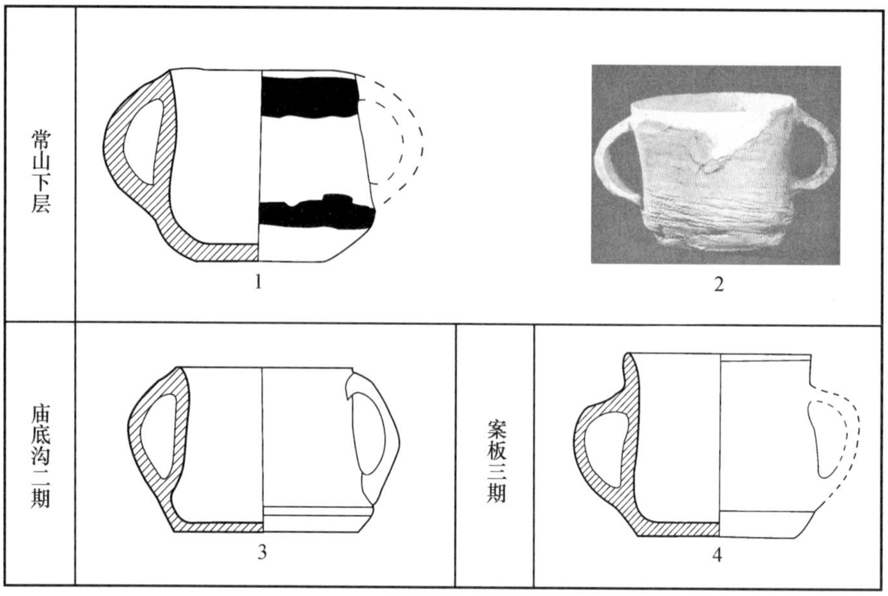

图一二　常山下层与庙底沟二期、案板三期出土双大耳罐对比

1. 常山下层H20：5　2. 常山下层H13：1　3. 下魏洛H44：7　4. 案板三期H26：37

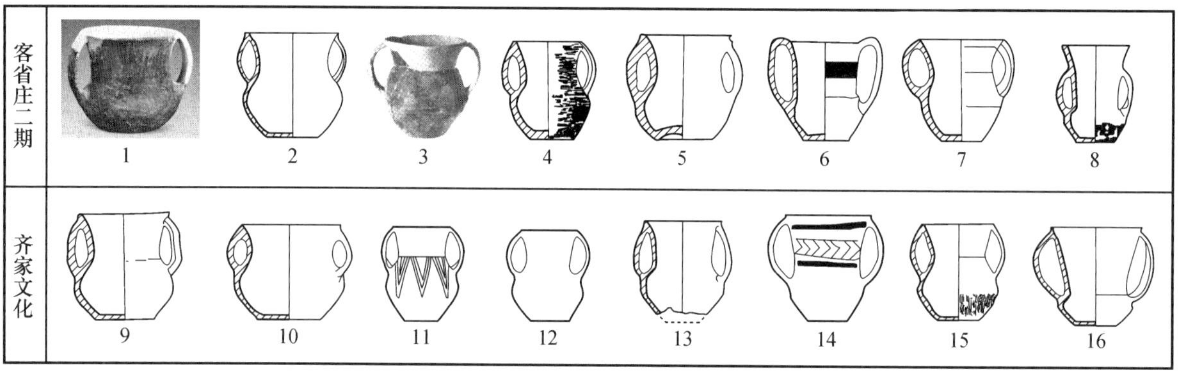

图一三　客省庄二期文化与齐家文化出土双大耳罐对比

1. 米家崖H42：10　2. 大辛村H9：5　3. 客省庄H179：3　4. 康家H5：1　5. 石头嘴F5：1　6. 双庵H6：1　7. 康家H4：17　8. 大辛村M3：1　9. 西山坪T9③：3（甲类B型Ⅱ式）　10. 傅家门H1：1（甲类C型Ⅱ式）　11. 柳湾M977：5（乙类B型Ⅰ式）　12. 柳湾M856：2（乙类C型Ⅰ式）　13. 傅家门H1：11（乙类A型Ⅱ式）　14. 柳湾M1325：2（乙类A型Ⅲ式）　15. 总寨M39：1（乙类B型Ⅲ式）　16. 柳湾M1108：1（乙类D型Ⅱ式）

14），唯耳上端高于口沿，其出土的三大耳罐H5：4、H4：27及客省庄遗址三大耳罐H96：7也有耳上端高于口沿的现象，可视为客省庄二期文化的自身因素。

客省庄二期文化双大耳罐发展演变的趋势是腹部由圆鼓腹—折腹—小腹，双耳由口沿下小双耳—与口沿平齐双耳—大双耳，早期有部分甲类双大耳罐，后期以乙类双大耳罐为主[50]，其与齐家文化双大耳罐演变趋势基本一致。从目前的^{14}C测年来看，虽然客省庄二期文化的起始年代要略早于齐家文化[51]，但其出土的双大耳罐显然受到齐家文化的强烈影响。原因如下。

其一，客省庄二期文化以三足器为主，双大耳罐数量较少，虽然特征鲜明，但不占主体地位，且自身发展序列并不完善，其主要形制均不出齐家文化双大耳罐范畴。

其二，齐家文化甲类双大耳罐来源于菜园文化，在此基础上自成系统，发展出乙类双大耳罐各类型，中间尚无缺环。

其三，西安老牛坡遗址双大耳罐M1：1[52]（图一四，1）以及陇县川口河采集的双大耳罐76LCM：19[53]（图一四，2）类似齐家文化乙类C型Ⅳ式（图一四，3、4），属于齐家文化双大耳罐第三期形态，但不见于典型客省庄二期文化。则说明此类遗存很可能是客省庄二期文化在齐家文化影响下产生的一个地方类型。

从分期研究来看，双大耳罐在齐家文化经历了一个相对稳定而又自成系统的发展过程。

第一期，受菜园文化影响，在甘肃东部的师赵村遗址中开始出现少量双大耳罐，以甲类各型为主，领部粗短，器身矮胖。这一时期的双大耳罐还未脱离菜园文化出土双大耳罐的祖型，也不在齐家文化陶器中占有重要地位。

第二期早段，随着齐家文化向西扩张和发展的强势劲头，双大耳罐呈线状分布，影响到青海东部地区[54]。除西山坪遗址外，乐都柳湾、大通长宁、尖扎直岗拉卡等遗址也均出土了一定数量的双大耳罐。第二期晚段，双大耳罐以青海东部湟水流域为中心，呈片状向四周辐射，除上述遗址外，青海民和、乐都、互助、贵南，甘肃河西走廊、天水、临夏，宁夏南部等地区均发现数量较多的双大耳罐。该期双大耳罐的发展演变具有承前启后的性质，在数量增多的基

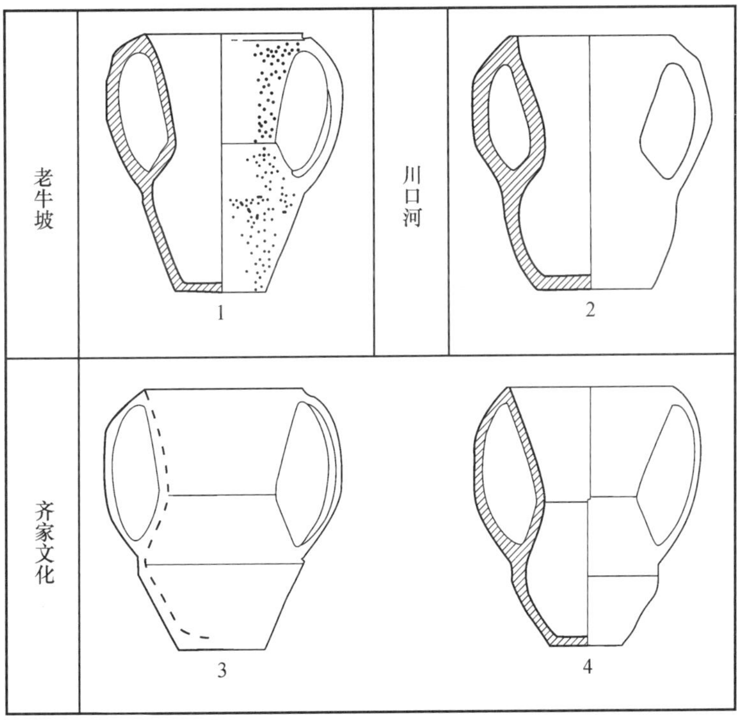

图一四　老牛坡、川口河与齐家文化出土双大耳罐对比

1. 老牛坡M1：1　2. 川口河76LCM：19　3. 阳洼湾M1：1（乙类C型Ⅳ式）　4. 黑龙沟采集（乙类C型Ⅳ式）

础上，出现了一些新的因素，如器身变瘦高的乙类双大耳罐开始涌现，造型精致匀称，线条流畅平滑，型式复杂多样；受马厂彩陶影响，双大耳罐也出现领、腹部施彩现象。这些因素表明双大耳罐在齐家文化开始受到重视并逐渐自成系统，迅速发展。

第三期，随着齐家文化向外扩张势头的衰减，双大耳罐的分布范围也逐步稳定下来，与第二期基本一致。这一时期双大耳罐形制风格成熟稳重，甲类完全消失不见，乙类领部继续变高，双耳宽大，腹部变小、变浅，双耳镂孔或施刻划纹的现象大量出现。值得一提的是乙类D型Ⅲ式双大耳罐，该形制双大耳罐制作精美，造型独特，特征鲜明，是齐家文化最为典型的器物。可以看出，该期双大耳罐完全形成了自成一脉的风格，不论是在制作形态上，还是在文化内涵上，都代表了齐家文化鼎盛时期较高的艺术水平。

第四期早段，双大耳罐的分布范围大大收缩，重心也转移到以黄河、洮河流域为中心的甘肃临夏地区，其余诸如青海东部、甘肃东部、河西走廊等地区的双大耳罐全面衰落。与此同时，双大耳罐的形态也发生了巨大变化，之前流行的各种型式均戛然而止，出现了以乙类E型为主的双大耳罐，该型式双大耳罐以喇叭口、束领为主，不见彩陶，更接近于齐家文化泥质双耳罐。四期晚段，双大耳罐分布范围与早段基本一致，但数量急剧减少，表明双大耳罐伴随着齐家文化的衰落逐步走向消亡。不难发现，第四期双大耳罐的衰落与第三期是有一定的文化断层，笔者认为，这种断层不是由于年代的断层引起的，可能与齐家文化地域和族群结构的变迁有一定联系，限于篇幅，在此不作赘述。

综上所述，齐家文化双大耳罐应来源于菜园文化，其分布和传播的进程与齐家文化的发展是一脉相承的，双大耳罐自始至终是齐家文化的主流器物，经历了产生—壮大—鼎盛—衰落的发展演变过程。

四、用途与影响

（一）用途

武威皇娘娘台遗址第四次发掘中出土1件双大耳罐M47：11（图一五，1），夹砂灰陶，表面粗糙，腹下部饰对错的三角形镂孔，有两层底，上层底在折腹处，下层底中间有一小圆孔，两耳上端各有两排人字形划纹[55]。

甘肃民乐五坝墓地M47出土一件双大耳罐M47：3（图一五，2），泥质红陶，双耳有戳刺对三角纹及小圆点纹饰，器内盛有所食动物骨骼[56]。

2004年民和喇家遗址清理的F23，发现2具人骨遗骸，系成年人保护幼童状。其中，小孩3岁左右，嘴边还有一个红陶三耳杯（三大耳罐），似乎是正在作饮水状，而瞬间被突然的灾难所害[57]。

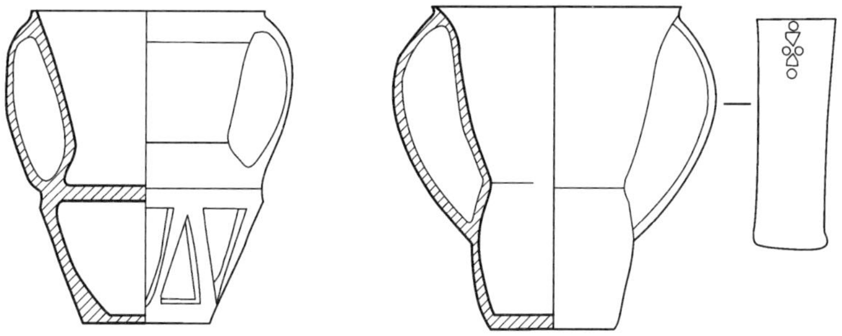

图一五 皇娘娘台、五坝墓地出土双大耳罐

1. 皇娘娘台M47：1 2. 民乐五坝M7：3

上述三个实例分别代表了双大耳罐三种不同的功用。武威皇娘娘台遗址出土的这件夹砂双大耳罐，腹下部镂空，两层底，上层底将镂孔隔开，下层底中间有一小圆孔，从其精致独特的造型来看，显然不属于实用器，更多像是祭祀所用的礼器或专门用于陪葬的明器，镂孔、双层底与小圆孔的出现，或许代表着一种独特的象征意义。五坝墓地M47：3器内发现盛有所食动物骨骼，很大程度上说明此罐为墓主人生前饮食器具，用来食用骨汤，在墓主人死后，成为放置动物骨骼的随葬品。喇家遗址F23发现置于小孩嘴边的三大耳罐可能作为饮水器具，而双大耳罐与其造型一致，其用途抑或一致，则双大耳罐可能是用来喝水的生活器具。

以上三个发现虽是孤立，但也在一定程度上反映了双大耳罐的功用。目前出土的双大耳罐绝大多数为泥质陶，夹砂陶极少。已公开发表的资料中，武威皇娘娘台出土的M47：11、隆德页河子出土的T301④：16[58]为夹砂陶质，因此，不能排除双大耳罐在某些特定情况下作为炊器使用[59]。

笔者对各期段双大耳罐的出土环境进行了统计（表二），主要有五种情况：分别出于墓葬、房址、灰坑、地层和窑址中。从表中可以看出，出土于墓葬中的双大耳罐数量远远多于其他环境，而出土于房址、灰坑、地层和窑址中的双大耳罐主要集中在早中期，且数量相对较少。诚然，齐家文化已发表的资料多以墓葬为主，如柳湾、秦魏家、大何庄、齐家坪、磨沟墓地等，墓葬中的随葬品容易保存下来，而已公布的遗址资料较为匮乏，特别是晚期几乎没有，且房址、灰坑和地层中的遗物不容易保存，多为残片，因此，统计与实际不甚相符。但不可否认，齐家先民对于随葬双大耳罐有种特殊的喜好或情结，可以说逢墓必随葬双大耳罐，如秦魏家墓地发掘墓葬138座，共出土双大耳罐90件[60]。

综上可知，齐家文化双大耳罐主要有以下几点用途：一为饮水器，用于喝水，兼有盛汤的功能；二是普遍用于墓葬随葬品，但从个体来看，大多不具备明器特征，多是生活器具的再次利用；三是在双大耳罐发展的鼎盛期，可能被齐家先民当作一种艺术或精神的寄托而存在，此时双大耳罐虽未脱离实用器的范畴，但也出现了明器化的现象。

表二　不同期段双大耳罐出土环境和数量统计

期段 \ 出土环境			墓葬	房址	灰坑	地层	窑址	不明	总计
一期		一段	×	2	×	5	×	×	7
二期	早段	二段	20	1	3	9	×	3	36
	晚段	三段	19	6	10	×	1	8	44
三期		四段	28	×	4	4	×	6	42
四期	早段	五段	26	×	×	×	×	6	32
		六段	25	×	×	×	×	3	28
	晚段	七段	7	×	×	×	×	×	7
总计			125	9	17	18	1	26	196

注：该统计仅包括发表材料中有线图或照片的双大耳罐

（二）影响

齐家文化双大耳罐在发展演变过程中，一定程度上影响了周边的考古学文化。这种影响主要有两种模式，一是贸易互通，另一种是形态仿制。

在双大耳罐的壮大和鼎盛期（第二期和第三期），除客省庄二期文化之外，西城驿文化和内蒙古朱开沟第三段遗存（夏代中期）发现属于齐家文化的双大耳罐。民乐五坝墓地M47[61]随葬陶器以西城驿文化为主，共存1件典型的齐家文化双大耳罐（图一六，1），同乙类D型Ⅲ式（图一六，5）。西城驿遗址2010发掘中[62]，在第一期西城驿文化遗存中出土双大耳罐残片，T0301⑨a：p7（图一六，2）领部饰凹弦纹，同乙类A型Ⅲ式（图一六，6）；H23③：p3（图一六，3）同乙类C型Ⅱ式（图一六，7）。朱开沟第三段M1051：2[63]（图一六，4）与乙类D型Ⅲ式（图一六，8）完全一致。上述双大耳罐应是流通到西城驿文化和内蒙古朱开沟第三段遗存的齐家文化器物，表明这两支文化与齐家文化产生了交流和贸易互通。

到了晚期阶段，虽然双大耳罐自身发展逐步衰落，其造型特征也向泥质双耳罐迅速过渡，但对外影响却有增无减。辛店、卡约文化是稍晚于齐家文化的两支甘青地区游牧民族考古学文化遗存，其大量出土的双耳系陶罐从造型来看基本是承袭齐家文化乙类E型双大耳罐而来，如民和小旱地墓地辛店文化双耳罐M158：1[64]（图一七，1）与磨沟M99：12[65]（图一七，6）完全一致，永靖张家咀辛店文化彩陶双大耳罐H118：1[66]（图一七，2）与齐家坪M28：21（图一七，7）在形制方面也别无二致；再如，贵德山坪台卡约文化墓地双耳罐M8：1[67]（图一七，3）与磨沟M303：B11（图一七，8）非常相似，化隆半主洼卡约文化墓地双大耳罐M105：1[68]（图一七，4）与齐家坪M98：3（图一七，9）较为接近。值得注意的是，辛店文化和卡约文化双耳罐皆为夹砂陶，指示其用途已发生变化，有学者指出此时双耳罐的功用主要为吊煮容器，这与游牧民族的生活习性是相适应的[69]。

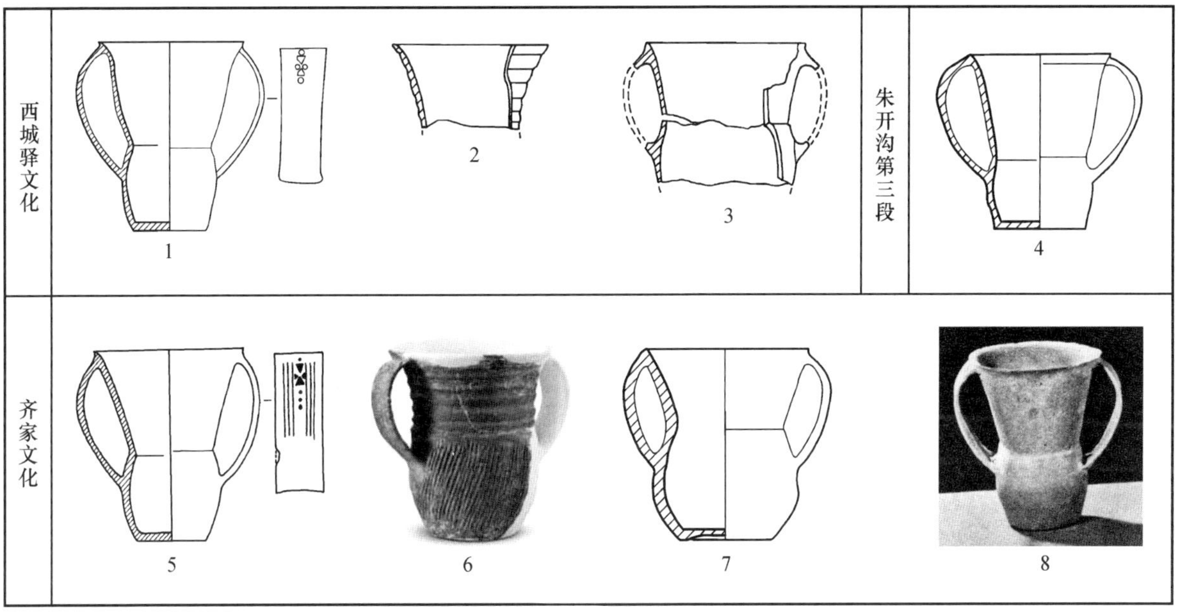

图一六　西城驿文化、朱开沟三段与齐家文化出土双大耳罐对比

1. 五坝M7：3　2. 西城驿T0301⑨a：p7　3. 西城驿H23③：p3　4. 朱开沟第三段M1051：2　5. 尕马台M23：4（乙类D型Ⅲ式）　6. 长宁H23出土（乙类A型Ⅲ式）　7. 喇家F4：19（乙类C型Ⅱ式）　8. 柳湾 M114：2（乙类D型Ⅲ式）

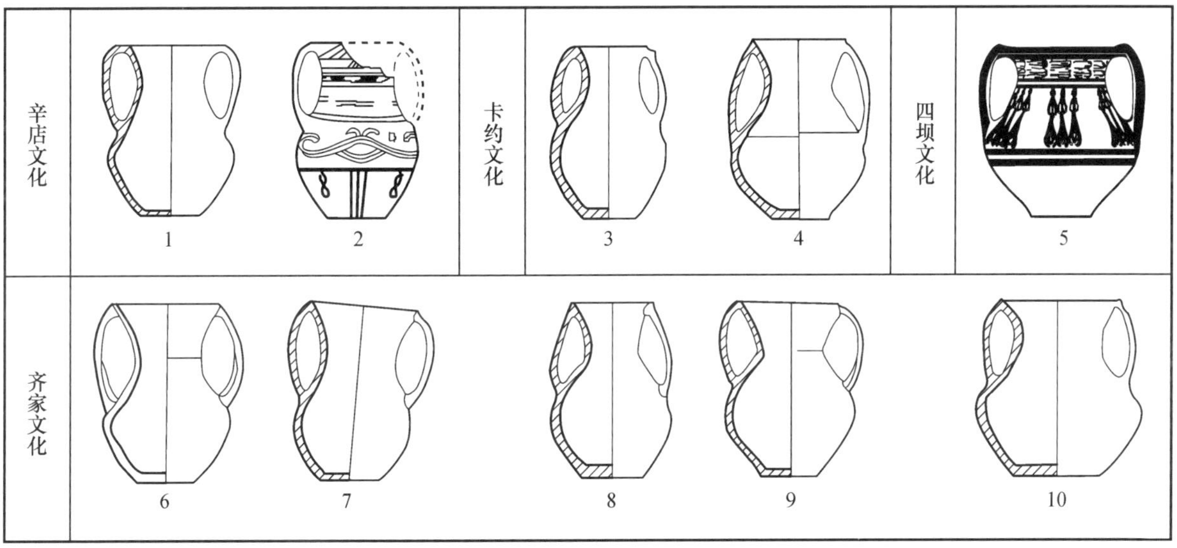

图一七　辛店、卡约、四坝文化与齐家文化出土双大耳罐对比

1. 小旱地M158：1　2. 张家咀H118：1　3. 山坪台M8：1　4. 半主洼M105：1　5. 干骨崖M40：2　6. 磨沟M99：12　7. 齐家坪M28：21　8. 磨沟M303：B11　9. 齐家坪M98：3　10. 磨沟M164：A2

寺洼与四坝文化出土的双耳罐虽然有各自的特点，也应是受到齐家文化双大耳罐的影响。甘肃卓尼大族坪D征：1[70]已经出现马鞍口特征，这可能是寺洼文化最具代表性的器物——马鞍口双耳罐的早期形态。酒泉干骨崖四坝文化墓地大双耳罐M40：2[71]（图一七，5）与磨沟M164：A2（图一七，10）形态基本一致。

上述表明，公元前1000年前后，甘青地区诸多考古学文化双大耳罐因地域、民族差异，其彩绘风格、装饰手段各有不同，但形态特征均受到了齐家文化双大耳罐的直接影响。更有学者指出，西南地区早期平底双耳罐是西北游牧民族南迁带来的产物[72]，虽然齐家文化在年代上偏早较多，但不可否认，西南地区早期平底双耳罐有着齐家文化因素的孑遗。

五、结　　语

通过对齐家文化双大耳罐进行类型学分析，基本厘清了双大耳罐的发展脉络，初步得到以下几点认识。

根据双大耳罐的型式演变规律可将其划分为四期七段，第一期以甲类双大耳罐为主，是双大耳罐的初始期；第二期与第三期流行典型形态的双大耳罐，如乙类A型Ⅲ式、C型Ⅲ式、D型Ⅲ式等，属于双大耳罐发展的壮大—鼎盛期；第四期双大耳罐逐步衰落，以乙类E型为主的形态标志着双大耳罐在齐家文化中的内涵发生了微妙的变化。

齐家文化双大耳罐来源于菜园文化，在此基础上自成系统，始终与齐家文化的发展一脉相承，在其发展演变的进程中，向外输入到客省庄二期、西城驿和朱开沟文化的地域范围，并在很大程度上影响了西北地区青铜时代游牧民族双耳罐。

双大耳罐作为齐家文化的标志性器物，主要用途为饮水（汤）器和墓葬随葬品，或在一定程度上产生了明器化的现象。

关于双大耳罐的演变发展和影响等问题，本文所做的研究仅是一种初步的尝试。双大耳罐的后续研究有待于齐家文化的轮廓进一步明晰，也希望本文的尝试对于厘清齐家文化的内涵与分期有一定的帮助。

注　　释

［1］　安特生著、乐森璕译：《甘肃考古记》，地质专报甲种第五号，农商部地质调查所印行，民国十四年，第九页。

［2］　甘肃省博馆：《甘肃武威皇娘娘台遗址发掘报告》，《考古学报》1960年第2期。

［3］　中国社科院考古研究所、青海省文物考古研究所：《青海民和县喇家遗址2000年发掘简报》，《考古》2002年第12期。

[4] 张忠培、杨晶：《客省庄文化单把鬲的研究——兼谈客省庄文化的流向》，《北方文物》2002年第3期；王辉：《甘青地区新石器—青铜时代考古学文化的谱系与格局》，《考古学研究》（九），文物出版社，2012年，第223页；陈小三：《河西走廊及其邻近地区早期青铜时代遗存研究——以齐家、四坝文化为中心》，吉林大学博士论文，2012年，第31～40页；任瑞波：《西北地区彩陶文化研究》，吉林大学博士论文，2016年，第355～358页。

[5] 部分被发掘者归入双大耳罐范畴的器物从形态上判断应属于泥质双耳罐，与一般意义上的双大耳罐用途不同，因此剔出；柳湾墓地的彩陶双大耳罐被划分在双耳彩陶罐类别下，但部分形制、特点与双大耳罐无异。

[6] 刘思文：《浅谈齐家文化双大耳罐的相关问题》，《学园》2015年第31期。

[7] 为行文方便，以下均简称齐家文化出土双大耳罐，不作赘述。

[8] 中国社会科学院考古研究所：《师赵村与西山坪》，中国大百科全书出版社，1999年，第199、200页。

[9] 青海省文物管理处考古队、中国社会科学院考古研究所：《青海柳湾——乐都柳湾原始社会墓地》，文物出版社，1984年，第183页。

[10] 胡晓军：《尖扎直岗拉卡乡齐家文化遗址发掘简报》，《青海文物》总第10期，1996年。

[11] 中国社科院考古研究所、青海省文物考古研究所：《青海民和县喇家遗址2000年发掘简报》，《考古》2002年第12期。

[12] 中国社会科学院考古研究所甘青工作队：《武山傅家门遗址的发掘与研究》，《考古学集刊》第16集，科学出版社，2006年，第443页。

[13] 青海省文物考古研究所、北京大学考古文博学院：《贵南尕马台》，科学出版社，2016年，第124页。

[14] 北京大学考古实习队、宁夏固原博物馆：《德隆页河子新石器时代遗址发掘报告》，《考古学研究》（三），科学出版社，1997年，第181页。

[15] 任晓燕、王倩倩：《大通长宁遗址》，《再现文明——青海省基本建设考古重要发现》，文物出版社，2013年，第58、59页。

[16] 青海省文物考古队：《青海互助土族自治县总寨马厂、齐家、辛店文化墓葬》，《考古》1986年第4期。

[17] 甘肃省博物馆：《武威皇娘娘台遗址第四次发掘》，《考古学报》1978年第4期。

[18] 夏鼐：《齐家期墓葬的新发现及其年代的改订》，《中国考古学报》第3册，1948年。

[19] 中国社科院考古研究所甘肃工作队：《甘肃永靖秦魏家齐家文化墓地》，《考古学报》1975年第2期。

[20] 陈玭：《齐家文化的分期与源流——以齐家坪遗址为中心》，北京大学博士论文，2013年，第55页。

[21] 中国科学院考古研究所甘肃工作队：《甘肃永靖大何庄遗址发掘报告》，《考古学报》1974年第2期。

[22] 甘肃省文物考古研究所、西北大学文化遗产与考古学研究中心：《甘肃临潭磨沟齐家文化墓地发掘简报》，《文物》2009年第10期。

[23] 青海省文物管理处考古队、中国社会科学院考古研究所：《青海柳湾——乐都柳湾原始社会墓地》，文物出版社，1984年，第183页。

[24] 甘肃省博馆：《甘肃武威皇娘娘台遗址发掘报告》，《考古学报》1960年第2期。

[25] 甘肃省博物馆：《武威皇娘娘台遗址第四次发掘》，《考古学报》1978年第4期；张忠培：《齐家文化研究（上）》，《考古学报》1987年第1期；水涛：《甘青地区青铜时代的文化结构和经济形态研究》，《中国西北地区青铜时代考古论集》，科学出版社，2001年，第200页。

[26] 中国社科院考古研究所甘肃工作队：《甘肃永靖秦魏家齐家文化墓地》，《考古学报》1975年第2期。

[27] 青海省文物考古研究所、互助土族自治县文物管理所：《青海互助县金禅口遗址发掘简报》，《四川文物》2020年第1期。

[28] 中国社会科学院考古研究所：《师赵村与西山坪》，中国大百科全书出版社，1999年，第306页。

[29] 青海省文物管理处考古队、中国社会科学院考古研究所：《青海柳湾——乐都柳湾原始社会墓地》，文物出版社，1984年，第248页。

[30] 张雪莲、叶茂林等：《民和喇家遗址碳十四测年及初步分析》，《考古》2014年第11期。

[31] 中国科学院考古研究所甘肃工作队：《甘肃永靖大何庄遗址发掘报告》，《考古学报》1974年第2期。

[32] 洪玲玉、吴浩森等：《齐家坪：齐家文化典型遗址研究的新进展》，《考古与文物》2019年第3期。

[33] 宁夏回族自治区展览馆：《宁夏固原海家湾齐家文化墓葬》，《考古》1973年第5期。

[34] 钟侃：《宁夏固原店河齐家文化墓葬清理简报》，《考古》1987年第8期。

[35] 钟侃、张心智：《宁夏西吉县兴隆镇的齐家文化遗址》，《考古》1964年第5期。

[36] 齐永贺：《内蒙古白音浩特发现的齐家文化遗物》，《考古》1962年第1期。

[37] 宁夏文物考古研究所、中国历史博物馆考古部：《宁夏菜园——新石器时代遗址、墓葬发掘报告》，科学出版社，2003年。

[38] 也有较多研究者将常山下层文化归入菜园文化，参见徐永杰：《黄土高原仰韶晚期遗存的谱系》，科学出版社，2007年，第208页；任瑞波：《西北地区彩陶文化研究》，吉林大学博士论文，2016年，第363页。笔者赞同此说。

[39] 中国社会科学院考古研究所泾渭工作队：《陇东镇原常山遗址发掘简报》，《考古》1981年第3期。

[40] 西北大学文化遗产与考古学研究中心、陕西省考古研究所：《旬邑下魏洛》，科学出版社，2006年，第405页。

[41] 西北大学文博学院考古专业：《扶风案板遗址发掘报告》，科学出版社，2000年，第138页。

[42] 部分学者对常山下层文化与庙底沟二期文化、案板三期文化的异同做过有益的探讨，参见西北大学文博学院考古专业：《扶风案板遗址发掘报告》，科学出版社，2000年，第261～270页；王世和、张宏彦、莫枯：《论案板三期文化遗存》，《考古》1987年第10期；胡谦盈：《庙底沟二期文化与常山下层文化》，《胡谦盈周文化考古研究选集》，四川大学出版社，2000年。

[43] 西安半坡博物馆：《陕西临潼康家遗址第一、二次试掘简报》，《史前研究》1985年第1期；陕西省考古研究所康家考古队：《陕西临潼县康家遗址发掘简报》，《考古与文物》1988年第5、6期；陕西省考古研究所康家考古队：《陕西省临潼县康家遗址1987年发掘简报》，《考古与文物》1992年第4期。

[44] 中国社会科学院考古研究所：《武功发掘报告——浒西庄与赵家来遗址》，文物出版社，1988年，第129页。

[45] 西北大学历史系考古专业82级实习队：《宝鸡石嘴头东区发掘报告》，《考古学报》1987年第2期。

[46] 西安半坡博物馆：《陕西岐山双庵新石器时代遗址》，《考古学集刊》第3集，中国社会科学出版社，

1983年，第57页。

[47] 雍城考古队：《陕西凤翔大辛村遗址发掘简报》，《考古与文物》1985年第1期。

[48] 中国科学院考古研究所：《沣西发掘报告》，文物出版社，1963年。

[49] 陕西省考古研究院：《西安米家崖新石器时代遗址2004~2006年考古发掘报告》，科学出版社，2012年，第351页。

[50] 梁星彭：《试论客省庄二期文化》，《考古学报》1994年第4期；秦小丽：《试论客省庄文化的分期》，《考古》1995年第3期。

[51] 梁星彭：《试论客省庄二期文化》，《考古学报》1994年第4期；秦小丽：《试论客省庄文化的分期》，《考古》1995年第3期。

[52] 刘世莪：《老牛坡——西北大学考古专业田野发掘报告》，陕西人民出版社，2002年，第52页。

[53] 尹盛平：《陕西陇县川口河齐家文化陶器》，《考古与文物》1987年第5期。

[54] 笔者认为甘肃中部天水至兰州一线理应存在齐家文化二期早段的双大耳罐，囿于资料的限制，目前仍未发现。

[55] 甘肃省博物馆：《武威皇娘娘台遗址第四次发掘》，《考古学报》1978年第4期。

[56] 甘肃省文物考古研究所、张掖市文物保护研究所：《甘肃民乐五坝史前墓地发掘简报》，《考古与文物》2012年第4期。

[57] 叶茂林、任晓燕等：《青海喇家遗址继续发现史前灾难遗迹》，《中国文物报》2005年3月30日。

[58] 北京大学考古实习队、宁夏固原博物馆：《德隆页河子新石器时代遗址发掘报告》，《考古学研究（三）》，科学出版社，1997年，第181页。

[59] 笔者曾见过2015与2018年在民和喇家遗址发掘中出土2件夹砂双大耳罐，器表局部有烟炱痕迹。

[60] 中国社科院考古研究所甘肃工作队：《甘肃永靖秦魏家齐家文化墓地》，《考古学报》1975年第2期。

[61] 甘肃省文物考古研究所、张掖市文物保护研究所：《甘肃民乐五坝史前墓地发掘简报》，《考古与文物》2012年第4期；李水城：《“过渡类型”遗存与西城驿文化》，《早期丝绸之路暨早期秦文化国际学术研讨会论文集》，文物出版社，2014年，第14、15页。

[62] 甘肃省文物考古研究所、北京科技大学材料与冶金史研究所等：《甘肃张掖市西城驿遗址2010年发掘简报》，《考古》2015年第10期。

[63] 内蒙古文物考古研究所：《内蒙古朱开沟遗址》，《考古学报》1988年第3期。

[64] 青海省文物考古研究所、青海省文物管理处、西北大学文博学院：《民和核桃庄》，科学出版社，2004年，第123页。

[65] 周静：《磨沟齐家文化墓地分期分区及相关问题研究》，西北大学硕士论文，2010年，第14页。

[66] 中国社会科学院考古研究所甘肃工作队：《甘肃永靖张家咀与姬家川遗址的发掘》，《考古学报》1980年第2期。

[67] 青海省文物考古队、海南藏族自治州群众艺术馆：《青海贵德山坪台卡约文化墓地》，《考古学报》1987年第2期。

［68］ 青海省文物考古研究所、西北大学历史系考古专业等：《青海化隆县半主洼卡约文化墓葬发掘简报》，《考古》1996年第8期。

［69］ 罗开玉：《川滇西部及藏东石棺墓研究》，《考古学报》1992年第4期。

［70］ 甘南藏族自治州文化局：《甘肃卓尼县纳浪乡考古调查简报》，《考古》1994年第7期。

［71］ 北京大学考古文博学院、甘肃省文物考古研究所：《甘肃酒泉干骨崖墓地的发掘与收获》，《考古学报》2012年第3期。

［72］ 谢崇安：《略论西南地区早期平底双耳罐的源流及其族属问题》，《考古学报》2005年第2期。

（原刊于《四川文物》2020年第5期）

青海地区齐家文化中期居址初探

夏艳平　裴　宇

青海境内齐家文化主要分布区域东起甘青交界的河湟流域，西至青海湖北岸，北迄湟水支流大通河流域，南达黄河支流隆务河沿岸[1]。截至目前，在民和、乐都、西宁、平安、同仁、湟中、刚察、大通、互助、贵南、循化、尖扎、贵德、同德、共和、兴海等十几个县市共发现505余处齐家文化遗存[2]。根据已有的资料，在这些遗址中，早期居址尚未发现，晚期居址仅见于西宁沈那遗址，其余均为齐家文化中期居址。目前，青海地区齐家文化中期居址集中分布在两个区域，一是湟水及其支流流域，包括民和喇家[3~15]，互助金禅口遗址[16, 17]，乐都柳湾[18, 19]以及大通上陶村[20]、陶家寨[21]、长宁遗址等[22]、[18]51~63；二是黄河及其支流流域，包括化隆那卡遗址[18]64~67等。另外，刚察沙柳河东遗址[23]，民和旱台遗址[24]、抽柴台遗址[24]19、丹阳城遗址[24]19、肖家遗址[25]、郭家坪遗址[25]16、金家岭遗址[25]16、龙布(甲)遗址[26]，化隆梅加遗址[27]，尖扎如什其村东遗址等[28]等也发现白灰面和硬土面居址，这些遗址均属于齐家文化，但未做详细的发掘工作，具体情况不详。

由于资料发表较少，目前学界尚没有对齐家文化的居址情况进行系统研究。本文基于已发表的材料，对比较明确的居址进行分析，初步探讨其主要类型与特征、演变过程、相关设施、营造技术、功能及布局等问题，以求教于方家。

一、青海地区齐家文化居址的类型与特征

目前青海地区共发现齐家文化中期居址95座，笔者将选取情况较为清晰的房址进行介绍和分析，另有因未进行发掘而具体情况不详或未定期别的遗址（如尖扎直岗拉卡遗址[29, 30]、[18]84、85），为避免讹误，本文暂不做讨论。

按照形制的不同，可将青海地区齐家文化中期居址分为三类，分别为半地穴式、窑洞式和地面式，其中以半地穴式为主，地面式、窑洞式次之（表一）。

表一　青海地区齐家文化中期居址统计表

地点	总数	半地穴式	窑洞式	地面式	形制不明
民和喇家遗址	60	*	*	1+	
大通上陶村遗址	3	3			
大通陶家寨遗址	3	3			
互助金禅口遗址	5	5			
乐都柳湾遗址	5	5			
大通长宁遗址	15	*		1+	
化隆那卡	4			3	1

注：以上数据仅立足于已发表的资料，原报告未交代具体类型及数量，为避免讹误，一律用*表示

（一）半地穴式

这一类居址分布范围较广且所占比重较大，在民和喇家、乐都柳湾、互助金禅口、大通长宁、通陶家寨等遗址均有发现。据已发表的发掘资料推测，该类居址应在49座以上。其中喇家和长宁遗址均未交代具体数量，为避免讹误，未统计在内。根据居住面建造技术的不同可分为两型。

A型　居住面为白灰面，在青海地区齐家文化居址中最具特色[2]18，主要见于大通陶家寨、上陶村，在喇家遗址也有发现。多为单间，由居室和门道构成，修建考究，地面及墙面都用石灰浆涂抹一层，地面涂抹较厚，墙面较薄。现以陶家寨遗址发现的3座居址为例进行介绍。

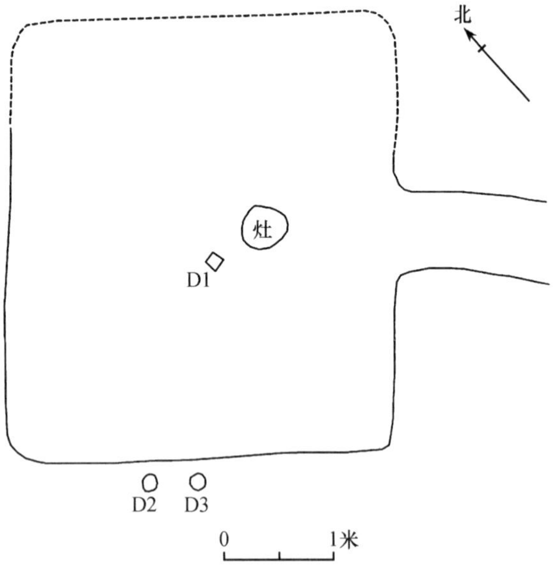

图一　陶家寨遗址F1平面图

采自《青海大通陶家寨齐家文化遗址发掘简报》，图四

F1，平面呈近圆角方形，长约4、宽3.5米，面积约14平方米，适宜2～3人居住。白灰居住面曾被破坏，个别地方有灰烬痕迹，四周有残高0.03～0.05米的白灰墙壁。圆形地面式灶位于中部偏西近门道处，为红烧土面，土质黑红。正中有一方形柱洞，边长约0.1、深0.22米，西墙边有两个残柱洞。门向西南，深0.7米，踩踏痕与路土都已不明显[21]1、2（图一）。

F2，平面呈圆形，直径约3.5米，面积约9.6平方米。居住面为白灰面抹成，坚硬光滑，四周有残高0.05～0.1米的墙壁；圆形地面式灶位于中部，直径约0.4、红烧土厚约0.05米，四周为被烤过的褐色硬面，其上置有一堆碎陶片；灶东北处有一长方形小坑；墙壁四周无柱洞，灶两侧各有

一个直径约0.25米的圆形柱洞，深约0.4米。门向南，痕迹非常模糊，踩踏土破坏殆尽[21]2。

F3，平面呈圆角长方形，长3.8、宽3米；中部稍偏南处有一个椭圆形地面式灶，土质黑而硬，直径0.75～1米，残深0.1米；灶的东面有一个红烧土筑填的柱洞，四周十分坚硬。灶的东北面有一个方形小坑；白灰面地面仅存部分，其下是黑灰色土，包含一些陶片和细石器等；东北角与西南角分别有一处直径约0.6米的半圆形红烧土；由于破坏严重，门道不清，根据遗址地势及灶的位置推测，门道应向南[21]2。

B型　居住面为硬土面，人为踩踏形成。主要有金禅口、柳湾遗址。

1. 互助金禅口遗址

在金禅口发现的5座居址中，已知F1和F3为硬土面半地穴式居址。

F1，平面呈圆角梯形，长3.04～3.4、宽3.13～3.45米，面积约11.4平方米，门向东南开。墙壁残高1.75米，东、西、南三壁下部近居住面处被烧烤成红色。椭圆形灶位于中部，有上、下两层，旧灶范围比新灶略大。上层灶面上有一器座坑，灶面西部边缘发现动物骨骼。室内有四个柱洞，分别位于门道内两侧、居住面西北侧以及灶北侧，口径0.13～0.32、深0.27～0.68米，圜底。居住面东北部有一道东北—西南走向的硬土棱将居室隔开。居室内出土遗物极少，主要位于居室北部，仅有骨锥1个、高领双耳罐口沿残片1块及其他几块陶片。门道长0.7～0.94、宽0.76～0.85米；两侧壁面被火烧烤成红色，西壁曾坍塌，用石块垒砌修补过；底部与居住面齐平，清理出较多的草拌泥块；门外有一级高0.11米的台阶。门前活动场地系踩踏而成，自门道外呈喇叭形向东西两侧扩出，向西约3.1、向南约3.8、壁面残高0.35～1.08米，下部被火烧烤成红色，局部结成硬壳，但保存情况较差，发现极多木炭（图二）[16]9、10。

F3，分为上下两层居住面，相隔0.15～0.25米，居住面均为人为踩踏而成的硬土面。上层居址平面呈椭圆形，长3.9、宽3.25、残深1.2～2.16米，面积约12.7平方米。灶位于中部，中央有一器座坑，周围有较多木炭和动物骨骼，西北侧有1件破碎的夹砂单耳陶罐。南壁有一个槽状辅助灶址，槽底及两侧火烤痕迹明显，并清理出1件破碎的双耳深腹陶罐，罐内发现许多谷物。西南壁有一个横向掏挖的石板壁炉，壁炉局部有草拌泥痕迹。门向东开，平面呈梯形，底部呈缓坡状，东高西低，并有草拌泥所筑的门槛。门道内两侧各有一个土块和草拌泥砌成的门墩，南面门墩下，发现小坑，内置动物骨骼、砾石等；南面门墩向西至灶边有一道硬土棱，将居室东南部隔开。居室南侧及居住面上共6个柱洞，口径0.11～0.25、深0.11～0.55米，圜底。居住面上发现双耳彩罐、三耳罐、侈口罐、单耳罐等共9件陶器及斧、刀等石器，陶器主要置于居室南部，石器则多集中于北部。门前场地从门道外侧向南北两面呈弧形外扩，整体略呈西南—东北向宽槽状，长约9、宽0.8～2.4、残高0.2～1.2米；踩踏面保存很好，厚0.2～0.4米，较为平整，东部略高于西部；南北两壁距门道2～3米处各有1个具储藏功能的窑洞。下层居住面仅发现居室和门道，面积约5.8平方米，墙壁残高0.15～0.25米；灶位于居住面南部，东、西各有一个器座坑，坑内填满木炭，西及西北侧各发现1个柱洞（图三）[16]11～13。

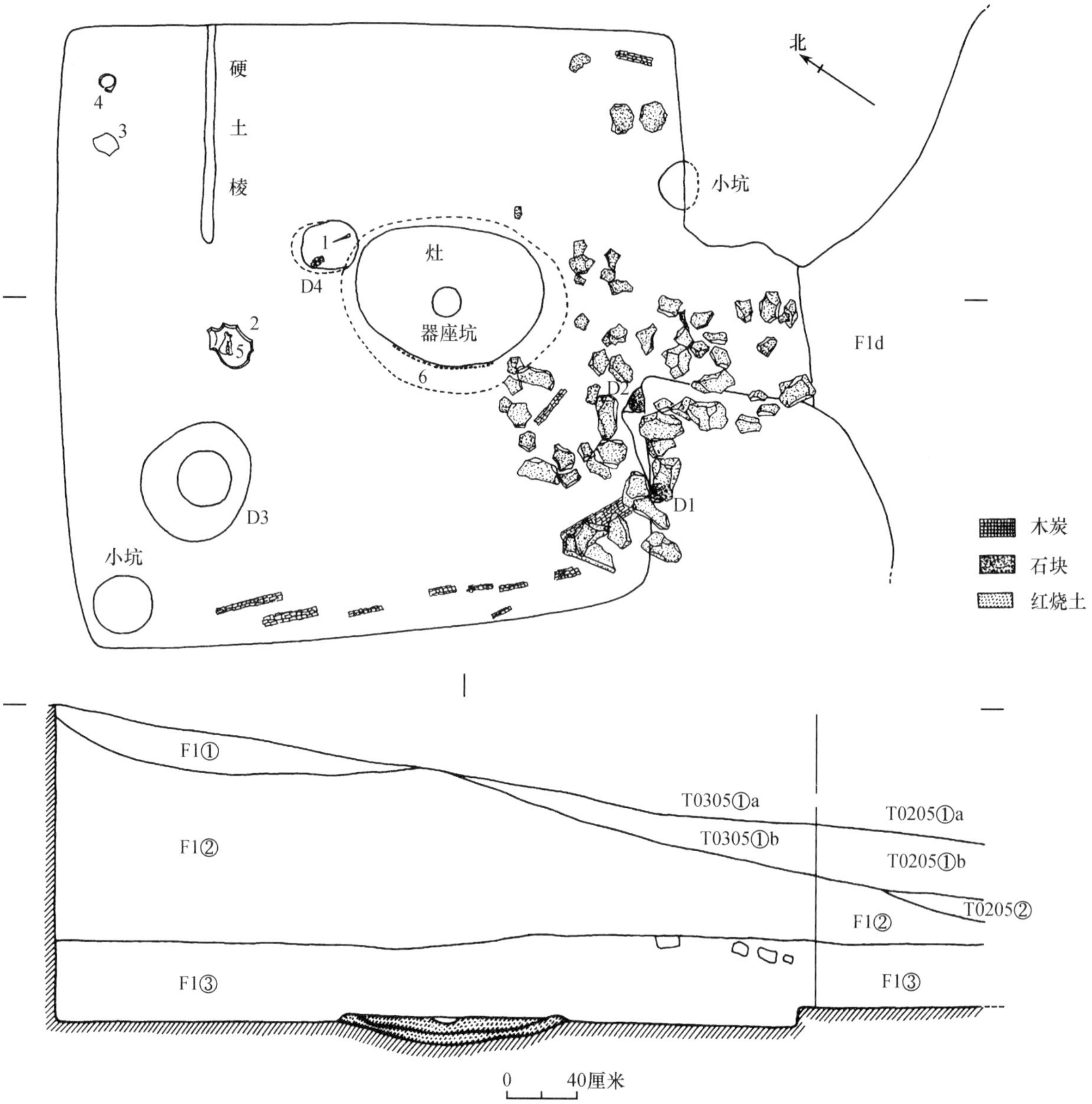

图二　金禅口遗址F1平、剖面图

1. 骨锥　2. 高领双耳陶罐残片　3、4. 陶片　5. 羊肩胛骨　6. 小骨头

采自《青海互助县金禅口遗址发掘简报》，图八

2. 乐都柳湾遗址

柳湾遗址发现的5座居址中，已知F1、F2为硬土面半地穴式居址。F1呈长方形，长5.6、宽4.1、深0.68米，面积约23平方米，门道可能向西南；中部有椭圆形地面式灶，灶东侧有偏洞穴式窖穴；柱洞均在室内，周壁有壁柱痕迹（图四）。F2呈长方形，长5.4、宽4.3、深0.96米，面积约24平方米；门向东南，呈斜坡状；柱洞分布于居址外围，西侧柱洞保存较为完整；中央设有椭圆形地面式灶；居址西壁保存较好，加工工具痕迹清晰可见[18]46~48。

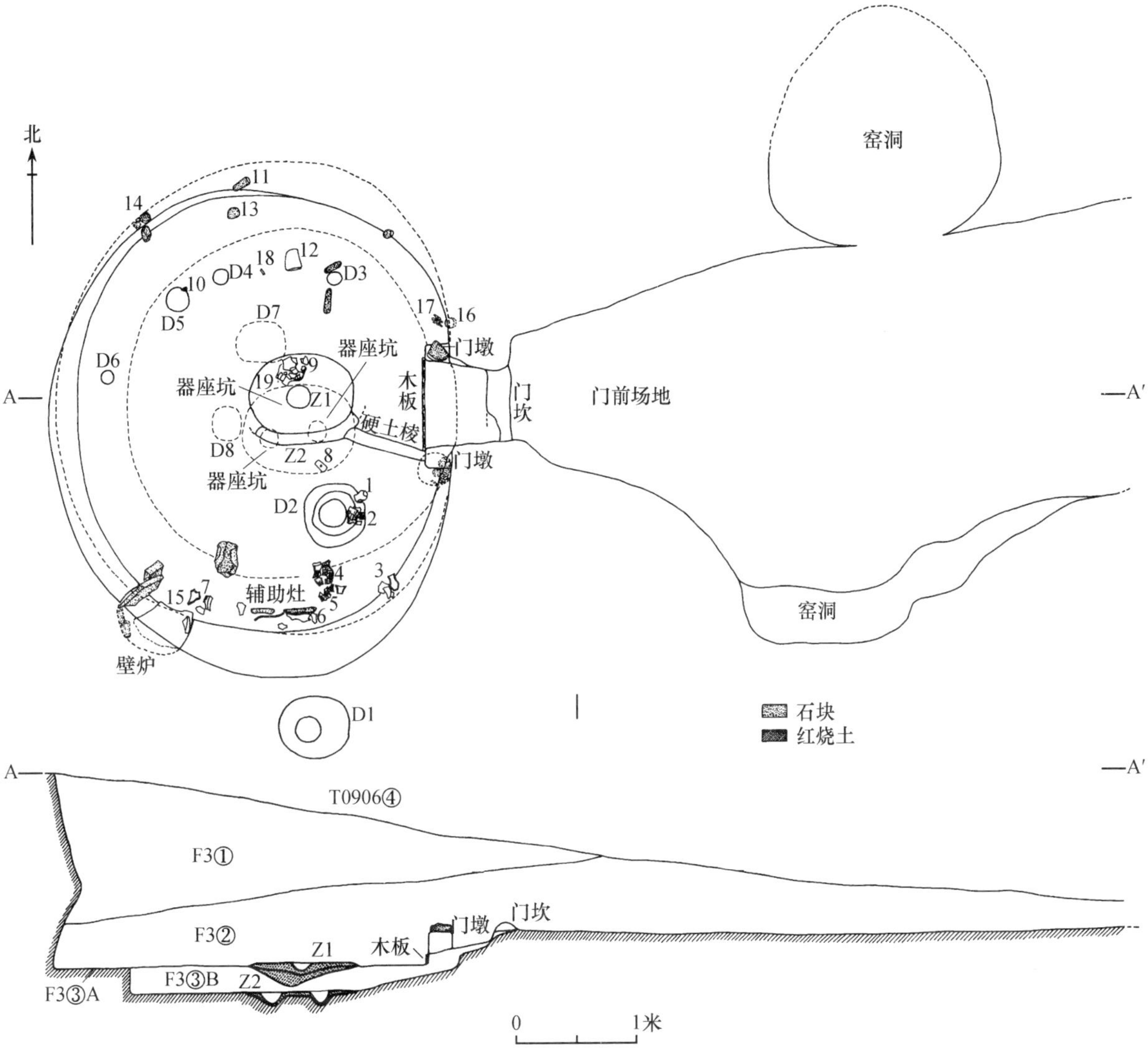

图三 金禅口遗址F3平、剖面图

1. 彩陶双耳罐 2、9. 陶单耳罐 3. 陶三耳罐 4、5、7、15. 陶侈口罐 6. 陶双耳深腹罐 8. 石刀 10、17. 细石核 11. 石斧 12. 砺石 13、14. 石片 16. 陶甑（无法修复） 18. 骨片饰 19. 石球

改绘自《青海互助县金禅口遗址发掘简报》，图一一

（二）窑洞式居址

窑洞式建筑主要发现于民和喇家遗址，以横穴式为主，由居室、门道、门前场地构成[3]15，因受到强烈自然灾害和人类活动的影响，保存较差。喇家遗址位于黄河二级阶地上，属于并不厚实的次生黄土层，理论上并不适宜于修建窑洞[31]。但根据发掘情况和已有研究可知，先民们确实是以窑洞为居，这些窑洞多发现在喇家遗址的西区和南区，以方形为主，开口于红胶泥下，多利用自然沟道边沿、断崖或缓坡丘陵掏挖而成，内部堆积含有黄河洪水沉积的淤泥，底部发现白灰面。布局上往往背对中心位置，形成了独特的聚落形态特征。根据现有资料，喇家

图四　柳湾遗址F1

采自《再现文明：青海省基本建设考古重要发现》，第48页

遗址发现的窑洞式居址应在4座以上，但大部分居址的具体情况并未发表，现将资料较为详细的F3、F4、F15以及F63下层居址介绍如下。

F3　长3.35、宽3.05米，面积约10.2平方米。居室建在黄土层中，居住面及穴壁均用白灰面加工而成。居住面略呈椭圆形，呈斜坡状，北高南低，因使用时间较长，地面凹凸不平。壁面的白灰面多已脱落，仅残存局部。居室四周无柱洞，仅室内中部偏东有一直径0.31、深0.25米的圆形小坑，但底部无陶片、石块等填塞物。灶址位于居室中部。门道位于居室北壁中部，呈斜坡状，设置有门槛。门外为门前场地，边长1.7米，其活动面系人为踩踏而成的硬面，距离门槛约1.45米处有烧土面和石块（图五）[3]13。

F4　长3.81、宽2.95～3.55米，呈倒梯形，面积约14平方米。居住面及四壁均是先敷一层黄土草拌泥，再用白灰面涂抹磨光，在东壁北段的白灰面之上又用草拌泥二次重砌加厚。在居室中央有一圆形地面式灶，加工极为规整，灶面平整，为烧土面，直径1.1 米，上部有一具人骨遗骸。门道位于居室北壁中部，呈斜坡状，狭窄且短，长0.35、宽0.58～ 0.78米，设有门槛。门外有门前场地，残长1.46、宽1.7～1.86 米，其活动面系人为踩踏而成的硬面。房址周围无柱洞（图六）[3]13～15。

F15　保存情况较好，门道及门外场地都保存完整，且与室内地面处于同一平面；墙壁残存高度达2～2.5米。居址内有大量遗物，填土基本都是坍塌的黄土块，说明其顶部为自然黄土堆

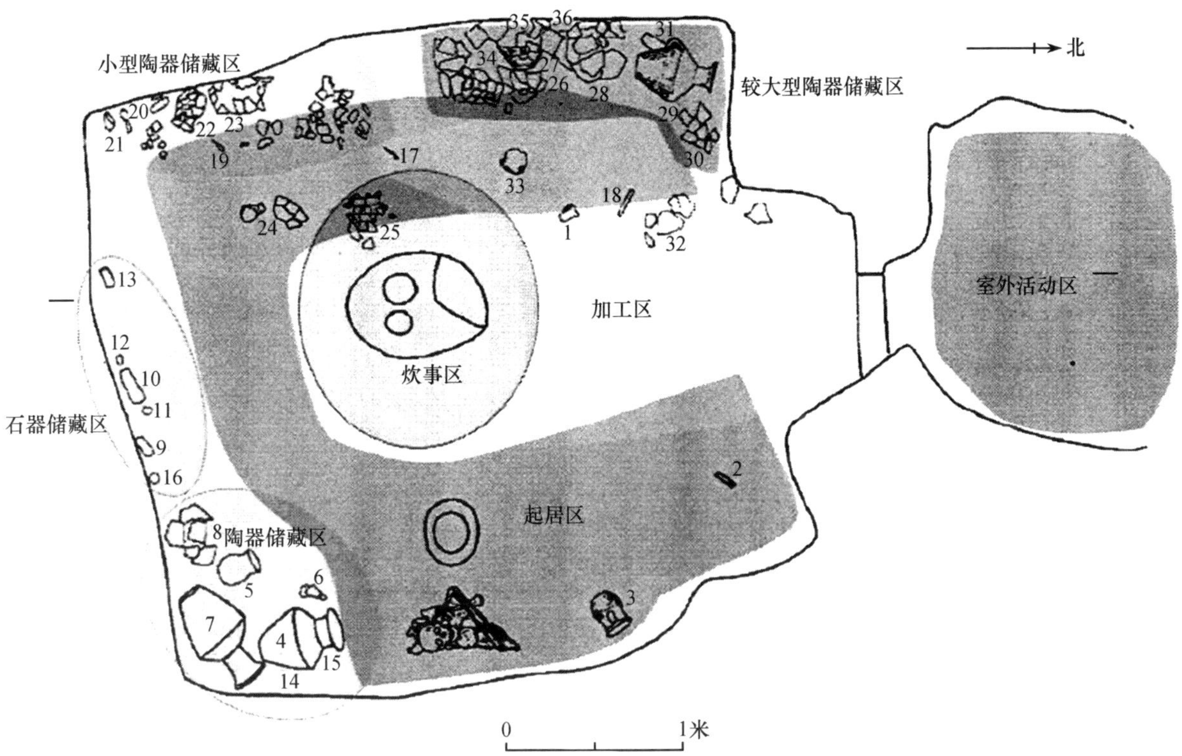

图五　喇家遗址F3平面图

1. 陶单耳杯　2. 石凿　3. 陶带流罐　4、7、8、23、26、28～30、32. 陶高领双耳罐　5、6、15、22. 陶侈口罐　9、20. 石刀　10、31. 石斧　11、12. 石刮削器　13. 石锛　14. 陶敛口瓮　16. 陶纺轮　17、19. 骨锥　18. 骨匕　21. 陶器盖　24. 陶豆　25、27、33. 陶双耳罐　34. 陶单耳罐　35. 陶甑　36. 石凿

采自《甘青地区史前时期建筑遗存研究》，图28

积，应为窑洞式建筑[6]。除此之外，钱耀鹏先生根据F15顶部特征考证其为穹隆顶结构[31] 61。

F63　下层居址　基本保留了当时房屋下部的完整结构。居住面上留有完整灶和器座坑。房屋四角分别发现大小不一、形态各异的壁炉各一个，其中东北角的壁炉结构最为清晰完整，在墙壁的不同位置还发现壁灯6处。出土器物较少[15]。

（三）地面式居址

这一类居址较少，仅在大通长宁遗址、化隆那卡遗址、民和喇家有所发现。2002年在喇家遗址小广场东南边发现两座地面式建筑F20、F21，因其均不属于居住性房址，故不讨论。从报告公布的资料看，地面式居址以单间为主，多由居室、门道组成，平面形态有长方形、正方形和圆形。

化隆卡那出土的4座居址均为平地起墙的地面式建筑[18] 65-67。其中F1最为完整，整体呈长方形，长5.2、宽4.8米，面积约25平方米；墙基残高0.3～0.7、宽0.3米；墙外围一周共有柱洞36个，房内四角各有1个柱洞，直径0.1～0.3、深0.15～0.6米；门向西开，长2.05、宽1.9米。屋

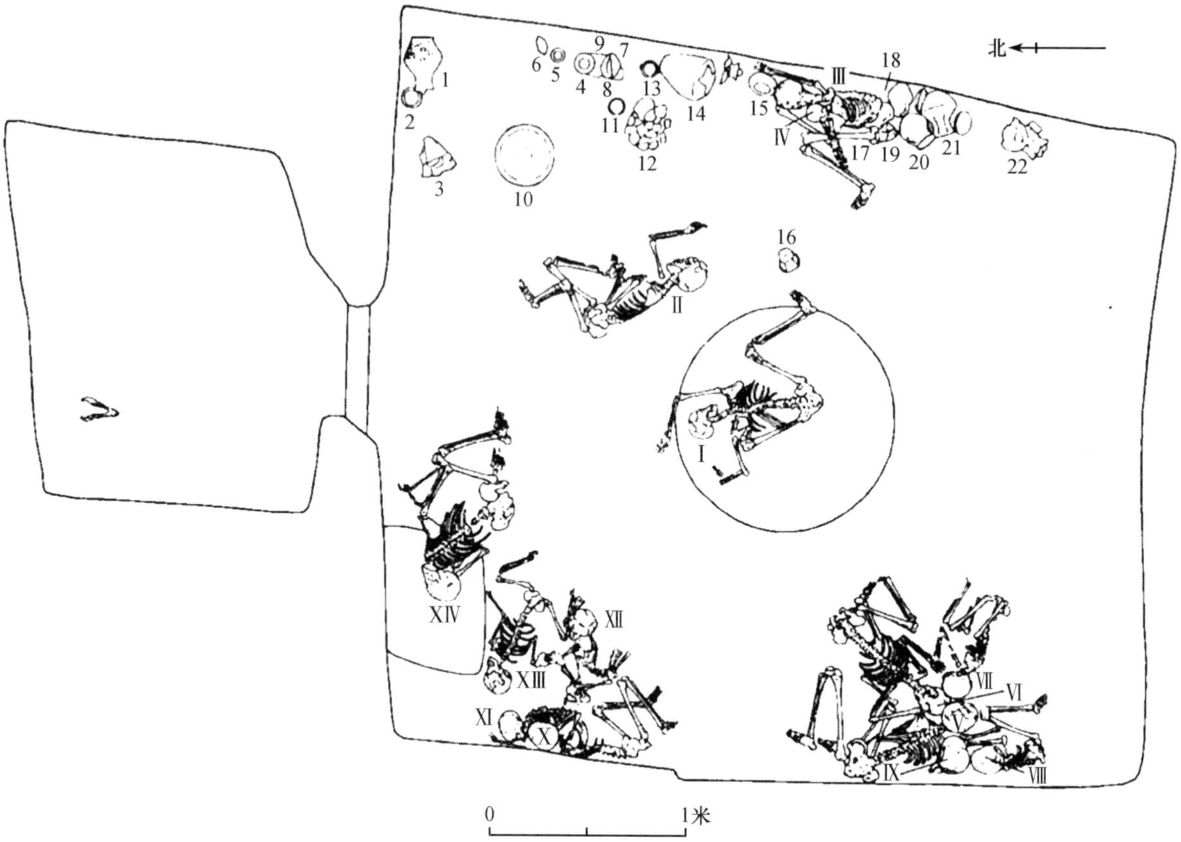

图六　喇家遗址F4平面图

1. 陶高领双耳罐　2. 陶尊　3、20. 陶带流罐　4、5. 玉璧　6、7. 玉料　8. 石矛　9. 石刀　10. 陶盆　11. 陶杯　12、13、17～19、21. 陶双耳罐　14、15. 陶敛口瓮　16. 陶三耳罐　22. 陶侈口罐（置于敛口瓮内）　23. 玉璧（置于敛口瓮中）　24. 骨器

采自《青海民和县喇家遗址2000年发掘简报》，图三

内堆积为倒塌的墙体。房屋墙面及地面皆使用白灰面处理抹光，屋内中部被打破，无灶的痕迹（图七）。F2只存四角四个柱洞和中间一块柱础石，应为一简易房屋。F3为正方形，边长3.5米，面积约12.25平方米，屋内地面为黑褐色硬面，墙基已被破坏。F4被多个遗迹打破，仅存部分地面，其形状及结构尚不清晰。

大通长宁遗址的15座房址中也发现有地面式居址，但具体数量不详。其中F11采用了开挖建筑基槽和建造木骨墙体的建筑技术，是该技术在青海地区的首次发现[18]65、66。喇家遗址也在北区发现了平地起建于红胶泥堆积层上的一群圆形房址，建筑技术较为进步，受地势影响较少，应晚于同遗址的方形窑洞式房址。因其详细信息并未公开发布，数量不详，故本文暂不讨论[12]470、471。

图七　那卡遗址F1

采自《再现文明：青海省基本建设考古重要发现》，第64页

二、居址构造及建筑技术的演变

根据以上信息可以总结出青海地区齐家文化中期居址在室内构造、相关设施及建筑技术方面的一些特点。

（一）房址相关设施

青海地区齐家文化中期的居址可分为室内和室外两部分，居室通过狭小的门道与室外的门前场地相连。居址内包含一些日常生活所需的设施，如灶址、壁炉、储藏设施等，这些设施及周边区域自成功能分区，有些房址还会在地面设置土棱来实现室内分区。同时，居址设施是否完备，也可以在一定程度上反映当时先民的生活状态和水平。

1. 灶址

从位置来看，青海地区齐家文化的灶址可分为室内灶和室外灶。室内灶占绝大多数，多位于居址中部，个别略偏向门道，如陶家寨F1的灶位于居址中部偏西靠门口处，陶家寨F3的灶则位于居址中部稍偏南处，金禅口遗址居室内的灶址多位于近门处。室外灶仅在喇家遗址有明确发现，如喇家F1的灶位于室外并与西壁相连通，类似壁炉；喇家F3门前场地东侧距门槛约1.45米处有烧土面、石块和草木灰痕迹，发掘者认为可能为“室外临时性的简易灶址”。

从形态看，灶址形态较为稳定，以椭圆形、圆形为主，制作极为讲究。可分为地面式和坑穴式两种，其中以地面式灶为主。地面式灶表面多与居住面平齐，少数略高于居住面，在喇家、金禅口、柳湾、陶家寨、上陶村等遗址均有发现，且个别遗址中地面式灶的结构更趋复杂，灶边缘用草拌泥修整，灶面上有放置炊器的器座坑。如金禅口F3上层居址中部的灶，平面呈椭圆形，高出居住面2～3厘米，边缘一周用草拌泥修整，中央有一器座坑，周围有较多木炭；下层居址的灶位于居住面南部，平面呈椭圆形，直径71～92厘米；东、西各有一个填满木炭的器座坑，口径15、深7～8厘米。喇家F63下层居址活动面上保留有完整灶和器座坑。坑穴式灶数量较少，仅在喇家遗址有所发现。如喇家F3居址中部的不规则形灶址，四周略凸起，尚存红烧土面及草木灰烬。除此之外，喇家遗址F4、F62也发现有灶，但未进行完整介绍。

从数量看，多数居址为单灶。一屋两灶情况发现金蝉口遗址，金禅口F3上层居址除在中部有一个灶外，在南部还发现一个槽状辅助形灶，该灶紧靠南壁由两个石块并排而立组成，并抹有一层草拌泥，长62、宽5～19、高16厘米。另外，还发现有在旧灶上筑新灶的现象，如金禅口F1的椭圆形灶位于中部略偏门道，经解剖，灶有上、下两层，旧灶范围比新灶略大，直径分别为78～107厘米和96～129厘米。应系下层灶损坏后，又在其上新筑一灶。

2. 壁炉

除灶址外，还在喇家遗址和金禅口遗址发现了一种附加的次要炉灶——壁炉。壁炉主要见于齐家文化中期，在半地穴式和窑洞式建筑中均有发现。壁炉一般依墙壁而建，可根据其形制分为三类：①在墙壁下以土石垒砌，并有石板铺垫，仅见于窑洞式建筑。如喇家F63下层居址东北角保留有一个结构清晰完整的壁炉，可清楚看到其炉膛、搭板槽、烟道等结构。②横向掏挖，底部与居住面平齐，用一块平铺的石板将其分为上下两部分，下部为炉膛，并有石板封闭，经解剖是烤炉，系为专门烤制食物[32] 在窑洞式与半地穴式建筑中均有发现，如金禅口F3和喇家F12。金禅口F3上层居址的壁炉位于西南壁下部，高47、宽56、进深36厘米，下层炉膛高3～5厘米，上层炉室西壁嵌有两个石块，壁局部似有草拌泥痕迹，石块外侧两边各立有一块石板相围。喇家F12的壁炉的结构较完整，上下用石板相隔，下面烧火，上面烘烤食物，是明显的壁式烤炉。③保留有通向外部的烟道[4]，该类壁炉亦在喇家遗址有所发现。除此之外，喇家F62内也发现有壁炉，但形制不明。还发现一个居址内拥有多个壁炉的情况，如喇家F63，除东北角壁炉外，在其他三角也发现有大小不一、形态各异的壁炉[15]4。壁炉在喇家遗址的很多房址内都有发现，颇具地域特色，这种罕见的炉具形式的出现，再结合这两处遗址的浮选结果均显示当时的主要粮食作物为粟、黍[33]、[16]20，说明了当时人们可能存在烤制面食的饮食方式。

3. 储藏设施

青海地区齐家文化中期居址中的储藏设施多较为简单、原始，按其位置可分为室内和室外两类。室内储藏设施多位于灶址附近。如陶家寨F2靠近灶面的东北处有一长方形小坑，估计作储藏之用；陶家寨F3灶的东北面有一个边长约15、深约5厘米的方形小坑，可能也为储藏之用；柳湾F1灶东侧有偏洞穴式窖穴。也有个别居址的储藏设施靠近墙壁或直接在墙壁下放置器物。如喇家遗址F7南壁下有1个圆形窖穴，大量陶器置于东壁以及西北壁下；金禅口F3居室内将陶器集中置于居室南部，石器多置于北部。室外储藏设施多位于居址周边。如金禅口F3下层居址外壁门道两侧2～3米处各掏有1个具储藏功能的窑洞；金禅口遗址的房址周围分布有灰坑、窖穴等。

（二）房址建筑技术的变化

1. 防潮处理

青海地区的齐家文化居址多分布在黄河、湟水流域，这些居址均临近河流，若是室内通风不畅、日照不足、近地返潮等问题易给居住者带来疾病，甚至导致其死亡[34]，因此防潮处理非常重要。青海地区齐家文化居址的防潮处理主要有白灰面、硬土面两种方式。

（1）白灰面居址。

白灰面居址在黄河和湟水流域均有发现，主要流行于齐家文化中期，常出现在半地穴式、窑洞式和地面式居址中，一般修建比较考究，在地面或穴壁刚挖好后未干时，敷上一层草拌泥，使其与生土壁粘结牢固，再在其上涂抹一层石灰浆。通常地面较厚，墙面较薄。

窑洞式白灰面居址主要发现在喇家遗址。喇家F3地面和墙壁均经修整，地面草拌泥层厚约3厘米，白灰面层厚约0.5厘米，因使用时间较长，地面凹凸不平，中部白灰面磨损殆尽，仅墙壁边缘残存局部。墙壁的白灰面多已脱落，草拌泥层厚约2厘米，白灰面层厚约0.1厘米，并磨光。F4的居住面和东、西两壁的处理方法同F3。地面白灰面保存较好，未脱落，仅出现多道裂缝，草拌泥层厚约3厘米，白灰面层厚0.3～0.7厘米。现存四壁形制较规整，白灰面大多保存尚好。与F3不同的是，F4东壁北段在凸出的白灰墙壁之上又用草拌泥二次重砌，重砌面外表均匀，呈黑色，厚2～6.5厘米。

地面式白灰面居址仅化隆卡那F1一座。

半地穴白灰面居址在民和喇家遗址、大通陶家寨和上陶村遗址均有发现。如喇家F65墙裙结构保存完好，但发现在涂抹草拌泥加固前先涂了一层12～15厘米的青泥，草拌泥层厚3～5.5厘米，白灰面层残厚0.1～0.2厘米。上陶村发现的3座半地穴房址均为白灰面抹平的居住面。陶家寨F1的地面为坚硬的白灰面抹成，四周残留有白灰墙边，为先抹以厚约5厘米的泥仗，再上一层厚约0.5厘米的白灰；F2居住面坚硬光滑，白灰面层厚度2～5厘米，四周残留有5～10厘米的墙壁。

（2）其他处理方式。

硬土面居址与白灰面居址并行于齐家文化中期，只是在中期分布范围及数量都不及白灰面居址。该类处理方式在半地穴式、地面式居址中均有发现，集中分布于湟水及其支流，如乐都柳湾F1、F2，互助金禅口F1、F3等，黄河流域仅在化隆那卡遗址发现1座，屋内地面为黑褐色硬面。

2. 柱基的分布数量及营建方式

齐家文化中期的柱洞多发现于半地穴式、地面式居址中，窑洞式居址中基本未见。柱洞均位于灶址四周以及室内或室外的墙壁下方，分布排列较规律，有的柱洞中还发现有残留的木柱痕迹，如金禅口F1D2和F3D3，金禅口F1D2内还有木柱两次栽埋现象。化隆卡那F1墙外围有一周36个柱洞，柱洞间距0.4～0.5米，房内四角也各有1个柱洞；F2只存四角四个柱洞和中间一块柱础石。柳湾F1柱洞均在室内，墙壁上有壁柱痕迹；F2柱洞则分布于半居址外围。金禅口遗址室内中部一般有1～2个中心立柱，壁柱数量多寡不一，但一般都集中在室内一侧，如F1室内发现4个柱洞，其中2个位于门道内西侧，1个位于居住面西北部，1个位于灶北侧；F3下层居址的柱洞发现在灶的西侧和西北侧等。从营建方式看，主要可分为三种。

第一种为挖坑立柱，又可根据柱洞内加工及处理技术的不同分为三种情形：①仅对柱洞进行修整或者加固（如对柱洞内壁加固、抹草拌泥等、用火焙烧），柱洞内没有填塞物。如陶家寨F1正中的方形柱洞用火焙烧过，推测是以中间柱撑起攒尖屋顶；金禅口F3下层居址的柱洞D5周壁及底部抹有草拌泥，D7壁面上工具痕迹明显；直岗拉卡F5的柱洞内壁用红胶泥抹光等。②对柱洞进行加固处理后筑填以红烧土、陶片等。如金禅口F1西北部的柱洞D3，柱坑内用黑土夯筑，柱洞底部垫有碎陶片；陶家寨F2灶两侧各有一个圆形柱洞，周壁光滑坚硬，应是经过加工，底部垫有碎陶片；陶家寨F3灶东面有一个红烧土筑填的柱洞，四周十分坚硬，应也是经过加工。③对柱洞内未做修整及加固，仅在柱洞内填塞红烧土、陶片等。如陶家寨F1靠近西墙边的柱洞D1、D2，内壁未经加工，底部填塞红烧土块。

第二种为直接在居住面上铺设石块，这种柱基营建方式比较简单，可以防止地面潮湿腐蚀柱桩，避免由于屋盖的重压造成柱子下沉[34]61，如化隆那卡遗址F2中部留有一块柱础石。

第三种是采用处理地基和建造木骨泥墙的建筑技术，在居址四周开挖沟槽，在沟槽中挖掘柱洞以立柱，在木柱间编缀竹条、木条等，并在其两面抹草拌泥，最后经火烤以增加硬度。

这一技术在甘肃大地湾四期文化中就已出现，在青海地区齐家文化中首次出现在大通长宁遗址F11，这表明青海地区的建筑开始由地穴式和或半地穴式转到地面上，丰富了该地区齐家文化聚落房址的建筑形式和技术。

三、结　语

根据居址的发掘信息，再结合其他研究成果[35, 36]，可梳理青海地区齐家文化居址的特征，并探讨当时先民建造房屋的技术水平和应对环境变迁的能力。

（一）各期居址的特点

从聚落的区位上来看，青海地区齐家文化中期居址多位于青海省东部湟水及其支流的二级阶地上，也有部分位于黄河的二级阶地上，如此选择不仅方便生活，利于农耕，还考虑到河湟地区黄土分布较少，在一定程度上可以避免水患[37]。

从建筑形式上和技术看，青海地区齐家文化中期居址在沿用马家窑文化的地穴式、半地穴式、地面式等建筑形式基础上，又新出现了仰韶文化晚期到龙山文化早期就在陕西、甘肃、宁夏等地发现的窑洞式建筑[38]。地面式、窑洞式居址是相对于地穴式、半地穴式更为先进的建筑形式，目前仅见于喇家遗址、长宁遗址和化隆那卡遗址。居址平面形状以长方形为主，方形、圆形亦占一定比例；发现了柱洞加固、地面白灰化处理、木骨泥墙等考究、先进的建筑技术；多单体建筑，周围尚未发现配套设施，仅喇家遗址存在小广场和成排分布的建筑迹象以及疑似天井式或通道式的建筑布局[9]372。但由于相关资料公布较少，目前暂不能仔细探究窑洞建筑的布局情况及其出现的动因。

从居址面积来看，青海地区齐家文化单个居址面积比较均衡，多在7～15平方米，可容纳的人口数在4～5人[39]。20平方米以上仅发现两座，即柳湾遗址F1、F2，说明该遗址可能存在大规模的家户，但居址内未发现明显的分割，似为集体公屋，也可以反映出青海地区在齐家文化时期的社会基层组织呈小型化，各组织内部比较平等，符合简单社会的特征。

（二）居址与环境变化

过程考古学也认为，在简单的社会里，人们的生计很大程度上是由环境所决定的，气候的改变直接影响着人们对房屋营建的要求。齐家文化中期，青海地区水热条件较好，适宜发展农业，居址平面多呈适合于定居的长方形、方形等形状。由于气候湿润，人们对建筑的防潮性也较高，所以在这期间地面式、窑洞式建筑较多，房屋营建技术也较为考究，尤其是白灰面不易开裂，打磨后略有光泽，不但可以防止生土壁进一步风化使裂隙变宽或出现新的裂隙，还可以使壁面平整美观，达到防潮效果。有学者认为“坚固、美观、卫生、防潮、防虫、易修补粘合”等优势是白灰面房址广泛分布的原因[40]。

（三）房址的二次利用的现象

在喇家遗址和金禅口遗址均发现有房屋二次利用的现象。金禅口遗址均为半地穴式建筑，其中F2、F3和F5均有上下两层居住面。喇家F63分为上下两层：下层房址为窑洞式，保存较好，基本完整地保留了当时房屋的下部结构；上层房址在建造时利用了下层房址的部分南侧墙壁并扩建了西侧和北侧墙壁，但存在被地震破坏的痕迹。F31居住面以下约30厘米深处还有一层白灰地面，其使用和废弃时间与同遗址发现的废弃房址F30基本相同，显然F31也是在已坍塌废弃房址上原地重建的建筑。重建时地面垫了约30厘米厚的土层，门道一侧重新垒筑了墙体。另外，喇家遗址5区中部广场下存在一段壕沟堆积，也就是说广场是在壕沟废弃之后起建的。这也能一定程度上反映出，当时的人们在建造居址的时候，会有意识地对原有的生活区域进行二次改造利用，一方面仍可以利用原地点提供的优势自然条件，另一方面还可以节省聚落建造的时间和成本。

参考书目

[1] 乔虹：《青海境内齐家文化铜器初探》，《青海师范大学学报（哲学社会科学版）》2018年第5期，第40、41页。

[2] 国家文物局：《中国文物地图集·青海分册》，中国地图出版社，1996年，第18页。

[3] 中国社会科学院考古研究所甘青工作队、青海省文物考古研究所：《青海民和县喇家遗址2000年发掘简报》，《考古》2002年第12期，第12～25页。

[4] 叶茂林、蔡林海：《民和县喇家新石器时代遗址》，《中国考古学年鉴·2000》，文物出版社，2000年，第282页。

[5] 叶茂林、王国道：《民和县喇家新石器时代遗址》，《中国考古学年鉴·2001》，文物出版社，2001年，第312、313页。

[6] 中国社会科学院考古研究所、青海省文物考古研究所：《青海民和喇家史前遗址的发掘》，《考古》2002年第7期，第3～5页。

[7] 叶茂林、王国道：《民和县喇家新石器时代遗址》，《中国考古学年鉴·2002》，文物出版社，2002年，第393页。

[8] 中国社会科学院考古研究所甘青工作队、青海省文物考古研究所：《青海民和喇家遗址发现齐家文化祭坛和干栏式建筑》，《考古》2004年第6期，第3～6页。

[9] 蔡林海、叶茂林：《民和县喇家齐家文化遗址》，《中国考古学年鉴·2005》，文物出版社，2005年，第372、373页。

[10] 叶茂林、任晓燕、蔡林海等：《民和县喇家遗址》，《中国考古学年鉴·2006》，文物出版社，2006年，第411～413页。

[11] 叶茂林、何克洲、钟建等：《民和县喇家遗址》，《中国考古学年鉴·2008》，文物出版社，2008年，第415、416页。

[12] 范小慧、王增林、叶茂林等：《民和县喇家新石器时代遗址》，《中国考古学年鉴·2014》，文物出版社，2014年，第470、471页。

[13] 王倩倩、杜玮：《民和县喇家新石器时代遗址》，《中国考古学年鉴·2015》，文物出版社，2015年，第356页。

[14] 杜站伟、杜玮、马骞：《民和县喇家新石器时代及汉晋时期遗址》，《中国考古学年鉴·2016》，文物出版社，2016年，第436页。

[15] 杜玮、甄强、杜站伟等：《青海民和喇家遗址考古发掘再获重要发现》，《中国文物报》2017年7月14日。

[16] 青海省文物考古研究所：《青海互助县金禅口遗址发掘简报》，《四川文物》2020年第1期，第4～21页。

[17] 王倩倩、王忠信：《互助县金禅口齐家文化遗址》，《中国考古学年鉴·2013》，文物出版社，2013年，第470、471页。

[18] 青海省文物考古研究所：《再现文明：青海省基本建设考古重要发现》，文物出版社，2013年，第46～48页。

[19] 肖永明：《乐都县柳湾新石器时代及青铜时代遗址》，《中国考古学年鉴·2002》，文物出版社，2002年，第394、395页。

[20] 刘宝山：《大通县上陶村齐家文化遗址和吐谷浑时期墓葬》，《中国考古学年鉴·1996》，文物出版社，1996年，第248页。

[21] 青海省文物考古研究所：《青海大通陶家寨齐家文化遗址发掘简报》，《考古与文物（增刊）：先秦考古》，2002年，第1～8页。

[22] 任晓燕：《青海长宁遗址抢救性考古取得重要成果》，《中国文物报》2006年12月20日。

[23] 青海省文物考古队：《环青海湖考古调查》，《考古》1984年第3期，第197～199页。

[24] 刘小何、刘杏改、高东卢：《民和县官亭、中川古代文化遗址调查》，《青海考古学会会刊》1982年第4期，第18～22、44页。

[25] 和正雅、高东陆：《民和县转导公社古代文化调查》，《青海考古学会会刊》1982年第4期，第14～17页。

[26] 青海省文物考古研究所：《青海省民和县古文化遗存调查》，《考古》1993年第3期，第193～223页。

[27] 青海省文物考古研究所：《青海化隆、循化两县考古调查简报》，《考古》1991年第4期，第313～331页。

[28] 青海省文物考古研究所：《尖扎县考古调查简报》，《青海文物》1990年第4期，第47～56页。

[29] 胡晓军：《尖扎县直岗拉卡乡齐家文化遗址发掘简报》，《青海文物》1996年第10期，第28～34页。

[30] 陈海清：《李家峡砂石料场新石器时代和青铜时代遗址》，《中国考古学年鉴·1993》，文物出版社，1993年，第260页。

[31] 钱耀鹏：《关于喇家聚落的灾难遗迹与广场建筑》，《考古》2007年第5期，第57～68页。
[32] 王巍总主编：《中国考古学大辞典》，上海辞书出版社，2014年，第267页。
[33] 叶茂林：《齐家文化农业发展的生态文化适应：原始草作农业初探——以青海喇家遗址为例》，《农业考古》2015年第6期，第19～26页。
[34] 杨鸿勋：《仰韶文化居住建筑发展问题的探讨》，《考古学报》1975年第1期，第39～72页。
[35] 韩建业：《中国西北地区先秦时期的自然环境与文化发展》，文物出版社，2008年，第164～166页。
[36] 杨颖：《河湟地区金禅口和李家坪齐家文化遗址植物大遗存分析》，兰州大学硕士论文，2014年。
[37] 董学增：《西团山文化居址研究》，《考古》1992年第5期，第434～442页。
[38] 王天艺：《黄土高原地区先秦窑洞式建筑研究》，西北大学硕士论文，2017年。
[39] 李金斗：《甘青地区史前时期建筑遗存研究》，山东大学硕士论文，2017年。
[40] 裴学松：《史前白灰面初步研究》，《文物春秋》2017年第3期，第3～11页。

（原刊于《文物春秋》2020年第5期）

从河湟汉墓看“河西初开”时的多元族群融合*

张启珍　李冀源

青海整体地势高耸，境内高山林立，地形主要可分为祁连山地、柴达木盆地和青南高原三部分。西段地势高，平行岭谷紧密相间，东段山势较低，湟水、黄河、大通河谷地和青海湖、共和、西宁等盆地发育其间。河湟地区是即指黄河上游、湟水流域和大通河流域，古称“三河间”。

河湟地区南邻高山草原畜牧区，北越祁连山通“河西走廊”。作为青藏高原东北部最为重要的农业经济区，这里不但孕育了土著的史前文化，同时其周边诸多更为发达的农业文化也通过这里进入环青海湖地区，并沿黄河及其支流传播至青海腹地。其特殊的地理位置促使这里成为草原文明与农耕文明相互碰撞、交融的重要地带，也成为东西文明沟通的通道。据以往考古工作成果，河湟地区内除了发现有大量新石器时代农业文化遗迹外，还发现有大量的历史时期遗迹，尤以汉晋墓葬最多。河湟地区因其特殊的地理位置和相对优越的自然环境成为青藏高原东北部各古文化、部族必争之地。

一、从河湟汉墓看汉武帝的移民实边政策

（一）河湟汉墓的发现与分布

河湟地区主要包括西宁、大通、互助、平安、民和等市区县。经粗略统计自20世纪70年代至今共发掘两汉时期墓地30余处200余座墓葬（图一）。

大通上孙家寨汉晋墓是河湟地区规模最大最为重要的汉晋墓地。于1973～1981年进行了发掘，共发掘汉晋墓葬182座。这批墓葬资料为河湟地区西汉中期至魏晋初期的墓葬建立了一个分期标尺[1]。大通县黄家寨下陶村汉墓群未经过大规模发掘，为配合基建，清理过其中几座

* 本文为2017年国家社科青年项目基金：中国史前“丝绸之路”彩陶文化的考古学研究（项目号：17CKG004）。

图一　河湟地区两汉时期墓地分布情况示意图

墓葬，通过墓葬形制及随葬品来看，属于东汉时期。

西宁地区最重要的汉墓群是陶家寨汉墓。早在1980年，陶家寨汉墓清理了6座墓葬[2]，2002～2006年，该墓地进行了大规模发掘，共发掘汉晋墓葬89座[3]。2011年，又抢救性发掘了两座墓葬[4]。从地理位置来看，2011年抢救性发掘的西宁海湖大道2座汉墓应该也是陶家寨汉墓群的组成部分[5]。根据已发表材料可知，陶家寨汉墓群共发掘汉晋墓葬99座。

互助地区比较重要的发现为互助土族自治县汪家庄汉墓，1978年发掘10座汉墓。墓葬年代为西汉晚期至东汉中、晚期[6]。此外互助高寨东庄村墓地和互助高寨西庄村墓地也较为重要，但发掘材料尚未发表。

平安地区比较重要的发现有平安东村墓地，可惜早在20世纪70年代末至80年代初被平安砖瓦厂破坏，有一些零星发现的重要遗物存世。1991年清理了1座汉墓，属于东汉晚期，其砖土混构的墓葬结构形式在青海汉墓中属于罕见[7]。平安北村汉代墓地，发掘汉墓7座，属于东汉早中期，是青海迄今保存最好的一批汉墓，出土的木器、服饰、头饰等保存之好在全国亦属罕见[8]。平安大槽子墓地，2014年抢救性清理墓葬23座，出土文物300余件[9]，该墓地发掘资料尚未发表。

民和县尚未进行过大规模的汉墓发掘，仅零星清理一些汉墓。但其中不乏重要的墓地，如民和胡李家汉墓，2001～2004年陆续发掘了9座汉墓。年代属于西汉晚期至东汉晚期。该墓地出土了一批丰富的釉陶器，这在青海地区属于少见。

（二）河湟汉墓的形制与内涵

河湟地区汉墓形制多样，主要分为竖穴墓、洞室墓和砖石墓这三大类。依据葬具的不同又可将竖穴墓分为竖穴土坑墓和竖穴木椁墓；将洞室墓分为土洞墓和土洞木椁墓。

1. 竖穴墓

（1）竖穴土坑墓：河湟地区竖穴土坑墓从西汉昭宣时期一直流行至西汉晚期。以竖穴土坑为墓穴，葬具简单，葬式多样，随葬品种类和数量都很少。

大通上孙家寨墓地发掘竖穴土坑墓16座，葬具有木棺和瓦棺两种，葬式以仰身直肢葬为主，存在侧身直肢葬和二次葬，随葬品以陶器为主，包括泥质罐、鼓腹罐、小口罐和双耳罐，个别墓出夹砂罐和夹砂双耳罐。据《大通上孙家寨汉晋墓》分期，这类墓葬大致属于西汉中晚期。

西宁陶家寨汉墓2002年发掘竖穴土坑墓1座，无任何遗物和人骨，可能为迁出葬。

（2）竖穴木椁墓：河湟地区竖穴木椁墓从西汉昭宣时期流行至西汉晚期。以竖穴土坑为墓穴，均有木椁，葬具以木棺为主，葬式多样，随葬品种类和数量较多。

上孙家寨墓地竖穴木椁墓全系单椁单室，椁室由底板、壁板、挡板和盖板组成，椁室入口处一般都作封门，用木柱竖直插堵。墓椁周围出现有生土二层台，葬具只有木棺一种，单人葬只有1座，其余各墓均为夫妻合葬墓。均为一次葬，葬式有仰身直肢葬和仰身屈肢葬两种。随葬品陶器除各类罐，还有灶、壶、盆、甑、碗、勺等。铜器有镜、印章、柿蒂形铜饰，新出现的有铜带钩、剑首、帐钩、扣、环等，另有车马器和弩机等。铁器中有刀和生产工具臿、锛。铅器中有车马器明器和铅条。骨器有骨筒和刀形饰。角器有齿形簪。还出有石砚台、石瑗、石鼻塞和玻璃耳珰等。漆木器有车、马、盘、盒等。也有钱币、木简和兽骨。其中出土有木简和“汉匈奴归义亲汉长”铜印的M115已被学界确认为匈奴墓葬。

竖穴墓这种墓葬形式不见于中原地区，而最早流行于关中地区，是关中地区对甘青地区产生重大影响的表现。可见青海河湟地区的汉族文化传统，来自于临近甘青地区的关中地区。但青海河湟地区的竖穴土坑墓也并非完全承袭关中传统。葬俗方面，仅仰身直肢葬属于中原汉人的葬俗，与关中地区相统一。其余葬俗均与河湟地区其他文化葬俗相同。随葬品多以生活用品等为主，与关中地区这一时期主要随葬仿铜陶礼器，有明显的区别，属于本地特色。

2. 洞室墓

洞室墓在关中地区的流行贯穿于两汉时期，是对战国晚期秦人洞室墓的继承，墓道有竖井和斜坡两种。河湟地区的土洞墓表现出受到关中地区的影响，随葬品方面，西汉早期为鼎、盒、钫（壶）等仿铜礼器和罐、仓、缶等模型明器，也是受到了关中地区的影响。可以分为土洞墓和土洞木椁墓两类。

（1）土洞墓：河湟地区的土洞墓自昭宣时期流行至西汉晚期。以土洞为墓穴，均有墓道，存在封门现象，葬具及葬式多样，随葬品种类及数量均较少。

大通上孙家寨墓地发掘土洞墓25座，西宁陶家寨墓地发掘土洞墓21座，互助汪家庄汉墓发掘土洞墓3座。这些土洞墓均有墓道，可分为斜坡和阶梯墓道两种。墓门顶部多略呈弧形，底部多平坦，平面呈长方形者较多，也有平面呈“凸”字形的，有单层和双层两种。陶家寨墓地土洞墓发现有采用立木、青砖或土块封门的现象。葬具方面有些有垫板和木棺，也有些没有葬具。葬式方面，大通上孙家寨汉墓发现三种葬式：以仰身直肢葬为主的一次葬、二次葬和扰乱葬。陶家寨汉墓以单人葬或双人葬居多，个别墓为三人或四人葬。葬式常见仰身直肢葬、二次葬，罕见侧身屈肢葬。互助汪家庄汉墓葬式为仰身直肢葬。随葬品均较少，上孙家寨汉墓以陶器为主，除了罐类，新出现陶瓮，铜器有釜、镜、带扣、盖弓帽、桃形环、饰件等。有些墓葬还出有钱币和兽骨等。陶家寨汉墓随葬品较少，通常只有几件陶器和随身佩戴的饰品。汪家庄汉墓土洞墓随葬品有陶罐，铜带扣、铜叶形饰等。这种墓葬形式在两汉时期也流行于关中地区，且关中地区流行得比其他地区都早。依据目前的研究成果，可知土洞墓表现了战国晚期秦人洞室墓在关中地区的承续发展[10]。而在具体的内涵方面，青海地区的土洞墓有很强烈的土著色彩。例如土洞墓的葬式有三种，一种是代表中原文化的仰身直肢葬，一种是代表某种土著因素的二次葬，还有一种是二次扰乱葬，这种葬式在青海地区的齐家文化、卡约文化中很常见，而不见于中原文化，应是另一种土著文化因素延续的表现。在随葬品方面土洞墓出土的器物缺少关中地区非常流行的仿铜陶礼器，却出现大量以兽骨随葬的现象。

（2）土洞木椁墓：土洞木椁墓在河湟地区自西汉晚期流行至王莽前后。以土洞为墓穴，有墓道，存在封门现象，均有木椁，葬具及葬式多样，随葬品种类及数量较多。

大通上孙家寨墓地发掘土洞木椁墓20座，全系单椁单室，椁室由盖板、挡板、壁板和底板组成。椁室入口处一般都作封门，用木柱竖直插堵。有的墓在土洞后端还留有生土二层台，与椁室同高。有17座墓发现有葬具，有垫板和木棺两种，单人葬9座，合葬墓11座，可辨的均为夫妻合葬。葬式有三种：一次葬，有仰身直肢、俯身直肢和仰身屈肢葬；二次扰乱葬；二次葬。随葬品较多，以陶器为主，除各类罐形器，还有灶、壶、盆、甑、碗、勺等。铜器有镜、釜、印章及柿蒂形铜饰。铁器有刀、锥。漆木器有案、盒、耳杯。随葬动物肢骨较多，有马、牛、羊、猪、狗、鸡等，有两座墓是以整牲随葬，其余各墓都只随葬头骨或部分肢骨。钱币有半两和五铢钱。

西宁陶家寨汉墓发掘土洞木椁墓1座，为梯形斜坡墓道，墓室平面呈长方形，椁底东西向横铺木板，在椁底上垒砌侧板与挡板。葬具为木棺，葬式为仰身直肢葬，为男女合葬墓，随葬品有陶罐、陶鬲、陶瓮、泥灶、漆盒、铜镜、耳珰、铜钱及动物肢骨。

互助汪家庄汉墓发掘土洞木椁墓3座，均为长方形竖井斜坡墓道，墓室平面呈长方形，有单人葬也有合葬墓，葬式有二次葬等，随葬品较丰富，陶器有罐、壶、釜、盆、薰、钵、甑、瓶、勺等，铜器有带钩、车马器部件、铜兽、铜兽面饰、铜铺首、五铢钱等。根据简报，这3座墓葬的年代属于西汉晚期。

民和胡李家墓地发掘的木椁墓（包括竖穴木椁墓和土洞木椁墓），除1座墓外，均有墓道，2座墓是斜坡墓道，1座墓是平底墓道，墓室平面呈长方形，椁室由底板、壁板、挡板和盖板组成，只有1座墓葬发现以木棺做葬具，有单人葬和多人合葬，葬式有仰身直肢葬、俯身直肢葬和扰乱葬。随葬品以陶器为主，另有铜器、铁器、玻璃器、铜钱等。发现动物骨骼较多，没有用整牲，多用肢骨。

3. 砖室墓

砖室墓在青海河湟地区发现的数量最多。大通上孙家寨墓地发掘68座，西宁陶家寨墓地发掘70座，互助汪家庄墓地发掘4座，民和胡李家发掘5座。依其墓室及墓顶结构可分为单室券顶墓、单室穹隆顶墓、前后室券顶墓和前后室穹隆顶墓。以大通上孙家寨砖室墓为例：

（1）单室券顶墓共有36座，分为并列券顶墓和纵连券顶墓两种，葬具多用木棺，多使用单人葬和多人合葬，葬式有一次葬、二次扰乱葬和二次葬。随葬品有陶器，以泥质和夹砂罐类，附属物以甑、碗、壶、盆、灯等为主。铜器有釜、带钩、顶针、剑首、钩、环等。此外还有铅饰、石砚、玉鼻塞、玉蝉、玉彘、玻璃耳珰、绿松石饰、石珠、玛瑙珠、料珠、骨珠、骨饰、漆木器等。其中3座墓有动物骨骼。

（2）单室穹隆顶墓有9座，墓门与墓室均有甬道连接，4座墓发现有木棺残迹，有单人葬、合葬及迁葬，随葬的陶器以罐、壶、灶、仓较为常见，井、盆、碗较少见，铜器有铜镜、铜弩机、铜帽钉，金器有金花饰，银器有银镯，其他有煤精动物饰、绿松石珠、琥珀珠、玛瑙珠、玻璃耳珰、料珠等。5座墓葬有钱币，2座墓葬有动物骨骼。

（3）前后室券顶墓有5座，可以分为并列券顶和纵连券顶两类，随葬陶器以罐、灶及其附属的甑、碗为主，铜器有釜、豆、镜、环，铁器有铲等，此外还有玻璃耳珰等。3座墓有钱币，2座墓有动物骨骼。

（4）前后室穹隆顶墓发掘18座，可以分为单穹隆顶墓和双穹隆顶墓，葬具多采用木棺，多人合葬为主，随葬的陶器有各类罐、壶、盆等，明器有灶、仓、井等，12座墓出釉陶器。铜器有釜、甗、甑、壶、洗、盂、刀、削、镞、镜、簪、带扣、带钩、印章、顶针、铃、环、柿蒂形铜饰、帽钉等，铁器多生产工具，金、银、玉、石、琥珀、煤精、骨、角、玻璃、料器以装饰品为大宗，个别墓也有银壶、石砚、石杵、玉彘等，多有钱币，8座墓有动物骨骼。

此外，平安东村汉墓为砖土混构墓葬。这种混构墓葬在青海地区少见，但在关中地区东汉中期较为多见。

河湟地区砖室墓出现于王莽前后，一直沿用至魏晋时期。河湟地区砖室墓从墓葬形制、葬式到随葬品等都与关中地区越来越接近，可见关中地区汉人文化因素对河湟地区产生了日益强大的影响。但同时河湟地区砖石墓中也依旧有其自身特色，存在多元族群融合的特点。

（三）文献所记载的实边政策

西汉时在西宁设置了作为军事和邮传据点的西平亭，在大通县长宁地区修建了屯兵城堡，在湟源设置临羌县，乐都设置破羌县，平安设置安夷县，贵德设置榆中县等。这些古建制大多分布在河湟地区，贵德所在区域也是进入河湟地区的一条重要通道。经前文梳理，不难发现河湟地区已发掘的汉代墓群就集中分布在文献记载中两汉时期所建的古代县、城、亭驿所在区域。

据《后汉书·西羌传》记载："至于汉兴，匈奴冒顿兵强，破东胡，走月氏，威震百蛮，臣服诸羌。景帝时，研种留何率种人求守陇西塞，于是徙留何等于狄道、安故，至临洮、氐道、羌道县。及武帝征伐四夷，开地广境，北却匈奴，西逐诸羌，乃度河、湟，筑令居塞、初开河西，列置四郡，通道玉门，隔绝羌胡，使南北不得交关。于是障塞亭燧出长城外数千里。时先零羌与封养牢姐种解仇结盟，与匈奴通，合兵十余万，共攻令居、安故，遂围枹罕。汉遣将军李息、郎中令徐自为将兵十万人击平之。始置护羌校尉，持节统领焉。羌乃去湟中，依西海、盐池左右。汉遂因山为寒，河西地空，稍徙人以实之。"

可见汉兴时，匈奴亦兴，胡人、月氏受其重创，羌人向其称臣。至汉武帝时，通过对匈奴发动战争及驱逐羌人，汉人占领了河湟地区，并修建居塞及开通河湟至玉门的官方道路。将羌人赶到"湟中"地区和青海湖周边，隔绝羌人和胡人，使得南北不再有民间沟通。自此，汉王朝开始迁徙内地汉人到达河湟地区，以充实边地，并开启了对丝绸之路青海道的控制。

青海河湟地区所发现汉墓的内涵主要为汉文化，其墓葬形制与出土随葬品基本与中原、关中地区所发现的相近。自西汉早期至东汉墓葬形制演变规律与中原汉墓的变化相似，墓葬形制即由简单的长方形木椁墓向砖室墓发展，砖室墓顶部结构由并列券向纵连券再向穹隆顶发展。随葬器物主要为汉式陶器，器形逐渐接近于甘肃和关中地区所出。这一点佐证了在这一段时间内汉人的迁入与汉王朝墓葬制度在河湟地区的强力推行，上孙家寨汉晋墓内出土记载与军事活动相关内容的木简也是汉王朝在这一地区进行军屯政策有力证明。

二、河湟汉墓本地文化因素的继承与性质

河湟地区汉墓中的本地因素最早因大通上孙家寨汉晋墓地的发掘而引起关注。这些文化因素主要表现在随葬品、葬俗和殉牲习俗上，在体质人类学研究中也存在一些线索。

（一）随葬品

上孙家寨汉晋墓地发掘者认为从随葬的陶器来看上孙墓葬中发现土著文化陶器与汉式陶器共出的现象，这种状况在昭宣时期比较普遍，随后逐渐消失，大约在东汉早期还偶尔存在，到东汉晚期已经绝迹[11]。

这一现象在河湟地区其他墓地也有发现，如互助高寨东庄村汉墓曾清理过3座汉墓[12]，均为长方形竖穴土坑墓，随葬器物主要为汉式陶器，汉式陶器均为泥质陶。但在M2中出土1件夹砂直口灰陶罐，与卡约文化陶罐类似。陶器对比见详见表一。

表一　陶器对比表

出土地点	互助高寨东庄村汉墓典型汉式陶器		互助高寨东庄村汉墓似卡约文化陶器	互助高寨东庄村汉墓似卡约文化陶器	西宁市南滩汉墓
质地	泥质陶		夹砂陶	夹砂陶	夹砂粗红陶
外形差异	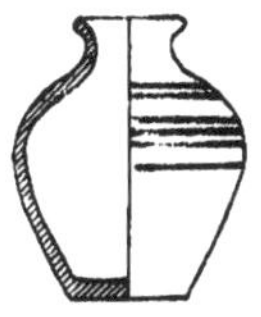	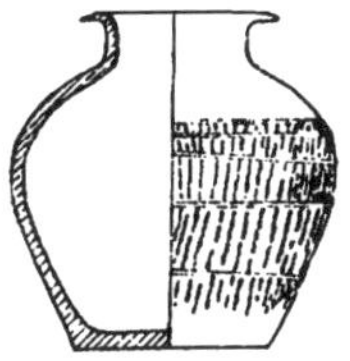	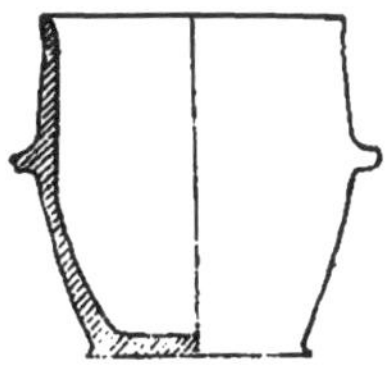	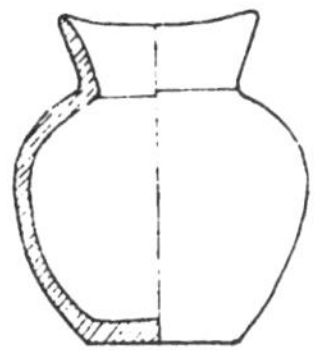	
器物号或器物名称	M2：2	M4：2	M2：3	M4：3	双耳陶罐

河湟汉墓中随葬的骨器也与卡约文化一脉相承，在其他地区汉墓中很少发现。上孙家寨汉晋墓曾出土一些骨管，如标本乙M2：14，器表刻锯齿、三角纹，阴刻处涂黑色。长3、径1.3厘米。标本M29：7，刻有线条。长1.1、径1.7厘米。标本M109：5，长3.8、径1.7厘米。标本M109：4，长1.8、径2.1厘米[13]。民和县总堡乡三家源1989年发掘的1座汉墓中也出土了1件骨管，表面磨光，没有纹饰，长5、径3.2厘米[14]。2002年发掘的西宁陶家寨汉墓也出土了此类骨管，标本M5：44，外壁饰刻划纹、纹饰以弦纹、斜线纹、圆圈纹为主，骨管一端穿有二孔，长6、径1.9厘米。这类骨管在卡约文化中是非常丰富且极具特色的。卡约文化有些骨管表面不仅磨光，而且还刻划有精美的纹饰。如大通县黄家寨卡约文化鹿纹骨管，长22、径1.5厘米，表面刻划有精美的鹿纹。还有大通上孙家寨卡约文化墓葬出土的卡约鹰咬蛇骨管，长11、径1.4厘米，表面刻划有鹰口中叼着蛇的刻划纹[15]。可见虽然汉代时埋葬的骨管虽然制作精巧程度比卡约文化有所下降，但这种制作和随葬骨管的传统在汉墓中的延续则说明卡约文化因素在河湟地区并未断绝。骨器对比图详见表二。

表二　骨管对比表

出土地点	大通上孙家寨卡约文化墓葬	大通黄家寨卡约文化遗址	大通上孙家寨汉晋墓				民和县总堡乡三家源汉墓	西宁市陶家寨汉墓
器物图		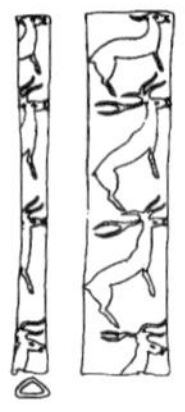	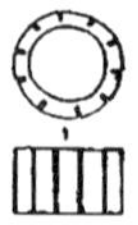	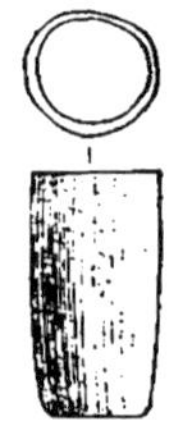	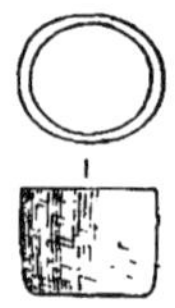			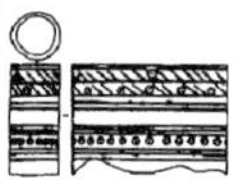
器物名称或器物号	鹰咬蛇骨管	鹿纹骨管	M29：7	M109：5	M109：4	M2：14	素面骨管	M5：44

除了这些带有本地文化因素陶器和骨器，上孙家寨汉晋墓乙M115是汉与本地文化因素共存现象更为直接的例证。虽然其墓葬形制，以及随葬品中仓、井、灶等明器都与中原汉墓相似。但其中出土的铜印“汉匈奴归义亲汉长”证明了该墓主身份为匈奴人，由此也可推测墓地中一定存在河湟地区的匈奴人。

（二）葬俗与殉牲习俗

从上孙家寨汉晋墓地的葬式来看，卡约文化等本地文化葬俗与汉式葬俗并存。尤其是二次葬、二次扰乱葬和俯身直肢葬的葬俗，应该是本地卡约至唐汪等文化的传统葬式。这一现象出现在上孙家寨墓地的竖穴土坑墓、土洞墓、土洞木椁墓、单室券顶砖石墓中，在互助汪家庄墓地、民和胡李家汉墓中也都有发现。

在上孙家寨汉晋墓中发现较多以杀殉动物随葬的情况，这种习俗在其西汉中期至王莽时期墓中多见，东汉时数量减少，但直至魏晋时期也还存在。这种以杀殉动物随葬的情况，在青铜时代的本地文化卡约文化和辛店文化等考古学文化中非常流行，在同时期匈奴墓[16]中也有发现，应属本地文化因素。这一现象在河湟地区其他墓地中也有发现，如民和县川口镇川口乡东塬汉墓中就随葬有羊肩胛骨及一具獾头骨和部分肢骨[17]，民和胡李家木椁墓出有较多动物骨骼，西宁陶家寨墓地土洞木椁墓内也出有较多动物骨骼。所以这种殉牲习俗作为一种本地的原有文化传统依然在河湟地区汉墓中保存了下来。

（三）体质人类学研究成果

由于早期对墓葬出土的人骨进行体质人类学方面的研究较少，因此关于河湟地区汉墓人骨鉴定及DNA检测等研究的资料也很少。近年来这一方面的研究逐渐展开，获得一定成果。目前河湟地区汉代墓地中做过人骨鉴定的有西宁陶家寨墓地、平安大槽子墓地、民和胡李家汉墓。

平安大槽子东汉墓地的人骨特征是：“与现代亚洲蒙古人种中的东亚类型人群十分接近，与东北亚人群存在一定联系。相比之下，大槽子组与北亚类型人群、南亚类型人群相对疏远……大槽子古代居民与我国先秦时期古代人种类型中的‘古中原类型’人群和‘古西北类型’人群均存在亲缘关系。这就说明大槽子人群体质特征的混合程度较高，其颅面部形态特征既包含有‘古中原类型’人群的因素，也兼具‘古西北类型’人群的特点……结合历史学、考古学、分子遗传学的相关研究，其人群混合的体质特征是汉、羌两族人群高度融合的结果。”[18]

西宁市陶家寨汉晋墓地鉴定结果显示陶家寨居民属于蒙古人种，且与现代蒙古人种中的东亚类型十分近似，而某些体质特征上的土著因素应与该地区青铜时代卡约文化居民最为相近，这或许是汉、羌融合的一种表现。经过DNA研究，陶家寨古代人群可能是氐羌人群的后裔。另外，Y-STR结果还表明陶家寨墓地中埋葬的男性个体间存在较近的父系亲缘关系，这一墓地可能是以父系血缘为纽带联系在一起的家族墓地[19]。这两处墓地的人骨鉴定结果都显示出存在羌、汉融合的现象，这也从一个方面揭示出汉代河湟地区羌人与汉人共处的历史迹象。

三、河湟地区汉墓中的外来文明因素

在丝绸之路沿线汉代遗迹中常出土有许多中亚、西亚等西方传来的物品。大通上孙家寨汉晋墓曾出土一件引起广大学者高度关注文物——银壶乙M3：43（图二）。这件器物为直口，长颈，鼓腹，平底。腹侧置单耳。口、腹、底部有三组错金纹带，口饰勾纹，腹部纹带由六朵不同形状的花朵组成，底饰三角纹。高15.8、口径7、腹径12、底径5.4厘米[20]。许新国先生认为这件器物是安息（波斯）制品[21]。仝涛先生经过其纹饰及制作工艺的分析，认为这件器物并非制作于帕提亚或黑海草原，而可能是黑海草原和蒙古高原之间某处的仿制品[22]。即通过匈奴人传播至此。

此外河湟地区汉墓中出土的一些金花饰也很有特色，花草纹的装饰品最早流行于西方，中原并无对花草纹装饰的传统。对于金银器皿的使用和流行也最早源于西方。所以这些金花饰也应代表了经丝绸之路传来的西方文明因素。如上孙家寨汉晋墓乙M3出土的金花饰乙M3：31，由六朵花瓣组成，花朵上靠近边缘地区有一周小点，径3.6厘米[23]。1993年，青海省文物考古研究所曾从大通县后子河乡下孙家寨村征集到几件文物，其中有一件金花饰，这件花饰由花瓣

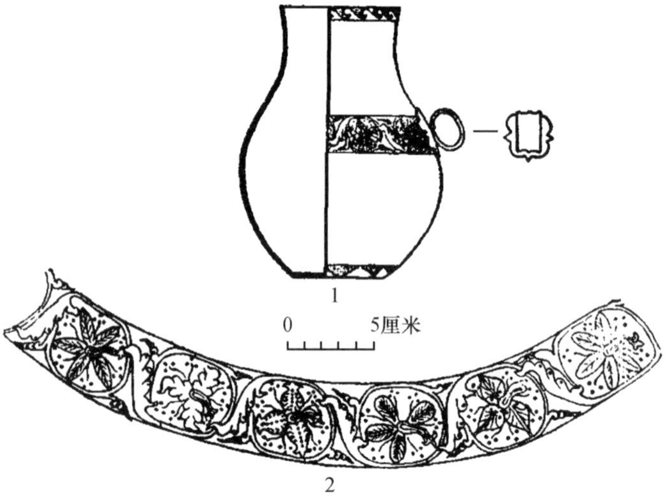

图二　上孙家寨汉晋墓出土银壶

组成，中心有一圆孔，因残损，现存八朵花瓣，花朵上靠近边缘地区有一周小点[24]。西宁市陶家寨汉墓也出土2件金花饰，其中标本M7：37，为梅花形七片花瓣，瓣边及中间一排有粟粒纹，蕊心有一小孔。径5.8厘米[25]。器物对比图详见表三。

玻璃器也是丝绸之路上较为常见的中西交流的物证。有学者曾对大通上孙家寨汉晋墓出土的玻璃器进行过研究，研究结果显示有两种玻璃器器形有明显的区别，归属问题也有明确的划分：玻璃珠的成分和西方标准颇为相似，很可能是从国外输入的；而耳珰形玻璃器成分则与中原地区制造的铅钡玻璃的含量较为接近，可能来自中原地区[26]。随着河湟地区汉墓的发掘，出土的随葬玻璃器逐渐丰富起来，其中不乏外来品。

表三　金花饰对比表

出土地点	大通上孙家寨汉晋墓	大通县后子河乡下孙家寨	西宁市陶家寨汉墓
器形图	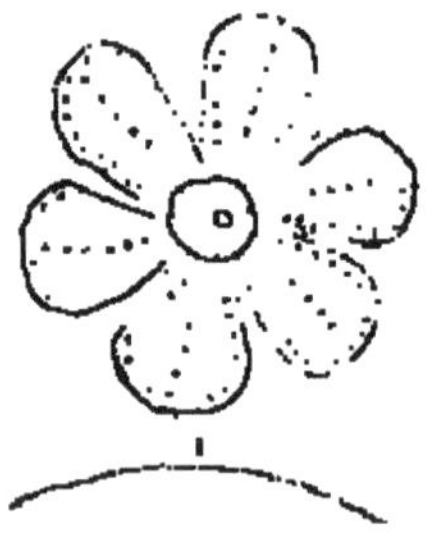		
器名器号	金花饰乙M3：31	大通县下孙家寨征集金花饰	M7：37

除了金银器、琉璃制品外，还有许多西方传来的器物如钱币、琥珀等大量出土在丝绸之路沿线上，并传入河湟地区。甚至经鉴定民和胡李家M1的3具人骨体质特征为欧洲人种材料，这是目前发现的汉代及汉代以前位置最靠东的欧洲人种遗骸[27]。可见当时经丝绸之路中西交流

的盛况。这也使得我们很好理解匈奴为何崛起以及西汉政权不惜兵力，在此阻隔羌胡的民间交流，驱逐羌人至湟水上游，并开通河湟至玉门的官方道路的战略性意义。而草原游牧民族作为丝路上重要活跃者，他们的迁徙对中西交流起着至关重要的作用。事实上在西汉政权控制河湟地区时，虽对当地土著民族进行了驱逐，有的民族向西迁徙，有的民族留在河湟地区开始了漫长的与汉人杂糅相处的过程。这一过程直至东汉末期乃至魏晋时期才彻底完成。然而就在这一时期，这些土著的少数民族在同时以多种形式与汉王朝和西方文明接触，间接地形成了丝绸之路上的中西交流的重要组成部分。也促使了丝绸之路青海道或者说“羌中道”的产生与繁华。

四、结　　论

本文通过梳理自20世纪60年代以来，河湟地区所发掘的重要的汉墓资料，得出结论：河湟地区汉墓主要采用汉式葬俗及随葬品，这种汉族因素并非直接来源于中原地区，而是来自于关中地区。此外一些墓葬从墓葬形制、丧葬习俗、随葬品种类及人骨的体质人类学特征等方面都显示出，有大量的羌、胡和匈奴等土著民族因素存在。宿白先生说过“即从前二千纪中期到前一千纪中期，我国和西方的文化交流是通过我们当时边境地区畜牧游牧的民族为中介而进行的”[28]且“前174～前161年间，匈奴迫使他们（印欧语系的雅利安种的游牧民族）的绝大部分，从今天河西、新疆向西退却，一直把他们驱逐到中亚的伊犁河流域。这样，汉王朝的北部、西北部，即从今天的长城沿线一直到中亚都成了匈奴的势力范围”[29]。可见河湟地区这些本地因素往往与外来文明因素共存，且外来文明因素主要是依托当地民族传播至河湟地区。

从时间范围来看，西汉初期当地土著因素尚且浓厚，至东汉时期河湟地区汉墓与中原地区的关系已经相当密切，但仍然保持有一定的自身特色。“河西初开”的移民政策，自西汉始逐步对河湟地区产生影响，王莽以后汉族因素逐渐增多，至东汉以后，河湟地区的文化面貌已与关中乃至中原地区相近无二。

对应文献《后汉书·西羌传》中西汉政权最初开始对河湟地区进行军事控制等史迹的论述，可以得知，西汉政权控制河湟地区是为了通过控制丝绸之路青海道从而进一步钳制匈奴。虽然汉王朝实行“隔绝羌胡”，“羌乃去湟中、依西海、盐池左右”的政策，但从目前汉墓发掘的资料显示出来的状况来看，两汉乃至魏晋，当地土著因素并未完全消失，他们当中的一部分人留在了河湟地区，并且成为中原王朝了解、开发乃至控制河湟地区重要的辅助，对河湟地区两汉时期的发展做出了重要贡献，也对当地汉文化面貌的形成产生了重要的影响。

注　释

[1] 青海省文物考古研究所：《上孙家寨汉晋墓》，文物出版社，1993年，第215页。

[2] 许淑珍：《西宁市陶家寨汉墓清理简报》，《青海考古学会会刊》1984年第6期。

[3] 青海省文物考古研究所：《青海省西宁市陶家寨汉墓2002年发掘简报》，《东亚古物》B卷，文物出版社，2007年，第311~350页；任晓燕、乔虹：《西宁陶家寨汉晋墓地》，《再现文明——青海省基本建设考古重要发现》，文物出版社，2013年，第140~149页。

[4] 青海省文物考古研究所：《青海西宁陶家寨汉墓发掘简报》，《文物》2015年第9期。

[5] 闫璘：《西宁海湖大道汉墓》，《再现文明——青海省基本建设考古重要发现》，文物出版社，2013年，第136~139页。

[6] 许新国：《青海互助土族自治县汪家庄汉墓》，《西陲之地与东西方文明》，北京燕山出版社，2006年，第74~92页。

[7] 任晓燕：《平安东村墓葬及窑址》，《再现文明——青海省基本建设考古重要发现》，文物出版社，2013年，第103~107页。

[8] 王忠信、许显成：《平安北村汉代墓地》，《再现文明——青海省基本建设考古重要发现》，文物出版社，2013年，第130~135页。

[9] 李墨岑：《青海平安大槽子东汉墓地人骨研究》，吉林大学硕士论文，2015年。

[10] 中国社会科学考古研究所：《中国考古学·秦汉卷》，中国社会科学出版社，2010年。

[11] 青海省文物考古研究所：《上孙家寨汉晋墓》，文物出版社，1993年，第216页。

[12] 吴平：《青海互助县高寨乡东庄村汉墓清理记》，《青海考古学会会刊》1984年第6期。

[13] 青海省文物考古研究所：《上孙家寨汉晋墓》，文物出版社，1993年，第116、117页。

[14] 彭云、刘小强：《民和总堡三家垣汉墓清理记》，《青海文物》1990年第4期。

[15] 马兰：《青海文物精品图集》，中国文物出版社，1999年，第88~91页。

[16] 宁夏回族自治区博物馆、同心县文管所、中国社会科学院考古研究所宁夏考古组：《宁夏同心县倒墩子汉代匈奴墓地发掘简报》，《考古》1987年第1期。

[17] 吴平、孙鸣生：《青海平安与民和两座汉墓清理记》，《青海考古学会会刊》1985年第7期。

[18] 李墨岑：《青海平安大槽子东汉墓地人骨研究》，吉林大学硕士学位论文，2015年。

[19] 任晓燕、乔虹：《西宁陶家寨汉晋墓地》，《再现文明——青海省基本建设考古重要发现》，文物出版社，2013年，第140~149页。

[20] 青海省文物考古研究所：《上孙家寨汉晋墓》，文物出版社，1993年，第160页。

[21] 许新国：《青海汉代墓葬反映的主要问题》，《青海社会科学》1982年第1期。

[22] 仝涛：《论青海大通上孙家寨汉晋墓出土银壶的异域风格》，《考古》2009年第5期。

[23] 青海省文物考古研究所：《上孙家寨汉晋墓》，文物出版社，1993年，第159页。

[24] 陈海清、刘溥：《下孙家寨征集的铜羊灯等文物》，《青海文物》1994年第8期。

[25] 青海省文物考古研究所：《青海省西宁市陶家寨汉墓2002年发掘简报》，《东亚古物》B卷，文物出版社，2007年，第345页。

[26] 高志伟：《浅析青藏高原的玻璃器》，《青海文物》1994年第8期。

[27] 蔡林海：《民和胡李家汉代墓地》，《再现文明——青海省基本建设考古重要发现》，文物出版社，2013年，第116～122页；王明辉：《青海考古首次发现欧洲人骨遗迹》，《中国文物报》2002年5月20日。

[28] 宿白：《考古发现与中西文化交流》，文物出版社，2012年，第17页。

[29] 宿白：《考古发现与中西文化交流》，文物出版社，2012年，第27页。

（原刊于《青海民族大学学报》2018年第1期）

论青海大通上孙家寨汉晋墓出土银壶的异域风格

仝　涛

20世纪70年代，青海大通（图一）上孙家寨汉晋墓的乙区M3[1]出土了一件单耳银壶，其口沿、腹部和底部装饰有三组镀金装饰纹带，分别为波浪纹、卷草纹和雉堞纹（图二、图三）。这座墓葬的形制和其他随葬品与中原汉墓并无太大差异，唯独此银壶风格奇特，在迄今为止中国境内的考古遗物中鲜有可类比者。在该墓以南65米处同一时期汉墓中，出土了一枚“汉匈奴归义亲汉长”驼纽铜印，为银壶的风格来源和使用者族属的推定提供了重要线索。俞伟超首先指出：“这件银壶，根本不是汉人之器，也不像匈奴物件，其花瓣，有一部分酷似忍冬纹，估计应当是安息（波斯）制品”，同时认为此墓主极有可能是匈奴人，“因为只有他们，才最可能得到这种安息的工艺品”[2]。《上孙家寨汉晋墓》报告沿用了俞伟超的观点[3]。此后有人认为它是“公元3世纪时期，今叙利亚一带的罗马时期的制品”[4]，或者“是中亚地区的器物”[5]。这些推断都将其归为西亚或者中亚风格，但仅仅是根据忍冬纹样进行的粗略估计，而没有进行具体的论证，因此这种观点近年来受到孙机的质疑。孙机认为在

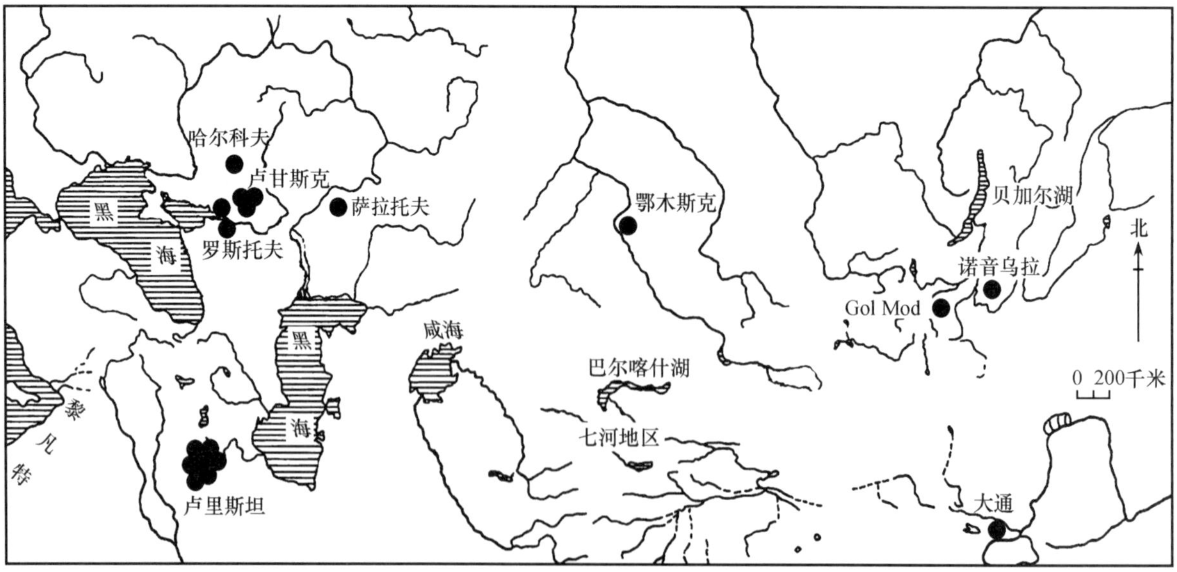

图一　青海大通位置示意图

新疆地区的陶器中，有与大通银壶颇相近者，而楼兰所出丝绸上，也有与大通银壶上类似的波浪纹，因此该器物是新疆制品[6]。马尔夏克（Boris I. Marshak）曾对该器物进行过简短的评论，指出它是在游牧民族地区制作的希腊化风格的器物[7]，这为本文的探讨提供了重要的启发。笔者根据所收集的相关资料，尝试对该器物作具体的分析和比较，以更好地揭示其风格来源问题。

图二　青海大通上孙家寨汉晋墓出土银壶

该银壶口径7、腹径12、底径5.4、高15.8厘米，为直口，长颈，鼓腹，平底，腹侧置单耳。器身系由整块银片切割、锤揲而成，装饰有三组镀金装饰纹带。口沿饰一周波浪纹，宽约0.8厘米，波浪自右向左奔涌，以戳点纹为地；腹部饰卷草纹带，宽约3厘米，卷草纹为齿状叶片及其细长的茎蔓环绕一多瓣花朵，自右向左以二方连续的形式环绕一周，共有六朵不同形式的花叶，每朵中心伸出一花蕾，底部正面展开三至五片花瓣，花瓣有叶状、石榴状、卷曲状等，各不相同，各花瓣之间伸出一或两条细长的花须，每条顶部托三圆点象征花蕊，在齿状叶片以及个别花瓣上也缀以圆点；底部饰一周雉堞纹，宽约0.8厘米，每座雉堞共有五阶，也以戳点纹为地。

波浪纹和卷草纹均属典型的希腊装饰纹样。波浪纹（Wave scroll）又称奔犬纹（Running dog），在地中海地区有着悠久的历史，最初可能与河流有关，公元前8世纪中期以后它作为

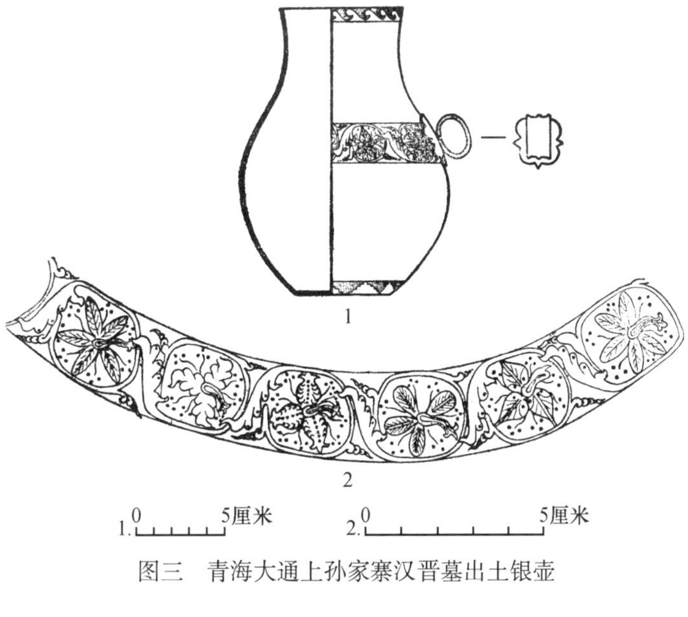

图三　青海大通上孙家寨汉晋墓出土银壶

边饰较多地出现在希腊彩陶上[8]，在罗马时期也常用作浴室内马赛克地板的边饰[9]；卷草纹（Tendril）最初源于意大利南部，而东方希腊化时期的卷草纹则直接源自公元前4世纪晚期流行于亚历山大大帝本土的马其顿，其基本保持了意大利卷草纹的典型特征[10]，即呈波状起伏的枝蔓发于一簇毛莨叶中，波曲之内饰以各类花蕾，其茎部生于波峰和波谷之上。在一件公元前320～前310年间的希腊陶碗[11]上，主题图像的周边绘有卷草纹和波浪纹，可视为该类装饰组合在希腊文化本土的典型代表，其装饰纹样及其空间构图，直接影响了希腊化东方的器物装饰。雉堞纹（Battlement 或Crenellation）是伊朗阿黑门尼德王朝时期流行的装饰纹样，它的造型源于城堡雉堞，在公元前800～前700年卢里斯坦的青铜箭箙上，可见鎏金的城堡和雉堞图像[12]，公元前6世纪晚期雉堞纹出现在浮雕的大流士王冠[13]上，同时大量运用于各类重要建筑的墙头。在公元前5～前4世纪制作的银碗上[14]，鎏金的雉堞纹装饰在器物的口沿部分，而它下面成排的人物（可能是国王）、玫瑰花饰及整体图像布局，与波斯波利斯宫殿的台阶护墙浮雕非常接近，说明雉堞纹开始从实用或装饰的建筑部件过渡到器皿的边饰。萨珊时期雉堞造型演变为波斯王冠上的重要组成部分，显然是因袭了大流士时期的传统。而这一传统的伊朗装饰纹样，在希腊化的帕提亚（即安息），同卷草纹和波浪纹一起形成相互间隔的平行的镀金装饰纹带组合，频繁出现在银制器皿的表面。

一、帕提亚（Parthian）银碗

1981年美国洛杉矶的琼·保罗·格蒂博物馆（J. Paul Getty Museum）收藏了一批器物[15]，包括银碗、宝石和马饰。其中银碗共24件，都为敞口、圜底，由整片银片锤制，镀金的环状装饰纹带平行分布于器物内壁，共有18件有相似的装饰，主要为波浪纹、卷草纹和雉堞纹这三种图案随机组合，或仅装饰其中之一二种，或三种兼具，甚至在不少器物上同一装饰纹带被重复多次（附表），大部分器物在碗底中心还饰以团花装饰，其构图方式与希腊陶碗上的装饰一致，装饰带相间隔的特点同大通银壶上的三条带饰遥相呼应（图四～图六）。波浪纹和雉堞纹的细节也雷同，都是在背景处饰以戳点纹以突出图案本身，但波浪纹比大通银壶上的更加丰富，存在多种略微不同的浪花造型，并有左右两种不同的涌动方向，充满动感；雉堞纹则给人以静止稳固之感，多为三至四阶。卷草纹比大通银壶上的灵活流畅，变化亦较多，但基本与大通银壶上的纹饰相合，例如带齿状叶片的枝蔓波状起伏，波谷含各种花苞，叶片上饰以圆点等。再加之制作工艺的一致性，基本可以肯定这批器物是大通银壶装饰风格的源头。

由于这些银器是从瑞士的文物市场购得，其出土地点不得而知。普福默（M. Pfrommer）对这批器物进行了深入的探讨[16]，他列举了3件属于同一风格的银碗：一件瑞士的私藏品（图七），一件汉堡艺术和纺织品博物馆（Museum für Kunst und Gewerbe）藏品，据报道它们均来自伊朗的卢里斯坦（Luristan）；另外一件大英博物馆（British Museum）的银碗据称也来

图四　美国琼·保罗·格蒂博物馆收藏帕提亚银碗

图五　美国琼·保罗·格蒂博物馆收藏帕提亚银碗

图六　美国琼·保罗·格蒂博物馆收藏帕提亚银碗

图七　瑞士私人藏伊朗卢里斯坦银碗

自伊朗。此外部分器物还刻有阿拉美语铭文，标明了制作者的姓名和器物重量，也说明他们是帕提亚的制品，普福默由此将其产地推定为伊朗的西部或西北部，即里海西南地区。他又根据铭文和装饰风格的分析，将较晚的一组的年代确定为公元前1世纪，较早的定为早期帕提亚时期，即公元前2世纪，个别可早到公元前3世纪晚期。

波斯在阿黑门尼德王朝时期便深受希腊文化的影响，而全面的希腊化进程是在亚历山大大帝征服之后通过在东方建立殖民地的形式进行的，在希腊人统治的塞琉古时期这一政策得以延续，希腊的器物制造和装饰风格对波斯产生了重要影响。公元前2世纪帕提亚人侵入伊朗西南后，希腊化因素并没有被消灭，而是融合到其自身的传统中。其“文化通过若干因素相互作用而发展形成，即阿黑门尼德遗产、希腊化时期观念、帕尔尼游牧人贡献，乃是融合了希腊文化与土著文化”，而更为重要的是，他们手工业十分发达，贸易和通货也很繁荣，参与了广泛的国际贸易[17]，为其手工业品的远播创造了条件。

二、南俄罗斯草原的萨尔马提安人（Sarmatian）银器

公元前3世纪萨尔马提安人代替斯基泰人成为黑海和里海北部草原的主宰者，其在亚欧大陆的繁荣持续到公元1世纪。在被推定为萨尔马提安人的墓葬中，发现有大量希腊化风格的金银器物，其中最丰富的是马具上的金属圆盘，它们根据不同的需要装饰于马匹的不同部位，欧洲、近东到西伯利亚乃至希腊化的巴克特里亚都有广泛的分布，与萨尔马提安人的活动密切相关。圆盘多为银质，图案部分镀金，中心一般刻有典型的希腊化或草原风格的主题纹饰，周边环以各种装饰纹带，其中有不少是波浪纹和卷草纹，与帕提亚银碗有类似的构图。带有波浪纹和卷草纹的圆盘主要集中在顿河下游地区，时代为公元前3世纪末到前2世纪。如罗斯托夫（Rostov）附近发现的一件银盘[18]（图八），中心有衔矛的狮头，其周围饰一周卷草纹带，其枝蔓波曲和花苞造型都与帕提亚银盘上的卷草纹类同。尤其值得注意的是，在一些花朵中伸出的花须顶端有三颗圆点象征花蕊，应该是大通银壶上的花蕊表现方式的来源。装饰有波浪纹的器物相对较多，例如乌克兰东部卢甘斯克（Lugansk）附近发现的一些盔状银马饰[19]，在里海北部伏尔加河沿岸萨拉托夫（Saratov）东南出土的银盘[20]（图九），另外在乌克兰的哈尔科夫（Charkov）和摩尔多瓦的一些地区也有此类器物。而东部最远的例子是西西伯利亚的鄂木斯克（Omsk）出土的一个圆形银牌饰，在所刻画的希腊女神的衣领上装饰有完全相同的波浪纹[21]。这些银制马具多是前2世纪的遗物。

波浪纹和雉堞纹的组合还出现在日用器皿上。罗斯托夫地区的墓冢出土一件虎柄镀金银罐[22]，罐身以两圈波浪纹和中间的一圈雉堞纹分割为两个单元，内部描绘各类动物和神话故事题材。其中虎柄和器身的某些动物图案，是游牧民族的常见装饰内容，对立羊图案属于典型的波斯风格，而神话故事及裸体人物形象则显示了希腊文化的影响。该器物被定为公元前1世纪末至公元1世纪，是同类装饰的器物中时代稍晚的。

南俄草原在斯基泰时期已经与希腊文化有密切的接触和融合，萨尔马提安人时期可以说是这种趋势的延续和深化。但该地区与希腊化的西部伊朗之间的文化联系也是显而易见的，将波浪纹和卷草纹用作镀金银器上的装饰图案，并与雉堞纹组合应用，与帕提亚银碗的装饰风格相一致，在时代上也基本同时。

图八　俄罗斯罗斯托夫萨尔马提安人银盘

图九　俄罗斯萨拉托夫萨尔马提安人银盘

三、匈奴墓葬中的银器和织物

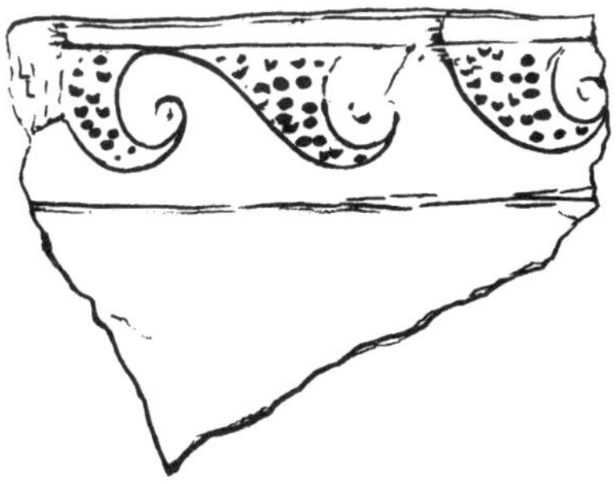

图一〇　蒙古高勒毛都匈奴墓出土银器残片

除了伊朗西部和南俄罗斯草原外，在蒙古的匈奴单于或贵族墓葬中，也出土了一些有类似装饰的遗物，它们为大通银壶的来源路线和文化属性提供了更直接的证据。其中最重要的发现是法国考古队2000～2001年对高勒毛都（Gol Mod）一号墓[23]的发掘。该墓位于蒙古后杭爱省北部胡内河盆地，规格较高，可能是某一匈奴单于的墓葬。出土遗物中有一片残长2.2厘米的银片（图一〇），其边缘处刻有一条镀金波浪纹带，上面残存四朵波浪纹，自右向左涌动，以戳点纹为地，与大通银壶的口沿装饰并无二致，显然为同类器皿的口沿部分，至少也是同一手工作坊系统的产品。墓主人的匈奴单于或高级贵族身份，为大通银壶在上孙家寨匈奴墓区的出现，提供了令人满意的注脚。墓中出土有2面公元1世纪上半叶的汉镜，^{14}C测定又进一步将年代限定在公元20～50 年之间，这使我们有可能将大通银壶的制作时间推定为大致相当的年代。如果考虑到这类贵重金属器物从制作、使用到随葬入墓室的时间差，其制作时间还都应该再提早一些。

这样的发现并非孤例，在蒙古诺音乌拉（Noin Ula）匈奴墓葬中出土的一些织物上也有波浪纹、卷草纹和雉堞纹这三种图案。在一座以发掘者康德拉捷夫（Kondrat' ev）命名的墓冢出土了一些毛织物残片（图一一），有一片饰有两道波浪纹，另外两片除了波浪纹外还有花卉纹带[24]，其中一条为卷草纹样，在一些花朵上可见有三个圆点状花蕊。这些带状装饰都平行而有间隔，构图和内容都是典型的帕提亚风格。有类似图案的织物在伊拉克[25]和叙利亚[26]都有发现。诺音乌拉6号墓被推定为公元1世纪初匈奴单于乌留珠的墓葬，所出的一件挂毯可能是来自帕提亚或小亚细亚的产品，在其四方形虎皮图案之间隔以几何纹填充的装饰带，其中就有一周连续的雉堞纹，每座皆为四阶（图一二）。据称同样图案的织物早先也发现一件，但出土地点不明，被认为是在黎凡特（Levant）织造的[27]。

除此之外，还有诸多因素显示了该地区与希腊化帕提亚波斯的联系，事实上早在斯基泰时期的巴泽雷克墓冢中就有西亚织物出土，反映了游牧民族广阔的活动空间及持续繁盛的远距离贸易。

图一一　蒙古诺音乌拉匈奴墓出土毛织物残片

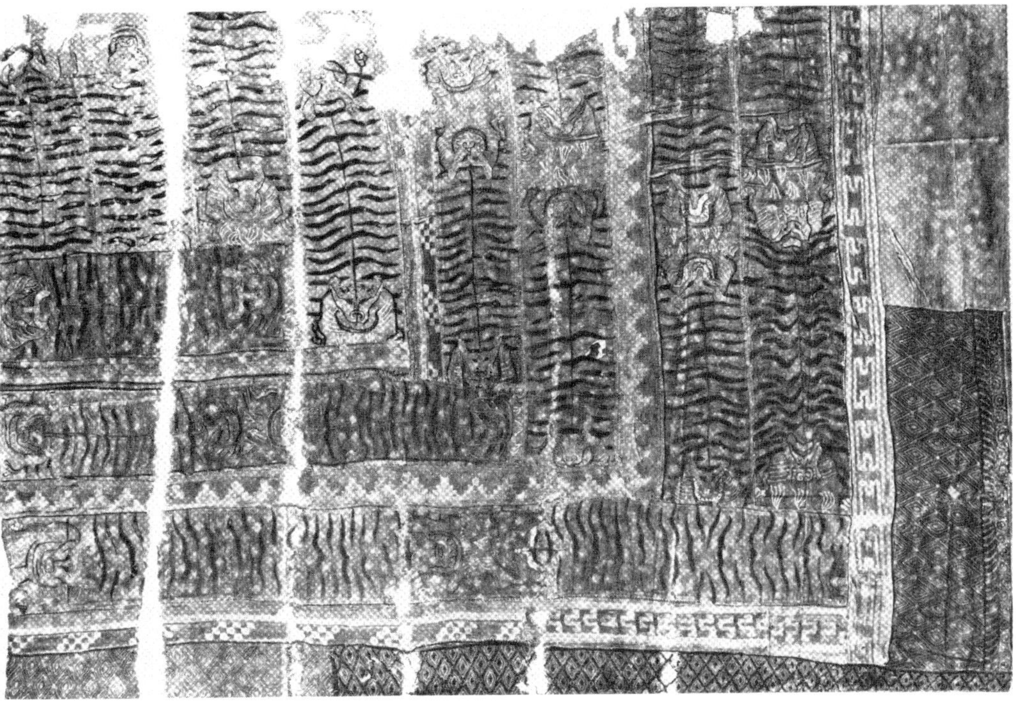

图一二　蒙古诺音乌拉匈奴墓出土挂毯

四、结　　语

虽然上述一些地点都发现有与大通银壶装饰风格相同的镀金银器，但具体装饰纹样的细节却存在一些差别，如雉堞纹的阶数较多，在其他地区不见；卷草纹虽然在构图上与其他地区的同类纹饰大致相仿，但每朵花及缠绕它的长茎叶片构成独立的单元，不同于希腊化卷草纹彼此连接、起伏而没有中断；花的形式也相对比较呆板。这都说明该器物并非制作于帕提亚或者黑海草原本土，而更有可能是黑海草原和蒙古高原之间某处的仿制品。但毋庸置疑的是，银壶的装饰和制作工艺受到了从这些地区输入的银器如马具饰盘或日用器皿等的深刻影响，甚至可能是来自帕提亚或者黑海地区的金属工匠参与或影响了它的制作。

从器形上来看，与大通银壶可能类似的器物除了高勒毛都墓地出土的银器残片外,无论在帕提亚还是在南俄罗斯草原都没有发现。马尔夏克指出银壶的环形耳是后来附加上的，似乎很有道理，因为环形耳破坏了已经打制完好的镀金卷草纹带，而罗斯托夫银罐的虎柄则有意错开了镀金部分的主要图案。因此银壶的环形耳很可能是在器物陈旧之后为了使用的方便而添制的，其原型可能是无耳的银壶。而这种无耳器物的造型，在公元前3～公元1世纪哈萨克斯坦七河地区（Semirechye）的陶器中相当常见（图一三），并被认为是乌孙文化的遗物[28]。如果这一比对合理的话，银壶出土的地区很有可能是这类陶器的仿制地点。

通过以上的分析，基本上可以确定大通银壶的异域风格的来源，并大致重建其输入青海地

图一三　哈萨克斯坦七河地区乌孙墓出土陶壶

区的过程：在公元前2世纪希腊化帕提亚首先融合并产生了这样的镀金银器装饰纹样，同一时期黑海北岸地区的萨尔马提安人的镀金银器也深受其影响，通过强大的萨尔马提安人——匈奴人主宰的草原之路，至迟在公元1世纪，具有同样制作工艺和装饰纹样的银器，连同其他一些希腊化帕提亚文化因素，出现在蒙古地区匈奴王庭，并流入定居在中国边境地区的匈奴贵族手中。在这一过程中，作为萨尔马提安人的一支并控制从咸海到黑海大片地域的奄蔡（Aorsi），以及占领七河地区并与匈奴有密切往来的乌孙，可能在器物风格的传播过程中扮演了重要角色。尤其是位于今里海东北至顿河下游的奄蔡，据斯特拉波的记载，一条通过其境内的重要商业路线使他们能够利用骆驼商队进行印度和巴比伦之间的商业贸易，并与南高加索的米底和亚美尼亚进行商品交换（该地区正接近帕提亚银碗的分布区），这些贸易使奄蔡人“披金戴银”[29]。中国的商品也可以通过这一商道到达黑海沿岸，罗斯托夫出土的西汉连弧纹日光镜和斯塔夫罗波尔出土的东汉连弧纹铜镜[30]，都证明了这一点，说明高勒毛都银器和大通银壶在遥远东方的出现，并不是偶然的巧合。

当然另外一条可能的输入途径是通过当时比较兴盛的丝绸之路，自帕提亚西部经巴克特里亚和索格底亚那输入到巴尔喀什湖南部地区，然后进入蒙古和中国北部，但遗憾的是，在巴克特里亚和帕提亚东部一带，都没有发现类似的装饰图案，经由此路线传播或影响的轨迹并不明显。而无论从哪条路线传入，传入的也只是器物的制作工艺和装饰风格，其器形应是为了适合其间某个民族或使用者的习惯而作了相应的调整。

大通银壶最后的主人，应属于匈奴别部卢水胡，它因居于张掖以南源出祁连山的卢水一带而得名，与河湟地区的羌人来往密切，公元1世纪中期曾攻击烧何羌，后又联合羌人反抗东汉统治[31]，可能有一部分迁入了湟水谷地，并随着其他湟中诸胡逐渐融入汉文化当中。当银壶在东汉晚期陪葬入上孙家寨墓地的时候，这一匈奴别部在文化上已经很难与中原汉人区分开了，只有一枚“汉匈奴归义亲汉长”铜印，以及这一件希腊化帕提亚装饰风格的银壶，成为他们曾经的游牧生涯的一个印记。

注　释

［1］　青海省文物考古研究所：《上孙家寨汉晋墓》，文物出版社，1993年，第160页。
［2］　俞伟超：《古代“西戎”和“羌”、“胡”文化归属问题的探讨》，《青海考古学会会刊》1980年第1期，第

2～13页。

[3] 青海省文物考古研究所：《上孙家寨汉晋墓》，文物出版社，1993年，第220页。

[4] 中国历史博物馆：《华夏之路》（第二册），朝华出版社，1997年，第283页。

[5] 齐东方：《唐代金银器研究》，中国社会科学出版社，1999年，第253页。

[6] 孙机：《大通银壶考》，《中国历史文物》2002年第3期，第35～40页。

[7] James C Y Watt, An Jiayao, Angela F Howard, et al. China: Down of a Golden Age, 200-750 AD. Exh. cat. New York: The Metropolitan Museum of Art, 2004, p. 193.

[8] J N Coldstream. Greek Geometric Pottery: A Survey of Ten Local Styles and Their Chronology. London: Methuen, 1968, pp. 102-103.

[9] Eva Wilson. Roman Designs (British Museum Pattern Books). London: British Museum Press, 1999, p. 12.

[10] Michael Pfrommer. Gro ßgriechischer und Mittelitalischer Einfluss in der Rankenornamentik Frühhellenistischer Zeit, Jahrbuch des Deutschen Archäologischen Instituts 97, 1982, pp. 119-190.

[11] Winfried Held, et al. Begegnungen mit der Antike: Zeugniss aus Vier Jahrtausenden Mittelmeerischer Kultur. Würzburg: Ergon, 2001, p. 130.

[12] Houshang Mahboubian. Art of Ancient Iran: Copper and Bronze. London: Philip Wilson, 1997, p. 301.

[13] R W Ferrier, ed. The Art of Persia. New York: Yale University Press, New Haven & London, 1989, p. 35.

[14] John Curtis and Nigel Tallis ed. Forgotten Empire: The World of Ancient Persia. London: The British Museum Press, 2005, p. 118.

[15] Michael Pfrommer. Metalwork from the Hellenized East: Catalogue of the Collections, the J. Paul Getty Museum. Malibu: J. Paul Getty Museum Publications, 1993.

[16] Michael Pfrommer. Metalwork from the Hellenized East: Catalogue of the Collections, the J. Paul Getty Museum. Malibu: J. Paul Getty Museum Publications, 1993.

[17] 雅诺什・哈尔马塔主编，徐文堪、芮传明译：《中亚文明史》（第二卷），中国对外翻译出版公司，2002年，第107页。

[18] Valentine Mordvinceva. Sarmatische Phaleren, Archäologie in Eurasien, Bd. 11. Rahden/Westf: Leidorf, 2001, Taf. 1.

[19] Valentine Mordvinceva. Sarmatische Phaleren, Archäologie in Eurasien, Bd. 11. Rahden/Westf: Leidorf, 2001, Taf. 26.

[20] Valentine Mordvinceva. Sarmatische Phaleren, Archäologie in Eurasien, Bd. 11. Rahden/Westf: Leidorf, 2001, Taf. 14.

[21] John Boardman. The Diffusion of Classical Art in Antiquity. London: Thames & Hudson Ltd, 1994, p. 107.

[22] 古代オリエント博物館、朝日新聞社：《南ロシア騎馬民族の遺宝展図録》，朝日新聞社，1991年，第98页。

[23] Guilhem André. Une tombe princière Xiongnu à Gol Mod, Mongolie (campagnes de fouilles 2000-2001), Arts Asiatiques, 2002, vol. 57, pp. 194-205.

[24] S. I. Rudenko. Die Kultur der Hsiung-nu und die Hügelgräber von Noin Ula. Übersetzung aus dem Russischen von Helmut Pollems, Bonn: Habelt,1969, Fig.74,75.

[25] 孙机：《大通银壶考》，《中国历史文物》2002年第3期，第35～40页。

[26] Prudence Oliver Harper. The Royal Hunter Art of the Sasanian Empire. New York: The Asia Society, 1978, p. 127.

[27] Prudence Oliver Harper. The Royal Hunter Art of the Sasanian Empire. New York: The Asia Society, 1978, p. 90, Taf. XLIX.

[28] Grigore Arbore Popescu, Chiara Silvi Antonini, Karl Baipakov eds. L'Uomo D'Oro: La Cultura Delle Steppe Del Kazakhstan Dall'età Del Bronzo Alle Grandi Migrazioni, Exh. cat. Mantua: Palazzo Te; Milano: Electa, 1998, p. 230.

[29] T Sulimirski. The Sarmatians. London: Thames & Hudson, 1970, p. 117.

[30] 古代オリエント博物館、朝日新聞社編集：《南ロシア騎馬民族の遺宝展図録》，朝日新聞社，1991年，第86页，图80、88。

[31] 《后汉书》卷87《西羌传》，中华书局，1973年，第2880、2881页。

（原刊于《考古》2009年第5期）

附表　琼·保罗·格蒂博物馆所藏银碗上的图案组合

装饰内容 \ 器物编号	1	2	3	4	5	6	7	8	9	10	11	12	13	14	15	16	17	18	19	20	21	22	23	24
		√	√	√	√√		√		√√	√√	√√√	√	√√√	√√√	√√√	√√	√							√
	√							√	√	√			√	√	√	√								
				√		√	√		√√	√	√													
铭文		√							√			√	√	√	√		√	√				√		
其他图案	√	√	√	√	√	√	√	√	√	√	√	√					√		√	√				√

注：三种装饰纹样中每一√代表一周该类纹样

青海魏晋十六国墓葬中的鲜卑文化因素

肖永明

一、有关鲜卑墓葬的考古学研究概况

随着考古学的迅速发展，考古实物资料的日益丰富，民族考古学也进入了一个崭新的阶段，特别是考古学区系类型理论使考古学的时空关系转化为一个历史的框架，从而为考古学和其他学科的连接建立起一个桥梁，使有关民族的历史文献与物质遗存之间建立起了紧密的对应关系。人们对民族的认识方法逐步由对历史文献搜集归纳转入对民族物质文化的辨析与甄别。历史文献对考古发现有提示作用，考古实物资料对历史文献起到了验证和修正的作用，使有关民族的历史文化特征更加鲜明，民族活动地域及迁徙路线更加清晰。特别是北方地区有关月氏、匈奴、鲜卑的考古学研究方面已经取得了长足的进展，并且得到历史学者和考古学者的广泛认可。

在鲜卑族研究方面，同样经历了由历史文献研究到考古学观察的阶段，并出现了可喜的研究成果，先有马长寿、林沄、宿白等先生主要基于历史文献的研究成果，近年来随着辽西、内蒙古等地大量的考古发掘工作的进行，为鲜卑历史遗存的研究提供了丰富的实物资料，特别21世纪以来在鲜卑墓葬研究方面，孙危、乔梁、魏坚、韦正、吴松岩、倪润安等学者逐步确定了不同器物组群与各时期拓跋、慕容、宇文鲜卑历史文化的对应关系，基本建立起了东北、内蒙古、山西、河北地区鲜卑遗存的时空框架。这一时期体质人类学的研究也参与其中，促进了有关鲜卑族属的认定。鲜卑遗存研究的区域范围也在不断扩大，开始关注南迁及西进鲜卑的物质文化，河西鲜卑遗存因此开始受到关注。20世纪80年代以来，乔梁、孙危首先将青海互助泽林村土洞墓认定为鲜卑遗存。近年来吴荭等考古学者与历史学者对甘肃河西走廊地区的墓葬进行了分析，认为甘肃省高台县罗城乡地埂坡墓群，玉门市清泉乡蚂蟥河墓葬、玉门市柳河乡官庄墓葬、白土良墓地石板墓等遗存包含有浓厚的鲜卑文化因素。从而使鲜卑遗存研究的地域范围进一步向西扩展[1]。内蒙古及河西走廊地区发现的最为典型的鲜卑陶器是颈部饰有蜷曲泥条堆纹的敞口夹砂壶或罐，墓葬中较为普遍的使用梯形木棺，墓穴多设有头龛，常用羊头或羊的肢体殉葬，多见有意毁坏铜镜或陶器的毁器习俗。受上述学者研究方法及研究成果的启发，笔者对历年来青海地区的墓葬材料进行了梳理，从中发现了一些包含有鲜卑文化因素的墓葬。

二、魏晋十六国时期青海墓葬中的鲜卑因素

曹魏西晋时期青海地区偏安一隅，政治稳定，这一时期的墓葬发现和发掘相对较多，大多集中在湟水流域，较为重要的墓地有乐都马家台墓地、平安东村墓地、平安古城崖墓地、互助高寨墓地、西宁陶家寨墓地、大通上孙家寨墓地。五胡十六国时期特别是前凉以后政权交替频繁，政治动荡，这一时期的墓葬发现相对较少，主要见于西宁陶家寨和大通上孙家寨墓地。通过与内蒙古及河西走廊地区具有鲜卑因素的墓葬对比分析，认为西宁陶家寨M1、互助泽林村墓葬、共和合洛寺的M01～M04是一批具有鲜卑文化因素的墓葬。这些墓葬可分为魏晋、十六国时期。

1. 西宁陶家寨墓地

代表墓葬是西宁市陶家寨M1，2002～2005年青海省文物考古研究所在陶家寨墓地发掘西汉晚期至十六国时期的墓葬90座，这些墓葬形制主要以汉式砖室墓和土洞墓为主，随葬陶器也主要是汉式的泥质灰陶器，个别墓葬的葬俗及随葬品中也包含有羌、匈奴（卢水胡）及鲜卑文化的因素。鲜卑因素在这批墓葬材料里较少，主要体现在M1出土的一件颈部饰有蜷曲泥条堆纹的侈口长腹壶（简称“八”字壶）和其他墓中出土的一些金花饰、金叶饰上。

陶家寨M1为笔者2002年清理，该墓为带斜坡墓道的长方形土洞墓（图一），该墓已被盗，由墓道、墓门、墓室组成，墓向90°，斜坡式墓道位于墓室东侧，平面呈梯形。墓道长11米，东端宽76、西端宽166厘米，墓道最深处距地表520厘米。墓道底部东端自东向西有五级台阶，墓道中部为斜坡，坡度约18°，墓门东侧东西长300厘米的部分为竖坑式墓道，竖坑深180厘米，竖坑东壁有四个脚窝，左右各两个。墓门位于墓室东侧，以生土作为墓室门墙，门墙厚60厘米。墓门上部已被盗洞破坏，残高60、宽68厘米，以长方形青砖呈“人”字形封门，封门砖的形制为37.5×18.5×5.7厘米，部分墓门砖已被扰乱。墓室平面呈长方形，顶部已坍塌，墓室西壁保存较完整，根据西壁判断为拱形顶。洞室西端略偏向北偏，与墓道方向成15°的夹角。墓室东西长310、南北宽270、高205厘米，距墓室底部125厘米处起渐收形成拱形顶。墓室西壁距墓室底部120厘米处有一壁龛，由于墓室已经被盗，龛内未见随品。木棺一具，东西向置于墓室北部，腐朽严重，不可提取。长230、宽46、残高44厘米，已被盗扰，棺盖被置于墓棺东侧。骨架已被扰乱，葬式不明，棺内两端各有一块青砖。墓主人系女性，年龄55～60岁。棺外有一堆动物骨骼。随葬品有铜钗1件（残）。泥质灰陶器1件（M1：2），仅存下腹及底部（图二，2）。侈口长腹壶1件（M1：3），残，夹砂黑褐陶，侈口，斜方唇，束颈，长溜肩，

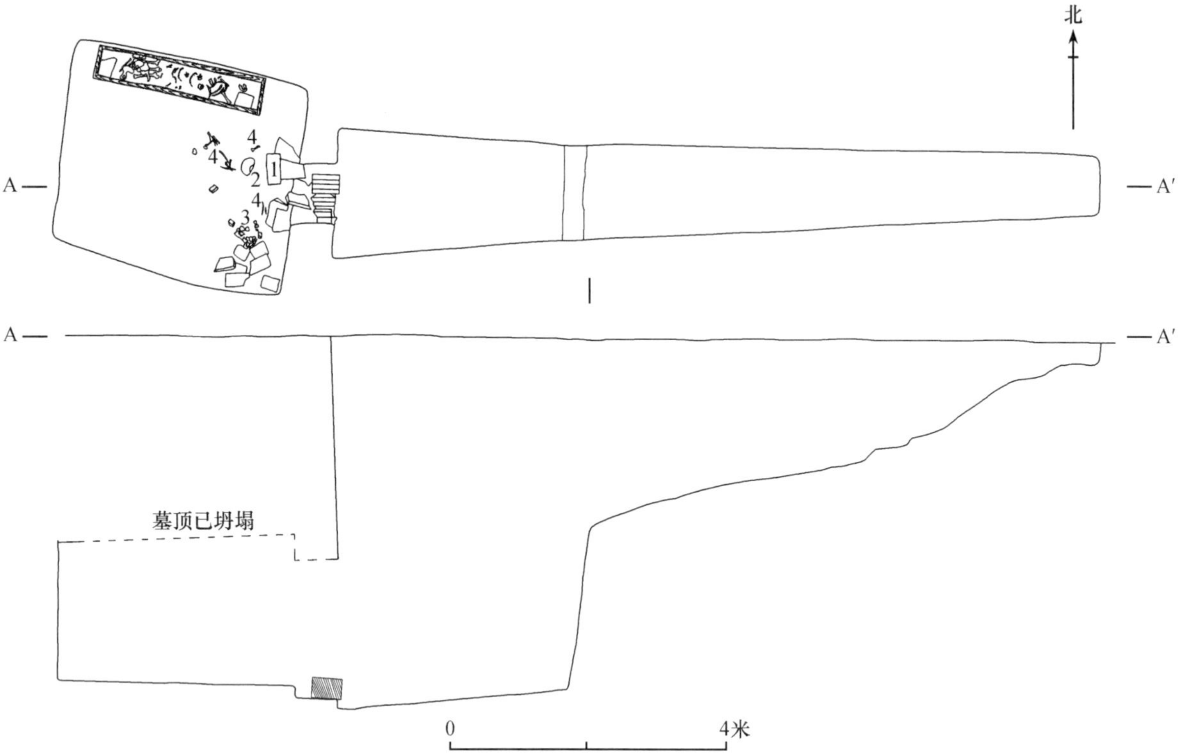

图一　西宁陶家寨墓地M1平、剖面图

1. 铜钗（残）　2. 泥质灰陶器（仅存下腹及底部）　3. 侈口长腹壶　4. 动物骨骼

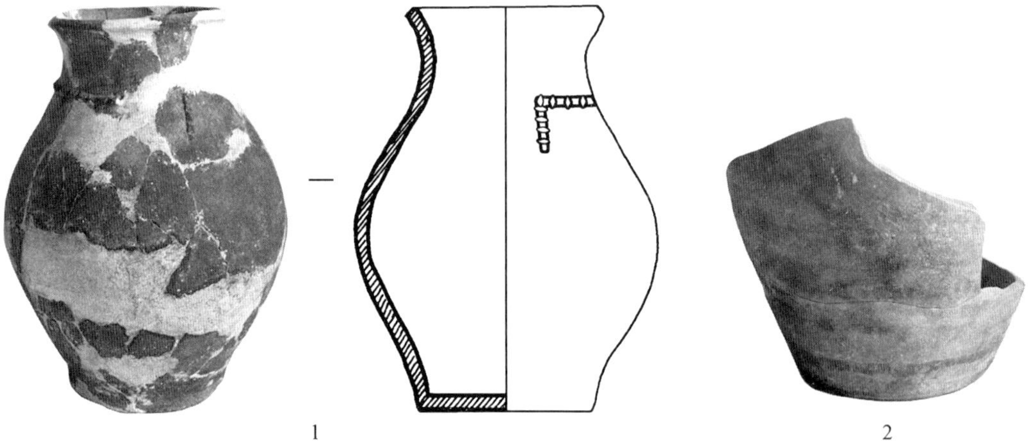

1　　　2

图二　西宁陶家寨墓地M1出土器物

1. 侈口长腹壶（M1：3）　2. 泥质灰陶器（M1：2）

鼓腹，平底，颈部饰戳点式附加堆纹，堆纹不闭合，一端下折，另一端残缺，器表有烟炱痕迹。通高23.9、口径11.5、腹径18.5、底径10.8厘米（图二，1）。

陶家寨M1的墓葬形制与甘肃疏勒河魏晋墓的M4土洞墓形制相近[2]，特别是墓向及其墓门前留有一段竖井式墓道的特征是一致的。此外疏勒河魏晋墓的B型夹砂罐（M4：18）颈部饰有蜷曲泥条堆纹与陶家寨墓地的M1：3具有高度的一致性，该墓年代为西晋早中期偏晚阶段。这种蜷曲泥条堆纹还见于甘肃玉门市清泉乡蚂蟥河墓群2003YMM3：1，该墓年代为魏晋时期[3]。参考疏勒河魏晋墓M4墓葬形制及蚂蟥河M3的器物特征以及陶家寨M1周边其他墓葬的年代，将陶家寨墓地M1年代初定为西晋时期。陶家寨墓地M1长腹壶颈部所饰蜷曲泥条堆纹具有鲜明的特征，最早见于内蒙古乌兰察布盟（今乌兰察布市）商都县西坊子乡东大井墓地的敞口鼓腹壶（M6：4）和罐（M6：3）[4]，该墓地被认为是东汉后期鲜卑首领檀石槐军事大联盟时期的遗存[5]。东大井、疏勒河、蚂蟥河墓地均被认为带有浓厚鲜卑文化因素的墓地，特别是颈部饰有蜷曲泥条堆纹的夹砂罐和壶，这种向下蜷折成“八”字形的泥条堆纹可能是萨满教的符号，表明这几处墓地在文化性质上有着极大的相似性或有着密切的联系。除了具有典型特征的蜷曲泥条堆纹的壶外，陶家寨M1墓葬用动物殉葬、墓壁设龛及毁器习俗均是鲜卑墓葬常见的埋葬习俗。

另外，在陶家寨墓地其他墓葬中还出土有10余件金器，分出在6座东汉末至魏晋时期的墓中。有金花、金叶、金耳坠、指环、条形金器等。金叶、花饰一般作为摇叶用于步摇冠上，步则摇动，也有缀在衣服上或者装在耳坠和带銙上的，还有饰于履面以及马具上的。孙机先生认为这些步摇冠起源于西方，由北方游牧民族传播到国内燕代地区，随后被慕容鲜卑所吸收，进而在东北地区所流行，5～6世纪传入朝鲜及日本。目前国内发现的步摇冠及金摇叶、坠饰等地点有30余处，主要出现在东北及内蒙古地区的鲜卑及受鲜卑影响的匈奴和汉墓中。甘肃嘉峪关魏晋时期的壁画墓中也有此类器物的出土[6]，与西宁陶家寨墓地的相近，可能是与慕容鲜卑因素有关的遗物。

金耳坠　1件。标本M7：6。平面似葵花形，中间镶嵌有绿宝石，剖面似钥匙。长2.2、宽1.2厘米（图三，1）。

金叶饰　5件。可分三型。

A型　1件。月牙形。标本M7：8。穿四孔，边沿饰小乳钉，中部有乳钉纹饰。长7.1、宽

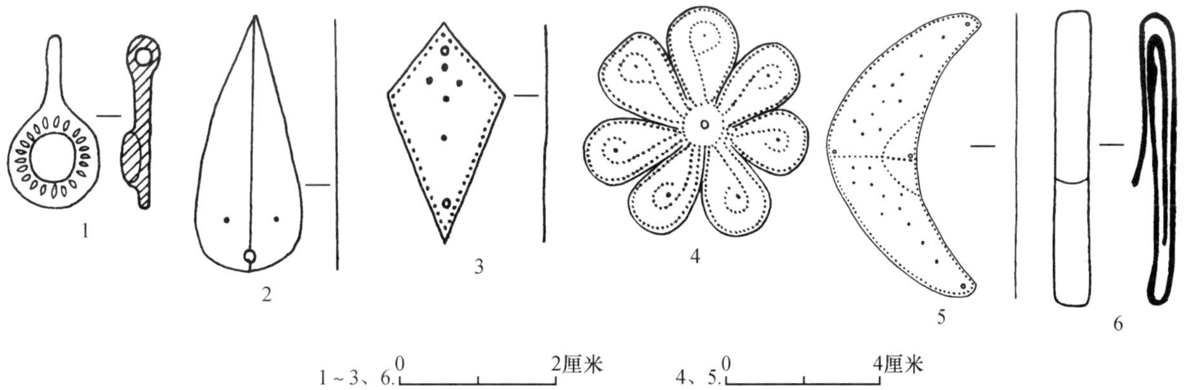

图三　西宁陶家寨墓地出土的具有鲜卑文化因素的金器

1. 金耳坠（M7：6）　2. C型金饰（M3：19）　3. B型金叶片（M7：7）　4. 金花饰（M7：37）　5. A型金叶饰（M7：8）　6. 条形金器（M9：83）

2.2～4厘米（图三，5）。

B型　2件。菱形，标本M7∶7。长边两角穿孔，边沿饰小乳钉，中间饰乳钉。长径2.6、短径1.6厘米（图三，3）。

C型　2件。标本M3∶19。柳叶形，一端穿孔，孔下面两侧各有一小乳钉，很薄。长3.2、宽1.3厘米（图三，2）。

金花饰　2件。标本M7∶37。梅花形七片花瓣，瓣边及中间一排有粟粒纹，蕊心有一小孔，以便固定。径5.8厘米（图三，4）。

条形金器　2件。标本M9∶83。变形为金条弯曲制成，平面呈长条形，侧面为卷状，色泽金光发亮。长3.7、宽0.4厘米（图三，6）。

2. 互助县泽林村墓葬

1979年青海省文物考古队与互助县文化部门共同从互助县丹麻公社林泽大队二队村征集到一批文物，这些文物来自村西的一座土洞墓中，包括陶罐、双马纹铜牌饰和带扣。许新国先生最初推断该墓为匈奴墓[7]。孙危先生后来根据双马纹铜牌饰上马镫形象的出现认为该墓与4世纪中叶以后的秃发鲜卑的活动有关，和后来的南凉政权有着一定的联系。这件铜牌饰在互助的出现，进一步印证了秃发鲜卑源自拓跋鲜卑的史料[8]。笔者认为泽林村墓中的小口扁腹壶（也有人称为罐）属汉式陶器，是汉文化因素的表现，东汉末至魏晋时期此类陶器多出现在的北方汉政权与少数民族交融地带，在青海境内东汉晚期至魏晋时期的墓葬内较为常见，所以小口扁腹壶确定墓葬的年代相对可靠，即该墓的下限可能在西晋晚期（图四，2）。泽林村的双马纹铜牌饰为模铸一蜷伏的大马，背上有一小马，腹部有一副马镫，双马表面均铸有“太阳”“联珠”等纹饰（图四，1）。出自泽林村墓的双马青铜牌饰是拓跋鲜卑常见的动物牌饰，同类器主要见于内蒙古三道湾、内蒙古东大井、山西善家堡、河北塔坨墓地等，这些墓地多包含有早期拓跋鲜卑因素，互助泽林村墓葬地处魏晋时期秃发鲜卑活动的主要区域，所以该墓可能是与拓跋鲜卑支系秃发鲜卑有关的遗存。

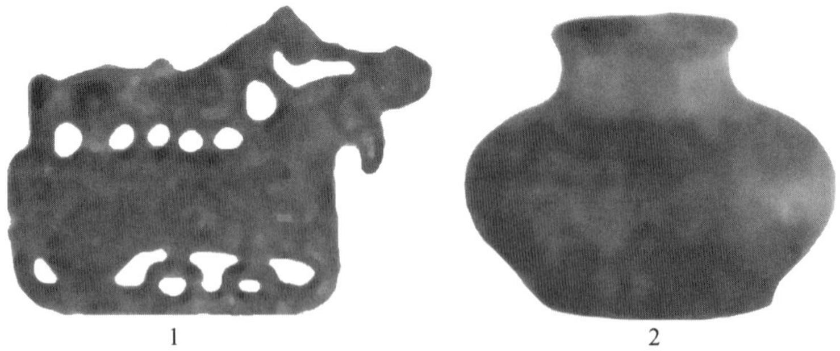

1　　2

图四　互助泽林村墓中的器物

1. 双马纹铜牌饰　2. 小口扁腹壶（罐）

3. 共和县合洛寺墓地M01 ~ M04

1980年青海省文物考古研究所对位于黄河北岸共和县曲沟公社合洛寺村的8座墓葬进行了发掘，当时称为卡约文化墓地[9]。在梳理资料中笔者发现合洛寺东区的四座墓葬（M01 ~ M04）墓向及埋葬习俗相近，M02、M04出土具有鲜卑特征的颈部饰蜷曲泥条堆纹的侈口长腹壶（简称“八”字壶），肩部带有近似“天”字符号的侈口长腹壶、敞口罐等。据已发表的资料介绍，这四座墓葬处于沙滩地带，后期人为破坏严重，有的墓葬形制难以明辨，部分人骨和陶器暴露于地表。由于发表资料不完整，笔者近期对部分能够复原的器物进行了补拍。关于这四座墓葬原资料介绍如下。

M01　墓葬形制不清，部分人骨和陶器露于地面，男性人骨一具，头向西北，葬式为仰身屈肢，仅保存腰部以下的部分骨骼。随葬粗陶罐三件，头部置放一件，脚部一件已残碎，羊头三个置放在人头部陶罐中间和一侧（原文与原线图有出入，以文字描述为准）。

M02　墓葬因黄沙覆盖较松软，墓边不清，从轮廓看似为长方形土坑，墓向北偏西85°，棺坑长200、头宽84、足窄60、深40厘米。棺坑的底和四边有棺木痕迹。人骨二具腐朽稍重，骨骼齐全，男性（50 ~ 55岁）仰身直肢，女性（18 ~ 25岁）侧身直肢，面向男性。随葬品有陶器3件，男、女头部上方各置1件，男性胫骨中间放置1件，铜饰2件，铜指环2件，铜耳环4件，铁镞5件，骨刀、骨鞘各1件，玛瑙珠1粒，玉珠2粒，头部置放一羊脊椎骨。

M03　位于合洛寺一队场南200米处，墓形破坏严重，似长方形土坑，尺寸不详，墓向北偏西37°，人骨一具保存较好，仰身直肢葬，缺颅骨。颌骨上端置放一羊脊椎骨。

M04　位于M02东侧3米处。圆角长方形土坑，墓向北偏西55°，墓口距地表深80、长200、宽126、深80厘米。10 ~ 12岁小孩人骨一具，仰身直肢葬，头北面向上。随葬加砂陶罐2件，单耳陶罐1件（原文中所描述的单耳罐有误，对比原文图版照片经查看实物原文所描述的单耳罐实为敞口深腹罐），五铢钱1枚，货泉2枚，骨珠9粒（图五）。

合洛寺墓地的鲜卑文化因素反映在普遍用羊骨殉牲的埋葬习俗和梯形葬具、颈部饰有蜷曲纹的侈口长腹壶上（简称“八”字壶）。合洛寺墓地的这两件夹砂陶壶形制基本一致，均为夹砂黑褐陶，具有鲜明的鲜卑特征。

侈口长腹壶（M04：1），夹砂褐陶，侈口方唇，长束颈，口沿与颈分界明显，长弧腹，平底。颈部饰蜷曲的戳点式泥条堆纹，两端不闭合，向下蜷折成“八”字形，简称“八”字壶。器表有烟炱痕迹（图六，1）。

侈口长腹壶（M04：2），夹砂褐陶，与M04：1器形基本一致，只是口沿略厚，“八”字形的蜷曲堆纹已部分脱落（图六，2）。

敞口长腹罐（M04：3），夹砂褐陶，直口微敞，方唇，颈部饰一周泥条附加堆纹，弧腹略深，平底。器表有烟炱痕迹（图六，3）。

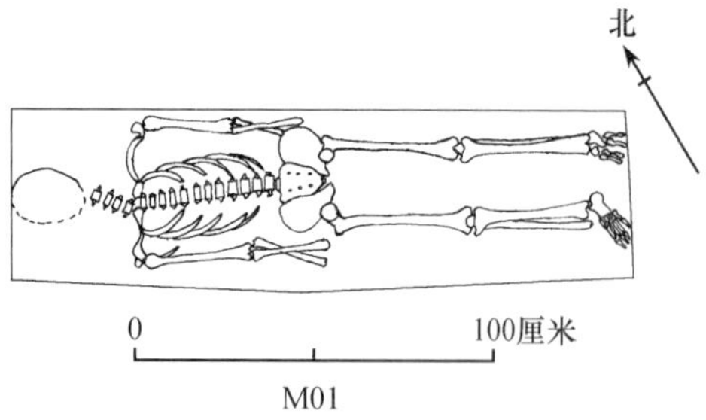

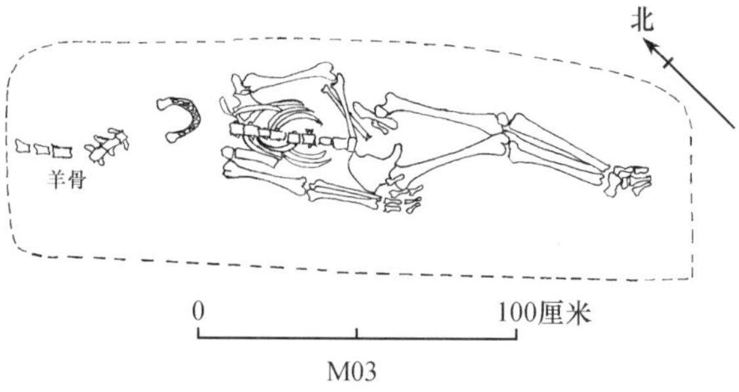

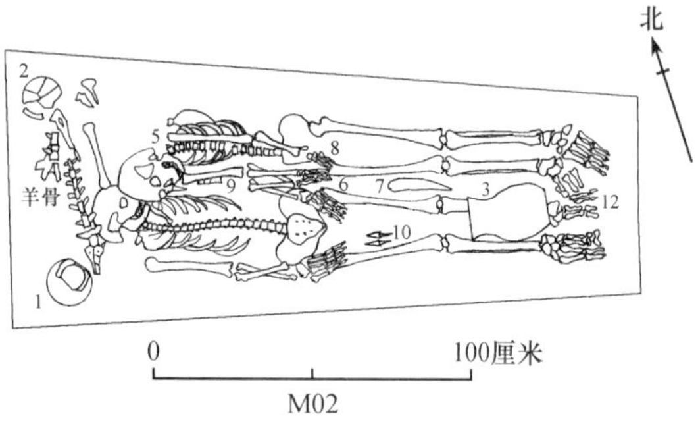

1～3. 陶罐　4、5. 铜饰　6、7. 骨刀、骨鞘　8、9. 铜指环
10. 铁镞　11. 玉珠　12. 铜耳环

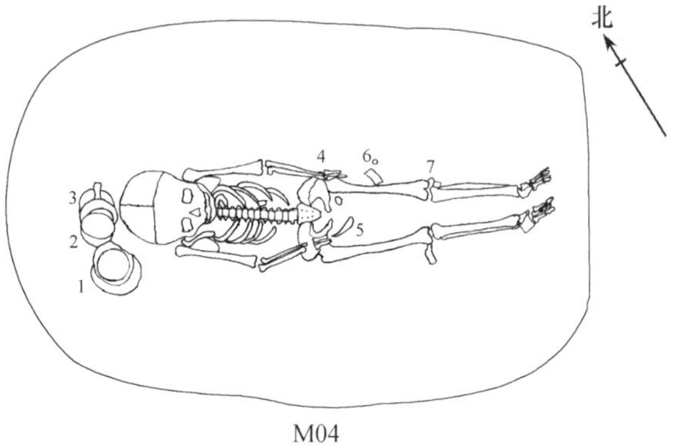

1、2. 粗陶罐　3. 单耳陶罐　4. 铜钱　5. 铁削
6. 骨珠　7. 羊头

图五　共和县合洛寺M01～M04墓葬平面图

图六　共和县合洛寺M01～M04出土的陶器

1. 侈口长腹壶（M04：1）　2. 侈口长腹壶（M04：2）　3. 敞口长腹罐（M04：3）　4. 侈口长腹壶（M02：1）

侈口长腹壶（M02：1），泥质灰陶，侈口舌状唇，长束颈，长弧腹，平底。下腹近底部有一圆形小孔，肩部有近似“天”字的符号（图六，4）。

虽然M04中出土有“五铢”及“货泉”，仅能说明该墓的年代上限约在东汉时期，但是在青海地区魏晋墓内出土汉代铜钱的现象较为普遍。同陶家寨魏晋时期的侈口长腹壶相比，合洛寺的同类器的体型瘦高，颈部变得更长，口沿与颈部有明显的分界，口沿增厚，参考内蒙古地区魏晋至十六国时期此类鲜卑陶器的总的演变规律是由矮胖向瘦高发展，所以合洛寺墓葬的年代应晚于西宁陶家寨墓地M1，但早于北魏时期，大致相当于五胡十六国时期。

三、从颈部饰蜷曲泥条堆纹的夹砂陶壶来看秃发鲜卑的渊源与分布

青海西宁陶家寨M1（图七，5）、共和合洛寺墓地（图七，6，7），内蒙古东大井（图七，1、2），甘肃玉门蚂蟥河（图七，3）、疏勒河墓地（图七，4），新疆的察吾呼墓地以及哈密、昌吉等地都出土有颈部饰蜷曲泥条堆纹的壶或罐，这种蜷曲泥条附加堆纹可能是萨满教的一种符号，在欧亚草原有着漫长的历史和广泛的分布，最西部出现在乌克兰南部黑海岸第聂伯河下游地区公元前14～前12世纪Sabatynivka文化的陶器上，在伊朗、哈萨克斯坦、乌拉尔河流域、阿尔泰山脉中亚腹地以及新疆、甘肃、内蒙古等中国北方地区、俄罗斯的外贝加尔地区有广泛的分布，总的传播方向是由西向东传播的，年代跨度2000多年[10]。在中国北方地区，

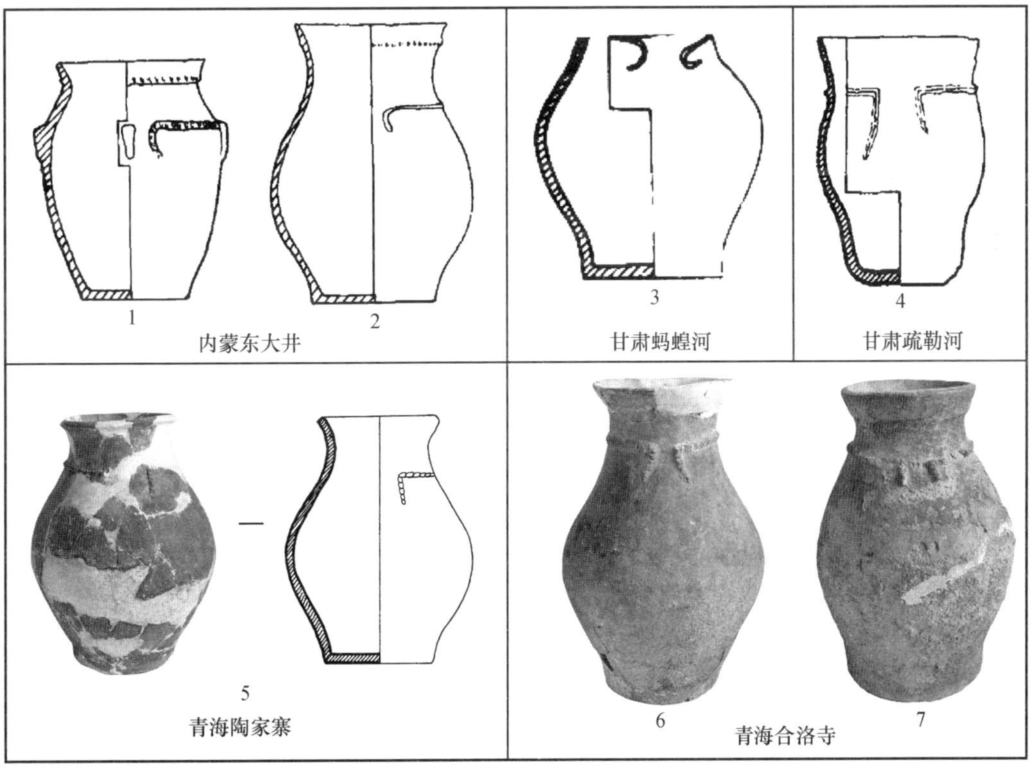

图七　内蒙古、甘肃、青海出土的颈部饰蜷曲泥条堆纹的陶壶（罐）
1、2. 内蒙古东大井（M6：3、M6：4）　3. 甘肃蚂蟥河M2：1　4. 甘肃疏勒河M4：8　5. 青海陶家寨M1：4
6、7. 青海合洛寺（M04：1、M04：2）

这种蜷曲泥条堆纹出现敞口长腹罐和侈口长腹壶上，敞口长腹罐主要在见于匈奴墓葬和部分鲜卑墓葬中，但是侈口长腹壶仅见于鲜卑墓葬中，侈口长腹壶所饰的这种堆纹是戳点式饰附加堆纹，是在附加泥条后再用扁头锐器在泥条上戳压形成竖向的压痕，具有鲜明的区域特征，表明这几处墓地在文化性质上有着极大的相似性或有着密切的联系。就国内四个地点出土的颈部饰蜷曲泥条堆纹的夹砂陶壶（简称“八”字壶 ）来看，此类壶在东汉后期出现在内蒙古东大井墓地，在魏晋时期出现在河西走廊玉门附近的蚂蟥河墓地和西宁市陶家寨墓地，十六国时期出现在共和县黄河北岸龙羊峡库区的合洛寺墓地。如按时间关系连成一线，就清楚地看出此类陶器的传播路线，即内蒙古东大井—河西走廊地区（甘肃玉门蚂蟥河墓地）、湟水流域（青海西宁陶家寨）—黄河北岸（青海共和合洛寺）。对照甘青地区有关鲜卑诸部的迁徙与分布历史文献，从东汉晚期到十六国时期，在出土此类“八”字壶的五处地点活动过的鲜卑诸部中最有可能的就是拓跋鲜卑的支系秃发鲜卑，其迁徙及分布区域与此类陶器的传播与分布区域相吻合，且“八”字壶及秃发鲜卑的源头都在内蒙古乌兰察布盟商都县西坊子乡东大井墓地，而“八”字壶颈部戳点式附加堆纹的做法，可追溯到内蒙古呼伦贝尔地区的早期拓跋文化。

近年来学界研究认为内蒙古三道湾、东大井墓地为檀石槐鲜卑大联盟时期的遗存，这两处墓地规模较大，约有500座墓葬，包含有汉文化、平洋文化、早期拓跋、匈奴和新兴的檀石槐鲜卑文化等五种文化因素，其中以E组器物为代表的檀石槐鲜卑文化就包括有颈部饰蜷曲纹泥条堆纹壶（罐）及双马纹铜牌饰等器物[11]。东汉桓帝时（147～167年），鲜卑首领檀石愧统一鲜卑诸部建立一个草原部落军事大联盟，其西达乌孙（巴尔喀什湖东南），“尽据匈奴故地”。檀石槐分其地为中东西三部，“从上谷（治今河北怀来东南）以西至敦煌，西接乌孙为西部，二十余邑”[12]。说明在东汉后期，一部分鲜卑人已经到达了甘肃玉门蚂蟥河、疏勒河这一带。檀石槐死后，军事联盟瓦解。到魏晋时，鲜卑族分裂为若干个部，东部主要是宇文部和慕容部，西部主要是拓跋部、秃发和乞伏部等。西部鲜卑中迁入较早、势力最大的是建立南凉的秃发鲜卑。秃发部是从拓跋部中分出来的一支，是拓跋鲜卑圣武帝洁汾长子匹孤的后裔。始祖神元皇帝力微时（220～277年在位），拓拔洁汾长子秃发匹孤因未继王位，乃率众自塞北迁入河西，故也称河西鲜卑。匹孤最初驻牧在今内蒙古额济纳旗至宁夏北部一带，从曹魏甘露元年（256年）到景元四年（263年），被镇西将军、都督陇右诸军事邓艾迁至河西走廊东部及湟水流域，其中也包括乙弗、契汗诸部，秃发部强盛时势力范围 “东至麦田（靖远北的麦田城）、牵屯（今平凉西北的牵屯山），西至湿罗（今青海湖东），南至浇河（今青海贵德），北接大漠（今腾格里沙漠、巴丹吉林沙漠）”[13]。秃发鲜卑与当地汉、羌、卢水胡等各族杂居错处，逐渐形成以秃发鲜卑为主，吸收卢水胡、羌、汉以及其他鲜卑分支等部形成的“羌胡”联合体。至晋泰始中（265～274年），匹孤孙树机能曾攻占凉州，杀凉州刺史牵弘于青山（今甘肃省环县西），后又败凉州刺史苏愉于金山（今甘肃省山丹县南）。及275年（泰始末至咸宁元年），秃发鲜卑的势力由凉州金城郡（治榆中县，今甘肃省榆中县西北黄河南岸）西北向西发展。279年树机能攻破凉州，朝廷大震，在西晋强大军队的围剿下，秃发部复降于西晋。后十余年间，秃发部在后凉东南广武一带势渐盛[14]。到了秃发乌孤时，建立南凉政权，414年，南凉为西秦所灭。南凉亡后，秃发氏大部并入西秦，后又为北魏所有，最终走向了汉化的道路。

四、河西走廊及青海地区的慕容鲜卑等其他鲜卑文化因素

除了秃发鲜卑以外，在青海建立政权且影响较大的还有吐谷浑，公元329年，吐谷浑孙叶延建立政权，吐谷浑在青海的政治中心先后经历白兰、沙洲及青海湖三个时期，其疆域东起洮水，西至白兰（今青海省都兰县、巴隆县一带），南抵昂城（今四川省阿坝境）、龙涸（今四川省松潘县），北达青海湖一带。最盛时辖地西至今新疆维吾尔自治区若羌县、且末县，北隔祁连山，与河西走廊毗邻。在青海地区存在了长达350年的统治时期，公元663年被吐蕃所灭。另外，魏晋至十六国时期活动于今青海境内的鲜卑还有：折掘（居今大通河下游一带）、乙弗（原居于河西走廊东部，与秃发部落为邻，后被秃发乌孤讨伐徙居青海湖西北沿岸）、契汗（一说在青海湖东，一说与乙弗敌部相邻而居，其地在乙弗部之西，即在天峻一带）、树奚鲜卑（与契汗部亦相邻而居，更在其西，当驻牧于哈拉湖流域）等[15]。另外乞伏鲜卑在与秃发、乙弗、契汗鲜卑及吐谷浑的征战时期也曾短暂驻留过青海。甘肃河西走廊一带的鲜卑有意云（居今甘肃永登地界）[16]、车盖鲜卑（居今武威西北）、鲜卑思盘部（居今山丹县南燕支山一带，即武威与张掖之间）、乌啼部（居今张掖山丹县金山之西）、北山鲜卑（居今张掖以北的合黎山及北大山）、鲜卑阿罗多部（活动于今敦煌以西新疆吐鲁番以东）[17]。

魏晋十六国时期，上述河西地区鲜卑诸部共同演绎了这一地区的历史，其物质遗存也应是不止秃发鲜卑这一支，其他鲜卑由于群体小，影响力弱，文化遗存特征不明显等有待于今后的探索。例如，慕容鲜卑的因素这一时期同样存在于河西走廊及青海湟水流域的魏晋墓葬中，上文所述“八”字壶（罐）源于檀石槐时期内蒙古东大井墓地，河西鲜卑主要受以内蒙古三道湾、东大井墓地为代表的檀石槐文化遗存的影响发展而来的，而以东大井文化因素中却不包含有慕容鲜卑的文化因素，但是西宁市陶家寨、上孙家寨魏晋时期墓葬及甘肃嘉峪关魏晋时期的壁画墓中出土的金叶、金花饰反映了慕容鲜卑的因素。而据文献所载，吐谷浑是在永嘉之乱（311年）后，始度陇而西，最初在青海的活动区域不在湟水流域更不在河西走廊地区，所以这些金叶、金花饰是吐谷浑人直接遗留的可能性较小，而可能是在东汉末至魏晋时期通过第三方秃发鲜卑、汉族或匈奴传播至河西走廊及青海湟水流域的。

结　语

魏晋至十六国时期，活跃于青海地区的民族有汉、羌、小月氏、匈奴（包括匈奴别部卢水胡）、鲜卑诸部等，各民族之间有着密切的交流与联系。在物质文化遗存方面往往存在着你中有我、我中有你的现象，特别是湟水流域这一时期的墓葬通常使用汉式墓葬形制和汉式泥质灰陶明器、汉制铜镜、铜钱等。一些少数民族的文化因素仅表现在墓葬中出土的便携的金属器物、骨器、装饰品及器物纹饰上，如印章、铜牌饰、带扣、刀具、马具、弓弭、骨管、三翼箭镞、金耳坠、金叶、金花、铃、串珠等器物及波浪纹器物纹饰，个别墓葬存在体现少数民族文化因素的夹砂陶器。很少发现墓葬形制、葬俗、随葬器物都很典型的少数民族墓葬，也就很难从墓葬形制及随葬陶器来区分死者的族属，如上孙家寨的乙M1的陶器同其他同时期的汉墓的陶器没有明显的区别，如果不是出土了“汉匈奴归义亲汉长印”，就很难辨认其为匈奴墓。这就需要根据史料的提示从周边地区的少数民族的典型墓葬或典型器物入手，进而来分析甄别青海地区墓葬中所包含的多种数民族文化因素。拙文以内蒙古东大井，甘肃玉门疏勒河、蚂蟥河均出现的颈部饰有蜷曲泥条附加堆纹的夹砂壶（简称“八”字壶）为线索，通过对比分析认为西宁陶家寨、共和合洛寺墓地出现同类器的墓葬为具有鲜卑文化因素的墓葬，并根据此类陶器在各地出现的时间、地点结合相关史料初步推测其可能是与秃发鲜卑有关的遗存，这些墓葬也包含有汉、羌等其他民族文化因素。显然这种“八”字壶不是甄别鲜卑文化因素的唯一线索，这一时期存在于青海地区的鲜卑墓葬也不止寥寥这几座，期待这几处具有鲜卑文化因素墓葬的发现能够引起各界学者的关注，进而促进对青海地区诸鲜卑文化的考古学探索。

注　释

［1］ 吴荭等：《河西墓葬中的鲜卑因素》，《考古与文物》2012年第4期。
［2］ 甘肃省文物考古研究所：《甘肃疏勒河魏晋墓发掘简报》，《陇右文博》2002年第1期。
［3］ 甘肃省文物考古研究所：《甘肃玉门蚂蟥河墓群发掘简报》，《考古与文物》2005年第6期。
［4］ 李兴盛：《商都县东大井墓地》，《内蒙古地区鲜卑墓葬的发现与研究》，科学出版社，2004年。
［5］ 倪润安：《内蒙古三道湾和东大井墓地为檀石槐鲜卑遗存论》，《考古》2011年第3期。
［6］ 甘肃省文物工作队、甘肃省博物馆等：《嘉峪关壁画墓发掘报告》，《文物》1985年第10期。
［7］ 许新国：《青海省互助土族自治县东汉墓葬出土文物》，《文物》1981年第2期。
［8］ 孙危：《鲜卑考古学文化研究》，科学出版社，2007年。
［9］ 吴平：《海南藏族自治州境内发现晚期墓》，《青海文物》第3期，1987年。
［10］ 饶晨：《欧亚草原的东西方文化交流》，暨南大学硕士论文，2010年。

[11] 倪润安：《内蒙古三道湾和东大井墓地为檀石槐鲜卑遗存论》，《考古》2011年第3期。
[12] 周伟州：《魏晋十六国时期鲜卑族向西北的迁徙及其分布》，《民族研究》1983年第5期。
[13] 李吉和：《鲜卑族在西北地区的迁徙活动》，《黑龙江民族丛刊》2003年第3期。
[14] 朱亚峰：《南迁西进后鲜卑诸部的发展及其历史地位》，《赤峰学院学报》2007年第6期。
[15] 吕建福：《青海湖流域的人文生态——吐谷浑人对青海湖流域的经营》，《中国历史地理论丛》2009年第10期。
[16] 崔永红等：《青海通史》，青海人民出版社，1999年。
[17] 周伟州：《魏晋十六国时期鲜卑族向西北的迁徙及其分布》，《民族研究》1983年第5期。

[原刊于《青海师范大学学报（哲学社会科学版）》2014年第3期]

青海出土鲜卑动物形牌饰研究

李国华

鲜卑是源于我国东北东胡系的一支少数民族。魏晋十六国之际，鲜卑部族建立多个政权。其中，吐谷浑部自西晋末，西迁到枹罕（今甘肃临夏）。后统治了今青海、甘南和四川西北地区的羌、氐部落，公元313年立国，至公元663年为吐蕃所灭，成为吐蕃属国，在青海地区立国达350年之久；公元397年秃发鲜卑在青海东部建立南凉国，至公元414年被西秦所灭，该政权存在了18年，盛时控有今甘肃西部和宁夏一部。在文献记载中，鲜卑在此地区的发展情况不甚清晰，从考古学的角度对此进行研究历来为学者所关注。鲜卑族在青海创造了丰富多彩的文化，然而青海鲜卑考古研究因出土资料的匮乏和相关遗存的甄别不足而相对薄弱。本文分析的青海地区出土动物牌饰，就是想从有限的出土资料中，甄别出更多的鲜卑文化遗存。

一、青海地区出土的动物形牌饰

牌饰是以匈奴和鲜卑为主的北方民族所常见的装饰物，其最大的特点是雕刻或铸造出各种精美的动物纹饰或造型，具有浓郁的草原气息和鲜明的游牧文化特征。其中动物形牌饰，取动物整体造型为轮廓，多采取透雕或半浮雕方式，常见形式有马、鹿、鸟等，在题材方面还可按照表现动物的数量区分为一个动物的单体和两个动物以上的群体两大类，多为金属质地，有黄金或青铜。从目前的出土资料来看，青海地区动物形牌饰并不十分丰富，主要集中在东部地区，均为装饰物，出土时相配套的器物组合较少，具体情况如下。

（1）双马形铜牌饰。1979年出于互助丹麻泽林一座土洞墓。高5、宽7.5、厚0.3厘米，重28.1克。青铜质，马呈轮廓状，采用模铸、半浮雕的技法，其造型为大马呈跪卧状，小马立于大马背上，俯首啃咬大马鬣鬃，大马头顶有圆形冠饰，马尾下垂与腿部连成底边和侧边，腹部有一副马镫。双马颈部、尾部、腿部镂空，表面铸有太阳、联珠及几何形纹饰。马身结构简单，两马都无细部展现，突出额部及马体主要特征，造型具有高度的写意性。同时出土的还有一件灰陶罐，器形较小，侈口、广肩、扁腹、平底。口径6.3、底径8、腹径13.2、高6.3厘米。

另有青铜带扣，残断[1]（图一）。

（2）连体兽形金牌饰。1985年西宁砖瓦厂墓葬抢救性发掘出土。金质，残缺，残长5.5、宽6.5厘米，重30克。从保留下来的形状看，整体采用模铸、锤揲等工艺，细部则用錾刻工艺，运用镂空、凸凹结合的手法表现了一组连体抽象的动物造型，着重显示其头部，张嘴圆目，头、颈刻“鬃毛”，牌饰中间铸有直立的人形，眼部及人身均穿孔。该墓葬中木棺呈梯形，前端宽，后端窄。长230厘米，前端宽62、高70厘米，后端宽40、高40厘米，棺盖长253厘米，棺盖边厚4厘米。除金牌饰，出土的随葬品少，但规格较高，有龟纽铜印、角质印匣、龙凤纹象牙梳、镶金蚌耳杯、“丰货”铜钱等[2]（图二）。

（3）燕形金饰（图三）。只记载为互助曹家堡出土，具体情况不明。通长4、通宽2.7厘米，重1.4克。以金片锤揲而成，整体呈燕形，作展翅状，但形制较抽象。图案呈对称形，中间有一条凹棱，正面边缘一周及中间饰有凸圆点纹或称粟粒纹，中部为粟粒纹组成圆形和浮雕状几何纹构成的图案，边缘处分别有三个穿孔。

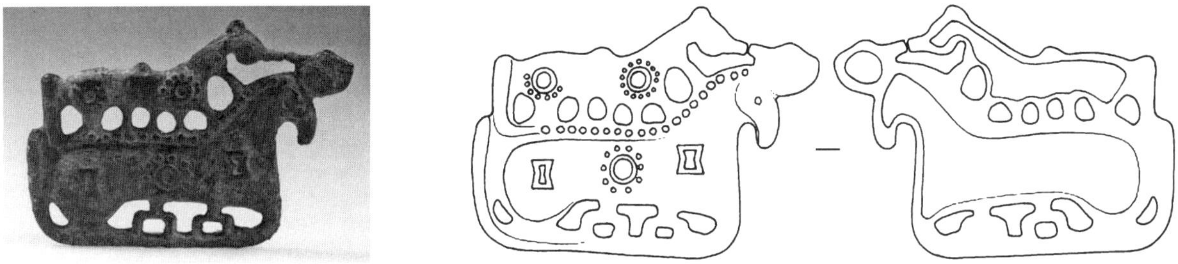

1

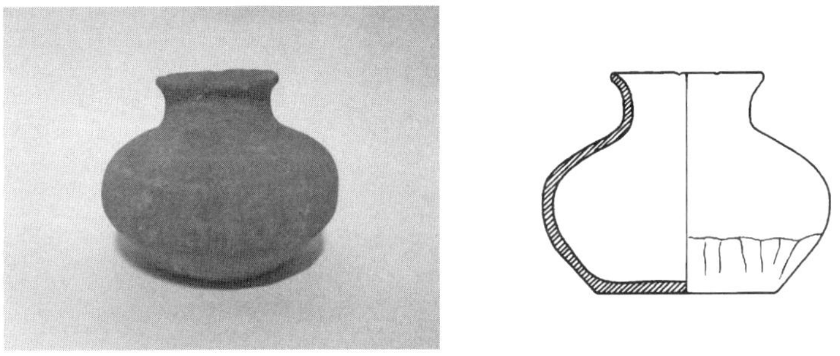

2

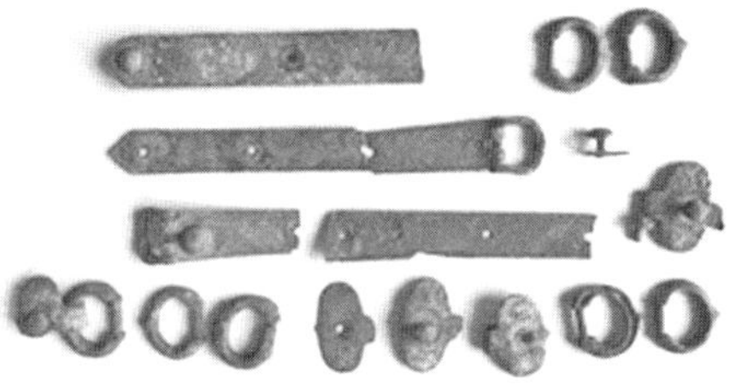

3

图一　青海互助丹麻泽林墓出土文物

1. 双马形铜牌饰　2. 灰陶罐　3. 铜带扣

二、动物形牌饰的年代和文化归属

青海地区出土的这两件牌饰，在青海考古中都是独一无二的，由于伴出随葬品较少，对其年代以及文化归属的推断都存在一定的局限性，但值得注意的是，这些器物与鲜卑系统的金属制品存在着一定的相似性，通常时代特征与工艺水平一般是统一的，因此能够从另外一个侧面

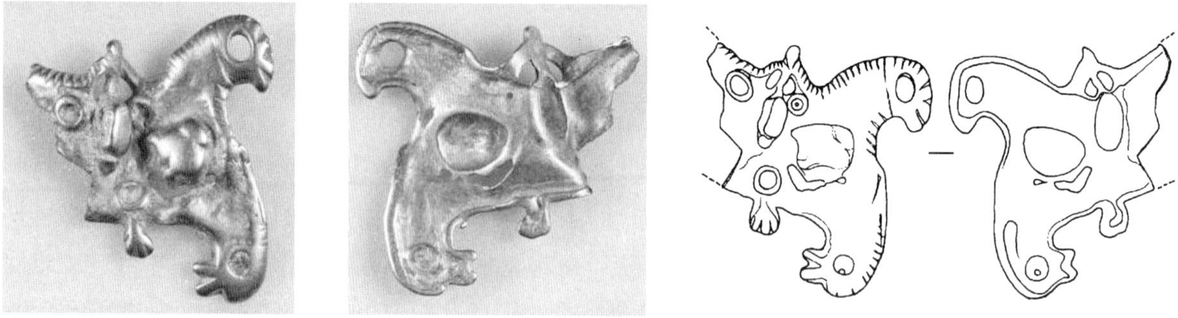

1

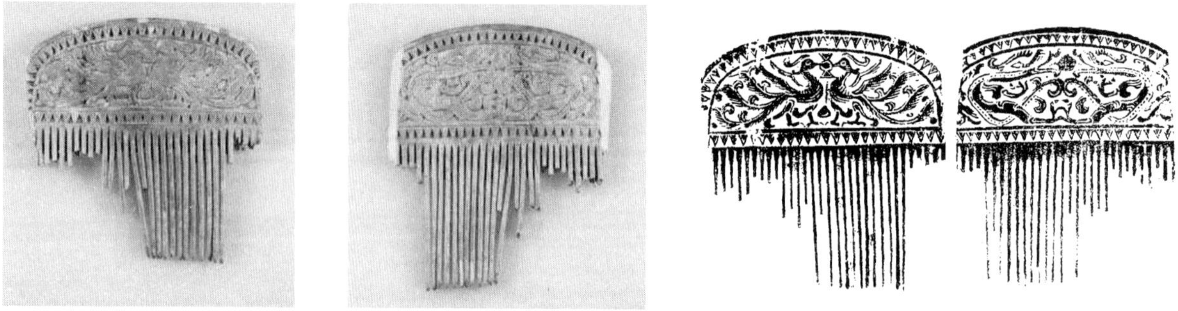

2

3

4

5

图二　青海西宁砖瓦厂墓葬出土文物

1. 连体兽形金牌饰　2. 龙凤纹象牙梳　3. “丰货”铜钱　4. 镶金蚌耳杯　5. 铜印及印匣

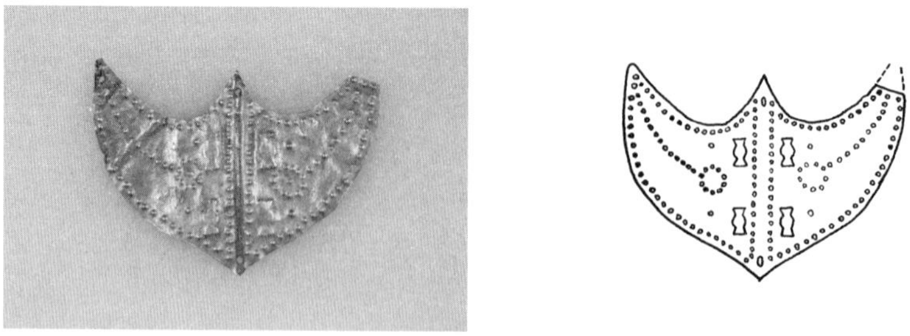

图三　燕形金饰

对遗物的年代给出一定的参考，进而考虑其文化归属。

（1）双马形铜牌饰的时代和族属。此类型牌饰，在青海海南州共和县也有出土。最初发掘者认为其属于东汉时期，与匈奴牌饰相关[3]。林沄先生对这种牌饰做过分析："可以基本上把这种马形饰牌作为鲜卑遗存的一种代表性器物。"[4]

鲜卑民族崇尚马，"兵利马疾，过于匈奴"，冷兵器时代，战马无疑是一种军事优势，在生产、生活、狩猎活动中都离不开它。因此马背民族，都企盼自己的马群兴旺，骏马辈出，双马形牌饰正是鲜卑民族动物崇拜的一种表现形式。这类造型的牌饰在吉林、辽宁、山西、河北、内蒙古都有出土，多见于目前公认的鲜卑遗存的墓葬中，可视为鲜卑文化的代表性器物，年代主要在东汉晚期至魏晋时期。双马形牌饰都较小，长度在5～6厘米之间者居多，多为模铸，质地有金和铜，正面凸起，镂空，呈半浮雕状，背面凹陷，主体图形为一匹大马的背上站立一匹小马，大马呈跪卧状，尾与腿连成底边与后边框，大马的吻部尖圆，略呈三角形。小马尾梢与大马的尾根部相接，在装饰风格上也颇具特色，双马的头部将马鬃束成圆形团状。如内蒙古乌兰察布察右后旗三道湾墓地，出土双马形铜牌饰1件、金牌饰2件。其中铜牌饰（M5：3），正面弧形凸出，背凹进，背有双拱纽。长6.5、高4.9厘米。金牌饰（M15：1）长6.5、高5厘米，两马颈部及冠饰边缘施压印纹一周，墓葬年代为东汉晚期[5]。吉林大安县后宝石墓地清理出两件双马形铜牌饰[6]，分为二式，Ⅰ式大马冠饰尖圆，吻呈三角形，长5.7、高4.4厘米；Ⅱ式小马的形体较矮，象征小马冠饰突起略尖，长5.6、高3.7厘米，年代为汉代。内蒙古通辽市开鲁福兴地墓地出土双马形铜牌饰[7]，模铸而成，长6.8、高5.7厘米，重41.8克，年代为两晋时期。鲜卑双马形牌饰整体上虽都非长方框形，但底部几乎无一例外有一横栏将马蹄和马尾连接在一起，马的刻画都近似剪影式，马首细部刻画并不明显，这既是模铸技术的限制，也是制造者的整体设计。牌饰上表现的马头部圆形冠状物，是作为鲜卑特定的鬃髻式样[8]。相比共性，青海的这件牌饰也有自己的独特性，器身出现联珠纹饰、几何纹饰，几何纹饰应为"胜形纹饰"，并表现出马镫形象（图四）。

青海出土的这件牌饰上表现出的"双马镫"，是极为珍贵的材料，在其他类似牌饰中并未发现。马镫是人类历史上一项具有划时代意义的发明。学术界长期争议马镫产生的年代问题，曾有学者将这件青海出土的双马形牌饰视为目前我国发现的最早的马镫图像，其年代定为东汉时期，并认为中国内陆马镫的使用，是受斯基泰—匈奴文化的影响[9]。上述推论缺乏可靠根据，事实上史书记载和考古发掘中均未能留下两汉时期有关马镫的记载和遗存，因此说明马镫的出现，至少是在两汉之后的事。根据考古发现，早期马镫的形象见于长沙西晋墓中马俑身上的三角形单镫[10]，存世最早的双马镫实物，是1965年从辽宁北票市冯素弗墓中出土的一副由鎏金铜片包裹的桑木心马镫[11]，该马镫长23、宽16.8厘米，圆三角形，上有带孔长柄，大体保留着西晋单镫那种三角形。冯素弗是十六国时期北燕文成帝冯跋之弟，死于文成帝太平七年，相当东晋安帝义熙十年（414年）。因而最早的马镫被认为是在公元4世纪以后，起源于鲜卑人的活动区域。此件铜牌饰所显示的马镫为双镫，呈宽大的方形，时代当更晚。

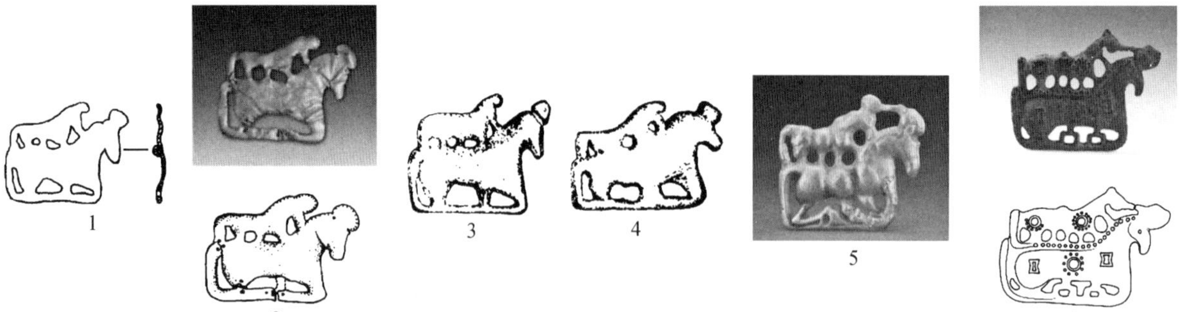

图四　鲜卑双马形牌饰

1. 内蒙古三道湾墓（M5∶3）　2. 内蒙古三道湾墓（M15∶1）　3. 吉林后宝石墓Ⅰ式　4. 吉林后宝石墓Ⅱ式
5. 内蒙古开鲁福兴地墓地　6. 青海互助丹麻泽林墓

青海双马形铜牌饰墓葬所出灰陶罐，器形较小，形制特别，与之相似罐在辽宁朝阳十六国鲜卑墓葬采集多件，其中上河首墓地采集3件[12]，辽宁十二台砖厂墓地采集1件[13]，轮制，灰陶，器表呈黑褐色，侈口，鼓腹，平底。通高5.6、口径4、底径4.8厘米。另外随葬铜带扣也带有鲜卑民族特色，说明时代大体在魏晋十六国时期，林沄先生认为此件牌饰装饰有几何图案，鲜卑风格浓郁，这类牌饰多与慕容鲜卑的吐谷浑有关[14]，而孙危先生根据铜牌饰上马镫形象的出现认为与4世纪中叶以后的秃发鲜卑的活动有关，和后来的南凉政权有着一定的联系[15]。拓跋鲜卑和慕容鲜卑之间并非独立，是存在文化交流的，具体归属有待进一步考证，但可以确定为鲜卑遗存。

这类牌饰从渊源上，可追溯到春秋战国时期长城地带的东段的鹿形牌饰，从鹿形到马形，再到马背上驮一个与小马，形成了鲜卑特有的马形牌饰，这些都与来自蒙古高原和外加贝尔的匈奴文化影响有关系[16]，应是欧亚大陆草原地带文化交汇融通的结果。

（2）连体兽形金牌饰。虽残缺变形，但从出土的类似金牌饰中可以窥探出它的整体造型。1956在内蒙古乌兰察布凉城县小坝子滩窖藏内发现了三件金牌饰[17]，其中一件为四兽形金牌饰，长8.8、高6.3厘米。“四兽”或“四鸟”布于四角，组成一个完整的动物身躯，上下四角各为一个鸟兽的头，中间骑坐一个人形纹。饰牌左右两侧与下边各有一个兽面纹。四角鸟兽装饰风格与青海出土这件牌饰相似，另外一件四兽形金牌饰，采用透雕工艺，四兽两两相背，上下排列，兽首向外，做张口吞噬状，屈身，短尾上卷，器身背面刻“猗㐌金”，“猗㐌”是拓跋鲜卑的一个部，另出土有“晋鲜卑归义侯”金印，从出土文物可确定该窖藏为西晋时期拓跋鲜卑的遗存。同出1件虎噬鹿纹金牌饰，采用透雕工艺，刻画了猛虎侧身而立张口噬虎的一刹那，构图虽然秉承了战国以来匈奴噬咬金牌饰的风格，但却流于概念化和图案化。1984年内蒙古通辽市科左中旗六家子鲜卑墓葬出土1件兽形金牌饰[18]，长9.5厘米，重63克，年代认定为汉末西晋，表现的动物形象似狮虎形，低头张嘴吞噬物，颈部之鬃、头顶鬣毛竖起，尾巴蜷于背后，四蹄爪状。兽之头、颈、身、臀部共九个铸出的高圈浅。头顶鬣毛处铸出一圆孔，腿间、颈下及尾巴卷起部位镂空。

六家子墓群中出土的兽形金牌饰与凉城县小坝子滩、青海发现的兽形金牌饰风格相同，但也存在差异，六家子金牌仅一兽，小坝子滩、青海出土的兽形金牌饰为四兽组成，兽形比六家子兽形更为抽象，已经失去了写实的意义。这类牌饰中表现的动物造型似鸟非鸟、难以用某种特定的名称命名，也被称为神兽纹。拓跋鲜卑其牌饰纹饰在东汉时期，多为草原上常见动物，布局则讲究规划整齐，至两晋南北朝时期，开始神兽化，神兽纹集多种动物特征于一体，虽为想象之物，但组合体动物与现实生活相关，在斯基泰文化中普遍流行，应为外来的一种动物造型。神兽化后所展现的动物多显诡异难辨，与现实世界中的动物难以对应，所展现的内容繁复主体多样。神兽多表现口部大张，目部圆睁惊恐，群体动物两两相对或相背，上下排列，然后又组成整体的兽面图案的做法，并出现神人御双神兽的表现形式。

据考古资料，此类动物造型可追溯到战国至汉代，1959年甘肃华池县发现一件透雕金牌饰品，呈长方形，长8.7、宽6.3厘米，重63克，四周有一道宽0.5厘米的边框。纹饰大致左右对称，由凸起的小鹿首、二猛兽、二立鸟组成，其余部分镂空。鹿首两侧的二猛兽构成纹饰的主要部分，兽耳直立，眼睛圆瞪，张嘴露齿，前足探伸、后足弯曲，足趾与鸟爪相似，三趾分立，肌体浑圆，强劲有力。此件牌饰被认为是战国至汉代的匈奴文化遗存[19]，这件金牌饰神兽头部造型与内蒙古、青海出土金牌饰很相似，另外值得注意的是这几件牌饰足部造型特别，足部三趾分立，呈现刷子形，粗糙而风格相近，可见拓跋鲜卑金器与匈奴金器是一脉相承的（图五）。

青海兽形金牌饰所出墓葬破坏严重，但仍保留一些鲜卑文化特点，墓葬中前宽后窄的木棺形制在内蒙古地区拓跋鲜卑墓葬中多有体现，墓葬特征主要是：无论是木棺还是土穴都是前宽后窄的形制。如扎赉诺尔、拉布达林墓地，墓葬为土坑竖穴，木棺的形制前宽后窄，七卡墓葬的主要特点有均为竖穴土坑墓，墓坑平面呈头大尾小的梯形[20]。三道湾墓地两期墓葬中都有木棺，其木棺的形制、大小均与扎赉诺尔相类似，大头小尾，高与宽均在40～60厘米之间，长短在130～180厘米之间[21]，呈前高后低、前宽后窄的梯形，王子坟山和新胜屯墓地亦为梯形木棺。

随葬品中“丰货”铜钱，钱径2.4、穿径0.9厘米，重2.6克。正面无内郭，背面有内郭，字体肥矮，笔划粗细不一，篆书中较多地带有隶意，横列穿孔两侧，锈蚀、磨损较严重。《十六

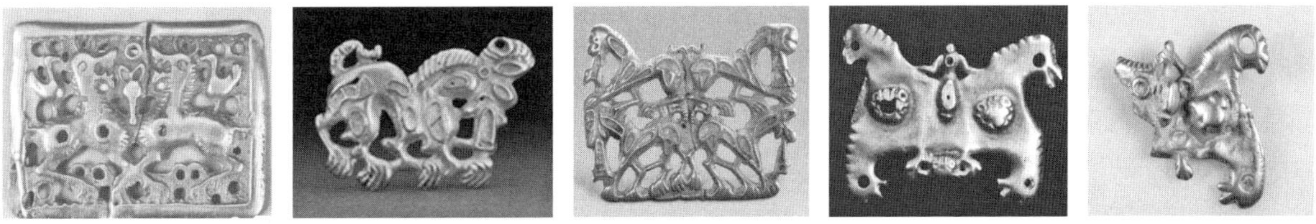

1　　2　　3　　4　　5

图五　神兽形金牌饰

1. 甘肃华池　2. 内蒙古通辽市六家子墓　3. 内蒙古凉城小坝子滩窖藏　4. 内蒙古凉城小坝子滩窖藏　5. 青海西宁砖瓦厂墓

国春秋·后赵录》载石勒赵王元年夏四月铸丰货钱，石勒赵王元年当晋元帝大兴二年，即公元319年，时石勒始称赵王，建都襄国(今河北邢台)，于其都置挈壶署，铸“丰货钱”。今传世丰货钱不多，且极少发现和出土。另外出土一件龙凤象牙梳，非常精致，呈现“双凤衔胜”纹饰，这是一种流行于魏晋南北朝时期的纹饰，并装饰在鲜卑族的饰物中。

墓中所出土随葬品虽少但都很珍贵，其中出土的铜印印文为“凌江将军章”，是一枚官印，说明墓主人身份是位将军。《资治通鉴·晋纪》记载：“……超伏兵击之，俱延失马步走，凌江将军郭祖力战拒之，俱延乃得免。”此墓主人是否为郭祖，尚无法确认，但结合出土金牌饰，应与魏晋十六国时期秃发鲜卑部建立的南凉政权有一定的关系，南凉多以征战讨伐为务，其军务重权由秃发贵族接任[22]。

《晋书》卷一二六《秃发乌孤载记》及《魏书》卷九九《秃发乌孤传》俱载，秃发氏的始祖与北魏同出，至八世祖秃发匹孤时，率领部众，自塞北迁于河西（黄河以西），故亦称河西鲜卑。其与拓跋鲜卑同源，钱大昕考证“秃发”即“拓跋”之转，二者无异。此件金牌饰及所出文物也可证实秃发鲜卑为拓跋鲜卑的一支。

（3）燕形金饰，其最有特点的就是以锤揲工艺以及表面边缘的粟粒纹，这种技术在鲜卑系统的金步摇饰中颇为流行，常见于墓葬中，主要出土于东北及内蒙古地区。如辽宁朝阳田草沟出土的步摇冠饰，基座正面中部为一纵向凸棱，两侧则对称镂空四个变形蒂叶纹，镂孔周围及山题边缘均饰一行粟粒纹。双龙双凤纹牌饰，金片镂制，四边及凸起的对角线上皆饰有两行粟粒纹。粟粒纹锁形饰，锁体两面圆凸，中部偏上处有一圆窝，周缘为较宽的边，通体饰呈环状排列的粟粒纹，边缘上布列九孔，内穿绞股金丝吊缀桃形金叶[23]。内蒙古科尔沁左翼后旗毛力吐墓葬出土的凤鸟形冠饰，通体饰呈环状排列的粟粒纹，四角各有一小穿孔，尾巴、翅膀和足下的圆片上都有自下向上冲出的捶打的凸圆点形纹饰，其中，尾巴和翅膀上的点纹呈三角形，足下圆片上的点纹作放射状。在尾巴和翅膀的周围又分别冲出直径约0.1厘米的小孔，孔中穿上金丝，吊挂着直径约0.8厘米的圆形金片[24]。此两处墓地均为慕容鲜卑遗存，青海省出土的这件燕形牌饰与这几处鲜卑金器工艺一致，分别有三个小穿孔应该也可作吊缀摇叶之用，并呈现胜形纹饰。青海的大通上孙家寨墓地、陶家寨墓地出土了一批金花饰。梅花形七片或六片花瓣，瓣边及中间一排有粟粒纹，蕊心有一小孔。径5.8厘米。这类金饰应该是缀在衣服上或者装在耳坠和带銙上的，还有饰于履面以及马具上的[25]。有的学者将其称之为“慕容氏摇叶文化”[26]。青海出土的燕形金牌饰、金花饰等都与慕容鲜卑“步摇”有相同点，很可能是一种连缀在其他物品上的饰件，而这些饰物边缘总会以锤揲制成粟粒纹来装饰，在慕容鲜卑金饰上表现很多，也被认为是最贵重的装饰纹样之一，因此此类金饰可能为慕容鲜卑遗存或是受到鲜卑文化的影响（图六）。

慕容鲜卑文化的代表性器物出现于青海，和吐谷浑部西迁有关。吐谷浑，为鲜卑慕容部的一支，公元3世纪后期，率部西迁，4世纪初期（晋末嘉年间），复西渡洮水，其子孙遂据有西零（今青海西宁市一带）、甘松（即甘松岭，今青海省东南部）以西为界，极乎白兰数千里之

1

2

图六 粟粒纹金饰

1. 田草沟墓出土步摇冠饰 2. 毛力吐墓出土凤鸟形冠饰

地，与羌人杂处。这种牌饰应该是在晋末之后才能分布到青海地区的。年代应为公元4世纪初或更晚一些。

三、结 语

青海出土的动物形金属牌饰，无论其所呈现的动物形象，还是制造工艺技术，如模铸、锤揲、錾刻等，在表现技法上往往是浮雕、镂空、线刻相结合，使动物形象表现更为生动，并从布局规整的现实动物到抽象化的神兽形象，金饰片边缘捶打的凸圆点表现为粟粒纹，这些都与其他鲜卑墓中出土器物有共性，具有典型的鲜卑文化特点。而出现的几何纹饰是从西汉开始，盛行于魏晋南北朝的胜形纹饰，带有祥瑞之意，具有汉文化的特点，鲜卑金属牌饰在其形成中受到匈奴以及西方草原文化的影响，形式和内容既有所保留，也有变化发展，共同形成了欧亚草原金属牌饰系统，可以说鲜卑民族在东西方文化交流中发挥了重要作用。金属牌饰在某种意义上也是多民族文化融合的产物。

鲜卑特有艺术风格的动物形牌饰，在青海发现的年代相对较晚，与鲜卑族西迁历史相符，青海地区出土的鲜卑牌饰不仅是古代北方游牧民族承前启后历史文化传承关系的实物见证，而且也反映了鲜卑民族迁徙链中的历史足迹。

鲜卑族早期的资料较为缺乏，史书中记载的鲜卑事迹，都是较晚的记录。所以较全面地了解鲜卑历史的面貌，就需要靠考古发掘的资料来探讨。鲜卑考古学的研究主要集中在内蒙古以东地区，这些地区发现的鲜卑墓葬数量较多，墓葬的族属也较为明确，研究较为广泛深入。青海鲜卑考古研究相对较少，期待更多的考古发现和研究探讨。相信随着考古学不断地进步，以及跨学科合作、跨地域交流能够帮助我们逐渐解决青海鲜卑文化的诸多未解之谜。

注　释

［1］ 许新国：《青海省互助土族自治县东汉墓葬出土文物》，《文物》1981年第2期。
［2］ 卢耀光：《青海西宁市发现一座北朝墓》，《考古》1989年第6期。
［3］ 许新国：《青海省互助土族自治县东汉墓葬出土文物》，《文物》1981年第2期。
［4］ 林沄：《鲜卑族的金、铜马形牌饰》，《边疆考古研究》第3辑，科学出版社，2005年。
［5］ 魏坚主编：《内蒙古地区鲜卑墓葬的发现与研究》，科学出版社，2004年，第32页。
［6］ 郭珉：《吉林大安县后宝石墓地调查》，《考古》1997年第2期。
［7］ 武亚琴、李铁军：《开鲁县福兴地鲜卑墓》，《内蒙古文物考古》2007年第2期。
［8］ 林沄：《鲜卑族的金、铜马形牌饰》，《边疆考古研究》第3辑，科学出版社，2005年。
［9］ 刘小何、许新国：《青海省出土古文物选粹》，《青海社会科学》1991年第3期。
［10］ 湖南省博物馆：《长沙两晋南朝隋墓发掘报告》，《考古学报》1959年第3期。
［11］ 黎瑶渤：《辽宁北票县西官营子北燕冯素弗墓》，《文物》1973年第3期。
［12］ 朝阳地区博物馆、朝阳县文化馆：《辽宁朝阳发现北燕、北魏墓》，《考古》1985年第10期。
［13］ 李宇峰：《辽宁朝阳两晋十六国时期墓葬清理简报》，《北方文物》1986年第3期。
［14］ 林沄：《鲜卑族的金、铜马形牌饰》，《边疆考古研究》第3辑，科学出版社，2005年。
［15］ 孙危：《鲜卑考古学文化研究》，科学出版社，2007年，第70页。
［16］ 潘玲、萨仁毕力格：《鲜卑马形牌饰的来源》，《边疆考古研究》第16辑，科学出版社，2014年。
［17］ 张景明：《内蒙古凉城县小坝子滩金银器窖藏》，《文物》2002年第8期。
［18］ 张柏中：《内蒙古科左中旗六家子鲜卑墓群》，《考古》1989年第5期。
［19］ 黄晓芬、梁晓青：《甘肃省华池县发现透雕金带饰》，《文物》1985年第5期。
［20］ 魏坚主编：《内蒙古地区鲜卑墓葬的发现与研究》，科学出版社，2004年，第214页。
［21］ 魏坚主编：《内蒙古地区鲜卑墓葬的发现与研究》，科学出版社，2004年，第43页。
［22］ 米海萍：《略论十六国时期南凉文化》，《青海民族研究》2000年第1期。
［23］ 辽宁省文物考古研究所等：《辽宁朝阳田草沟晋墓》，《文物》1997年第11期。
［24］ 赵雅新：《科左后旗毛力吐发现鲜卑金凤鸟冠饰》，《文物》1999年第7期。
［25］ 孙机：《步摇、步摇冠、摇叶饰片》，《文物》1991年第11期。
［26］ 孙机：《步摇、步摇冠、摇叶饰片》，《文物》1991年第11期。

（原刊于《北方文物》2018年第4期，此文进行补充修改）

都兰热水墓群考古40年

韩建华

考古学的魅力在于不断丰富和深化我们对历史的认知，同时也不断地提出新的问题和疑问，促使人类对自身历史的认识和记忆更趋科学和真实。新的考古发现不仅获取一定数量的遗迹和遗物，而且也在还原和复原人类社会的细节和缺环。热水墓群的考古发现正是在不断刷新我们对丝绸之路青海道的认知。1982年青海省文物考古研究所在青海省海西州都兰县发现热水墓群，随着考古发掘的不断深入，对墓葬形制和出土文物的了解和认识逐渐加强，都兰成为青海道上重要的中转站，有了考古学的证据，也被学界所认可。丝绸之路青海道的研究从过去单纯依靠文献的研究，转向考古发现和文献双驾马车并驾齐驱的局面，考古发现所担当的角色和作用不断地突显。随着树木年轮、DNA等科技手段的介入，关于丝绸之路青海道的持续时间、相应的环境、气候以及青海道上来往的人群的族属成为关注的焦点。

弹指一挥间，热水墓群考古发现已近40年，在这近40年间，考古发掘工作不断推进，新的墓葬资料不断出现，新的研究也随着不断深入。在丝绸之路青海道干线及支线、墓葬形制、丧葬习俗及仪轨、棺板画、丝织品、金银器、藏文木牍等方面涌现出一大批优秀成果。热水墓群从一无所知到现在的局面，离不开考古人执着的坚持与探索。回顾38年来热水墓群的考古学与历史学研究历程，总结经验得失，为更好地开展下一步的考古工作提供思路，也为热水墓群的保护与展示提供科学的依据。正如刘庆柱先生所说："历史学作为一门科学，在考古资料的不断发现中、多学科结合的新方法不断应用中、学科理论的不断创新中，学科自身是在不断地纠正不正确、不准确的'人类记忆'中发展。考古学使人类对自身历史的认识和记忆更趋科学和真实，从宏观和微观两个方面，促使'历史学'越来越成为真实、科学的'学问'。"[1]

一、热水墓群的考古历程

都兰作为丝绸之路青海道的重要节点，在其所连接东西交通道路的沿线上，遗留大量重要遗迹、遗物。早在20世纪30年代，德国冒险家Filchner就曾穿越了都兰的南部，他在都兰发现一些洞穴和佛塔，这些洞穴和佛塔有的保存完好，有的则已被破坏。在这些洞穴和佛塔中还发现银马鞍、金发饰和一个尊重达25千克的石狮像，此外还有衣饰的残片。这是有关都兰考古探险的最早记载，但这些并未引起Filchner的重视，他没有将他的探险和研究深入下去[2]。

20世纪50年代初，青海省文物局考古工作队在都兰县的英德尔羊场旧场部和香加公社的科肖图发现吐蕃墓群。1957年12月13日，青海省人民政府将两处吐蕃墓群时代定为唐代（吐蕃），公布为第二批省级文物保护单位。

科学发现是人类认识发展的巨大杠杆。热水墓群的考古发现纯粹是一次偶然。1982年，青海省文物考古研究所许新国和同事到都兰调查岩画，夜宿在露斯沟藏民达洛家中，从达洛口中得知察汗乌苏河的对岸有许多古墓葬。许新国和同事便决定过河进行调查。当他们蹚过冰冷刺骨的河水，穿过山口，“一座座圆形的坟堆散布在山根前和两山之间。我们忍不住内心的激动，奔向墓前”[3]。

“有的坟堆直径约十几米，高5～6米；有的已被盗掘者挖开，盗洞周围散布大小不等的石块。在距山口4.5公里处，耸立着一座巨大的古墓，平面梯形，堆上外形像两只叠在一起的‘斗’，基座有160米宽。这座墓葬规模宏大，气势雄伟。周围还散布着十几座大小不等的墓葬。这就是达洛告诉我们的名为‘九层妖楼’的大墓。我们登上了墓顶，估算大墓距地表的高度起码在20米以上。从墓顶和东面的两个盗洞观察，墓葬封土有明显的夯层，夯层之间还平铺整齐的柏木，顶部有明显的砾石堆积。这种类型的墓葬同青海东部的汉、魏、晋的砖室墓有很大的差异，究竟是什么时代的，是哪一民族的墓，当即引起我们极大的兴趣，决定争取一笔经费，当年即在此地进行小型的试掘。……都兰，这片神奇的土地不再沉默，它以无与伦比的文物和遗迹向我们诉说着它的历史沧桑和学术价值，引起了国内外学术界的轰动。”[4]

多年以后在许新国的文字描述中，还可以想象到那种发现时的喜悦和兴奋。这次发现是青海省文物局的考古工作队（青海省文物考古研究所前身）首次在都兰热水墓群的考古工作。从1982年8月开始，一直到1985年11月连续四年在热水墓群进行发掘，主要是对“热水一号大墓”的上层封土及其墓前的陪葬遗迹、陪葬的小墓进行了发掘。1983年“热水一号大墓”被文化部认定为“全国六大考古新发现”。

“热水一号大墓”为梯形双层封土。其北部与自然山岩相连，南部凸出山外，南宽北窄，依山面水，坐北朝南。上层封土叠压在下层封土之上，为等腰梯形，南北长58、南面宽65、北面宽55、高12米。封土由黄土、灰沙石、砾石、巨石等堆积而成，揭露出来的遗迹有穿木、混凝夯筑围墙，石砌围墙、围墙外房基、动物陪葬墓、十字形陪葬墓等组成。大墓南面平地上有殉马沟、殉牛坑、殉狗坑等组成的组合陪葬遗迹。根据古藏文木犊、木片，判断墓葬的族属是吐蕃，时代是唐代中晚期。

1986年5月27日，青海省人民政府将热水墓群公布为第四批省级文物保护单位，时代定为唐代（吐蕃）。

1994年开始，青海省文物考古研究所在都兰每年都有相应的发掘。

1994年9～11月，我们对都兰县夏日哈乡河北村的大什角墓地进行了发掘，发掘出中小型墓葬9座。

1995年6～11月，我们对香加乡考肖图的宗教遗迹进行了发掘。同时在热水乡直孕日二村发掘中小型墓葬20座。

1996年继续对香加乡考肖图遗址进行了发掘。揭露了一批重要的遗迹，有佛塔建筑1座、覆斗形祭台1座和内外墙垣各1重，并出土了一批陶、铜、漆、骨、石、铁等富有特色的遗物。

热水墓群1996年被国务院公布为第四批全国重点文物保护单位。当时认为热水墓群共有封土300余座，该墓地属盛唐时期的吐蕃遗存，也是青海境内面积最大、保存封土最多的一处吐蕃墓地。都兰吐蕃墓群的考古发现被国家文物局学术委员会评选为“1996年全国十大考古新发现”之一。

这个时期对热水墓群的布局有初步的认识：热水墓群分布在西至独山、卢斯沟一线，西南至卢斯沟岩刻，东北至扎玛日五队村东北的山脚缓坡地带，西南至垄根沟内的三处石框遗迹，南至河南岸涤沟口向南约2千米，北至北山根。分布区域东西长约9、南北约3千米。包括周边与墓群相关的历史环境，面积达54.51平方千米。墓葬分布于海拔3340～3500米之间，坡度在0～30°之间的察汗乌苏河南北两岸，从热水乡至那日马拉黑山的察汗乌苏河两岸均有分布，墓群整体分布呈枝杈状特征。墓葬一般为倚山面河，以山脚缓坡地带和黄土层深厚的冲积扇台地上为主要分布地，但有少数墓葬分布在山顶、山腰或两山之间的平地上。墓群根据墓群密集程度和所在地理位置分为南、北两个相对集中的区域。北区以血渭一号大墓为中心，在其东、西分布着若干墓葬，另外还有建筑基址、殉坑等。较大的墓葬有血渭QM1墓，羊圈墓等。墓葬大约161座。北区分区以热水一号大墓为中心，大墓以东（包括大墓在内）命名为北一区，大墓以西为北二区。南区墓葬以自然的小流域形成若干小的分布区，故南区分为四个区域，从东向西依次为南一区、二区、三区和四区。初步统计南区大中小型墓约138座。

从地表特征看，墓葬分为有封堆墓和无封堆墓，有封堆墓约占已登记墓葬的89%。封堆墓墓葬可分为大型墓葬和中小型墓葬两种，部分大型墓葬还有墓上祭祀性建筑。其中中小型墓葬分布较广泛，大型墓葬以“热水一号大墓”为代表。大型墓一般为覆斗状封堆，中小型墓一般为土丘状封堆，有的为夯土构成，有的堆以砾石后再覆盖夯土。封土堆均有遗迹，在夯层之间辅有沙柳枝条，夯土下方构筑平面为等腰梯形的石墙。夯土边缘常常砌有土坯或泥块，并在其外侧涂以红色石粉。

1998年6～10月，对香加乡莫克力沟的墓葬进行了发掘，发掘21座墓葬，均有封土，高1.5～5米不等，一般封堆下方均有砾石，厚约0.5米，砾石下方为墓室，均铺有柏木盖顶。墓室分单室，前后室、前后室墓带侧室等几种。

1999年6～10月，北京大学考古文博学院、青海省文物考古研究所在美国罗杰伟先生“唐研究基金会”的赞助下，在察汗乌苏河南岸发掘4座大、中型吐蕃墓葬。参加发掘的共计17位考古人员，北大有齐东方、林梅村二位教授及考古文博院的博士生、硕士研究生；青海省文物考古研究所有许新国、任晓燕等。墓葬分布在山脚下，与著名的热水一号大墓隔河相望。封土均为覆斗形，在墓室上叠压着1～3层柏木。4座墓的墓室结构分别为长方形的前后室砖石柏木混筑结构、长方形的左中右三室柏木结构、“凹”字形的左中右三室石室墓，前中后左右五室的砖石柏木混筑结构。随葬品种类丰富,有丝织品、木器、金银饰件、陶器、皮革制品等。2005年《都兰吐蕃墓》考古报告出版，这是有关热水墓群发掘的第一本考古报告，具有非凡的意义[5]。对热水墓群的墓葬形制与结构、墓地年代与布局都有新的认识，为热水墓群吐蕃时期墓葬形制结构及墓地布局、宗教信仰与社会组织等研究提供了丰富材料。这部考古发掘报告另一特色是进行了多学科的研究，特邀国内著名古藏文专家、中央民族大学的王尧教授对古藏文木简和碑铭释读；中国社科院王育成研究员对出土的道符解读；吉林大学教授朱泓、周慧、崔银秋、段然慧对出土人骨进行测试。此外，还组织专家对桦皮器残件、墓葬封土修筑过程进行复原研究；对出土彩绘木构件颜料、金属文物及埋藏环境对文物保存状况的影响等方面进行分析研究。

2000年，青海省文物考古研究所在察汗乌苏河南北两岸、卢斯沟地区的被盗墓葬进行了清理，共清理墓葬33座。这一年，都兰境内的吐谷浑—吐蕃墓群被世界遗迹观察者基金会（World Monument Watch Foundation）列入100个世界级的、濒临消失的人类文化遗产之一。

2002年5月，在都兰县香日德镇以东3千米处的牧草村发掘了4座吐谷浑墓葬,系土坑竖穴形制，带土坯券顶。其中一座墓中出土了1枚拜占庭狄奥多西斯二世（408～450年）时期的金币。说明吐谷浑统治时期，经柴达木盆地赴西域的青海丝绸之路在当时中西交通线上占有相当重要的地位。

2006年热水墓群首次被国家文物局列入《中国申报世界文化遗产预备名单》。

2007年，青海省文物考古研究所在察汗乌苏河北岸，“热水一号大墓”东侧发掘一座墓葬，编号2007QM1。该墓葬有石砌茔墙、祭祀建筑，墓道朝东，单室石室墓。随后在墓葬上盖起了保护大棚，这是热水墓群文物保护的新特点。

2012年热水墓群再次被国家文物局列入《中国申报世界文化遗产预备名单》。2012年10月28日至11月2日，由青海藏族研究会主办，青海省文物考古研究所和都兰县政府等协办的《首届都兰吐蕃文化全国学术论坛》，在青海省海西州都兰县和青海省省会西宁市先后举办。

2014年4～9月，为配合哇沿水库的建设，青海省文物考古研究所与陕西省考古研究院合作对水库涉及区域内的官却和遗址与古代墓群等进行了抢救性考古发掘，共清理房址10座、灶坑31个、灰坑14个、墓葬25座及5座殉马坑,揭露面积达7695平方米。这是在青海省境内首次发现的吐蕃时期聚落遗址[6]。

官却和遗址分东西两区，东区为集体烹食之所，其中葫芦形灶台30座，圆形灶台1座。遗址西面为生活居住区，密集分布有7座房址，其中单体单间房址2座，单体多件房址5座。清理石室墓19座，砖室墓1座，木椁墓3座，土坑墓2座，殉马坑5座。

大型石室墓1座，处于整个南岸墓地的核心位置，由封堆、墓圹、墓室三部分组成。封堆破坏严重，残存部分由石砌边框、土坯基础构成。殉马坑均分布在规格相对较高的石室墓附近。

墓葬随葬品主要有陶、铜、铁、金、石、漆、木、骨、琉璃、玛瑙、丝绸、皮革等各类质地文物900余件。陶器主要有夹砂灰陶罐、夹砂灰陶灯。铜器有釜、盆、盘、勺等。此外还出土一件“开元通宝”。饰品有镶绿松石金耳坠、蜻蜓眼石珠、蚀花肉红石髓珠、血珀坠饰、绿松石珠饰等。在部分木椁墓中出土卜骨，部分墨书古藏文卜骨或有墨绘人像，还出土有墨书古藏文木简等。

2018年《青海都兰县哇沿水库古代墓葬2014年发掘简报》[7]发表，这是有关热水墓群的第一篇简报。这次考古发掘证明，察汗乌苏河两岸是存在聚落遗存的，不仅有墓葬，还有居住房址、灶坑、灰坑（沟）等。所以需要重新认识该地区的文化内涵，适当时候可以考虑以“热水遗址”代替“热水墓地”。

2016年国家文物局《大遗址保护“十三五”专项规划》中将热水墓群列入规划，是“十三五”时期青海省五处国家大遗址之一，全国100处大遗址之一，并根据大遗址保护要求进行整体保护，适度展示利用；又将其作为丝绸之路跨国联合申报世界文化遗产的重要组成部分。

2017年7月在青海省海西蒙古族藏族自治州人民政府和都兰县文物体育广播电视局的委托下，由中国建筑设计院有限公司建筑历史研究所完成《热水墓群保护总体规划2017—2030》（评审稿）的编制。

2018年破获的“3·15”热水墓群被盗事件震动全国。涉案文物达到646件，经国家文物管理部门专家鉴定，一级文物14组16件，二级文物49组77件，三级文物132件，一般文物421件。这些文物大致分为器皿和饰品两大类，器皿类分为金属器和玉石器，包括玛瑙、石榴石、松石等；饰品分为人身上、马身上、箱子上的装饰等。2018年，由青海省文物考古研究所和中国社会科学院考古研究所联合组队对被盗墓葬进行考古发掘。

2019年6月24日为推动热水墓群的考古发掘与保护，国家文物局、青海省人民政府和中国社会科学院就共建热水墓群国家考古研究基地在北京签署框架协议，积极推进热水墓群国家考古研究基地建设，着力将其打造为集考古、研究、文物保护和科研培训等职能为一体的国家级科研中心和国际化、开放式的学术研究平台，依托基地系统、持续地开展热水墓群学术研究、安全防护监测巡查、大遗址保护和国家考古遗址公园建设工作，充分发挥基地在推动丝绸之路申遗和文物保护工作、促进青海省公共文化服务体系建设、培育和践行社会主义核心价值观等方面的核心作用[8]。

从2018年开始，到2020年，在新理念和新思路指导下，热水墓群考古进入新阶段，不仅进行了大规模的区域考古调查，发现了城址、宗教设施，加上现有的墓地，形成三位一体的空间格局，改变了对热水地区古代聚落形态的新认识。而且在对2018血渭一号墓发掘中，发现地上墓园建筑，刷新热水墓群认知，地下木石五神殿的多墓室结构，发现壁画、彩绘棺等，为墓主人身份认定提供翔实的资料。

二、热水墓群的考古研究

截至目前，38年来热水墓群考古发掘的墓葬在150座以上，发掘资料会在当年的《中国考古学年鉴》《中国文物报》和《中国重要考古发现》零星地披露，或者是在主持发掘者的研究论文里零星散见。正式报道的资料仅一本报告和一篇简报，报道墓葬数量仅29座，所以考古信息十分有限，热水墓群的研究就是在这样的情况下展开的。

“一时代之学术，必有其新材料与新问题。取用此材料，以研究问题，则为此时代学术之新潮流。”[9]热水墓群考古发现，为认识这一时期墓地的分布与年代、墓葬形制与结构、营建技术与材料、丧葬礼仪、宗教信仰、社会组织以及人群构成等方面的研究提供了丰富材料。虽然热水墓群的考古报道的材料十分有限，但研究的视野和领域却十分的广阔，研究成果可谓蔚为大观。

作为墓葬研究，热水墓群的研究符合墓葬研究一般规律，“墓葬研究一般包括以下几个方面，即墓葬的分期研究、空间布局研究、形成研究及建立在骨骼材料分析基础之上的古人口统计、古病理、古食谱及人种、遗传方研究，对时空度的把握是基础，对社会组织、意识形态的研究和对历史的复原，解释是核心，其最终目的还是要探索历史发展规律”[10]。墓葬的考古学研究的这几个方面是逐层递进。墓葬的分期和空间布局是考古学最基础的时空研究。

墓葬与墓地形成过程的探索相对比较复杂。单个墓葬的形成与墓葬的设计、规划和建造的先后顺序有一定关系；墓地的形成与社会组织结构、社会分工及社会习俗，以及埋葬习俗、观念等意识形态有关。这方面热水墓群的研究相对薄弱，甚至没有。

社会组织的研究“是墓葬研究最重要又最易发挥作用的课题之一”[11]。这主要表现在对葬俗葬仪、随葬品构成的研究，探讨墓葬所属族群，进而对其所反映的社会习俗、社会分化、社会组织结构、社会权力进行研究。人类不同群体对死亡的认知是不相同的，背后蕴含着不同的生死观念和精神图景，葬俗葬仪的不同是其主要表现方面。而葬俗葬仪产生于族群适应环境而积累起来的经验，这是在族群发展的长期过程中逐渐形成又慢慢沉淀下来的，本身是意识形态中最深层的东西，所以葬俗葬仪随社会发展变化的节奏很慢。

热水墓群的研究，受所发掘的墓葬基础材料的信息含量和墓葬信息刊布的限制，研究侧重于微观层次研究。以单个墓葬或者不同墓葬的随葬品为主要研究对象，涵盖对墓葬形制、葬具规模、结构，随葬品的种类、位置，放置顺序和相互间的平面关系，随葬器物的材质、工艺、来源、跨区域关系以及对人骨本身的研究。这一类研究是热水墓群研究的主流，成果很多。热水墓群对随葬品的研究是研究的主要方面，包括丝织品、金银器、皮革、马具、漆木器、藏文木牍等。甚至还对墓葬出土各类器物上的纹饰的研究，像对织锦上的纹饰的研究，包括含绶鸟织锦、太阳神图案织锦、人兽搏斗图像织锦，另外还对动物形银器、联珠纹等的讨论，以探索器物背后大空间上的人群流动和社会关系，从空间和时间两个维度，从静态到动态的立体连接，最终讨论的落脚点都是要把墓葬研究同各种层面的社会研究结合起来。

近年来总结热水墓群研究有文章也逐渐多起来，分类标准不同，研究也就有不同的面相。像许新国[12]、阿米·海勒[13]、格桑本[14]、周毛先和宗喀·漾正冈布[15]、徐承炎和夏吾卡先[16]等都进行了总结。

在这些总结中，可以看出墓葬随葬品的研究成为热水墓群研究的主流，以丝织品、金银器为代表，这些器物的材料、形态与装饰可从视觉上直观地强化其人群、功能与等级，甚至其所蕴含的象征性。就像杰西卡·罗森所说："器物所显示的不同地理区域、不同社会的差别，揭示出这些群体通过自身特色的物质文化来建构特别的习俗，或许还包括习俗所支持的观念、意向和解释，以及使之恒久的特定方式。"[17]但是我们要看到，这些器物的研究，注重单个器物，而忽视器物的组合。单个的器物在大多数情况下只是一个片段，而器物组合才可以提供一套容易辨明和可识别的复杂观念世界。

在热水墓群的研究中，科技考古的介入与应用是最大亮点。无论是树木年轮、人骨线粒体DNA，还是金属文物的金相分析、皮革文物的保护修复，都是以考古学的研究目标为指导，应用自然科学等相关学科的方法与技术，围绕考古学的问题开展研究，在研究中始终做到与考古学紧密结合，解决了年代、气候、人种以及文物保护等问题，这是以往的考古学研究中无法探讨的课题。通过自然科学相关学科的独特方法定量分析，以探求相关的环境、气候、人种、技术等方面的问题，最终强调研究的考古学目的。

热水墓群研究，作为艺术史的考古学研究，德令哈彩绘棺板画的研究是主要方面。2002年德令哈郭里木乡清理发掘的两座被盗墓葬，出土3具木棺，棺板上的彩绘内容的四神图、狩猎图、商旅图、宴饮图、帐居图、男女双身图、射牛图、妇女图、人物服饰和赭面现象等，学界对棺板上的彩画进行了全面、深入的解读。这些图像研究给考古学研究带来许多新的方法、视野、维度和实践，成果丰硕。棺板画研究从画面内容的解读等基础研究层面入手，对当时人的服饰、习俗、深入到思想观念、宗教信仰等精神世界的领域，研究当时人对图像的制作和理解、知识与技术及其在社会上的传播等等崭新的领域。

在热水墓群研究成果蔚为大观的情况下，我们也明显地感受到其的短板，受考古工作本身的局限，热水墓群考古发掘的新材料未能及时进行系统整理，材料刊布的不规范和不及时，限制了研究的深入开展，所以研究缺少系统性和整体性。截至目前，热水墓群的墓地范围、墓葬数量、墓葬形制、墓地布局、分区、葬式，这些墓葬研究最基本的材料仍不十分清楚。

就以"热水一号大墓"的研究为例，该墓就热水墓群规模最大的墓葬，1982～1985年，青海省文物考古研究所对该墓及其附属遗迹进行了发掘。主持发掘的许新国先生对墓葬形制的描述："M1大墓为梯形双覆斗形封土。其北部与自然山岩相连，南部凸出山外。南宽北窄，依山面水，墓葬底部南面宽160米，北部连接山岩最窄处达60米。封堆顶部距南面地平面高达30～35米。上部封堆叠压在下部封堆之上，平面呈南宽北窄的梯形，与北部山岩相连接，其上部南北长58米，南部最宽处达65米，北部最宽处为5米，高11～11.5米。我们即对此上部封土进行了发掘，另在封土北部与自然山岩的连接处开了一条东西向的大探沟，部分了解了下部封土的结构，并对大墓封堆南部地平上的动物陪葬遗迹进行了大面积的揭露。”[18]

根据许新国的文章，基本可以复原出“热水一号大墓”的结构：大墓封土由上下两部分组成。上层封土为等腰梯形，揭露出来的遗迹有穿木、混凝夯筑围墙，石砌围墙、围墙外房基、动物陪葬墓、十字形陪葬墓等。下层封土未发掘，情况不明，但许先生推测墓主人的墓葬在下层封土中。墓葬南边有组合陪葬献祭遗迹，由5条长条形殉葬坑和其东西两侧的圆形殉葬坑组成。五条殉葬沟居中，东西向横列，殉完整的马87匹。其东西两侧的殉葬坑呈圆形，共有二十七个，十三座殉牛头、牛蹄，八座殉完整的狗，另有巨石以及砸碎的镀金银器残片。整个分布范围长约30、宽50余米。在封土东北的探沟还发现一座陪葬墓。

但是对于发掘出来的遗迹的性质认定存在争议，特别是下层封土的性质，究竟是人工堆积还是自然堆积，争议未决。但下层封土最终没能发掘，所以导致墓葬报告未整理出版。墓葬发掘主持者许新国先生曾在《吐蕃墓的墓上祭祀建筑问题》[19]和《中国青海省都兰吐蕃墓群的发现、发掘与研究》[20]两篇文章中描述了墓葬形制，但却没有附墓葬平面图。“热水一号大墓”的研究就是在这样的情况下展开的，主要集中在墓葬年代、族属、葬俗、葬制和随葬品等方面的研究。

在这个墓葬的研究过程中，有个有趣的现象，该墓的命名相当混乱，经过对已经发表的各类文章（不包括专著和硕博论文）统计，有近30种之多，诸如血渭M1、热水血渭一号大墓、热水血渭1号墓、热水一号唐代吐蕃墓、热水一号墓、热水一号大墓等，不一而足。在墓葬发掘主持人许新国的《中国青海省都兰吐蕃墓群的发现、发掘与研究》文章中，就有血渭M1、热水血渭一号大墓、热水血渭1号墓三种称呼，其混乱可想而知了！

因为“热水一号大墓”没有出土任何明确的纪年遗物，也没有采用科技手段对墓葬进行有效断代。该墓的年代也是众说纷纭，有7世纪末到8世纪初、8世纪中叶、7～9世纪等多种说法。

以热水一号大墓为中心的整个热水墓群的族属归属，是研究中纷争最为激烈的问题。“希望赋予特定器物或纪念物某种身份，一直是考古学探究的核心，而这种身份经常是用族群或者创造它们的‘人群’来表示。”[21]这是20世纪考古学主流分析的模式，称为“文化—历史考古学”的范式。其基本原理就是将一定范围内同质性的文化实体与特定人群、族群、部落和/或人种相对应。族属对应某种考古学文化，成为考古学研究的一种模式。所以在“热水一号大墓”的族属研究中出现了吐蕃文化，这是立足文化与族群身份认同的设想之上。许新国关于热水墓群的族属研究，发表一系列文章，从推定的吐蕃族属，进而确认为吐蕃文化，这就是这种研究范式的反映。同时这种族属研究在历史考古学中有天然的优势，把历史文献中记载提到的特定族群，与考古发掘的相关遗址和遗物简单对应，也就可以贴上族群的标签。其实这是比较危险的做法。

热水墓群的族属的争论可分为三种观点：吐蕃说、吐谷浑说、吐蕃统治下吐谷浑说。对热水一号大墓的墓主身份有7世纪活跃于吐蕃东境的禄东赞[22]、是吐谷浑王夸吕[23]、是吐蕃册封的首位吐谷浑王、薨于694年的坌达延墀松[24]三种观点。霍巍从吐蕃治下吐谷浑邦国的地位入手，对热水一号大墓的墓主身份提出了几种推测：一是吐蕃封立的“吐谷浑小王”之类的王室贵族；二是下嫁吐谷浑的吐蕃公主；三是已投降归顺吐蕃的吐谷浑原王室残部；四乃受吐蕃支配的吐谷浑军事首领[25]。相对比较客观，容易接受。

近40年来，以热水墓群为中心的都兰地区同时期墓葬的考古调查与发掘，不仅提供了大量全新的材料，而且对于认识青藏高原魏晋南北朝、隋唐时期该地区考古文化面貌，民族交流与融合，中西文化交流状况，均具有重要的学术意义。考古研究成果丰硕，尽管分歧不断，学术研究的氛围和热情不减，特别是在“一带一路”倡议的促进下，热水墓群在丝绸之路青海道研究方面奠定了较好的学术基础。

三、热水墓群的未来瞻望

热水墓群是丝绸之路青海道沿线重要的墓地遗存，是东西方文化接触、渗透、碰撞与交流的重要证据，利用聚落考古学手段开展热水墓群的考古学研究，对认识都兰在丝绸之路上的历史地位、都兰与区域内多民族文化的交流，以及热水墓群游牧聚落的形成过程等有深刻的现实意义。

热水墓群的田野考古与相关研究，仍存在着较多不足之处，主要表现在：

其一，热水墓群空间布局尚不清晰。

目前热水墓群最主要的问题，是对墓地布局认识不清。热水墓群的布局认识仍然是初步和大略的，不够准确。热水墓群以察汗乌苏河为界，至少可以分为南北两大区，每区墓葬的数量、规模、布局都不清楚。目前虽初步了解墓葬是族葬，但是族葬的墓葬分布规律、中心大墓与陪葬墓、殉牲坑的分布仍不十分清楚。这一系列问题不仅影响到许多重大学术问题的研究，同时也影响了遗址的保护工作。热水墓群遗址保护迫在眉睫，但相关文物保护部门尚不能提供重点保护区域的依据。文化遗产保护对象的范围、目标不明确，将直接影响到热水墓群的整体保护和展示。因此，开展田野工作搞清墓地布局，是相关学术问题研究与热水墓群保护之必需。

其二，多学科综合研究所需资料非常匮乏。

由于时代局限等原因，以往的田野考古工作和相关研究多注重文化遗物，对于自然遗物的采集非常缺乏，致使多学科综合研究甚为薄弱。诸如殉坑的马、牛、狗等动物骨骼采样甚少，另外墓葬出土的棺板、圆木、核桃等植物遗存取样甚少，导致动、植物考古等未充分开展，另外还有丝织品、金银器、人骨DNA等方面的科技考古十分有限。随着新时期田野考古与研究的要求，获取多学科综合研究所需资料，已成为热水墓群田野考古的必要内容。

其三，田野考古缺少新理论和新思路。

例如墓葬族属判断，一直是热水墓群争论的焦点问题之一，也是热水墓群考古的难题。如对热水墓群族属难以判定，其主要原因就是判断方法和标准还不完善所致。近十多年来，随着对自身的反省与对国外考古学、人类学和社会学理论与方法的借鉴，中国考古学研究逐渐发生了一些转变，如在以往考古学文化区系类型研究的基础上，注重文化因素分析在考古遗存中的应用。文化因素分析法就是研究考古学文化内涵的“利器”。是探讨考古学文化的分期、属性、源流，进而探讨相邻文化之间的关系，构建考古学文化区系类型的有效手段。这些转变需要新的田野考古工作，一方面可逐步完善以往的考古学理论方法，另一方面可促进上述重大学术问题研究的进展。

针对热水墓群存在的问题，拟提出以下思路，改进热水墓群的研究局面。

第一，改进田野考古理念与思路，提升热水墓群的田野工作质量。

墓葬作为死人的安息之地，那么相对就会有活人的居住地。墓葬、居址和其他功能区就构成聚落，所以墓葬与墓地不是孤立存在的遗存，而是整个聚落的有机组成部分。在这个意义下，墓葬和墓地研究就可以采用聚落考古的研究方法。在整个聚落变迁过程中，墓葬与墓地的研究，就必须结合居住址、墓葬区、其他功能分区综合考虑。热水墓群2014年发现官却和遗址。遗址分东西两区，东区为集体烹食之所，其中葫芦形灶台30座，圆形灶台1座。遗址西面为生活居住区，密集分布有7座房址，其中单体单间房址2座，单体多件房址5座。另外在鲁丝沟发现摩崖造像、寺院建筑，在其附近调查发现城址，所以针对游牧部落，我们可以采取古代游牧民族聚落考古研究的理论和方法，将居住遗址、墓葬和岩画“三位一体”综合进行研究。

第二，运用聚落考古手段，拓展热水墓群研究空间。

墓葬研究是在科学获取材料的基础上展开的，所以田野考古质量决定研究的深度与广度。根据墓葬研究的宏观、中观和微观的三个层级，开展不同层级的热水墓群研究。这就要求研究要有宏观的视野，中观的尺度把握，微观的具体操作。基本是针对单个墓葬的研究，这一类研究中，重点可以涵盖墓葬规模、结构，随葬品的种类、数量、位置，放置顺序和相互间的平面关系，随葬器物的材质、工艺、来源、跨区域关系以及对墓葬人骨骼材料的研究，应用体质人类学的研究方法对其分析整理，了解当时社会居民人种、病理、食谱和血缘关系等诸多方面。这些都是微观层面研究的主要组成部分。热水墓群的分布可以总结为“大分散、小聚拢”的家族式分布，所以墓葬空间布局和墓地的选择往往是主观因素的反映，其研究“包含了四个层次的内容，即墓葬之内、墓地之内各墓葬之间、墓地之间以及墓地同聚落内其他遗迹之间。它同聚落形态的空间分类相似，但墓地一般只作为聚落的一个有机组成部分而存在。”研究墓地形成的动因和过程、墓葬空间布局、分期、墓葬排列顺序问题，是在利用多学科合作基础上，以全方位获取田野考古信息的终极目的。

四、结　　语

7～9世纪，在亚欧大陆形成大食、吐蕃和唐帝国三足鼎立的政治格局，所以热水墓群的研究应该在这样的历史背景下展开，热水墓群的文化遗产研究必须具备世界史的视野。

热水墓群的文化遗产，是以丝绸之路为媒介东西方文明交流的产物，对于保持人类文化多样性，促进世界各国、各民族之间的相互尊重和理解，具有重要社会价值；同时对于认识中华民族多源共识，增强民族团结具有很重要的现实意义，对于传承中华民族的优秀文化，弘扬和培育民族精神，增强民族自豪感和凝聚力，具有无可替代的意义和作用。

2020年9月28日，习近平就我国考古最新发现及其意义发表重要讲话。他指出，要高度重视考古工作，努力建设中国特色、中国风格、中国气派的考古学，更好认识源远流长、博大精深的中华文明，为弘扬中华优秀传统文化、增强文化自信提供坚强支撑。

自2018年热水墓群考古进入新阶段，也呈现出一些新特征，用行动在实践着中国特色、中国风格、中国气派的考古学。

（1）热水墓群考古，是多部门、多单位联合进行文化遗产保护的成功典范。2019年6月24日，国家文物局、中国社会科学院、青海省政府三方共建“热水墓群考古和文物保护研究基地”；着力将其打造为集考古、研究、文物保护和科研培训等职能为一体的国家级科研中心和国际化、开放式的学术研究平台,依托基地系统、持续地开展热水墓群学术研究、安全防护监测巡查、大遗址保护和国家考古遗址公园建设工作,充分发挥基地在推动丝绸之路申遗和文物保护工作、促进青海省公共文化服务体系建设。

（2）“考古中国”助力热水墓群遗产保护。近年来，国家文物局认真贯彻落实中央关于推进“一带一路”建设有关倡议精神，积极组织开展丝绸之路考古、系统推进新疆、青海、西藏等地区考古工作。国家文物局在“考古中国”重大项目的整体框架下推进热水墓群考古工作，2019年、2020年连续两年入选国家文物局“考古中国”重大项目。

（3）多学科合作成为学科发展的新增长点。热水墓群在发掘过程中，积极开展多学科合作，采用RTK、全站仪、无人机等技术手段，树木年轮、三维建模、动植物考古、DNA、金相分析等检测鉴定方法，全面、翔实、准确地记录和提取相关信息。同时针对脆弱的有机质文物，将考古保护从实验室移到考古现场，进行及时的清理与保护，获取大量难得的信息和资料。这与习近平总书记强调的“考古学界要会同经济、法律、政治、文化、社会、生态、科技、医学等领域研究人员，做好出土文物和遗址的研究阐释工作”要求相符合。

（4）中国气派考古学从考古工作大棚开始。热水墓群地处青藏高原东部，海拔高，考古工期短，在国家文物局、青海省政府的大力支持下，在发掘现场建设面积2510平方米的考古工作棚，同时针对高海拔的工作环境，充分利用科技手段，在现场安装跨度49米的大型行吊，起吊重量5吨，大大提高考古工作的效率，克服气候、环境造成的劣势。

热水墓群的考古进入新阶段，是机遇，也是挑战。如何很好地研究和保护热水墓群的文化遗产，并在保护传承的基础上，维护中国文化的多样性和创造性，保护社会不断向前发展。同时如何通过热水墓群文化遗产的开发利用，最大化地、有效地转化为当地全面发展的软实力，带动当地经济和文化的同步发展，实现经济增长模式的良性化发展，改善当地居民的民生，促进当地社会的和谐和稳定，真正做到文化建设与经济建设、政治建设、社会建设和生态文明建设全面协调可持续发展，是新时期文化遗产保护对热水墓群提出的新课题，面临的新问题。

注　释

[1] 刘庆柱：《阿房宫考古发现与研究·序》，文物出版社，2014年。

[2] 阿米·海勒著、霍川译：《青海都兰的吐蕃时期墓葬》，《青海民族学院学报（社会科学版）》2003年第3期。

[3] 许新国：《寻找遗失的“王国”——都兰古墓的发现与发掘》，《柴达木开发研究》2001年第2期。

[4] 许新国：《寻找遗失的“王国”——都兰古墓的发现与发掘》，《柴达木开发研究》2001年第2期。

[5] 北京大学考古文博学院、青海省文物考古研究所：《都兰吐蕃墓》，科学出版社，2005年。

[6] 《都兰县扎麻日村吐蕃时期遗址》，《都兰县官却和吐蕃时期遗址》，《中国考古学年鉴·2015》，科学出版社，2016年。

[7] 青海省文物考古研究所、陕西省考古研究院：《青海都兰县哇沿水库古代墓葬2014年发掘简报》，《考古与文物》2018年第6期。

[8] 《〈共建热水墓群考古和文物保护研究基地框架协议〉签约仪式在京举行》，国家文物局网站。

[9] 陈寅恪：《陈垣敦煌劫余录序》，《中央研究院历史语言研究所集刊》第一本第二分册上，1930年。

[10] 韩建业：《墓葬的考古学研究——理论与方法论探讨》，《南方文物》1992年第Z1期。

[11] 韩建业：《墓葬的考古学研究——理论与方法论探讨》，《南方文物》1992年第Z1期。

[12] 许新国：《中国青海省都兰吐蕃墓群的发现、发掘与研究》，《7—8世纪东亚地区历史与考古国际学术讨论会论文集》，科学出版社，2001年。

[13] 阿米·海勒著、霍川译：《青海都兰的吐蕃时期墓葬》，《青海民族学院学报（社会科学版）》2003年第3期。

[14] 格桑本：《都兰吐蕃墓群的发掘研究概述》，《青海藏族》2015年第2期。

[15] 周毛先、宗喀·漾正冈布：《都兰吐蕃古墓考古研究综述》，《西藏研究》2016年第4期。

[16] 徐承炎、夏吾卡先：《青海吐蕃墓的考古发现与研究》，《西藏研究》2019年第1期。

[17] 杰西卡·罗森：《祖先与永恒——杰西卡·罗森中国考古艺术文集》，生活·读书·新知三联书店，2018年。

[18] 许新国：《关于都兰县热水乡血渭一号大墓的族属与年代》，《青海藏族》2012年第1期。

[19] 许新国：《吐蕃墓的墓上祭祀建筑问题》，《西陲之地与东西方文明》，北京燕山出版社，2006年。

[20] 许新国：《中国青海省都兰吐蕃墓群的发现、发掘与研究》，《7—8世纪东亚地区历史与考古国际学术讨论会论文集》，科学出版社，2001年。

[21] 希安·琼斯著，陈淳、沈辛成译：《族属的考古——构建古今的身份》，上海古籍出版社，2017年。

[22] Wang Tao. "Tibetan or Tuyuhun: the Dulan site Re-visited". From Nisa to Niya: New Discoveries and Studies in Central And Inner Asian Art and Archaeology. Edited by Madhuvanti Ghose and Rusell-Smith, Saffron, 2003.

[23] 程起骏：《打开吐谷浑古国之门的钥匙——关于都兰热水古墓群札记之一》，《柴达木开发研究》2001年第2期。

[24] 仝涛：《青海都兰热水一号大墓的形制、年代及墓主人身份探讨》，《考古学报》2012年第4期。

[25] 霍巍：《论青海都兰吐蕃时期墓地考古发掘的文化史意义———兼评阿米·海勒〈青海都兰的吐蕃时期墓葬〉》，《青海民族学院学报（社会科学版）》2003年第3期。

（原刊于《青海文物》2020年总16期）

吐蕃丧葬殉牲习俗研究

许新国

一、问题的提出

恩斯特·卡西尔说："对死亡的恐惧无疑是最普遍最根深蒂固的人类本能之一。人对尸体的第一个反应本应是让它丢在那里并且十分惊恐地逃开去。但是这样的反映只有在极为罕见的情况下才能看到。它很快就被相反的态度所取代：希望能保留或恢复死者的魂灵。人种学的材料向我们揭示了这两种冲动之间的斗争。然而，通常看来占上风的恰恰是最后一种冲动。"[1]正是这么一种心理状态，使得吐蕃先民特别重视丧葬礼仪。敦煌吐蕃文献资料与近年来考古发掘资料中提供的许多事例完全证实了卡西尔的论断。

文献和考古资料一再表明，在吐蕃的丧葬仪轨中，献祭动物即殉牲习俗占有重要的地位，很大程度上反映了吐蕃时代的本教特色和民族风格。在我们研究吐蕃的埋葬制度时，对这一重要的文化现象是不能忽视的。

敦煌文献中吐蕃写卷，反映葬仪和殉牲习俗较著名的有P.T.1042、P.T.239、P.T.1134、P.T.1136、P.T.1194、P.T.1060、P.T.1068等。对这些卷子进行考释和研究的学者有法国的藏学家拉露女士、麦克唐纳女士、石泰安先生以及日本学者山口瑞凤等。托玛斯的研究也有着重要的价值。以上这些学者的成果经这几年中国藏学家的陆续翻译，使我们能窥其精要。尤为值得提出的是，中国新一代的藏学学者褚俊杰的论文《吐蕃本教丧葬仪轨研究》以及他对敦煌古藏文写卷P.T.1042的解读，这些成果均使笔者获益良多，受到深刻启发。

考古学所提供的实物资料，亦有助于更深入地理解吐蕃的埋葬制度和殉牲习俗。国内近几年的考古发现提供了古墓的科学发掘所得的材料，即《西藏朗县列山墓地的调查和试掘》《西藏乃东普鲁沟古墓清理报告》《乃东县切龙则木墓群G组M1殉马坑清理简报》等[2]。这些均使笔者得到不少借鉴。此外，笔者主持发掘的青海都兰热水吐蕃墓地，也提供了系统的重要资料。其初步成果以《海西州都兰县热水吐蕃墓葬发掘述要》《在青海都兰热水发掘吐蕃墓葬》《青海省三十五年以来的文物考古工作》等短文形式作了概要的介绍[3]。目前，都兰系统的考古发掘报告正在编写。

以上这些资料，是笔者研究吐蕃丧葬殉牲习俗的基础。都兰热水吐蕃墓地是目前研究吐蕃丧葬习俗的最为重要的资料，笔者将以这批资料为出发点，对吐蕃墓葬的殉牲习俗加以研究。并结合现有文献记载，对殉牲的形式、殉牲的种类及其意义提出看法，结合国内其他地点的考古资料，对吐蕃殉牲习俗的渊源进行探讨。

二、热水吐蕃墓葬殉牲形式

热水吐蕃墓地坐落在青海省都兰县热水乡。1982～1985年，青海省文物考古研究所对该墓地进行了发掘。其中发掘王侯大墓封堆及其遗迹一处，发掘中小型墓葬20余座。在热水吐蕃墓葬中，以动物殉葬的习俗尤为引人注目（图一至图四）。热水墓葬的殉牲主要有以下几种不同形式。

（1）在中小型墓葬中殉以割裂的动物肢体，排列似无定规。散见墓室各处，与其他随葬品一样散乱放置，种属计有牛、羊、马等。其中数座墓葬中可见完整的羊头，有山羊和大角石羊等。夏日哈M1中殉有羊头10余个。数量多少似无定制。

（2）置于大墓陪葬墓的耳室中。以M1大墓2号陪葬墓为例，该墓位于M1大墓的顶部下深11米处，由东、西、南、中、回廊，墓道组成，未见死人遗骨，应系陪葬死者食物、衣服、器物，祠祭的墓葬，其中东室主要用于放置献祭动物，所见骨骼有马、牛、羊等动物。数量较多与动物同置一处的还有木盘、木碗、核桃等物，可见该室主要用于盛放食物和食具。

（3）以单独墓葬的形式出现，列置于墓葬封堆最高处。以1号大墓PM1为例。墓葬位于封堆顶部下深4.5米处。为长方形石砌墓室，竖穴形制。长5.8、宽4.8、深2.25米，石墙厚0.9～1米。墓

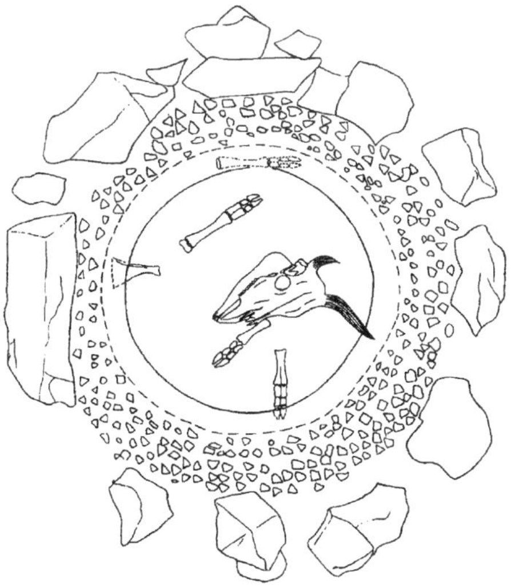

图一　牛坑

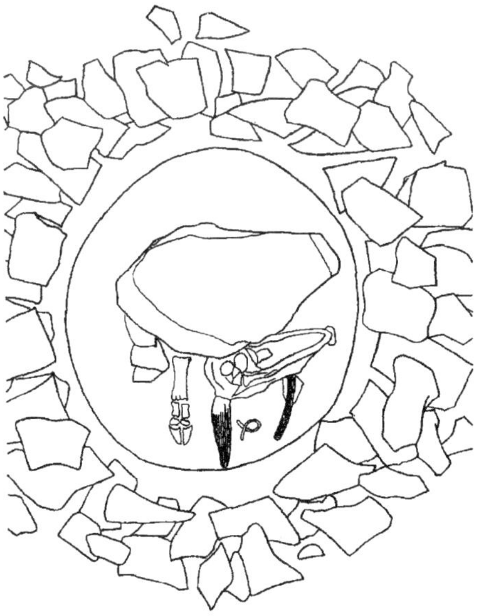

图二　牛坑

室上方墓口，覆盖有棚木13根，约南北向排列。在墓室内埋有大量动物骨骼，可辨认的有羊头38个，马头4个，鹿头（马鹿）3个、牛头1个，将其零散骨骼分类，约计有动物个体70余具。

（4）以单独墓葬出现，列置于大墓的最低处。以M1PM3为例。该墓位于大墓东北部的底部，距封堆顶部深20余米，为圆形竖穴土坑形制。内葬有牛头2个，羊头25个，均陈列整齐，排列成圆形。

（5）以组合遗迹的形式出现。以M1组合陪葬遗迹为例。陪葬遗迹位于大墓正南的平地。由27个陪葬坑以及5条陪葬沟组成。距封堆顶部约30米，整个布列范围东西长80余米，南北宽50余米。部分遗迹封石显露地表，大部分遗迹被压在地表土层之下。

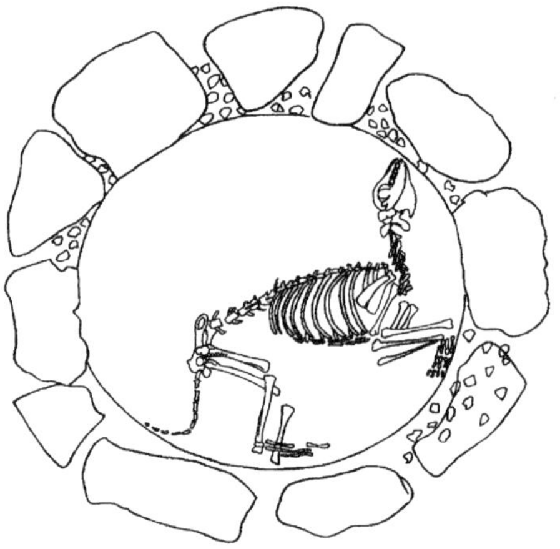

图三　狗坑

图四　狗坑

在沟东部共有陪葬坑14个，分两排排列。沟西部有陪葬坑13个，亦分两排排列。均为圆形竖穴形制。共同的特点是坑口上部均用石块圈砌，但石块排列的形状各不相同，东部坑口一般用大石砌，石块排列较规则。西部圈石较小，且排列面较宽，一般排成不规则圆形或不规则的方形。陪葬坑中除4座空无一物以外，共陪葬有牛头13座，完整的狗8座，仅放置巨石的2座，其中殉牛的亦有牛蹄，放于遗迹的前部、殉狗的置于遗迹的后部（南部）。

陪葬沟位于遗迹正中。其西面与东面为陪葬坑，其正北面面对1号大墓南面的最底层。其上为一层厚0.3～0.5米的黄土所覆盖，黄土之上为地表土，表土之中依陪葬沟的形状，在沟的覆盖土上列置一圈砾石，部分砾石显露地表，在平地上微微隆起。陪葬沟均呈长条状，东西向横置，共有5条，按南北向依次排列，沟与沟之间间隔约3米。均整齐有序。

5条沟中共殉有马87匹，规模巨大实属罕见。其中一号沟殉葬有马16匹、2号沟殉有马17匹，3号沟殉葬马19匹。这些殉马均为完整，其姿态各异，有侧卧、俯卧、仰卧等多种姿态，马身上均压有巨石。由此推知，当时埋葬这些马时，是将活马推至沟中，然后用石块击打致死而埋葬的。主1号坑正中有砸碎的金银器以及火烧后的木炭痕迹。

由以上资料可知，吐蕃墓葬以动物陪葬的风俗盛行，仅王陵一级的1号大墓，即陪葬各种动物达200余头，其数量之大令人叹为观止。中小型墓葬中随葬动物的计21座。占墓葬总数的

84%。随葬情况也不尽相同，有的用牛羊的头，有的用切割成块的肉陪葬，有的仅葬有一只完整的狗，因多数墓被盗严重，无法统计确切的数目。

动物种属中，最常见，最集中的是马、牛、羊、狗。

三、吐蕃丧葬殉牲的宗教意义

关于动物殉葬，汉藏文史料中均有不少的例证。

《通志》卷195《四夷二》提到吐蕃葬俗时记曰：“人死杀牛马以殉，取牛马积累于墓上。”[4]《隋书》卷83“附国”条曰：“其葬必集亲宾，杀马动至数十匹。”[5]

《敦煌传记》第五篇记载赞普赤松德赞与韦·义策等七人盟誓，赞普的誓词为：“义策忠贞不贰，你死后，我为尔营葬，杀马百匹以行粮……”[6] P.T.1040第24～27行：“现在死了要为穆汤设凌隆重举葬在高处建（？），杀许多马驹和牛。”在P.T.1042整个卷子中献祭动物——牛、马羊的段落也很多。仪式达到高潮时，要刺杀乘骑并剖刺放血，还要剖解绵羊列于坟场上[7]。

其他地点的考古材料也证实了吐蕃时代有动物殉葬制度。1984年7月，西藏文物管理委员会普查队在山南地区乃东县温区切龙则木出东侧山脚，发现并清理了两座吐蕃时期墓葬的殉马坑，离殉马坑不远，有一座墓葬，被认为是座中型墓葬。有两座条形的殉马沟，一座殉有马骨5具，另一座至少有马骨4具。但“清理中未见有马挣扎的迹象，应是处死后埋入的（以原坑深度而论，亦当系先处死后埋入）”[8]。地位不是很高的墓主人死后也至少有九匹马殉葬，可见在吐蕃时期确实存在着动物殉葬制度。

这种以动物殉葬的风俗，反映着本教的仪轨和信仰。动物殉葬在本教信仰中具有特殊的意义。按照本教的世界观，有两个世界，一个是活人的世界，一个是死人的世界。而死人的世界是黑暗而痛苦的世界。人死后只有通过丧葬仪式中献祭的动物做替身，才能把死者的灵魂从死人世界中赎出，同时只有通过这种献祭动物的帮助才能通过死人世界中的种种艰难险阻，到达九重天之上去享天国之乐。这种世界观同佛教的“六道轮回”世界观有很大的不同。在敦煌古藏文写卷涉及本教仪轨的卷子中，这种观念得到了明确的反映。敦煌文献中的本教写卷中记载丧葬仪轨主要是P.T.1042、P.T.239。关于记载其他仪轨故事，主要是有关献祭动物的仪轨故事。著名的有P.T.134、P.T.136、P.T.1194、P.T.1060、P.T.1068等。

做死者替身的动物主要是羊，这种羊又被称为“遮庇羊”。从P.T.1042来看（第107～109行），它是一种羊形的塑像，饰之以众多的珍宝。但也可能是被杀的活羊。这种专供殉葬的羊又被称为“亲密合意的羊”。这种殉葬的羊的作用是赎身。P.T.1042第97～98行：“举行大葬时……（要供献）用作召魂赎品的羊羔一只。”下面再看两个例子：

P.T.114第193～195行：“遮庇羊玛尔瓦，你是没有父亲人的父亲，你是没有母亲人的母亲，给一口草吃，你使人复活，给一口水喝，你赎回（人的灵魂）。”

P.T.1194第34～37行：“亲密合意的羊咧！巴杜尔辛吉玛在你心头留遗言，在你耳边击响铙钹，你要代替没母亲的人的母亲，顶着死者的名，做死者的替身，去抵偿、去代替死者吧！”羊除了赎身外，还为死者引路。如P.T.239：“遮庇羊回向、根据黑人之论、黑死之型[9]、投放本教灵品的仪轨述说，对阴鬼供以焦烟的仪轨故事，羊比人更聪睿，羊比人更具法力。（但是）一切众生受各自业力牵引，不需要羊指路，也不需要靠羊开山辟路。羊也不能引路，羊也不能思索。断手不能射箭。”

这是佛教徒的口吻，但它从反面告诉我们，本教认为，羊比人聪睿，比人更有法力，更给人指路，给人开山辟路。

在敦煌有关本教仪轨写卷中讲到死人世界时常常提到“山口”“渡口”等词，这是比喻死人世界里通往天界之路的艰险。马作为死者死后的坐骑，要求过山口、渡口时有勇气，能坦然。这样的马被献祭后，就可以载着死者勇往直前，快速到达天界。下面我们再看几个例子。

P.T.1134第18～22行：“主人恭敬，则体面荣耀，马恭敬，则酥油缸长长（比喻吃得很好）。上九层天界，有护持而（天界）绝不深远、翻越山口则人畜一同翻越，涉渡急流险滩则人畜一同涉渡。草苗夏日青冬日也绿，人畜一同绿，口中吞食则一同吞食（这两句喻同甘共苦），去墓室，善哉！”

P.T.1194第60～65行：“亲密合意的牲口你有勇气翻越山口！在活人世界里你吃草，在死人世界里你吃青绿稻谷和面粉、酥油，喝的是甘蔗糖水……在高处和鹧鸪母女一同翻越山口，前方山峦起伏（？），在低处涉渡河滩和鱼一同涉渡（鱼名有专指）。”

P.T.1136中的第一个故事讲到一次丧葬仪式中，为了寻找“亲密合意的马”，接着插入一段有关这段献祭良马来源的故事，颇能反映古代蕃人对献祭良马的宗教感情。其汉译是：“在赛达乌谷地方，父名金马赛马仑，母名玉马玉玛仑，二马交配，二马持抱，生下一岁的马驹，取名伯布乔容。马驹跟在其母身后走时，被玛米德尊布用皮绳活套套住，用尽全力牵到白陶土垒起的围子里，用黑嚼子罩上。这亲密合意的牲口和玛米德尊布两个小人，穷人，情谊深厚，一个死了另一个要为之修墓。后来玛米德尊布死了。（亲密合意的牲口）非常伤心，亲自为之安葬，建帐篷形坟墓。（死者说）：‘没有宝马，没有亲密马，合我心意的牲口你要有勇气过山口，能坦然过渡口！’（死者）把马驹伯布领到‘乐土’姜囊，起名为赛昂格，将它的马槽（用饲料）装得满满的，让它吃青绿稻谷，喝甘蔗糖水，马鬃上饰以锦缎，头上插乌羽鹏羽，尾巴毛往下梳理，用秸秆盖一有窗户的马厩，马尾系上小套子。有勇气过山口，坦然过渡口，（因而）有益而有福。”

从这里可以看出，古代藏人对于献祭的马匹所怀有的强烈的宗教感情，他们认为“宝马”出自“神马”甚至“人”的世系。正为P.T.1060第20～23行的几句：“世系是神马世系，家族是神马家族。宝马中的人种，亲密马中的人族，宝马中的人族，亲密马的人系。”

因此，在古代藏人看来，死者与这些被献祭的动物的关系，不只是役使和被役使的关系，而是亲密无间的朋友和伴侣的关系。

献祭动物中较重要的还有牛，在吐蕃丧葬仪轨中，牛可能同马一样具有同等重要的意义。我们在敦煌卷子P.T.1042中见到有以下记载；

（39行）“其后两个大剖解者把宝马和能犁地的牦牛和香牦牛等。”

（54～55行）“两个预言御用辛中的一个在乘骑中认定一匹乘骑是‘福马’，从绵羊、牦牛中认定一头牲口是如意牲口。”

（94行）“马、牦牛以下都按大小先后献上，不可错乱。”

（100～102行）“地方神灵主宰、父祖母祖及一切（神灵）的福禄要通过大剖尸者剖解一块块尸肉来增大，而眷属们的福禄则要通过（殉葬的）后颈毛竖直的白马和灰白的牛来增大。”

（114～117行）“将乘骑、能驮的犏牛，母犏牛……吹第一遍螺号天快亮时……射杀……大力巫师妥善地剖刺放血。”

（119～121行）“走在前面的是献供食的，其是飞跑马，其后是宝马和香马，后面有能驮的犏牛、母犏牛、最后是宝牦牛……宰杀后陈列于坟场上。”

（143～144行）“如果一位王室宗女薨逝，其他仪轨都一样，只是死者塑像上的箭要长些，赎魂的羊羔和鸡要换成母的，牦牛要换成母牦牛。”

（145行）“从墓室来到坟场，将马驹和牦牛作剥皮处理。”

（87～90行）“具有以下毛色的动物不能献给死者：黑色和暗色的马、花色马、黑色和褐色牦牛、褐色和虎纹花色的犏牛、白色和灰色的牦牛。这九种动物各自归属于九种‘类’，即使交给死者，（它们）也不能（随死者）前去，所以毫无益处。不能献到坟场的还有猛兽以及变得像猛兽一样的各种野兽。”

以上记载中使我们了解到，作为献祭的牛（牦牛、母牛、犏牛等）同马一样，具有帮助死者通过死人世界的艰难险阻的功能。其目的也是为了将死者的灵魂从死人世界中赎出，借以到达九重天去享受天国之乐。所在55行中，将马称“福马”，而将牦牛称之为“如意牲口”。并且出于禁忌而严格规定了马和牛的毛色。

在都兰热水吐蕃墓葬中，作为献祭葬的动物中，较重要的还有狗。但是在反映吐蕃本教丧葬仪轨的敦煌卷子里，我们却没有发现有关狗的记载。在两唐书的《吐蕃传》中却记载了在会盟中以刑狗为牲的习俗。

《新唐书·吐蕃传》：“赞普与其臣岁一小盟，用羊、犬、猴为牲，三岁一大盟、夜肴诸坛，用人、马、牛、闾为牲，凡牲必折足裂肠陈于前，使巫告神曰：‘渝盟者有如牲。’”

《旧唐书·吐蕃传》：“与臣下一年一小盟，刑羊狗猕猴，先折其足而杀之，继裂其肠而屠之，令巫告之于天地山川日月星辰之神云：‘若心迁变，怀奸反复，神明鉴之，同于羊狗。’三年一大盟，夜于坛墠上与久陈设肴馔，杀犬马牛驴以为牲，咒曰：‘尔等威须同心戮力，共保我家，惟天神地祇，共知尔志。有负此盟，使尔身体屠裂，同于此牲。’”

然而，会盟中的刑狗与丧葬中的献祭刑狗毕竟还是有所差别的。在没有更多文献资料参考的情况下，我们只能从考古资料中去寻找其献祭的含义。

在都兰热水一号大墓南面的组合陪葬遗迹中，我们看到是以殉马置于中部，其东西两面均为殉牛和殉狗，其最南部均为殉狗，换句话说，即将殉狗置于最后的位置上，使我们感到有用狗来护送的意思。与三国时期属于东胡系统的乌桓、鲜卑的风俗有共同之处。

《三国志·魏书·乌丸鲜卑东夷传》注：

> 贵兵死，敛尸有棺，始死则哭，葬则歌舞相送。肥养犬，以采绳婴牵，并取亡者所乘马、衣物、生时服饰，皆烧以送之。特属累犬，使护死者神灵归乎赤山。赤山在辽东西北数千里，如中国人以死之魂神归泰山也。至葬日，夜聚亲旧员坐，牵犬马历位，或歌哭者，掷肉与之，使二人口颂咒文，使死者魂神径至，历险阻，勿令横鬼遮阻，达其赤山，然后杀犬马，衣服烧之。

这一段记载，说明狗的作用主要是护送死者的神灵归赤山（理想的天国）。其"历险阻，勿令横鬼遮阻达其赤山"的意义，同敦煌古藏文卷子中记载的利用动物帮助死人通过死人世界的艰难险阻，借以到达九重天国去享受天国之乐的意思宗全一致。其送葬的仪式，同敦煌P.T.1042卷子中记载的本教丧葬仪轨也有诸多的相似之处。以上资料使我们有理由认为，吐蕃墓葬中的殉狗习俗同乌桓、鲜卑东胡系统的殉狗习俗，二者意义相同。

古代民族的任何风俗的形成，都与他们的原始观念有关，而丧葬殉牲习俗则体现了古代人对死亡的理解，是原始宗教观念的直接反映，吐蕃的丧葬殉牲习俗，正是当时生活在这一地区部落的宗教意识在葬仪上的具体表现形式之一，体现了对某种观念对象的崇拜。

热水吐蕃墓地一号大墓南面的由圆坑和条坑组成的组合殉牲遗迹，K1的中部有砸碎的金银器和火烧过的炭渣痕迹。几乎可以肯定地说这是专为葬仪而举行祭祀活动的遗存。

圆形和条形的土坑形状反映了吐蕃人对圆和条的认识，而最初人们的这一认识本身则导源于对自然现象的观察。在自然界中最普遍、最常见，与人们生活联系最密切的圆形就是日、月，而最常见的条形就是河流。鉴于它们在人们生活中的地位和作用，它们不仅成为人们最早认识的一批自然物，同时也成为人们原始宗教观念的最早一部分，圆形土坑和条形土坑，绝不仅仅表现古人对这些图形在几何观念上的认识，而是作为一种具有代表意义的抽象物，这一抽象物代表了原始宗教观念中的某一特定对象，从而在祭祀活动中发挥着实际意义。它象征着超越人类自身能力之上而在当时又无法解释的自然现象。具体地说，土坑的形状象征着日、月天神和河神，而埋入坑的动物牺牲则表示对土地神的崇拜。《礼记·祭法》："以天之高，故燔柴于坛，以地之深，故瘗埋于坎。"虽然吐蕃墓地尚未发现燔柴于坛的遗存，但从土坑的形状中也可以表明在吐蕃人的祭祀活动中，天和地以及河流是作为共同祭祀的对象。充分说明一个部落和民族生活于其中的特定的自然条件和自然物，都被搬进它的宗教里。日月天神当然是与吐蕃人的生活密切相关的自然条件和自然物，因而尽管天神和河神相对于地神来说在他们的整个宗教体系中是处于次要的和从属的地位上，但大神和河神还毕竟作为神祇成为他们的崇拜对象。

在吐蕃人的祭祀活动中，虽然挖了圆形土坑和条形土坑把天地河流作为共同的崇拜对象，但还是有主次之分的，他们的主要崇拜对象仍然是土地神。《礼记·祭祀》“瘗埋于泰析，祭地也”的记载是有其发展渊源和历史依据的，而绝非周朝所首创。热水墓地组合殉牲遗迹中的动物是在地下挖坑，将牺牲埋入其中，即是祭祀活动的遗存。这种活动的用意是极为明显的，那就是将牺牲直接呈献给土地神，以求土地神对其生活的保佑，古书中的记载正说明了这种祭祀方法早已存在，并一直延续了下来。孔颖达疏曰“以地之深，故瘗埋于坎”，“地系在下，非瘗埋不足以达之”，是很正确的，这也是古代的吐蕃人之所以挖地埋牲的心理依据。

在古代，虽然天地河流被神话，但却不是作为一种抽象观念存在于人们的脑子里，而是将这些自然物赋予了人的品格，如有生命有意志及有某种物质要求和嫉妒心、虚荣心等等。在对土地的祭祀中，唯恐怠慢了天神而获罪于天，从而引起天神的不满而带来灾难。清人金鹗评论祭天地的祭法是从阴阳学说出发的，他说：“气为阳，血为阴，故以烟气上升而祀天，以牲血下降而祭地，阴阳各从其类也。”这样我们就不难理解土坑内为什么有火烧的痕迹了。这种组合殉牲遗迹与大墓同出于一个墓地，绝非偶然，它对古代吐蕃人祭祀活动的研究和本教的研究都有极为重要的意义，这种祭祀殉牲的活动与墓葬之间具有这样一种联系，即对地同时也对天表示敬意，以使亡灵在地下的生活得到某种保证，同时也包含了乞求各种神灵为生者降福的心理因素在内。

四、吐蕃丧葬殉牲习俗的渊源

笔者认为，吐蕃丧葬殉牲习俗的渊源，只能从构成藏族的主要成分中去寻找。关于藏族的族源问题，主要有本土说、西羌说、鲜卑说三种。目前学术界这一问题尚在探索之中，故并未有统一的解释。西藏考古提供了解决族源问题的重要依据。迄今共发现旧石器地点5处，细石器地点28处，新石器时代遗址20余处。大多未经过系统的发掘和大面积揭露。从已发掘的昌都卡若新石器时代遗址遗物看，仍未出羌文化的系统。而且未挖墓葬，对其丧葬殉牲习俗无从谈起。而目前对羌族以及北方胡族系统的匈奴，东胡鲜卑族的墓葬做得较多，使我们有可能对其殉牲之俗进行研究。

（一）羌族的殉牲习俗

分布在河湟地区的新石器时代、青铜时代的古代文化中，主要有齐家、卡约、唐汪、辛店文化，俞伟超教授曾经指出这些文化“是以羌人为主体的西戎诸部落的遗存”[10]。这些以羌人为主体的考古系文化，中华人民共和国成立以后做了大量的工作，资料较为丰富。在这些文化的墓葬中，殉牲习俗占有很大比重，殉牲现象也是屡见不鲜的。其年代根据^{14}C测定大体上是从商周时期一直到汉代。

在青海民和阳山半山墓地中，发现了10个圆形土坑，分布都比较集中，直径大体上0.74～1.46米不等，大部分圆坑内有牛、羊骨骼，有些还有碎陶片和许多大小不一的石块，有个别坑内有火烧过的痕迹，发掘者认为，这是一种为葬仪而举行的祭祀殉牲活动的遗存。

齐家文化的墓葬中有30%左右使用猪下颚骨随葬的现象。按大何庄出土兽骨的统计，羊骨占21.06%。秦魏家猪、羊及牛的下颚骨共发现518块，其中羊、牛的下颚骨分别占9.7%及7%。大何庄出土的羊下颚骨，在猪、羊、牛下颚骨总数的比例高于秦魏家，达到21.87%。

大何庄遗址揭示出的五处“石圆圈”遗迹，显然是宗教性质的遗存。这些“石圆圈”的旁边，一般都有卜骨或牛、羊的骨架，F1的东边遗有被砍了头的母牛骨架，腹内还遗有小牛的骨骼，F3的南边发现了两块卜骨，显示出当时牲祭、占卜的情形，早已存在着占卜巫术这种宗教形式，到现在已具有相当复杂的仪式。呈娘娘台M8的墓主人使用羊卜殉葬，秦魏家M23随葬的羊卜骨，被仔细地放在一只可从腹部扣合的高领双耳罐中。自然，随葬羊卜骨是墓主人生前巫师身份的标志。齐家文化出现的这种巫师墓葬，可以认为是当时已存在巫师阶层的例证[11]。

卡约文化亦存在着殉牲习俗。在循化县阿哈特拉墓地中，将羊、马、牛、狗的骨骼置于陶罐中，而用大量的羊角殉葬以作为财富的象征[12]；而在潘家梁墓地，流行随葬狗爪和牛、羊等动物肢体的习俗。其位置多在死者腿部和墓室南北两端，亦往往在陶罐内放置羊蹄[13]；上孙寨墓葬中，则常见将牛头列置于墓室四角的习俗，一般每角放置一个牛头[14]。

卡约文化陶器上也常以动物形象作为艺术母题，种属有大角羊、鹿、狗等。此外，在辛店文化墓葬的陶器上也常见狗的形象。

羌族流行殉牲习俗，在文献上也有记载。《后汉书·邓训传》记：“戎俗父母死，耻悲泣，皆骑马歌呼。至闻训卒，莫不吼号，或以刀自割，又刺杀其犬马牛羊，曰：‘邓使君已死，我曹亦俱死耳。’”在大通上孙家寨属于羌胡民族的汉墓中，常见杀殉动物殉葬。在墓内动物极少是整体殉葬，大多是动物的头和某一肢体，种属有马、牛、羊、狗和鸡等。

（二）匈奴的殉牲习俗

分布在阴山南北的匈奴亦有丧葬殉牲习俗。在内蒙古伊克昭盟（今鄂尔多斯市）桃红巴拉春秋晚期匈奴墓地中，M1为土坑墓，在人骨架的上面殉有马、牛、羊的头骨，层层叠压。计有马头骨9具、牛头骨4具、羊头骨2具。在M2人骨以上，北室北部殉有羊头骨42具、马头3具、牛头4具以及牛蹄骨若干[15]。

在准格尔旗西沟畔战国晚期匈奴墓中，均发现殉有马头、羊头多具[16]。在准格尔旗玉隆太村匈奴墓葬中亦发现用马和羊来殉葬[17]。其年代同西沟畔墓葬相同。

在准格尔旗的秦汉时期的广衍故城周围发现的匈奴墓葬中，在二层台上与壁龛内放置牛羊等家畜的骨头，壕M2、壕M6还出有完整的牛头[18]。年代为西汉初至汉武帝时期。

从以上资料看，这种殉牲的习俗，是我国北方匈奴民族普遍流行的葬俗。从桃红巴拉春秋末期和西沟畔1～3号战国匈奴的殉牲情况看，几乎每墓必有，而且殉牲数量较多。这种风俗直延续到西汉时期。

（三）东胡鲜卑的殉牲习俗

从畜犬、殉犬习俗考察，夏家店上层文化遗存中保留的畜犬、殉犬习俗与历史文献所记载的东胡人生前畜犬、死后殉犬之俗，是完全一致的。辽西地区的夏家店上层文化，就是历史上的东胡文化。

在宁城南山根、赤峰夏家店、红山后、蜘蛛山、建平水泉等经过发掘的夏家店上层文化的遗址中，都曾发现有大量的狗骨，在赤峰红山后石椁墓群、围场李家营子石椁墓群[19]、敖汉旗周家地墓地、喀左县南沟门地和朝阳县袁家台子东山坡墓地等若干夏家店上层文化墓葬中，都发现有明确的殉犬例证。以犬的形象为艺术母题、装饰在各种青铜器物上，更是夏家店上层文化引人注目的特征。宁城县南山根M101出土的犬形耳铜俑，南山根东区石椁墓出土的犬纹三穿铜戈、犬纹铜刀和朝阳十二台营子一号出土的犬纹铜牌等，都是匠心独运、含特定意义的写实作品。年代属西周晚期至春秋早期的南山根102号石椁墓[20]，还出土一件弥足珍贵的刻纹骨板，上面精心设计，刻划有主人生前乘驾马车，携带两只猎犬开弓射猎马鹿的极其生动的场面，这是中国考古学上发现最早的一幅表现自然场景、反映古代少数民族的经济生活和风俗民情的写实画。上述事实，使我们不难看出，创造夏家店上层文化的东胡民族，对于犬是何等的倚重。

这种生前畜犬、死后殉犬的习俗，从文献学与考古学对照的角度考察，能达到如此统一与吻合者，在中国东北地区，这一时期，除了夏家店上层文化可与东胡相联系外，其他文化均不能吻合。

分布在辽宁北票西北将军山东麓台地的石椁墓群，是徙居慕容鲜卑境内，“遂同夷俗”（《魏书·海夷冯跋传》），后来又建立北燕的信都（今河北冀县）冯氏墓葬“长谷陵”[21]。从已发掘的北燕统治者冯跋弟冯素弗夫妇墓（冯素弗死于415年），可以看到较多的鲜卑习俗。

冯素弗夫妇墓采用两圹并列的同墓异穴的葬式，圹内围砌石块，砌东西向的长方形椁室，椁圹之间夯土填实、椁内壁墁石灰，绘壁画，椁顶画天象，具日、月、星座、四壁画墓主人家居、出行等内容。在壁画中多绘狗，并在素弗妻墓内殉完整的狗两只，应是“肥养一犬……使护死者神灵归赤山”（《后汉书·乌桓传》）的东胡旧俗。素弗椁外圹西壁设小龛，置陶罐、牛股、牛肋、鱼等。

拓跋鲜卑是鲜卑最东北的一部，也是鲜卑诸部中较后进的一支。他们的原始游牧地区在黑龙江上游额尔古纳河和大兴安岭北段之间。黑龙江呼伦贝尔盟陈巴尔虎旗完工[22]和陈巴尔虎右旗扎赉诺尔发现的墓群[23]，是拓跋祖先推寅（宣帝）“南迁大泽方千余里，厥土昏莫沮洳”（《魏书·帝纪·序纪》）前后的遗迹。完工墓葬的年代为不晚于公元前3世纪，扎赉诺尔墓群的年代不会早于1世纪[24]。

完工墓葬保存着家族丛葬的古老制度，也具有强烈的殉牲风俗。1963年发掘的一号墓分上下两层，在上层置有马头2、牛头4，在下层置有马头10、牛头8、狗头3，还有4具完整的小兽（獾？）骨架。仅一座中就殉牲马12、牛12、狗3、小兽（獾？）4只。实在令人吃惊。值得注意的是，在完工墓葬中还有埋殉完整马匹的风俗。

扎赉诺尔墓地东距完工墓地约40千米，从葬俗到随葬品，不仅看出他们属于同一文化，还可以看出他们的先后关系。扎赉诺尔墓地未见整体殉牲，但将马头和羊头置于棺外两侧和棺盖之上，除了用头殉葬以外，还流行了使用蹄子这种更简化的象征办法。

《魏书·帝纪·序纪》记拓跋祖先迁移大泽之后，历七世，至洁汾（圣武帝）时，又“南移，山谷高深，九难八阻，于是欲止”。自呼伦池向南是广阔的内蒙古高原和“山谷”，也不必经历“九难八阻”，只有略转东南，进出大兴安岭中段以南，才与记载相符，恰好在大兴安岭南段东侧辽河支流乌尔吉木伦河流域发现了和扎诺尔极为相似的遗迹。遗迹位于今内蒙古巴林左旗（林东）南扬营子东。有居址和墓葬。

葬中殉牲用马、羊、狗头和马蹄，与扎赉诺尔大致相同，不过数量有所减少。殉牲男女有别。如女人只能用羊腿。男人殉牲不仅用羊腿，还可用羊股、羊肩，甚至羊头、马头。墓葬中出土了东汉时期的五铢钱，使其年代的断定也较为明确[25]。

（四）吐蕃殉牲习俗的源流

再从族源上进行考察。根据文献，吐蕃的族源，不出两个系统，一为羌族，一为鲜卑。从羌族所分布的青藏、河湟地区来看，说吐蕃出于羌族，未尝不可。《新唐书》说：“吐蕃本西羌……散处河、湟、江、岷间，有发羌，……蕃发声近，故其子孙曰吐蕃。”[26]但从北匈奴西迁后、鲜卑占有匈奴故地，自辽东到河西部落星布而论，说鲜卑在吐蕃中占有很大因素，似有更充足的理由。《晋书》说秃发利鹿孤乃河西鲜卑秃发乌孤之弟，乌孤之先“与后魏同出，八世祖匹孤率其部自塞北迁于河西”[27]。《元和姓纂》卷10“秃发河西鲜卑也，与后魏同出圣武帝洁汾，长子匹孤神元时率其部家徙河西”。然则河西鲜卑，以秃发为姓，可以无疑。《通典》说：“吐蕃在吐谷浑西南，……或云秃发利鹿孤有子樊尼，……子孙西魏时为临松郡丞与主簿，皆得人心，因魏末，中华扰乱，招抚群羌，日以强大，遂改姓为窣勃野，故其人至今号其主曰赞府。”[28]赞府即赞普，府、普同音，窣勃野与赞普必有内在联系。赞普为“雄强之丈夫”[29]，《旧唐书·吐蕃传》载樊尼率众于羌中建国时，“威惠夙著，为群羌所怀，皆抚以恩信，归之如市，遂改姓为窣勃野”。然则樊尼实不失为吐蕃复国之英雄，窣勃野应为当时人们对他的一种崇高的称呼，遂改旧姓秃发为窣勃野。

《晋书》《通典》能紧紧抓住作为构成当时北方草原民族的主要成分——鲜卑，这正是出色之处。尤其是《通典》，还添上一句极为重要的“招抚群羌”的话，这样，如果推断吐蕃是以鲜卑和羌族组成的集合体，自可成立。《十六国春秋》载晋安帝隆安五年（401年）后秦姚兴大败后凉吕隆后，即言“先是，吐蕃秃发傉檀据西平（郡治今西宁）”[30]这样一条重要的史料。由此可见，吐蕃一名，最早见于文献的，是隆安五年。河西鲜卑秃发傉檀的占有西平，当在隆安三年[31]。隆安三年的前一年，“岭南羌胡数万落皆附于乌孤”[32]。可见河西鲜卑，经过河西羌胡的加入，同时已以姓氏秃发兼用部族或国家的称号了。秃发与吐蕃同音异译，在汉文文献中，为了不使混淆，遂以吐发为姓氏，吐蕃为部族或国家的称号。《册府元龟》卷956：“吐蕃……南凉利鹿孤之后，以吐发为国，音讹，故曰吐蕃。”秃发原是姓氏，乌孤以后，由于河西羌胡的加入，遂又兼用为国家称号。《十六国春秋》恰恰于此时提出吐蕃，绝非偶然。秃发之发，吐蕃之蕃，同音异译，并非音讹。至于作为十六国政权之一的南凉，则是河西鲜卑因受汉化影响而建立的具有汉化色彩的国家称号，而它真正的国家称号，应是吐蕃。南凉亡于西秦，而秃发利鹿孤之子樊尼的子孙，到了魏末，却招抚群羌，日以强大[33]，因此，吐蕃的发展，自然是鲜卑和羌族的不断混合的过程。

《周书》卷15《于谨传附寔传》：“（西）魏恭帝二年（555年）羌东念姐率落反，结连吐谷浑”，这同秃发樊尼及其部子孙，从南凉之亡直到魏末，“招抚群羌，日以强大”，还是一脉相承的。虽然这次是羌族联合族属鲜卑的吐谷浑，而不是秃发鲜卑联合羌族，但从5世纪初吐谷浑部分部落，因受西秦乞伏乾归的袭击，“保于南凉”[34]来看，吐蕃内部包含有吐谷浑部落，是没有问题的。而且随着时间的推移，为吐蕃所包含的，应还有不属秃发系统，于“永嘉乱”后，已“渡陇而西”的其他鲜卑系支庶[35]。

根据以上考古学资料和文献记载，笔者认为，吐蕃墓葬中的殉牲习俗，主要来源于羌——西戎系统和匈奴——东胡鲜卑系统的民族。

五、结　　语

从祖国东北至西南，绵延万里，犹如一半月形环绕着中原大地。但从新石器时代后期直至铜器时代、活动于这一区域之内的为数众多的民族留下了若干共同的文化因素，这些文化因素的相似之处是如此的明显，以至难以全部用“偶合”来解释。因此我们如果能从头绪纷繁的文化现象中分析共同之点，并且进而探讨产生这些共同性的原因，当有助于我们对于社会文化与生态环境之间的辩证关系的认识，增加我们对于古代边地民族之间的相互关系的了解。殉牲习俗，作为一个文化因素的重要方面，反映了羌戎、东胡民族之间的共同特点。这一共同的文化特点，又融合于吐蕃的丧葬仪轨中，在吐蕃时期达到了登峰造极的地步，成为吐蕃文明的一个重要组成部分。我们初步的看法是，这种现象产生的原因，其中既有民族的迁徙、交往和融合，也有间接观念的传播。但是只有当传播的一方和接受的一方存在共同的需要和共同的物质环境时，此种传播才会产生。

自从新石器时代晚期以来，从东北到西南，一直是畜牧或半农半牧的民族繁衍生息的场所。就与殉牲习俗有关系的民族而言，即有东胡、匈奴、氐、羌等。由于他们所处的生态环境的接近，就决定了他们的经济活动和风俗习惯的相似。这一点我们仍然可以从文献记载中得到证明。《后汉书·乌桓鲜卑列传》记东胡民族的情况是："乌桓者，本东胡也。……俗善骑射，弋猎禽兽为事。随水草放牧，居无常处。以穹庐为舍，东开向日。食肉饮酪，以毛毳为衣。"《史记·匈奴列传》记阴山南北的民族情况是："匈奴父子乃同穹庐而卧"，"奴之俗，人食畜肉，饮其汁，衣其皮。畜食草饮水，随时转移"。《周书·异域上》记甘肃南部之宕昌羌："其屋，织牦牛尾及羖羊毛覆之，……皆衣裘褐，牧养犛牛、羊、豕以供其食。"这些文献记载说明，在漫长的历史发展过程之中，居住在这一地带的民族，其风俗习惯保持了何等紧密的联系。由于这些联系的存在，在正常的情况下，就使直接或间接的文化传播得以顺利进行，而当这些古代民族因自然的或人为的原因需要迁徙时，往往也是选择与自己习惯的环境相似，居住着与自己经济活动相同的民族的地区，从而更加强了彼此之间的文化的共同性。

除了生态环境方面的原因外，这一地带之内文化面貌的相似，还需要从社会方面的原因，亦即不同的人类集团互相适应的关系中加以考察。从考古学资料来看，从新石器时代后期开始，中国黄河中下游地区的农耕民族与长城沿线以外的游牧族或半农半牧民族在经济类型、生活习惯、宗教信仰各个方面，就已经出现了很大的差异。进入铜器时代以后，由于以华夏族为核心的农业民族在文化上高于北方的游牧民族，形成一种文化优越感，也由于游牧民族在经济上需要依赖于农业民族并有时通过掠夺来达到目的，彼此斗争造成对立心理。此种对立在阶级社会中被双方统治阶级利用而更趋尖锐，最终在华夏族中形成严格的"夷夏"观念，这就从行动上阻止了北方民族的南下或西部民族的东进，从思想上限制了他们文化的传播。当北方或西南边陲的民族需要迁徙时，由于这种人为的压力，往往只能沿长城线及青藏高原东部移动，这就是形成边地文化传播带的另一原因。吐蕃丧葬殉牲习俗，应该也是在这种民族的迁徙、交往和融合的过程中逐步形成的。

注　释

[1]　〔德〕恩斯特·卡西尔著、甘阳译：《人论》，上海译文出版社，1985年，第111页。

[2]　侯石柱、索朗旺堆：《西藏朗县列山墓地的调查和试掘》，西藏文管会文物普查队：《西藏乃东普鲁沟古墓群清理报告》，《乃东县切龙则木墓群G组M1殉马坑清理简报》，均见《文物》1985年第9期。

[3]　许新国：《海西州都兰县热水吐蕃墓葬发掘述要》，《青海地方史志》1984年第1期；《在青海都兰热水

发掘吐蕃墓葬》，《青海日报》1984年1月30日第二版；《青海省三十五年以来的文物考古工作》，《青海省考古学会会刊》第6期；《都兰热水唐代吐蕃墓》，《中国考古学年鉴》，文物出版社，1984年。
［4］《通志》，第3132页。
［5］《隋书》，第1858页。
［6］王尧、陈践：《敦煌吐蕃本历史文书》，1980年，第137页。
［7］褚俊杰：《吐蕃本教丧葬仪轨研究——敦煌古藏文写卷P.T.1042解读》及续篇，《中国藏学》1989年第3、4期。以下转引敦煌写卷均见此文。
［8］西藏文管会文物普查队：《乃东县切龙则木墓群G组M1殉马坑清理简报》，《文物》1985年第9期。
［9］在古典文献中，照，分别指本教和佛教，“黑人”即信奉本教的人，“黑死”即指本教仪轨。
［10］俞伟超：《关于“卡约文化”和“辛店文化”的新认识》，《中亚学刊》1辑，中华书局，1983年。
［11］张忠培：《齐家文化研究》（下），《考古学报》1987年第2期。
［12］许新国、格桑本：《卡约文化阿哈特拉类型初探》，《青海考古学会会刊》第3期，1981年。
［13］和正雅：《从潘家梁墓地的发掘试谈对卡约文化的认识》，《青海考古学会会刊》第3期，1981年。
［14］许新国：《试论卡约文化的类型与分期》，《青海文物》1988年第1期。
［15］田广金：《桃红巴拉的匈奴墓》，《考古学报》1976年第1期。
［16］伊克昭盟文物工作站、内蒙古文物工作队，《西沟畔匈奴墓》，《文物》1980年第7期。
［17］内蒙古博物馆、内蒙古文物工作队：《内蒙古准格尔旗玉隆太的匈奴墓》，《考古》1977年第2期。
［18］崔璇：《秦汉广衍故城及其附近的墓葬》，《文物》1977年第5期。
［19］艾力山：《天津北疆博物院的古生物学与考古学的事业》，《考古学论丛》2，东亚考古学第三及第四次会议讲演论文集，东京，1930年。
［20］中国社会科学院考古研究所东北工作队：《内蒙古宁城县南山根102号石椁墓》，《考古》1981年第4期。
［21］黎瑶渤：《辽宁北票县西官营子北燕冯素弗墓》，《文物》1973年第3期。
［22］潘行荣：《内蒙古陈巴尔虎旗完工索木发现古墓葬》，《考古》1962年第11期；内蒙古文物工作队：《内蒙古陈巴尔虎旗完工古墓清理简报》，《考古》1965年第6期。
［23］郑隆：《扎赉诺尔古墓群》，《内蒙古文物资料选辑》，内蒙古人民出版社，1964年。
［24］宿白：《东北、内蒙古地区的鲜卑遗迹——鲜卑遗迹辑录之一》，《文物》1977年第5期。
［25］中国科学院考古研究所内蒙古工作队：《内蒙古巴林左旗南杨家营子的遗址和墓葬》，《考古》1964年第1期。
［26］《新唐书》卷216《吐蕃传》。
［27］《晋书》卷126《秃发乌弧载记》。
［28］《通典》卷190《边防典》吐蕃条。
［29］《新唐书》卷216《吐蕃传》。
［30］《晋书》卷56。
［31］《资治通鉴》卷111。

［32］　《资治通鉴》卷110晋安帝隆安二年（398年）。胡注“南岭，谓洪池岭南也”。又云“洪池”，岭名，在凉州姑藏之南。
［33］　《通典》卷190。
［34］　《晋书》卷97《吐谷浑传》。
［35］　《晋书》卷97《吐谷浑传》。

1990年7月5日晚脱稿

（原刊于《青海文物》1991年第6期）

青海省文物考古研究所收藏吐蕃石刻的释读与研究

夏吾卡先　肖永明　李冀源

2010年，5幅名为“都兰吐蕃古墓出土石刻”的图片在网上广为流传（图一）[1]；2012年底，有人正式刊布了5图中的3幅图像，并对石条刻文进行了简单整理和释读[2]；2016年，有学者对图像中的刻文进行了专题研究[3]。由于网上流传的石刻图像缺乏质地、大小等相关数据，同时，一时无法确认石刻的具体出土地等原因，导致相关研究工作停滞不前。2016年7月27日和2017年1月27日，笔者先后两次前往青海省文物考古研究所进行调研，在该所储藏室一楼走廊里有幸观摩了上述诸石刻，并做了图像采集和测绘工作。现根据实地调研所得相关资料，将石刻的大体情况公布如下，不妥之处，还望方家指正。

图一　网络流传石刻图像

一、石刻内容

青海省文物考古研究所收藏的吐蕃石刻共有6条，现将它们分别编为1～6号。石条皆为灰白色花岗岩，呈四方长条形，四周人工凿刻较为规整，每个石条的一侧刻有长短不一的古藏文。由于石条表面受到不同程度的风化，字句间隔“点字”符号不明显。本文依据藏文句法，对其逐一释读翻译。

1号石刻，长约1.3、宽0.26、厚0.28米。石刻一侧刻有两行藏文。由于风化严重，大多文字现已无法识别。其中，能够识读的刻文及翻译如下（图二、图三）：

第一行：□ཚགས་མཐུས་སྣང་པཡསོ།

第二行：དབྱང་བས་□རྒྱས་གྱང□

译文：做法要领/音……兴。

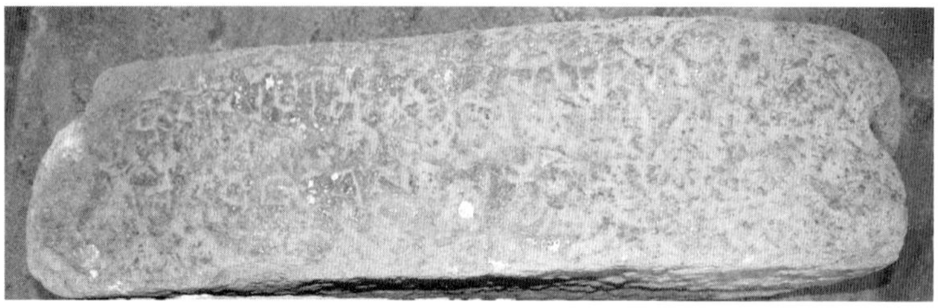

图二　1号石刻

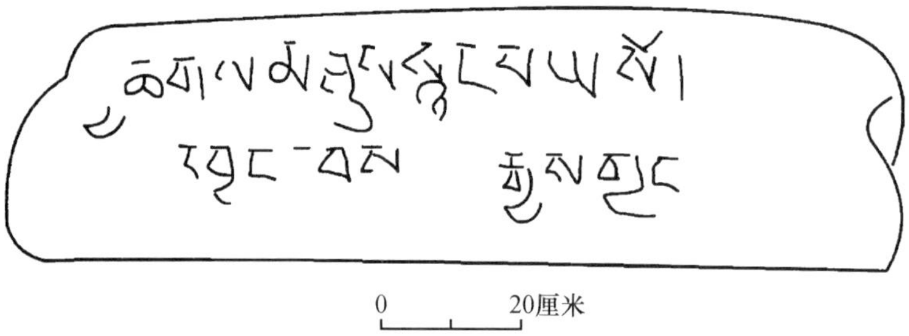

图三　1号石刻摹本

2号石刻，略残，长约0.97、宽0.3、厚0.29米。石刻一侧刻有两行藏文，字迹清楚，能识读的刻文及翻译如下（图四、图五）：

第一行：□ཁོརབཅསབཞུགསུགསྣོ

第二行：□ག་ཅིགིསཕྱུགའཚལཡོནཕུལན། །

译文：……及随从请安……一人敬礼供奉。

图四　2号石刻

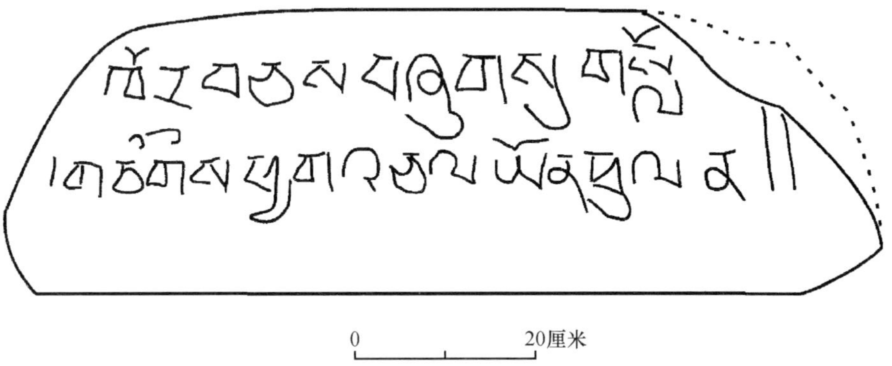

图五　2号石刻摹本

3号石刻，长约0.93、宽0.3、厚0.32米。石刻一侧刻有三行藏文。其中，部分文字现已无法识别。能识读的刻文及翻译如下（图六、图七）：

第一行：ཕྱུལ་ཞུ་ཕྱུདབོར་མག་ཐག་ན་ཁ་གནང་

第二行：ཕྱོགས་ཀྱི་སེམས་ཅན་གྱིས། །ཐོག་མ་མྱེང

第三行：□□□་དབང་ངན་པའི་ལས་ཀྱིས

译文：……诸方有情人，无始之……业力不顺之缘。

图六　3号石刻

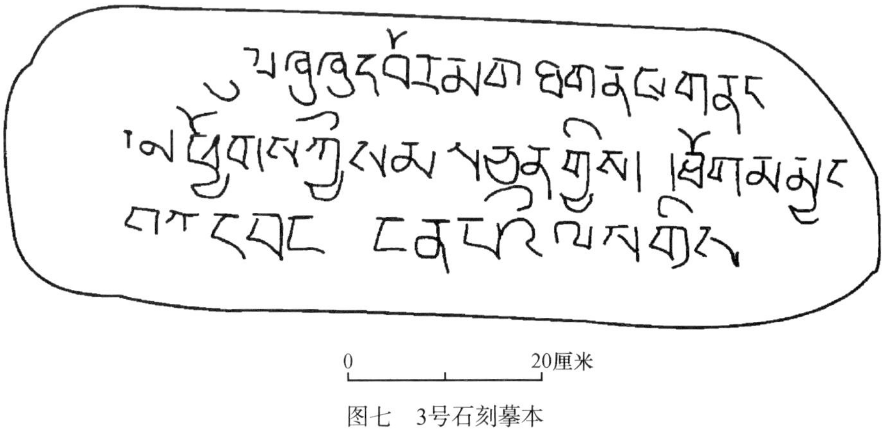

图七　3号石刻摹本

4号石刻，长约1、宽0.29、厚0.29米。石刻一侧刻有三行藏文，保存相对完整，能识读的刻文及翻译如下（图八、图九）：

第一行：ཁབ་སུམཆིམས་ཟླ་སོ་ཞགས[4]་ཐན་ཀ་ཟ་□□□དང་།

第二行：ཚམསུ། །ཡངདགགནསུ་དགོདཔའི་ཕྱིར

第三行：མཆོད་རྟེན་དམ་པམཆོག་བརྩིགས།

图八　4号石刻

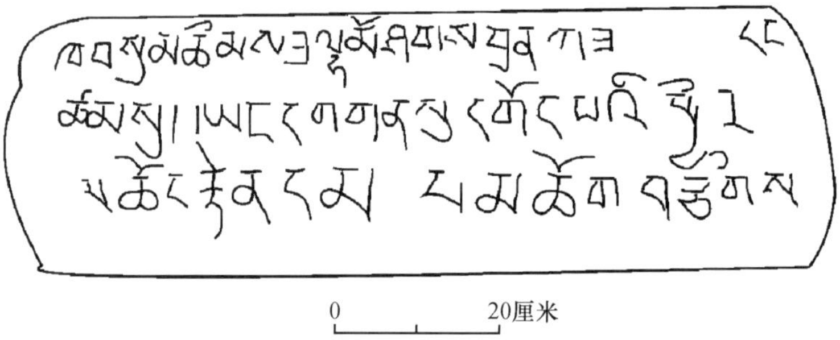

图九　4号石刻摹本

译文：……之地，钦（琛）萨拉姆处，詹卡（勃阑伽）萨……视此地为圣地，修筑佛塔[5]。

5号石刻，长约1.18、宽0.27、厚0.27米。石刻一侧上方刻有一行藏文。其中，现能识读的刻文及翻译如下（图一〇、图一一）：

ངགརྗོངགཅངངངགནསུསྐྱེ། །དེ་བས་ཀུན་གྱིས་ཕྱག་འཚལབསོ།

译文：……处生长，故众人向其行礼！

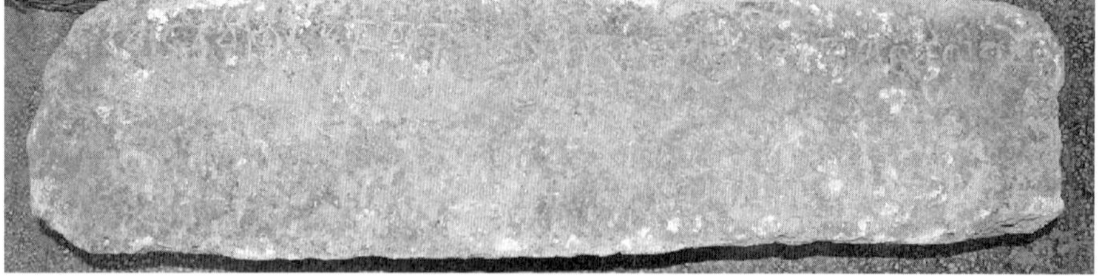

图一〇　5号石刻

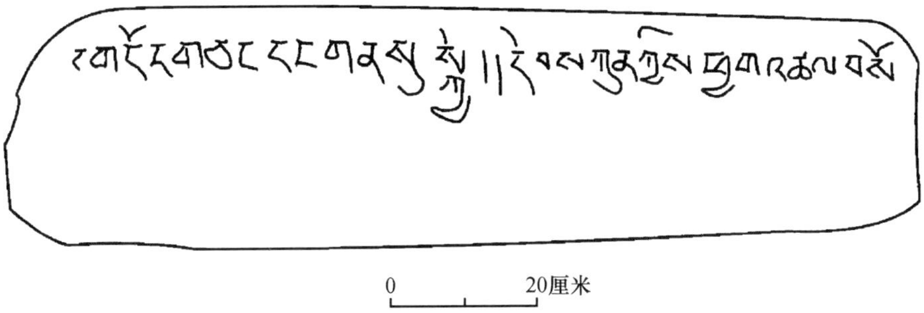

图一一　5号石刻摹本

6号石刻，呈不规则长方形，长约0.95、最宽处0.34、厚0.18米。石刻一侧左右边缘刻有少量藏文。其中，现能识读的刻文及翻译如下（图一二、图一三）：

ངོར།□□□ར་ཆེན་

译文：（面）前……大。

图一二　6号石刻

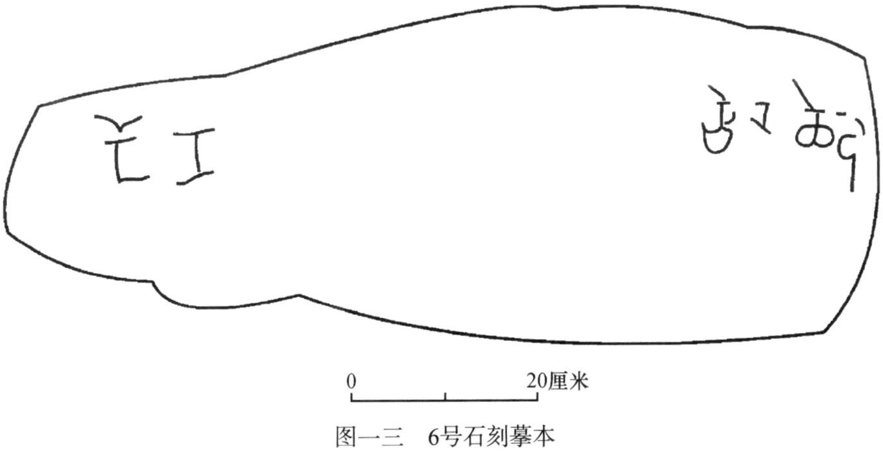

图一三　6号石刻摹本

二、部分石刻图像的早年误传与实际出处

2010年，阿顿・华多太先生在其博客中以《都兰吐蕃古墓出土石刻》为标题刊发了部分石刻的局部图像；2012年，恰嘎・旦正在其出版的《藏文碑文研究》一书中，以《都兰县热水河北岸一号墓石刻》为题对其做了进一步介绍，认为本文编号为4号的石刻出土于1号墓，并刊布了其拼接图像和刻文；同年，阿顿・华多太在其发表的《论都兰古墓的民族属性》一文中，将4号石刻视作（都兰热水河）北岸某墓葬的出土物而进行了介绍；2016年，恰嘎・旦正在其发表的《都兰吐蕃墓——琛氏墓碑考析》一文中，同样将石刻定性为墓葬出土物，并进一步判定其性质为“墓碑”。该文中首次对图像来源做了如下说明：“该石刻（4号石刻）图像，于1999年北京大学都兰考古队在此考古发掘时，由三木才先生于热水河北岸的考古营地拍摄。”“据现场研究生同学介绍，石刻系周边墓穴中采集所得。”[6]也就是说，网络上流传的石刻照片，最初是由长期关注都兰吐蕃古墓、并发表过数篇论文的三木才先生拍摄的[7]。虽然三木才先生很可能系网上流传那组照片的拍摄人，但后文所言“1999年”和“北京大学都兰考古队考古发掘期间”等信息定是当事人或采访人的误记所致。

第一，上述石刻图像的具体出处，从当年参与过都兰吐蕃墓发掘工作的北京大学考古文博学院林梅村教授、考古杂志社丁编辑等那里无法得到证实[8]；第二，北大考古队发掘的墓葬位于热水南岸，当年的营地也搭建在南岸而非北岸；第三，本文作者之一的青海省文物考古研究所都兰吐蕃墓考古发掘工作队重要成员，即当年负责采集这组石刻的当事人肖永明副研究员回忆：

> 2000年夏天，我们在都兰县境内进行古墓调查时，在位于热水河南岸鲁丝沟摩崖石刻所在地山脚下的一处遗址内发现了这些石刻。当时，还发现了多通石条。我们把带有古藏文的石刻运到了热水河北岸的考古营地。后来，这些石刻被送到青海省文物考古研究所进行保存。

上述肖永明所提供的消息的可靠性，不仅是因为他是当事人之一，更基于以下两点间接证据：第一，正如肖永明所讲，鲁丝沟遗址至今仍保存有与上述石刻质地、规格相等的十多条石条（图一四）；第二，在鲁丝沟遗址出土文物中，近来备受关注的是吐蕃佛教题材的摩崖石刻像（图一五）。综上看，上述石刻的具体出土地应为热水河1号大墓西北约7千米的鲁丝沟，而非热水河北岸的古墓集中区。

图一四　至今保留在鲁丝沟的石条

图一五　鲁丝沟吐蕃摩崖造像

三、石刻的年代和性质

对于石刻的大致年代，我们从刻文的书写方式及文法入手，基本可以放到吐蕃时期。如2、3、4号石刻的刻文中发现藏文元音“ི”正写体和反写体混用的情况；在2号石刻中“行礼”一词由“ཕྱག་འཚལ”写成“ཕྱག་འཙལ”；在3号石刻中，在“མ”字底下加“ྱ”，以及很多词语缩写法具备吐蕃时期古文的基本特征。同时，在4号石刻中出现了吐蕃时期两位显赫家族的信息。一位为钦萨拉姆，“钦”乃姓氏，“萨”即妻子的尊称，拉姆是其名称。“钦”在汉文史书中音译为“琛”，表明她来自吐蕃王朝最具实力的外戚贵族。在两百多年的吐蕃王朝历史中，共有6位王妃[9]和无数个权贵大臣[10]出自该家族。而4号石刻中出现的钦萨拉姆或钦萨拉姆增就是赞普赤松德赞的王妃。

另一位为詹卡萨……“詹卡”也是一姓氏，“萨”是妻子的尊称，较为可惜的是其名称已佚失。“詹卡”姓氏在汉文史书中音译为“勃阑伽”。根据史料，詹卡姓氏进入吐蕃政坛始于松赞干布的千户分封时期，当时该家族就有专门的领地[11]。之后从赤松德赞时期的吐蕃“七觉士”到赤德松赞（797～815年）和赤祖德赞（815～841年）时期颁发的文书中，有詹卡论杰桑宫堆（བྲན་ཀ་བློན་རྒྱལ་བཟང་གོང་འདུས）、詹卡论桑巴（བྲན་ཀ་བློན་བསམ་པ）、詹卡论达协海耿（བྲན་ཀ་བློན་སྟག་བཞེར་ཧེབ་ཀན）等将相[12]。当然赤祖德赞时期该家族到达权力的顶峰，在唐蕃会盟碑中钵阐布白吉云丹名列众相之首就是其明证[13]。詹卡家族的女士作为达官贵人夫人尚不见藏文史料，但赤松德赞时期大译师毗卢遮那母亲就叫詹卡萨准吉（བྲན་ཀ་བཟའ་སྒྲོན་སྐྱིད）[14]。无论石条上出现的姓氏是否为这位女士，这组石条的大体年代应该为赞普赤松德赞执政前后一段时期。

关于出土石刻的性质，曾有学者把4号石刻推定为钦萨拉姆墓碑[15]，笔者对此难以认同，亦曾用藏文撰文进行过回应[16]。暂且先不谈其证据链，仅从石刻的简陋形制、内容、规格来看，很难说该石刻是一通吐蕃“墓碑”。从诸石刻的内容到组合关系，出土地点的相关文化现象看，把它视作佛教建筑石条构件较为妥当，原因有如下：第一，石刻本身所记的“……之地，钦（琛）萨拉姆处，詹卡（勃阑伽）萨……视此地为圣地，修筑佛塔”内容，就是詹卡萨把钦萨拉姆居处视为殊胜之地而修建了一座佛塔；第二，在石刻出土地的崖面上，有两组特征较为明显的吐蕃造像，即鲁丝沟吐蕃佛教摩崖石刻[17]，而多数刻文内容多少跟佛法有关联；第三，石刻的出土地点既不见封土堆，也不见石砌墓圹痕迹，且地表分布有20多条统一规格的石条，其性质应属于建筑石材。最后，鲁丝沟出现的佛教遗迹并不是孤立存在的，在其周边尚存在大量的佛教遗迹。从考肖图发现的佛教遗址[18]、乌兰县大南湾出土的大量擦擦[19]，以及近来被确认为吐蕃佛教遗址的英德尔遗址和红旗遗址等来看[20]，吐蕃于公元7世纪中叶吞并吐谷浑后不久，已开始逐渐推广佛教，而作为吐蕃向东扩张的重要军事基地都兰，存在相应的佛教设施也在情理之中。此次鲁丝沟发现赞普赤松德赞王妃的行踪轨迹对重新认识都兰热水沟一带的历史地位具有重要的史料价值。

注　释

［1］阿顿·华多太老师于2010年8月20日在《藏人文化网》个人博客以《都兰吐蕃古墓出土石刻古藏文图》为题发表了5张图，分别是第3、4、6号石刻的局部图。

［2］恰噶·旦正：《藏文碑文研究》（藏文），西藏人民出版社，2012年，第119、120页；阿顿·华多太：《论都兰古墓的民族属性》，《中国藏学》2012年第4期，第117～136页。

［3］ཆབ་འགག་ཏྲ་མགྲིན། གཏེར་ལམ་ཐྲུ་སྟོད་བང་སོ་ལས་ཐོན་པའི་མཆིམས་བཟའ་ལྷ་མོའི་བང་སོའི་རྗེ་རིང་ལ་དཔྱད་པ། བོད་ལྗོངས་ཞིབ་འཇུག 2016（1）：1-10。

［4］原文ཤགས是一种藏人间互相思想、语言交流交换的“说唱”形式，但此处把它当作说唱形式从其语境出发似乎不妥，故笔者认为应是“住处”或“房屋”之ཤག一字的误写体。

［5］恰噶·旦正：《藏文碑文研究》，2012：第119、120页中也收录了该石刻内容：ཐྲན་མཆིམས་ཟ་ལྷ་མོ་ཤགས་སྙོན་གཟ（ས）×××མསུ（ལསུ）||ཡང་དག་གནས་སུ་དགོང་པའི་ཕྱིར|མཆོད་རྟེན་དམ་པ་མཆོག་བརྩིགས|译文：因庶民琛氏公主拉木夏卓……视为境地，故建圣塔；阿顿·华多太的录文和翻译为：ཐྲན་མཆིམས་ཟ་ལྷ་མོ་བཀས་ཟྱིན་གཞོལ་སུ...ཡང་དག་གནས་སུ་དགོང་པའི་ཕྱིར་མཆོད་རྟེན་དམ་པ་མཆོག་བརྩིགས། མཆོག་བརྩིགས|译文：王后钦萨之命在圣地筑建。见阿顿·华多太：《论都兰古墓的民族属性》，《中国藏学》2012年第4期，第117～136页。

［6］ཆབ་འགག་ཏྲ་མགྲིན།གཏེར་ལམ་ཐྲུ་སྟོད་བང་སོ་ལས་ཐོན་པའི་མཆིམས་བཟའ་ལྷ་མོའི་བང་སོའི་རྗེ་རིང་ལ་དཔྱད་པ། 2016（1）：1-10.

［7］照片初步公开者阿顿·华多太先生也向笔者证实了这一说法。三木才先后发表有《都兰古墓1号殡葬民俗文化考察》和《都兰古墓等出土的太阳鸟解析——与柳春诚先生商榷》等文章。

［8］笔者于2016年先后向两位当事人发邮件进行过证实。

［9］夏吾卡先：《一部吐蕃王陵的史册——〈桑瓦央琼〉的研究与翻译》，《中国藏学》2016年第3期，第158～163页。

［10］霍巍：《西藏列山墓地相关问题的再探讨》，《藏学学刊》第5辑，2009年，第46～60页。

［11］དཔའ་བོ་གཙུག་ལག་ཕྲེང་བ་ཆོས་འབྱུང་མཁས་པའི་དགའ་སྟོན།ལྷ་ས། བོད་ལྗོངས་མི་དམངས་དཔེ་སྐྲུན་ཁང་། 2014：152. བཀའ་ཐང་སྡེ་ལྔ། མི་རིགས་དཔེ་སྐྲུན་ཁང་། 1986：439.

［12］དཔའ་བོ་གཙུག་ལག་ཕྲེང་བ་ཆོས་འབྱུང་མཁས་པའི་དགའ་སྟོན།ལྷ་ས། 2014：274，310-311，324.

［13］王尧：《吐蕃金石录》，文物出版社，1982年，第41页。

［14］བཻ་རོའི་འདྲ་འབག་དང་སྤྲུལ་པའི་ལོ་ཆེན་བཻ་རོ་ཙ་ནའི་རྣམ་ཐར། སི་ཁྲོན་མི་རིགས་དཔེ་སྐྲུན་ཁང་། 1995：93，272.

［15］ཆབ་འགག་ཏྲ་མགྲིན།གཏེར་ལམ་ཐྲུ་སྟོད་བང་སོ་ལས་ཐོན་པའི་མཆིམས་བཟའ་ལྷ་མོའི་བང་སོའི་རྗེ་རིང་ལ་དཔྱད་པ། 2016（1）：1-10.

［16］ཤ་བོ་མཁའ་བྱམས། གཏེར་ལམ་རྫོང་ནས་ཐོན་པའི་མཆིམས་བཟའ་ལྷ་མོའི་རྗེ་རིང་ཡི་གེའི་སྐོར་ལ་བསྐྱར་དུ་དཔྱད་པ། བོད་ལྗོངས་ཞིབ་འཇུག 2017（4）：98-105.

［17］仝涛：《丝绸之路上的疑似吐蕃佛塔基址——青海都兰考肖图遗址性质刍议》，《中山大学学报（社会科学版）》2017年第2期，第100～109页。

[18] 蔡林海：《都兰县考肖图沟吐蕃时期遗址》，《中国考古学年鉴·1997年》，文物出版社，1999年，第239页；仝涛：《丝绸之路上的疑似吐蕃佛塔基址——青海都兰考肖图遗址性质刍议》，《中山大学学报》2017年第2期，第100～109页。

[19] 青海省文物考古研究所：《青海乌兰县大南湾遗址试掘简报》，《考古》2002年第12期，第49～57页。

[20] 仝涛：《丝绸之路上的疑似吐蕃佛塔基址——青海都兰考肖图遗址性质刍议》，《中山大学学报》2017年第2期，第100～109页。

（原刊于《藏学学刊》2018年第2期，原文第三作者李骥源应为李冀源）

青海都兰热水哇沿水库古墓葬出土纺织品文物初探

高志伟　张小云　严明圣

青海省文物考古研究所于2014年对都兰哇沿水库古代墓葬群进行了抢救性考古发掘，其坝址位于青海省都兰县热水乡扎麻日村东南约2千米，共发掘墓葬25座，纺织品文物主要出土于M15、M16、M18、M20，而且集中于M16和M20。由于多数墓葬被盗，墓葬又距乌苏河较近，埋藏环境比较潮湿，出土的纺织品大多数为残片，且保存状况较差，经保护修复后整理出的纺织品残片有65件，其种类有织锦、刺绣、罗、绮、绫及绢，较完整的纺织品只有一件棉帽、一件刺绣首饰方巾及一件类似袋状的织锦。

一、出土文物基本情况

1. 织锦

经过整理的织锦碎片27件，大部分为纬重组织、夹经二三根、经线多数为加强Z捻，纹饰有花鸟纹、团窠联珠纹、对羊纹、狮子纹、翼马纹等。

黄地联珠动物纹鞭套（图一），2014QDRM16-S1，仅残留上半部分（残长13.8厘米），因其口部残留木头残渣，疑似鞭套。由于鞭套破损较严重，可辨认出联珠纹、动物纹，但无法辨认是何种动物。其编织类型为2/1斜纹经重组织（图二），经线显花，经线为黄色、深蓝色，Z

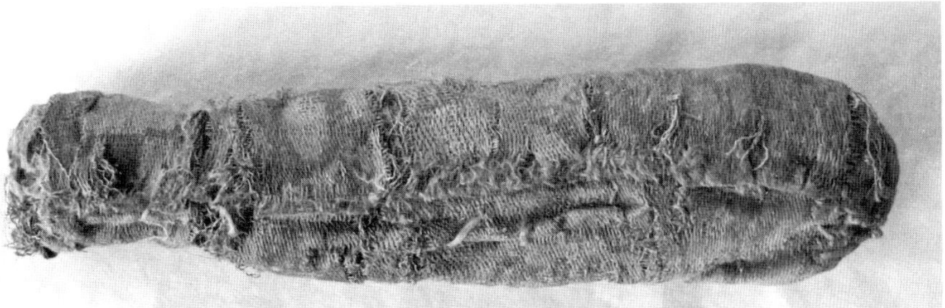

图一　黄地联珠动物纹鞭套

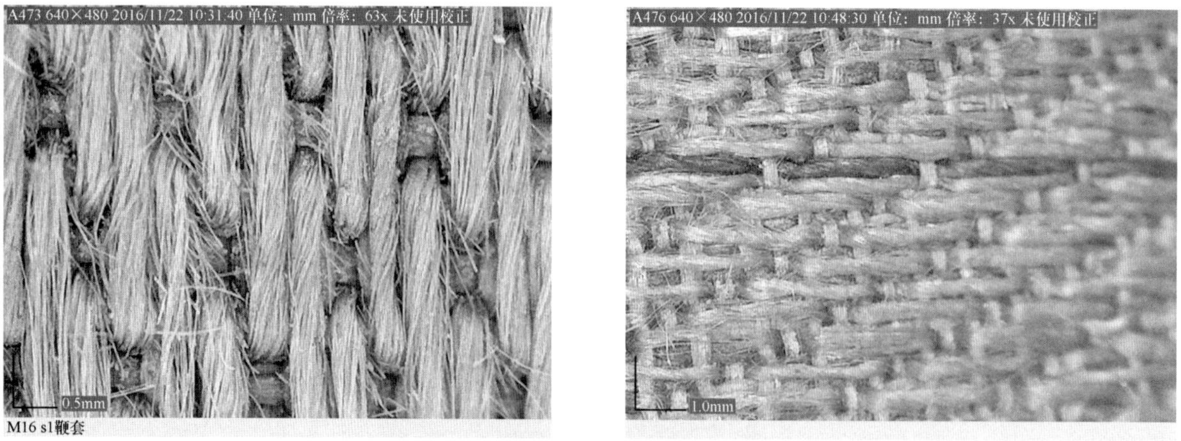

图二　黄地联珠动物纹鞭柄组织结构

捻，密度为80根/厘米，纬线为黄色，无捻，密度为40根/厘米。

黄地套环联珠人物对马饮水织锦残片（图三），2014QDRM16-S4，该锦采用联珠纹圆环相套连成二方连续的簇二型骨架。该织锦紧连幅边处有一组围墙，饰有波浪形纹样，围墙中间有一扇门，墙高1厘米，门高1.65、宽1.6厘米。进入门内两个联珠套环骨架把环内的空间切割成两个空间——锥形空间和梭形空间。在梭形空间内为一人立于台座上（图四），双手托举一容器，两匹翼马俯首饮水，翼马中间有一棵树。锥形空间内有一狮子，一棵生命树。编织工艺为2/1斜纹经重组织（图五），经线显花，Z捻，纬线无捻。有一条幅边，幅边宽度为3.4毫米。残长13.5、残宽11厘米。

黄地联珠对羊纹织锦残片（图六），2014QDRM16-S11-B，该锦以黄色为地，用蓝色勾勒出联珠纹及对羊的图案，一只羊残留头部、颈部及尾部；另一羊仅留一点嘴型，羊角模糊不清，羊的颈部、身上有几何形状纹样。编织工艺为1/2斜纹纬重组织（图七），以黄色、藏蓝

图三　黄地套环联珠人物对马饮水织锦

图四　黄地套环联珠人物对马饮水织锦局部图案

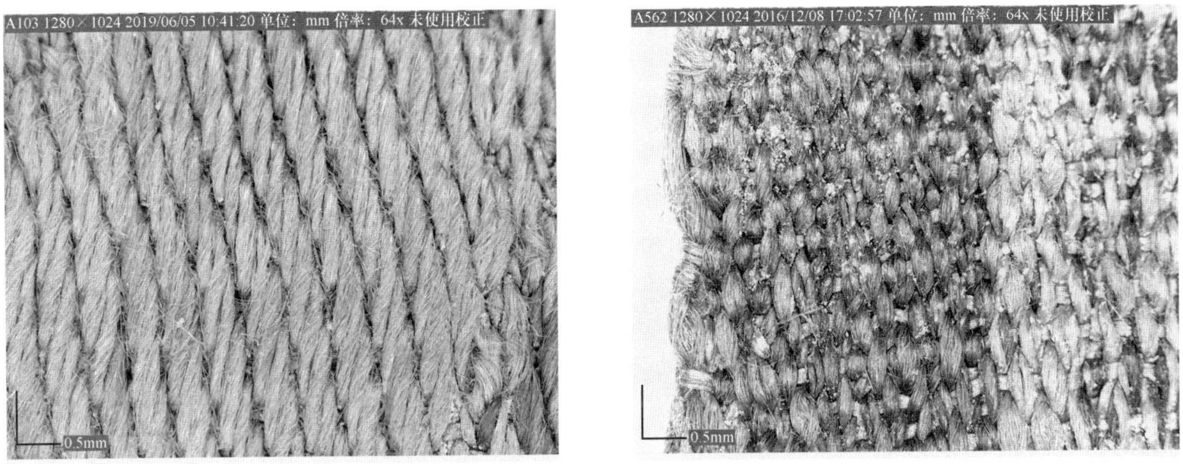

图五　黄地套环联珠人物对马饮水织锦组织结构

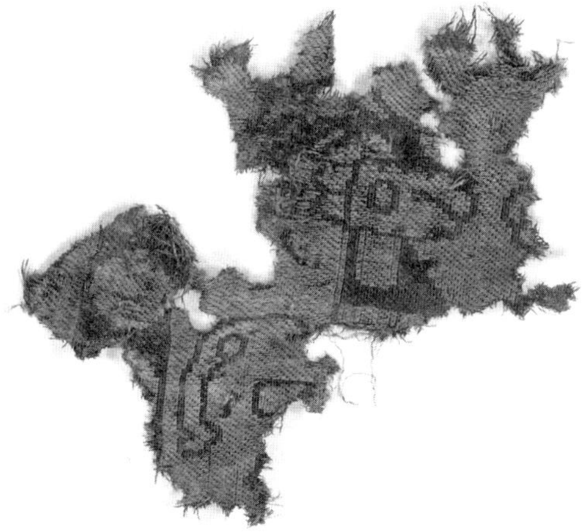

图六　黄地联珠对羊纹织锦残片

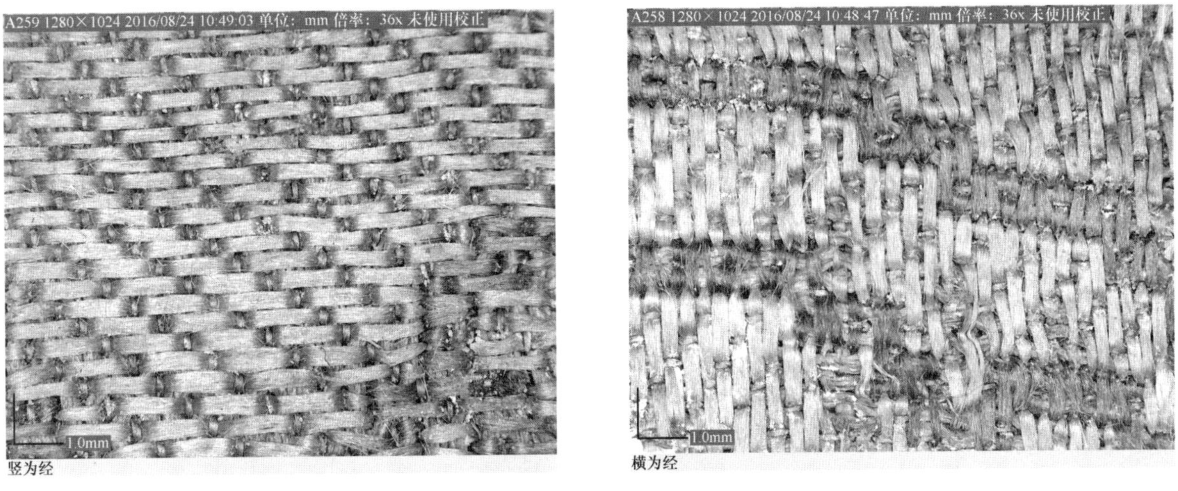

竖为经　横为经

图七　黄地联珠对羊纹织锦残片组织结构

两色勾勒出羊的形象，纬线显花，纬密为64根/厘米，经丝为黄色，夹经2根，Z捻，密度66根/厘米。残长9、残宽9.5厘米。

黄地蓝色花鸟纹织锦（图八），2014QDRM16-6。该织锦呈带状，两边有手工缝合的绫镶边，其中一边由七条0.2厘米宽的彩条和一条0.6厘米宽中间用缝线抽缩的彩条缝合而成，彩条饰边带连接的顺序从内向外为：两条米黄色、两条蓝色、两条米黄色、一条蓝色、一条米黄色。另一边为六条，依次为两条蓝色、四条米黄色。该织锦以小三角纹作花环（图九），环中有立鸟，头顶花翎，尾大而上翘，形似孔雀，环外辅花为圆形花环，图案在纬向方向以每8.9厘米重复循环。编织工艺为1/2斜纹纬锦（图一〇），纬线显花，基本无捻，纬线由浅黄、深黄、蓝色三色构成图案，密度为102根/厘米；经线为黄色，夹经2根，Z捻，密度为60根/厘米。残长91、残宽10.1厘米。

黄地绿色几何图案织锦（图一一），2014QDRM20-S19，织锦形制基本完整，长方形面料的一边折成弧形，四周折边上有缝洞，背面应该有一块面料与其缝合。图案简单（图一二），呈条状排列，分别填入八边形十字宾花、三角形纹样，由于褪色严重，无法辨别整体循环图案，只能看到十字宾花于纬向循环。长23.2、宽18厘米，纬重组织（图一三），1/2斜纹，暗经3根，Z捻。经线密度：共88、84根/厘米；纬线密度：45、46根/厘米。

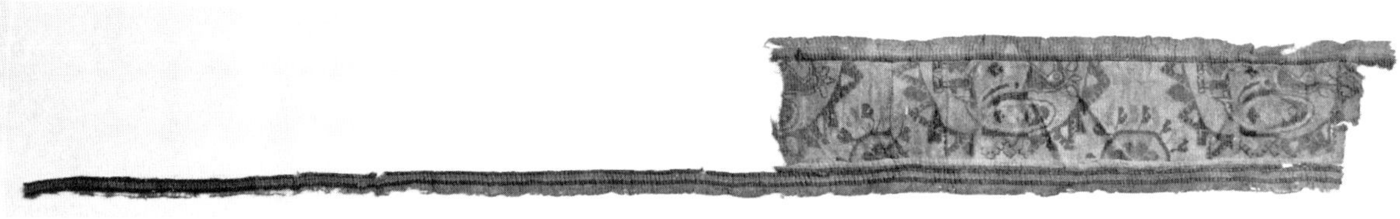

图八　黄地蓝色花鸟纹织锦

图九　黄地蓝色花鸟纹织锦局部纹饰图案

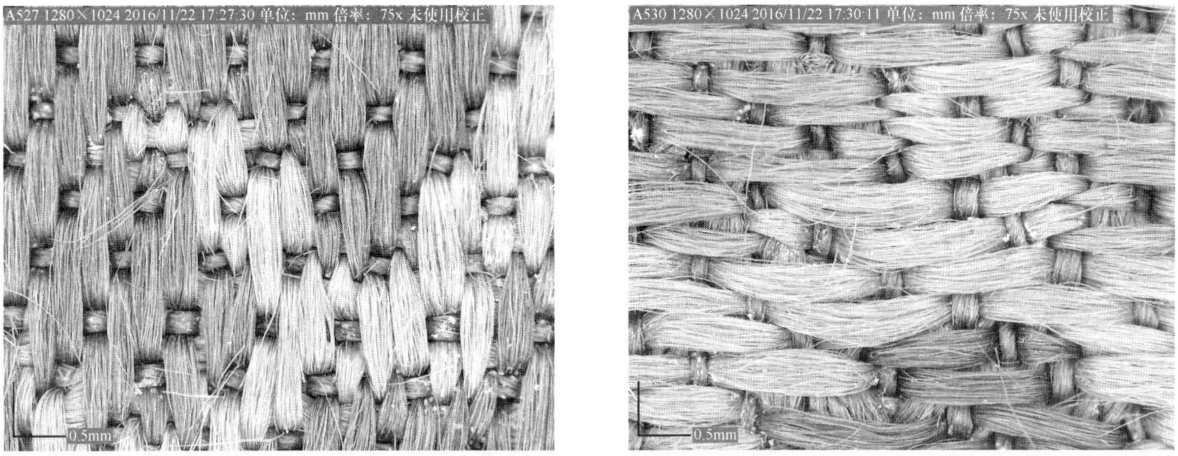

图一〇　黄地蓝色花鸟纹织锦组织结构

图一一　黄地绿色几何图案织锦

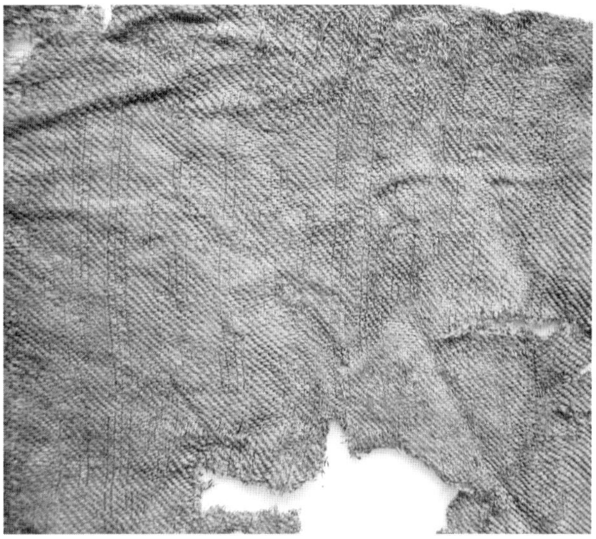

图一二　黄地绿色几何图案织锦局部图案

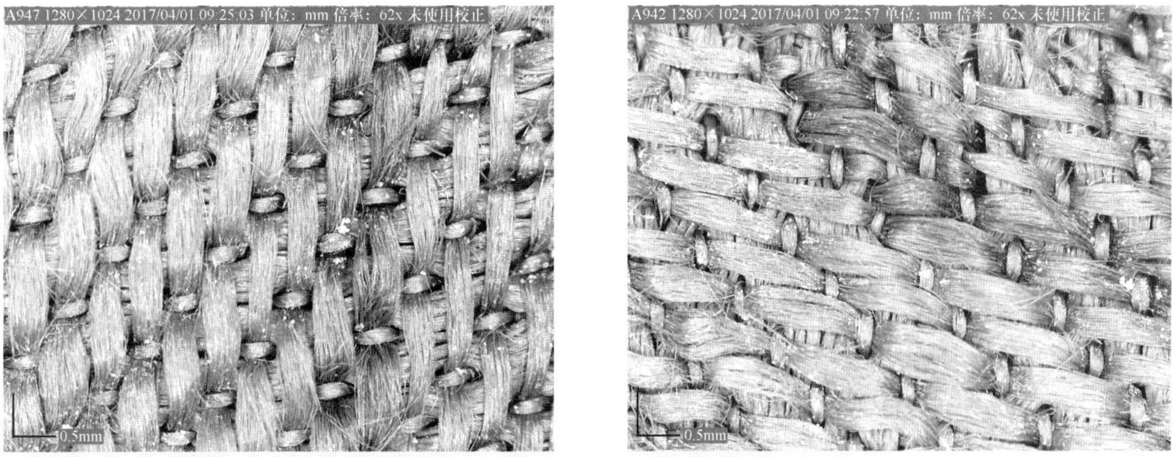

图一三　黄地绿色几何图案织锦组织结构

2. 刺绣

褐色双圈联珠纹绮花卉刺绣首饰方巾，2014QDRM16-3（图一四），此次出土的有刺绣图案的纺织品仅此一件，其形制基本清晰，因出土时其内包裹着饰品，故命名为首饰方巾。该方巾由褐色双圈联珠绮和黄色绢（只残留一小块）缝合而成，存留三条缝边，其中一条为幅边（幅宽为1.5厘米，有8根经线），采用双线合股隐针法缝合，长19.7、宽17.3厘米。该方巾以褐色双圈联珠绮为绣地，用浅绿色、蓝色、浅黄色的丝线以锁针绣及劈针绣绣出花卉、树叶图案，八朵花均为侧视效果，斜向排列，较大的两朵花位于中心，上下排列，其两侧分别有两组小花错位排列图一五、图一六。方巾一侧角处有一结，似由纽扣结和平结组成。方巾的绣地为暗花绮，平纹地1/3斜纹显花，经绘图可见双圈联珠纹图案（图一七），圈内疑似有对龙图案。

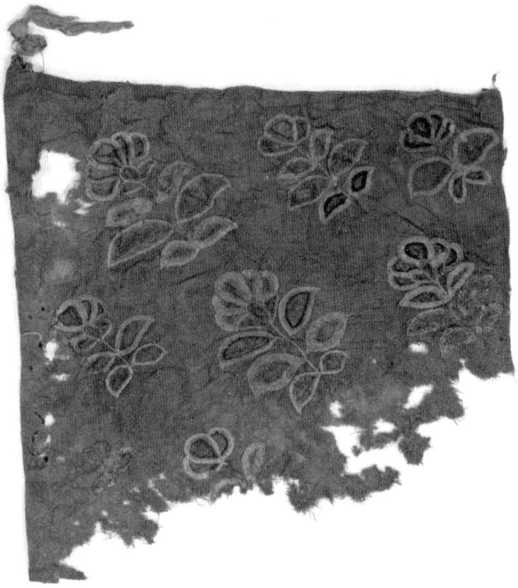

图一四　褐色双圈联珠纹绮花卉刺绣首饰方巾

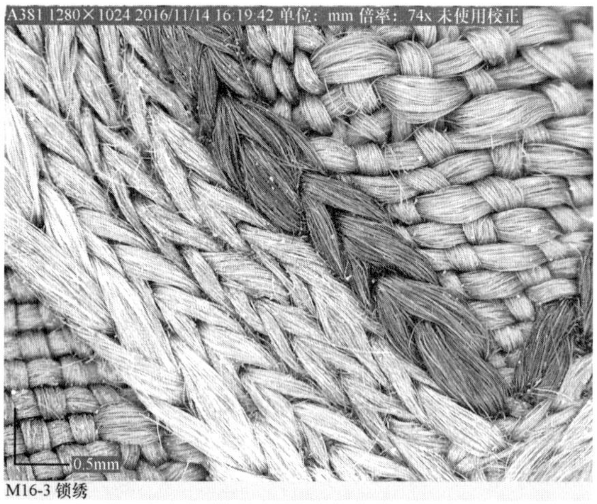

图一五　褐色双圈联珠纹绮花卉刺绣首饰方巾锁针绣

3. 罗

黄色菱形纹四经绞纹罗，2014QDRM16-S16（图一八），仅此一件，破损严重。材料为丝，采用四经绞纹罗织法，用无固定绞组的二经绞。图案为菱形纹，纬密为24根/厘米，经密为84根/厘米（图一九）。该片现存有一条幅边，残长46、残宽52厘米。

4. 绮、绫

绮—平纹地斜纹显花的丝织物的总称；绫—斜纹地斜纹显花的丝织物的总称，绫是在绮的基础上发展起来的。整理出的绮、绫织物大概有16件。

褐黄色菱形纹棉帽，2014QDRM16-S2（图二〇），棉帽面料剪裁为六部分，由六片布料

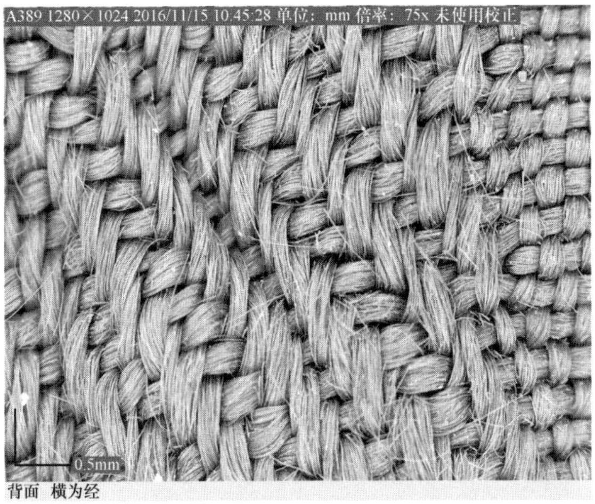

图一六 褐色双圈联珠纹绮花卉刺绣首饰方巾绣地

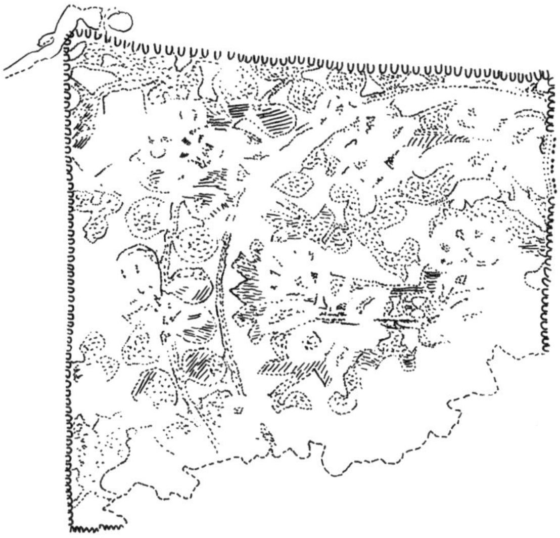

图一七 褐色双圈联珠纹绮花卉刺绣首饰方巾绣地纹饰

图一八 黄色菱形纹四经绞纹罗

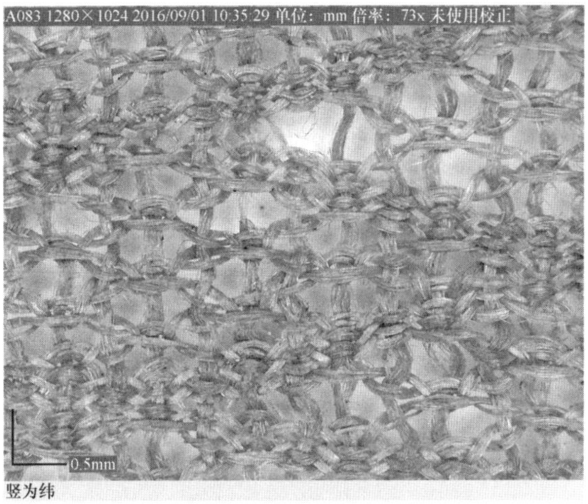

图一九 黄色菱形纹四经绞纹罗组织结构

图二〇 褐黄色菱形纹棉帽

缝合而成，分上下两部分，六条缝线。上部分由两片土黄色绫缝合，下部分由两大片菱形纹绮和两小片土黄色绫两两缝合而成，两小片土黄色绫裁剪为三角形并进行缝合，缝线方式有跑针法、斜针法及锁针法。有三条幅边，因部分隐藏在内，无法观测其幅宽。棉帽边缘中部及底部两角处各缀有面条带子，中部带子的起始处贴补小块绿色织物，疑似装饰物。有一条二次缝补痕迹，用黄色线和蓝色线捻合后作为缝线，长11.2厘米。里层由四片土黄色绫缝合而成，中间填料为棉花。棉帽长54.6、宽28、高1厘米。织物编织工艺，绮：平纹地1/2斜纹显花，经密42根/厘米，纬密38根/厘米（图二一）；绫：1/2斜纹地3/1斜纹显花，经密25根/厘米，纬密30根/厘米（图二二）。

黄地花卉狮子暗纹绫残片，2014QDRM16-S3（图二三）。此为一件暗花绫织物，可能是袍服前襟的一块残片，绿色绢为背衬。可辨析的图案为花卉纹、树叶纹和狮子纹（图二四），

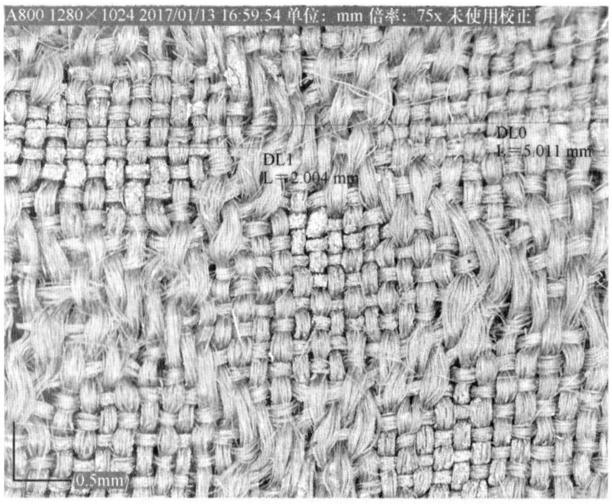

图二一　褐黄色菱形纹棉帽绮组织结构

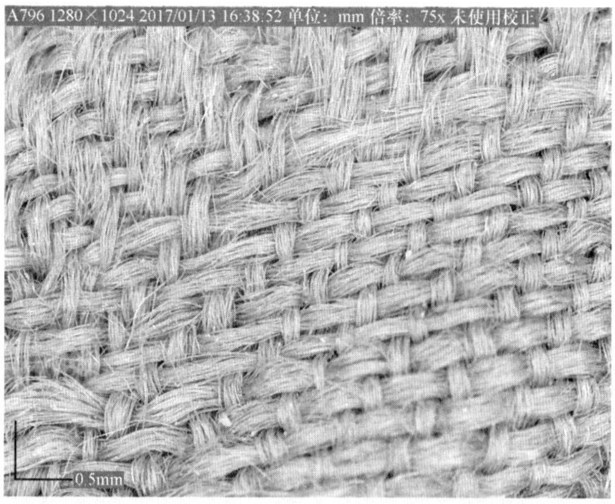

图二二　褐黄色菱形纹棉帽绫组织结构

图二三　黄地花卉狮子暗纹绫袍前襟残片

图二四　黄地花卉狮子暗纹绫袍前襟残片纹饰图

树叶阔且下垂；狮子为侧视，张口露齿，双目圆瞪，面部狰狞，颌下饰长须，背脊分披鬃毛，自然下垂，背部隆起，扬尾，尾部呈卷云状。织物残长45.2、残宽41.4厘米；纬线密度42根/厘米，经线密度为43根/厘米，有一条幅边，宽6.7厘米，36根。编织方法为2/1斜纹为地，1/4斜纹显花（图二五）。

红色暗花绫残片，2014QDRM18-2-S1（图二六）。该片为红色绫残片，褪色较严重，有一条折边，有暗花图案，图案不详（图二七）。编织工艺为2/1斜纹地1/3斜纹显花（图二八、图二九），纬密为36根/厘米，经密为58根/厘米。残长7.6、残宽7.3厘米。

绿色菱形纹绮残片，2014QDRM16-S8-B（图三〇）。残片，小长方形状的绿色绮残片，平纹地，纬线显花，图案为菱形纹，背面有一小点黄色绢，应为里子。编织工艺为平纹地1/2斜纹显花（图三一），经密为64根/厘米，纬密为44根/厘米。有一条幅边，幅边的宽度为0.6厘米，26根经线。残长7、残宽4.4厘米。

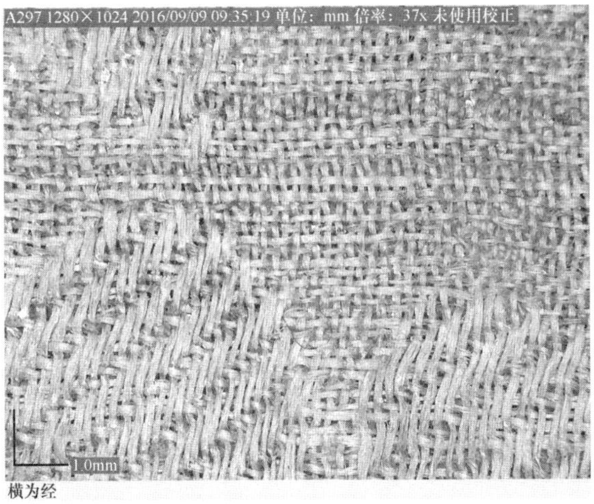

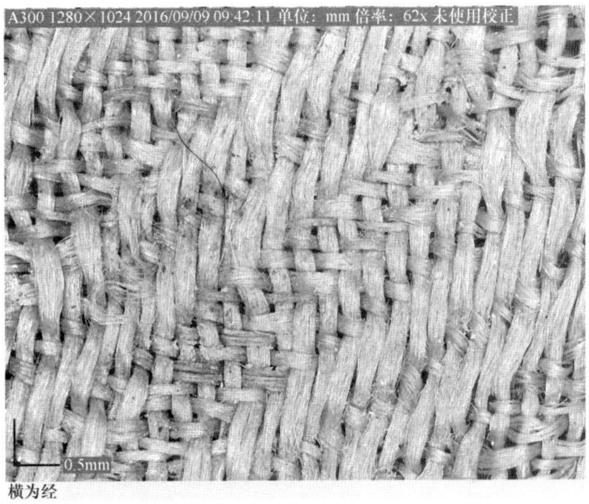

图二五　黄地花卉狮子暗纹绫袍前襟残片组织结构

图二六　红色暗花绫残片

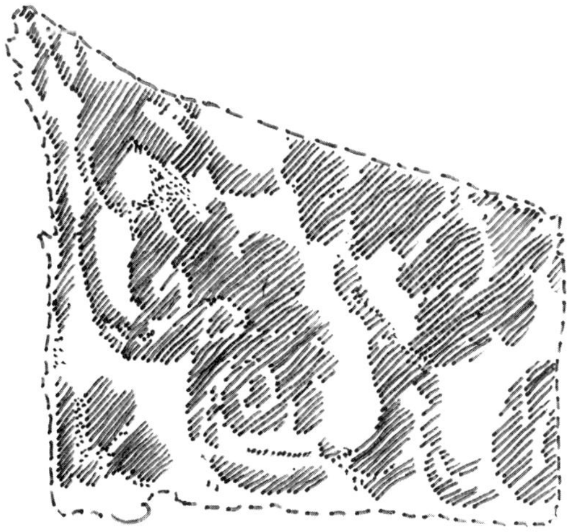

图二七　红色暗花绫残片纹饰

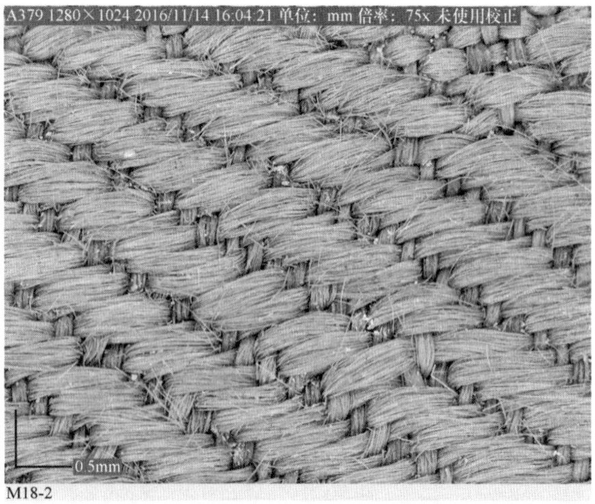

图二八　红色暗花绫残片1/3斜纹

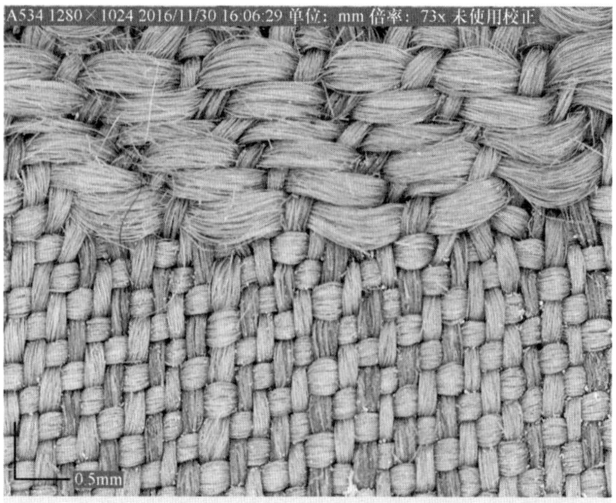

图二九　红色暗花绫残片2/1斜纹地1/3斜纹显花

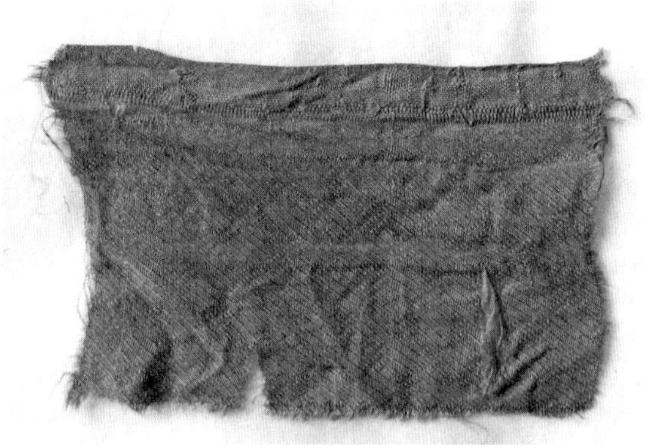

图三〇　绿色菱形纹绮残片

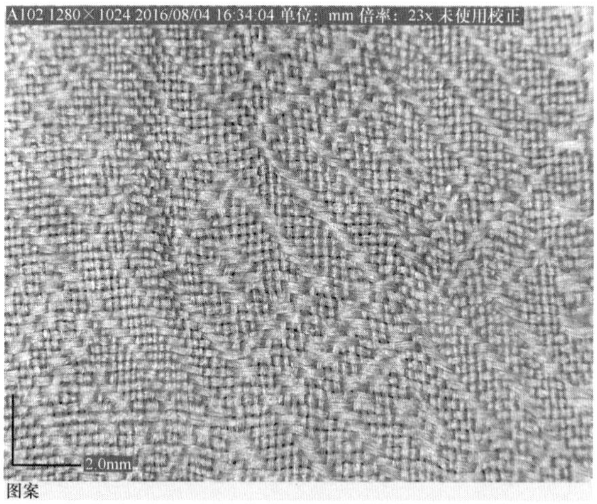

图三一　绿色菱形纹绮残片组织结构

土黄色菱形纹绮残片，2014QDRM16-S15-B（图三二）。绮残片。黄色，纬线显花，图案为菱形纹（图三三）。有一条幅边（图三四），宽2.55厘米，经线11根。编织工艺为平纹地1/3斜纹显花（图三五），纬线密度为54根/厘米，经线密度为56根/厘米。

5. 平纹绢

经整理的平纹绢大概有18件，大部分为土黄色残片，有几件为锯齿状残边。

土黄色平纹绢残片，2014QDR M15-S1-A（图三六）。该片为黄色平纹绢残片，经纬线均无捻。有一条幅边（幅宽为2.5毫米，共有17根经线）。经线密度为42、46根/厘米，纬线密度为34、36根/厘米（图三七），残长32.8、宽36厘米。

长条锯齿形土黄色织物残片，2014QDRM16-S14-A ~ S14-F。土黄色平纹绢织物（图三八），长条锯齿形，S14-B、S14-F双层，背衬薄绢。

图三二　土黄色菱形纹绮残片

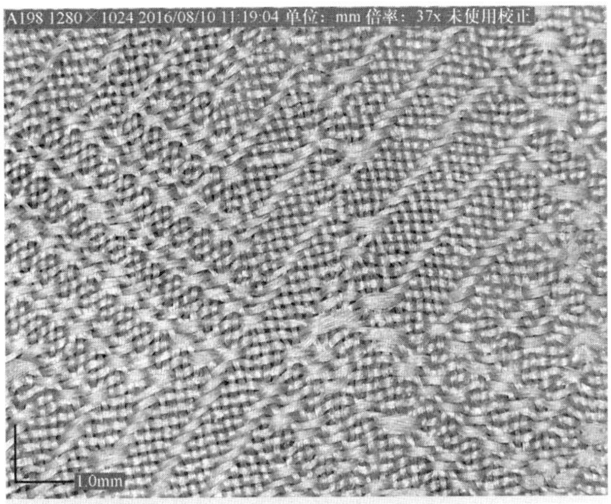

图三三　土黄色菱形纹绮图案

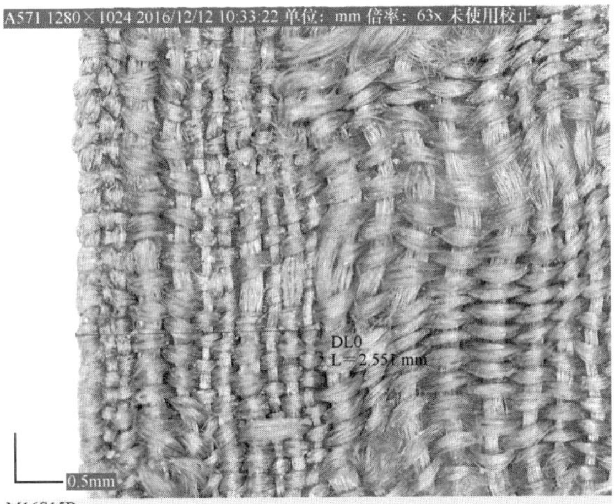

图三四　土黄色菱形纹绮残片幅边

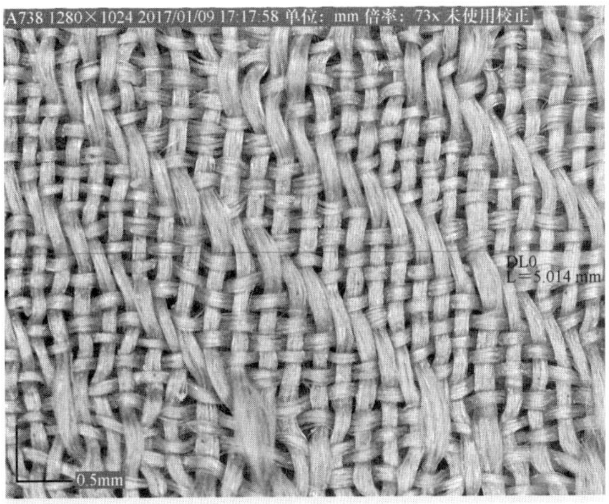

图三五　土黄色菱形纹绮残片平纹地1/3斜纹

图三六　土黄色平纹绢残片

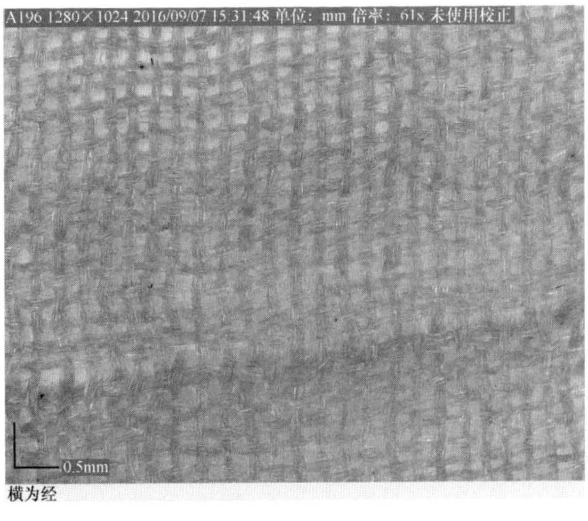

图三七　土黄色平纹绢残片组织结构

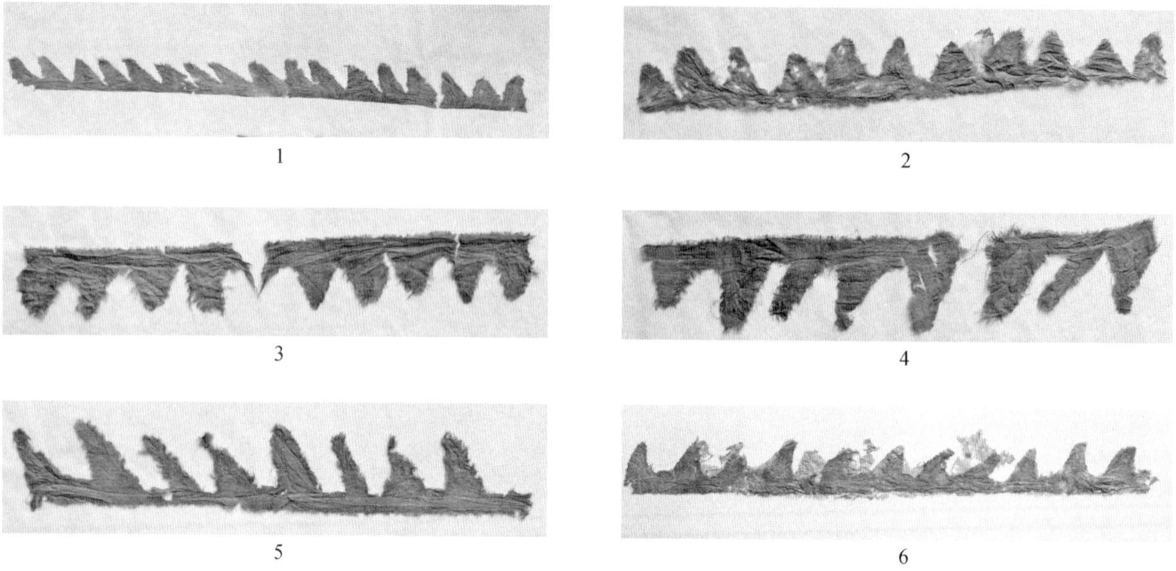

图三八　长条锯齿形黄色织物

1. S14-A　2. S14-B　3. S14-C　4. S14-D　5. S14-E　6. S14-F

6. 其他

黄蓝色丝线吊穗，2014QDRM16-S17（图三九）。吊穗是用黄色和蓝色丝线混合制成的，2枚吊穗端头分别连接蓝色、黄色丝带。共有7枚，4枚大一点，大的长5、宽2、高0.8厘米；3枚小穗，长3.5、宽1、高0.5厘米。

黑色织带残段，2014QDRM16-S6（图四〇、图四一）。带状织物，残长为19.8、残宽10.2、残厚0.2厘米。

图三九　黄蓝色丝线吊穗

图四〇　黑色织带残段

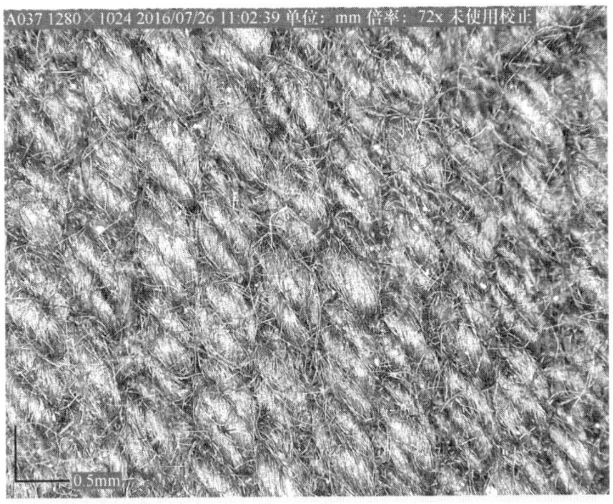

图四一　黑色织带组织结构

二、出土纺织品文物年代及相关问题探讨

青海地区自20世纪80年代对都兰地区进行考古发掘开始，出土了许多珍贵的纺织品文物，品种几乎囊括了唐代所有的种类，有锦、绫、罗、缂丝、绢、纱等，其中织金锦、缂丝、嵌合组织显花绫等更弥足珍贵，这些织物有的来自中亚、西亚，有的具有明显的唐代风格。此次都兰热水哇沿水库墓葬出土的纺织品文物虽然种类较少，但其纹饰特征与都兰前期出土的纺织品文物既有相似之处，又具有其独特性，尤其黄地套环联珠人物对马饮水织锦的图案为首例，具有较高的研究价值。通过墓葬出土柏木的树木年轮鉴定，可知该批墓葬大概年代为公元740年[1]，但纺织品文物编织的具体年代仍需进一步地梳理。

联珠对羊纹织锦在青海都兰热水出土较多，织物组织多数为1/2斜纹经重组织[2]；哇沿出土的黄地联珠对羊纹织锦残片为1/2斜纹纬重组织，经线加强Z拈，夹经两根，两者相比编织工艺明显有较大差异。与哇沿联珠对羊纹织锦类似的有甘肃敦煌出土、大英博物馆藏的联珠对羊对鸟纹锦（图四二），这件织锦是斜纹纬锦，公元7世纪下半叶至8世纪上半叶的作品，具有典型的中亚粟特风格[3]。同类织锦还有甘肃敦煌出土、法国吉美博物馆藏联珠对兽纹锦缘经帙[4]（图四三），以土黄色作地，蓝绿、黄、红三色显花，联珠环内的动物为对羊的造型，织造技术属于典型的中亚织锦。根据许新国先生对粟特织锦特点的归纳，哇沿这件对羊织锦的图案联

图四二　联珠对羊对鸟纹锦

图四三　联珠对兽纹锦缘经帙

珠环以及对兽图案具有明显的粟特风格；另根据其纬线显花、丝线强Z捻、斜纹组织等特点，可以确定该件织锦属于粟特锦，其年代可能是盛唐时期。

哇沿出土的套环联珠人物对马饮水织锦中的套环骨架纹饰，与都兰热水墓葬中出土的黄地套环云珠人物锦（QK002053）（图四四）的套环联珠纹骨架极为相似，套环骨架在吐鲁番出现在隋代织物上[5]。主题纹样对马饮水图案可见于新疆维吾尔自治区博物馆藏（吐鲁番阿斯塔那出土）唐联珠对马纹锦[6]（图四五），斜纹经锦，其图案共有两行、两列较完整的联珠团窠，上行是对昂首马，下行则为对马分别立于一棵树的两侧，作俯首饮水状。此类纹样亦见于日本丝绸之路博物馆藏品贺祈思所藏织锦上[7]（图四六）。与哇沿这件织锦图案最为相似的是美国大都会艺术博物馆藏的一件波斯时期饮水翼马纹鎏金银盘[8]（图四七），直径21厘米，其年代为5～6世纪，银盘上部中央为乐人，手拨琵琶，在其左右为两翼马，正低头饮水，银盘下部中央为人托举水罐，其两侧分列忍冬纹。由此可见饮水对马纹这类题材在唐代时较为流行。这种翼马的造型很可能是出于波斯人和粟特人所崇拜的琐罗亚斯德教即祆教中梅赫尔所乘骑的“天国神马”[9]，以它们为纹饰，反映了波斯人对神德的礼赞，随着祆教的东传，它

图四四　黄地套环云珠人物锦

图四五　联珠对马纹锦纹样

图四六　联珠团窠翼马锦

图四七　饮水翼马纹鎏金银盘

们自然而然地被带到了中土，并在织锦上各展风姿。神马所饮之水要么是“天池之水”，要么是仆人从“天池”取来的水，而马及狮子中间的花树，可能是来自波斯的生命树概念。哇沿出土的这件套环联珠人物对马饮水织锦，其图案风格完全符合西方的宗教信仰、审美情趣，但织造工艺却是中国特有的斜纹经锦，可能是为了迎合西域及吐蕃地区游牧民族对此类图案的喜好而加以运用，并且可能是初唐时期的作品。这种情况在都兰、新疆出土的纺织品中可以找到很多例证，从另一方面也说明了中西方文化交融的情况。

哇沿出土的立鸟纹织锦，与中国丝绸博物馆馆藏的团窠对鸟纹锦[10]（图四八）比较相似，都是斜纹纬锦，环内立鸟尾大而上翘，风格相近，不同之处为：①哇沿出土的织锦立鸟足下没有踏座；②团窠以不规则三角纹花环显现；③辅花不是十字形宾花，而是圆形花环。盛唐时期，团窠环型较大，联珠环被花卉环取代，斜纹经锦虽仍在织造，但西方传入的纬锦织造方法迅速兴起，盛极一时，因此哇沿的这件花鸟纹织锦可能为盛唐时期的产物。其图案虽迎合了盛唐时期的风格，但编织工艺与中亚、西亚极为相似，尤其经线为加强Z捻，因此可以将其归属于西方系统。

刺绣起源很早，《事物原始》古书中记载“舜令禹刺五彩绣”，之后刺绣得以发展。唐代刺绣沿袭汉代锁绣，但针法已开始转变运用劈针绣、平绣为主，并采用多种不同针法，多种色线，替代颜料描写之绘画形成一门特殊的艺术，能使绣品绣出晕染的效果，成为唐绣独特的风格。唐宋绣花施针匀细，设色丰富，所用绣底质料亦不限于锦帛和平绢。哇沿出土的褐色双圈联珠纹绮花卉刺绣首饰方巾，采用了锁绣、劈针绣，绣地为暗花绮，绣样虽然是简单的花卉图案，但是也采用了深浅不一的色线呈现出花、叶的立体及晕染效果。此件绣品与美国大都会艺术博物馆藏的花树对鸟纹刺绣[11]（图四九）有异曲同工之妙，虽然纹饰、花色比其单调，但

图四八　团窠对鸟纹锦

图四九　花树对鸟纹刺绣

用不同颜色的丝线绣出色彩渐变的纹样还是形似的，绣底颜色基本相同，其四角也保留扭结。因此可将哇沿出土的这件刺绣可定为盛唐时期。

绫是指用同色经纬丝线织成的一种斜纹地上起斜纹花的织物，通过组织枚数、斜向、浮面其中的一个或多个要素的不同来显花。绫起步较晚，是汉代才有的新品种。《中国工艺沿革史略》综合了历代之说，概括地指出："……绫自汉以来始有之。……至唐时则豫州之鸂鶒双丝绫、兖州之镜花绫、青州之仙文绫、荆州之方縠绫、园州之重莲绫、润州之方綦水波绫、漳州之龟子绫、遂州之樗蒲绫、仙滑二州之方纹绫，出品之众，名类之多，盖不可更仆数也。"可见到唐代织绫业达到了高峰，织出的纹饰不仅有莲花、水波纹等花样，还有及龟甲、方纹、镜花等几何纹图案。唐代绫织物出土较多，如青海都兰热水出土的葡萄纹绫衣襟残片[12]、黄色大花卉绫[13]，中国丝绸博物馆藏宝花纹绫袍，甘肃敦煌出土、大英博物馆藏孔雀衔绶纹绫[14]等，哇沿出土绫织物有9件，其中以黄地花卉狮子暗纹绫残片最为珍贵。根据目前已发表的考古资料及相关研究表明，纺织品上有狮子图案的纹饰通常出现在织锦上，如都兰热水出土的绿地对波联珠狮凤锦（图五〇）、黄地中窠宝花对狮锦（DRM1PM2-S149-1）[15]（图五一），在绫织物上发现狮子纹图案还是首例，其狮子纹饰相较于织锦上的纹饰更写实、形象、生动。艾尔米塔什博物馆藏一件鎏金狮子纹银盘（图五二），为4世纪波斯时期的器物[16]，其狮子纹饰与哇沿绫织物上的狮子亦比较相似。根据史料记载，唐代武官官服饰动物纹，规定千牛卫饰瑞牛，左右卫饰瑞马，骁卫饰虎，武卫饰鹰，威卫饰豹，领军卫饰白泽，金吾卫饰辟邪，监门卫饰狮子[17]。由此可见，这种绫织物上有狮子纹饰的袍服并非寻常百姓服饰，是唐代武官的官服上所饰之物。中国丝绸博物馆藏有一件立狮宝花纹锦[18]（图五三），它以大窠花卉为环，一立狮站于团花中心，前后爪皆强劲有力，身体四平八稳，头微仰，双目圆瞪直视前方，不怒自威，头上的鬣毛呈螺旋式卷曲。大型团花动物纹样是唐代新创的"陵阳公样"，这类运用到织锦上的纹样后来被大量移植到绫织物上，唐朝官服即是最好的例证。敦煌发现的斜纹地上起斜纹花的绫织物中有一类就是图案复杂的大循环织物，有盘绦纹绫幡身、棕色绶带纹绫幡身和黄色大花卉纹绫等10多件，盘绦纹绫在2/1左斜纹地上以1/5左斜纹显花，采用由花卉和枝叶组成的大型团窠纹，该图案在经线方向的循环约为55厘米，在幅宽内只出现一个完整团窠（即团窠图案直径与幅宽相当），这类绫应该就是敦煌文书中提到的"独窠绫"[19]。哇沿出土的黄地花卉狮子暗纹绫残片长45.2、宽41.4厘米，按照现有的尺寸只能推测其图案可能是团型花卉狮子纹饰，其循环尺寸可能比盘绦纹绫更大，但是否是"独窠绫"，因仅保留一条幅边，所以无法判断。用楼机织造的绫在敦煌文书中被称为"楼机绫"[20]，也就是楼机织造的斜纹暗花丝织物，使用楼机可以织出图案在经线方向循环更大的织物，因此此类绫织物可能是由楼机织造的。

图五〇　绿地对波联珠狮凤锦

图五一　黄地中窠宝花对狮锦

图五二　鎏金狮子纹银盘

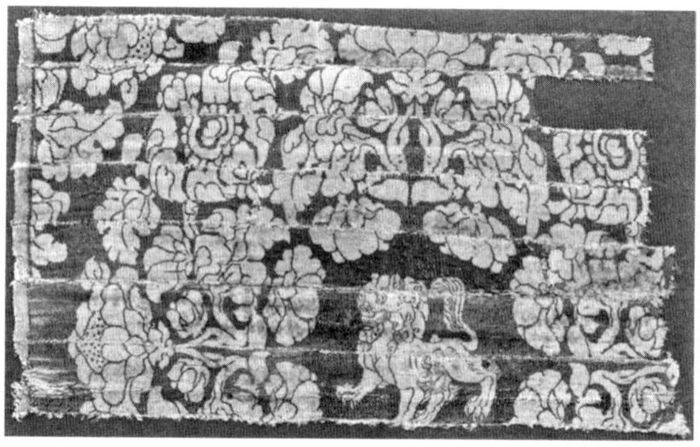

图五三　立狮宝花纹锦

三、小　　结

都兰哇沿出土的这批纺织品文物经过初步研究，可以看到织锦类织物大多数为斜纹纬锦，经线为Z捻或加强Z捻；基本都是以黄色作地，蓝色、绿色显花；图案以联珠团窠对兽纹为主。斜纹组织是中亚、西亚纺织技术的一大特点，尤其结构上采用Z捻经线。中国在唐以后仿中亚、西亚的斜纹组织纬锦日益增多，但其中最大的区别是中国丝线捻向为S捻，西方丝线为Z捻。因此根据哇沿出土织物的图案及编织工艺与同期及其他地区的织物进行对比，发现其图案及编织工艺更具有中亚、西亚的特点，应归属于西方织锦系统。黄地套环人物对马饮水纹锦虽然是斜纹经锦，但其纹饰完全沿袭了波斯图案风格，应该是将波斯图案略作变动后应用到中国织锦上。中国在北朝晚期到初唐的经锦上已经出现联珠、翼马纹饰，说明这一纹样较早地影响了中国的传统织造生产；同时这些纹样大量出现在青海地区出土的织物上，也为青海地区作为丝绸之路上的交通要道提供了的实物证据。

出土刺绣采用劈针绣绣法及绫织物上的几何纹图案与唐代流行趋势相得益彰，而绫上有大窠花卉狮子纹图案的织物则说明采用了唐代当时独创的陵阳公样，但狮子纹造型与西方狮子特征十分吻合，充分说明了中西方交流过程中文化之间的相互影响、相互交融。

注　释

[1] 青海省文物考古研究所、陕西省考古研究院：《青海都兰县哇沿水库古代墓葬2014年发掘简报》，《考古与文物》2018年第6期。

[2] 许新国：《西陲之地与东西方文明》，北京燕山出版社，2006年，第202页。

[3] 赵丰、王乐：《中国古代丝绸设计素材图系·汉唐卷》，浙江大学出版社，2018年，第78页。

[4] 赵丰、王乐：《中国古代丝绸设计素材图系·汉唐卷》，浙江大学出版社，2018年，第77页。

[5] 新疆维吾尔自治区博物馆：《丝绸之路——汉唐织物》，文物出版社，1972年，图版45、46。

[6] 赵丰、王乐：《中国古代丝绸设计素材图系·汉唐卷》，浙江大学出版社，2018年，第75页。

[7] 赵丰、齐东方：《锦上胡风——丝绸之路纺织品上的西方影响（4—8世纪）》，上海古籍出版社，2011年，第151页。

[8] Les Oerses sassaudes. Fastes d'un empire oublie (224-642). Fragments de manchette, Musee Cer-nuschi, 2006, P99.

[9] 霍巍：《青海都兰吐蕃墓藏出土联珠对马纹锦与“高原丝绸之路”》，《青海文物》2017 复刊号总12期。

[10] 赵丰、王乐：《中国古代丝绸设计素材图系·汉唐卷》，浙江大学出版社，2018年，第81页。

[11] 赵丰、王乐：《中国古代丝绸设计素材图案·汉唐卷》，浙江大学出版社，2018年，第148页。

[12] 赵丰、王乐：《中国古代丝绸设计素材图案·汉唐卷》，浙江大学出版社，2018年，第123页。

[13] 许新国：《西陲之地与东西方文明》，北京燕山出版社，2006年，第179页。

[14] 赵丰、王乐：《中国古代丝绸设计素材图案·汉唐卷》，浙江大学出版社，2018年，第130页。

[15] 许新国：《西陲之地与东西方文明》，北京燕山出版社，2006年，第181页。

[16] Ryoichi Hayashi. The Silk Road and the Shoso-in: Heibonsha Survey of Japanese Art. vol.6 (New York/Tokyo: Weatherhill/Heibonsha. 1975): Hermitage Museum collection.

[17] （唐）杜佑：《通典》卷六十一《嘉六·君臣服章制度》，中华书局，1984年，典三五〇。

[18] 赵丰、王乐：《中国古代丝绸设计素材图案·汉唐卷》，浙江大学出版社，2018年，第96页。

[19] 王乐：《魏唐时期敦煌吐鲁番地区的绫织物》，《敦煌学辑刊》2017年第2期。

[20] 王进玉：《敦煌遗书所载“立机”“楼机”初探》，《丝绸史研究》1985年第4期。

（原刊于《青海文物》2009年总15期）

青海省乐都北山石窟初探

汤隆皓　孙　凤　施兰英　汤惠生

海东市乐都区位于青海省东部湟水谷地，夹峙河水的南北两条山脉静静看着河水从谷地中央喧哗流过，默默地陪伴着这个古代曾经作为南凉国都的乐都走过岁月，经历着风雨：原初山坡平整的北山已被侵蚀成如百褶裙般沟壑纵横；明代碾伯卫老城高大厚重的城墙已被挖掘破坏成锯齿般残断颓废的堞雉了。这是乐都两处具有标志性的自然和文化景观。我们于2019年夏天所考察的正是北山，也称裙子山的这一处自然景观。原来以为这是一处纯粹的自然景观，但后来发现在其山脚处有很多人工开凿的洞穴，我们的考察就是针对这些洞穴所进行的。

1992年版的《乐都县志》对于城北裙子山描述道："县城西北2公里处有一红山，山峰前崖由于常年被雨水冲蚀，在半山腰形成一排九十度的山峰竖切面，切面如折叠的红裙，故名'裙子山'。每个褶纹如根根通天大柱林立山脚……每过天晴或斜晖夕照之际，红崖如火；一如秋雨季节，云霭绕于山峦，衬托得裙子山绚丽多彩，蔚为壮观，故名曰：红崖飞峙。"[1]同时也提到山脚下的洞窟：裙子山，又称红崖洞，位于县城西北仅2千米处，亦即原来的大古

图一　乐都北山（亦裙子山）LDⅢ区远景

城北，因山形而得名[2]。

北山山脚的这些洞穴，我们根据集中分布的情况分为LDⅠ、LDⅡ 、LDⅢ、LDⅣ四个区。洞窟根据口部形状可分为方形（如LDI：3石窟）、矩形（如LDⅢ：1石窟）、马蹄形（如LDⅣ：4石窟）。

石窟进深0.5～4米，窟内一般均对应口部形状，基本上都是四壁垂直，偶有弧壁。岩壁表面有开凿石窟时遗留下来的平行或人字形凿痕。窟顶一般为平顶，极个别为人字披顶（如LDⅢ：2石窟）。石壁上往往敷以泥仗，有的石窟尚有保留下来的泥仗，泥仗上面有绘画痕迹。个别洞窟石壁上尚有应该是起初安置造像时留下的凹陷（如LDⅢ：2石窟）。不要说洞窟中的造像和壁画已全部破坏和风蚀殆尽，由于丹霞地貌的红色砂岩质地疏松，加之西北地区风沙猛烈，即便是洞窟本身的保存状况也非常糟糕，加之目前城市建设的影响，可能要不了几年，这些石窟便会毁坏殆尽。

现在我们择其有代表性的几个洞窟加以介绍。

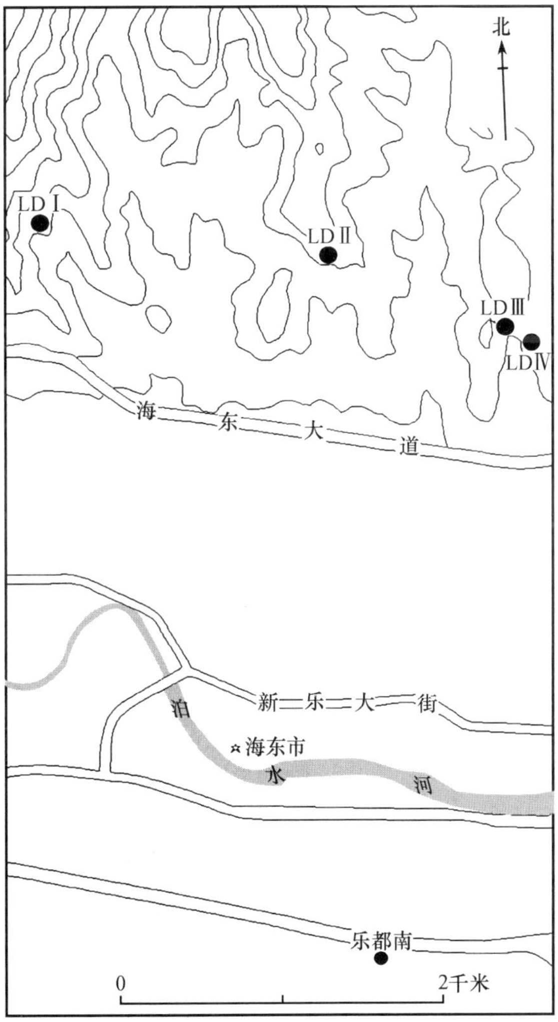

图二　乐都北山四个石窟地点分布图

一、石窟的形制

LDⅠ区共27个洞窟，全部凿刻在面西的崖壁之上，由于山脚坡度太大，无法攀援；LDⅡ区紧邻Ⅰ区，位于其西北，全部面南，共18个洞窟，部分残毁。Ⅰ区、Ⅱ区的经纬度为东经36′50″，北纬102′40″，海拔2030米。

Ⅱ区最大的一个为3号洞窟（编号LDⅠ：3），阔3、高2.3、进深1.7米，面向正南。西壁刻凿痕迹明显，其顶部敷一层1厘米厚的草拌泥仗。泥仗表面平整光滑，靠洞口处颜色较浅，靠洞里面呈黑色，似为举火所形成的烟炱。

LDⅢ区，东经36′50″，北纬102′38″，海拔2018米，一共4个洞穴。

LDⅢ：1号洞穴，南偏东160°，海拔2020米。口阔4.2、进深3.5、高1.85米。东壁口部仅存一部分加工痕迹，顶部加工痕迹基本完整，其他部分已遭风蚀殆尽，看不见加工痕迹。该洞穴最近有人来过，尚遗留有矿泉水瓶盖一枚。此外尚有似作为铺床的草以及鸟屎，还有小动物或昆虫足迹。西壁与顶部交界处有今人用石子题字。

图三　北山LDⅠ区远景

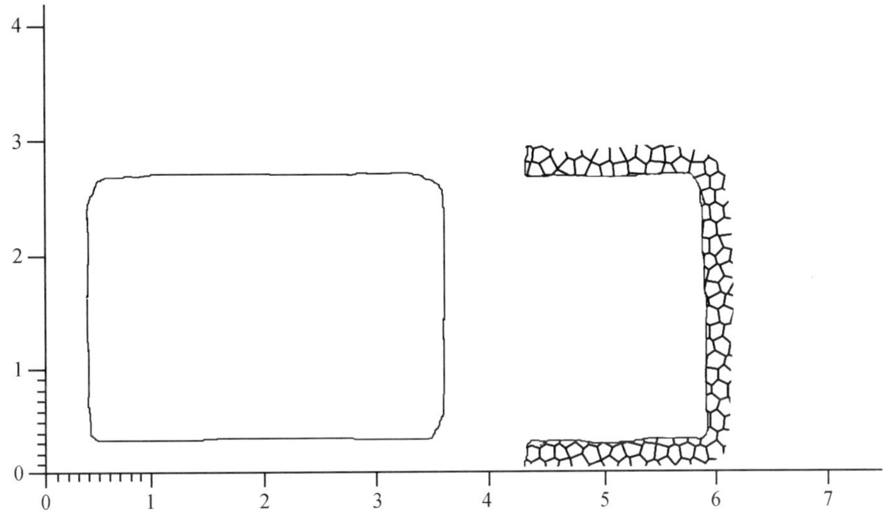

图四　LD Ⅱ：3石窟平、剖面图

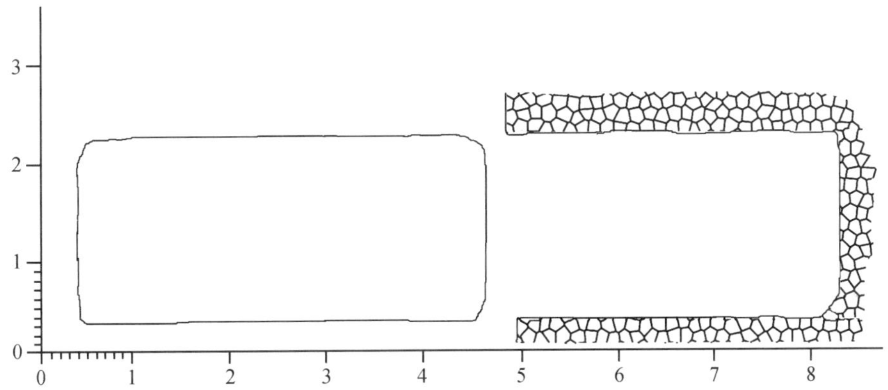

图五　LDⅢ：1石窟平、剖面图

LDⅢ：2洞窟在LDⅢ：1洞穴的西侧，海拔、方向相同，口阔3.5、西边进深1.5、东边进深0.4米；顶部为人字披顶，中间高2米，两边高1.8米，西墙和后壁部分残存加工痕迹，痕迹为平行线和人字痕，顶部加工痕迹为直线。靠洞口的人字披顶部有一层泥仗，以草为主的草拌泥，至今遗留尚厚，东壁上部也遗留部分草拌泥，其上似有涂鸦。东壁顶部靠近人字披顶部处有一直径20、深8厘米的圆形浅窝，其上亦残存草拌泥痕，似置造像所用。人字披顶的中部保存尚完整。人字披顶一边为80厘米左右，其外部东边仅存50厘米。

LDⅣ区坡度相对较缓，最容易攀爬，洞窟面向西、南和东南，在四个山头上共分布着55个洞穴。东经36′50″，北纬102′36″，海拔2080米。

LDⅣ：1石窟，阔2.9、高1.3、进深1.8米，地面不平，顶部和墙角处有残存泥仗痕迹。方向西南239°。

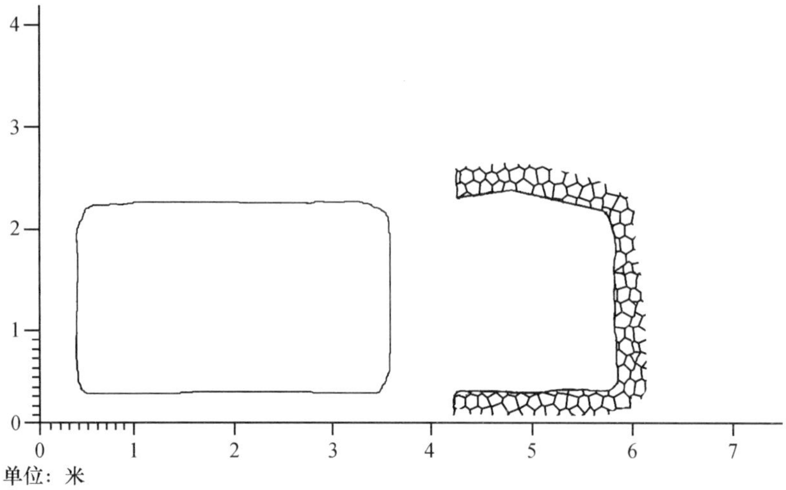

图六　LDⅢ：2石窟平、剖面图（左），人字披窟顶及其凿痕（右）

图七　LDⅣ：2石窟壁上的泥仗

LDⅣ：2石窟，进深1.4、高1.2、阔2.6米。三壁涂以泥仗，顶部泥仗尚完整，背部仅存局部，其余破坏殆尽，顶部刻纹人字形，泥仗厚0.8厘米，草拌泥。方向西260°。

LDⅣ：4石窟，马蹄形，底阔3.5、进深2、高（中间）1.8米。该窟风蚀严重，仅见局部刻痕，其他均已毁坏。方向东南130°。

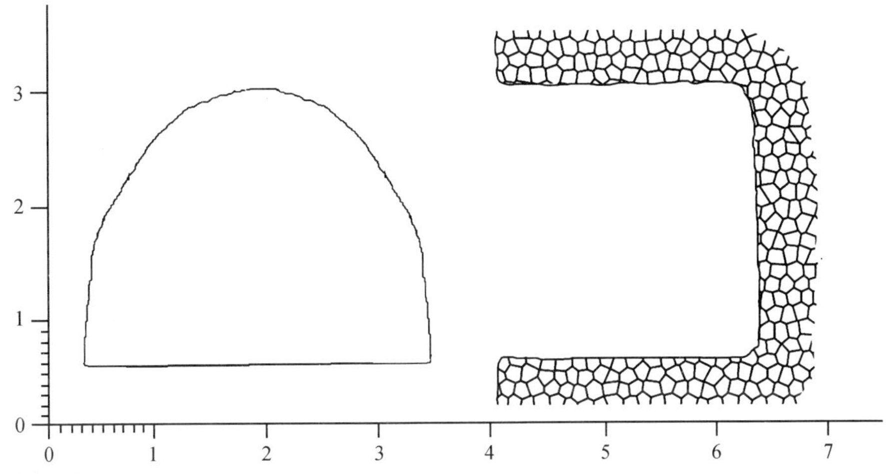

图八　LDⅣ：4号石窟平、剖面图

二、石窟时代的分析

所谓红崖，学名丹霞地貌，这是从西宁到兰州整个河湟地带和黄河沿岸的地貌特征。只要你打开行图或奥维地图软件，你就会被这一片片红色所吸引，所以《西宁府新志》云："西宁，万山环抱，三峡重围，红崖峙左，青海潴右。"[3]这里的"红崖"即指丹霞地貌，与位于西宁西面的"青海"（湖）形成两大并峙的景观，同时也是青、红两种颜色的对应。

青海东部构成丹霞地貌特征的红色碎屑岩主要为第三系和白垩系，为山麓—河湖相沉积。根据地质学家的建议，乐都北山的丹霞地貌被称为"陡崖式丹霞地貌景观"。这种景观的特征除了红色外，其形状特征为"平顶、陡壁、缓坡"[4]，也就是我们在图一和图三中所看到的。这种地层中存在赤铁矿，赤铁矿是重要的铁氧化物，其中的铁均为三价铁，干热氧化后，便形成这种红色地层。组成赤壁丹崖的厚层红色砂岩，其岩性结构致密均匀，硬度较小，易于雕刻，因而留下大量摩崖石刻、摩崖造像崖壁画等。从西宁的北山寺，互助红崖沟的白马寺，乐都裙子山，甘肃的马蹄寺、炳灵寺、拉稍寺等，无不开凿在丹霞崖壁之上。

所以在西宁、平安、互助、乐都等河湟地区的地方志中，"红崖"变成了一个具有标志性地方景点，无论哪里都会提及，并每每因此而名称混乱。《西宁志》："红崖山，东北去县治八十里。其土赤，因名。山腰有石洞，中有佛阁，《志》称'红崖峙其左右'是也。"[5]但这个红崖山说的是互助县红崖子沟乡的白马寺，也就是通常所称的平安白马寺。而乐都的这个"红崖飞峙"实际上在所有的方志和史书上都名不见经传，只是《乐都县志》编纂时将《西宁府新志》中红崖子沟乡的白马寺张冠李戴安在了乐都裙子山上了。乾隆年间的《西宁府新志》"地理·山川·碾伯县"条云："红崖洞，县北二里许，有空洞，可以栖止，人迹罕到。以其山赤因名。十二景之一，所谓'红崖飞石（峙）'者是也。"[6]还有些地方志也曾提到这些石窟如《西宁志》："（西平）城东一百余里。内有空洞，幽僻奥曲，人迹罕到。"康熙时的《碾伯所志》："所治北境，红崖洞。"但似乎只有极少人攀爬到洞里一探究竟，清代有个叫袁进的可能曾经进过洞，曾作诗云："丹崖飞峙似裙山，根根赤柱高参天。悬崖穴屋遗文物，天公造化在何年？"[7]《乐都县志》说："红崖壁上有许多圆洞，据传洞内有壁画，系北魏遗迹，后因风蚀，壁画脱落。"[8]此说不知何所本，但显然说明有人进过洞。

实际上青海民族学院（今青海民族大学）李文实教授在其1986年发表的《南凉兴亡及其故都遗址的发现》一文中便对这些石窟有着更为详细地描述和初步地推断："裙子山峭壁上，尚留有几处洞窟，据说那里面有壁画遗迹，由于老早就形成断崖，洞窟高悬，无法登览，我推断那恐怕也是北朝时佛窟的遗迹。因为《水经注》上所提到的西平土楼山神祠，是晋时的佛龛，我们在目前的西宁北山寺洞窟中，同样看到壁画的残迹。其中有两处已倒塌的断崖上佛龛藻井的图案，设色和风格基本与敦煌千佛洞所见相类。当时佛法东来已久，从库车、敦煌、安西以迄张掖，现在都有佛窟遗留，其传入西平，或更在南凉之前。南凉鲜卑，也信佛教，这些遗留在裙子山崖上的佛窟，其开凿更在傉檀筑大城之前，说明当时佛教文化已经在湟水流域广泛流行。"[9]

《中国文物地图集·青海分册》对该洞穴记载道："碾伯镇城北裙子山下·宋·县文物保护单位，系乐都八景之一。在红色砂岩的裙子山崖壁上，开凿大小洞窟数十处。原有泥塑、壁画、佛堂等，尔后被破坏，现仅存洞窟遗址。"[10]这里的"佛堂"不知指的是什么，还有认定为宋代文物的依据是什么，不过这是与石窟的真实年代最近的记述。然而最后数十处洞窟的数字统计与实际上90余处的洞窟数据相去甚远。整个行文有一种道听途说的风格，可信度不高。李文实先生的说法更可信一些，但这些石窟"开凿更在傉檀筑大城之前"，此说无据，纯属推测；李文实先生并未上到窟内做过任何考察，也没意识到这些洞窟大小以及与平常的石窟是否有什么不同，这也就影响到他所做描述与推测的可信度。

现代的考古学研究就是努力使用跨学科的科学范式来替代人文研究的范式，我们所采集的测年样品最终向我们证明原来我们所有的人文研究和推测都是错误的，我们在Ⅱ区（样品LDⅡ：1-1）和Ⅲ区（样品LDⅢ：2-1）分别采了两个草拌泥地仗的样品，经美国Beta实验室AMS测年证明，这些石窟都是唐晚期至宋代开凿的：

样品LDⅡ：1-1，^{14}C年代为距今1230 ± 30年，经校正，日历年应该在公元760 ~ 882年之间。

样品LDⅢ：2-1，^{14}C年代为距今890 ± 30年，经校正，日历年应该在公元1116 ~ 1218年之间。

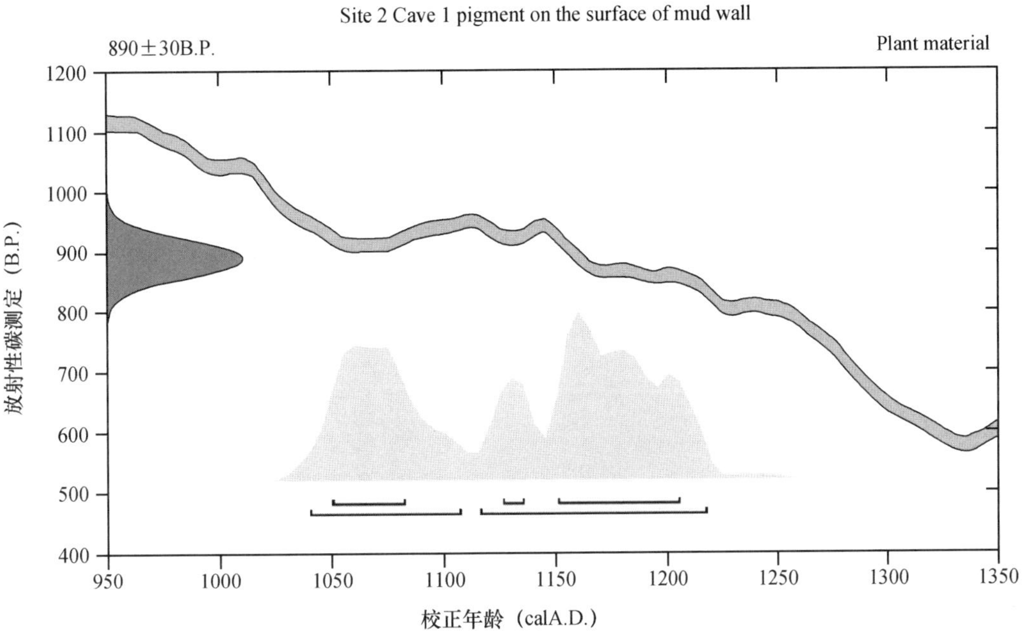

图九　^{14}C测年数据分析

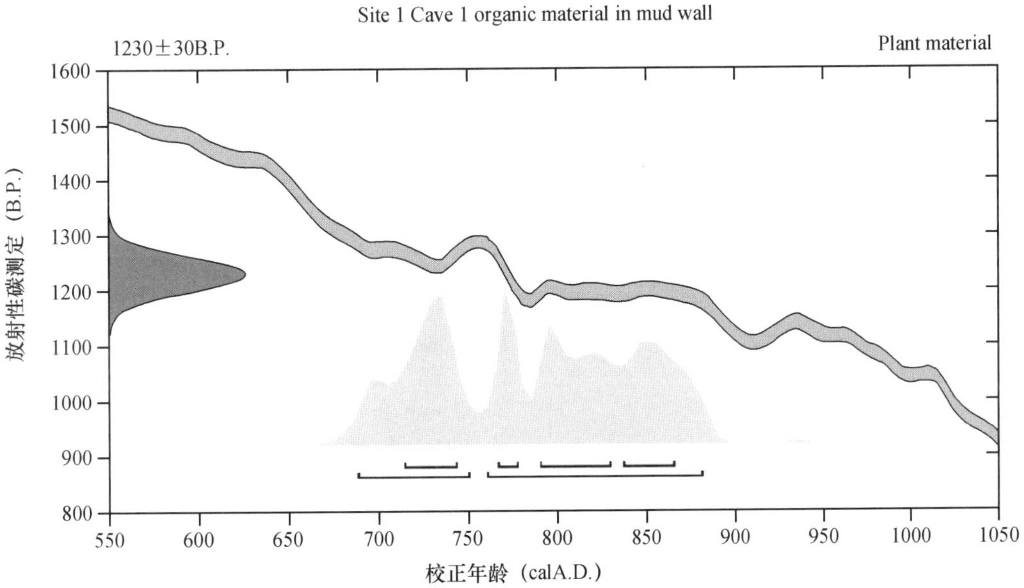

图一〇　^{14}C测年数据分析

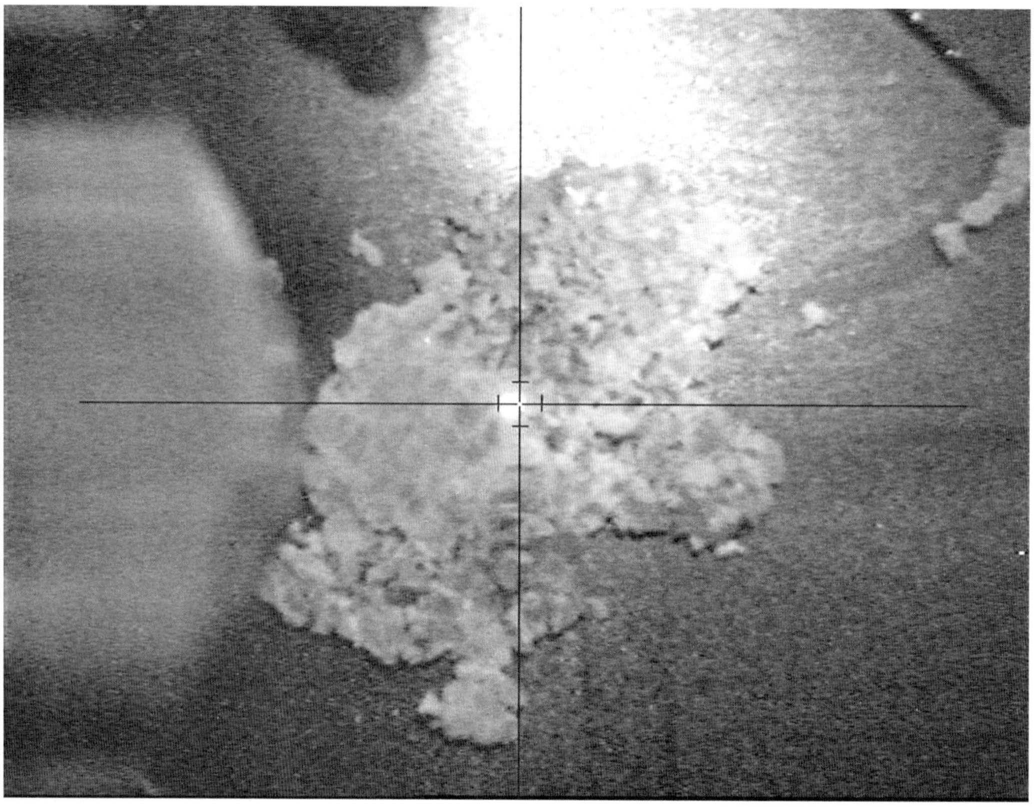

BRUKER

ARTAX - ELEMENT ANALYSIS

Listed at 28/11/2020 PM 3:42:02

User: Administrator
Spectrum: sunfeng1
Method: pottery 1
Count rate: 3218 cps
Voltage: 30 kV
Anode: Rh
Optic: Collimator 0.200

Serial number: 410960510
Meas.date: 28/11/2020 PM 3:31:08
Live time: 300 s
Dead time: 0.7 %
Current: 900 μ A
Filter: No filter
Atmosphere: Air

Element	Line	Conc./ %	Sigma/ %	RSD/ %	LLD/ %	Net area	Chi
Na	K12	[6.918]	8.089	116.9	16.863	49	1.39
Mg	K12	[0.211]	11.325	5358.8	23.891	1	0.83
Al	K12	[1.956]	1.056	54.0	2.195	99	0.60
Si	K12	15.124	0.708	4.7	1.218	1331	1.57
K	K12	8.427	0.136	1.6	0.177	6194	8.03
Ca	K12	82.115	0.318	0.4	0.159	70716	44.64
Fe	K12	5.262	0.042	0.8	0.055	26047	66.09
Ni	K12	Not det.				33287	101.60

图一一　选择Pottery 1方法得出的定量结果

三、石窟壁画颜料的分析

1. 样品基本信息

样品来自Ⅲ区1号石窟的顶部，样品号为LDⅢ：1-A。整体观察颜料为白色，附着砂岩基底，应属岩画白色彩绘颜料。因此，在进行实验室分析时，应将测试重点放在白色颜料部分。

2. 元素分析

（1）仪器参数与测试方法。

X射线荧光所用仪器为德国BRUKER公司生产的ARTAX 400型能量色散型微区X射线荧光分析仪，测试条件为铑（Rh）靶，电压为30kV，电流为900μA，氦气环境，用Corning玻璃A、B、C、D对被测样品的元素含量进行标定，测试时间300s，束斑直径1mm（图一二）。

（2）结果与讨论。

结果显示，该样品元素组成为82%的Ca，其余含有Si、K、Fe、Na、Al、Mg等。因此，初步判断该白色颜料应为含钙的某种化合物，其余成分均出自岩土。

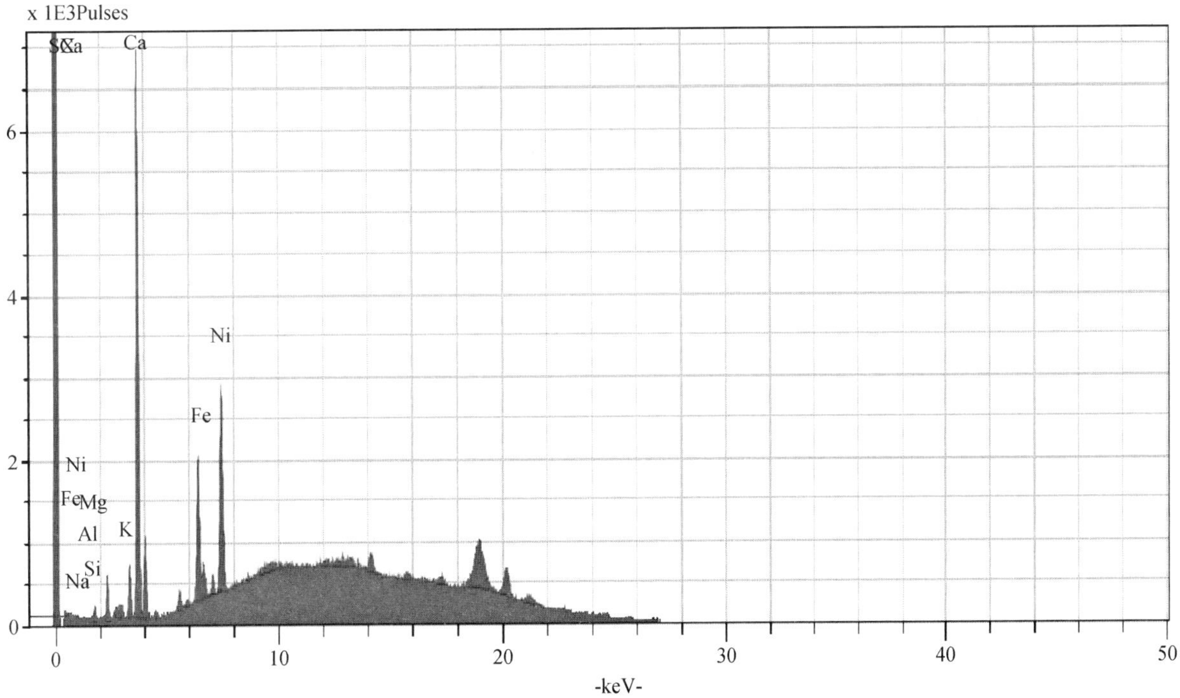

图一二　样品所得的XRF光谱定性分析结果

3. 成分分析

（1）仪器参数与测试方法。

X射线衍射使用的是SmartLAB X射线衍射仪，电压为45kV，电流为200mA。该仪器为微区衍射，测试区域面积约为$1mm^2$，能够保证表面有一定曲率的样品测试结果的可靠性，铜靶，波长为1.54056Å。

（2）结果与讨论。

经解析，该样品主要含有石膏（$CaSO_4 \cdot 2H_2O$）、方石英（SiO_2）、长石（$NaAlSi_3O_8$）、白云母（$K_2O \cdot 3Al_2O_3 \cdot 6SiO_2 \cdot 2H_2O$），后三者均为岩土（即附着颜料的基底）的主要成分，因此石膏应为该白色颜料的显色成分。

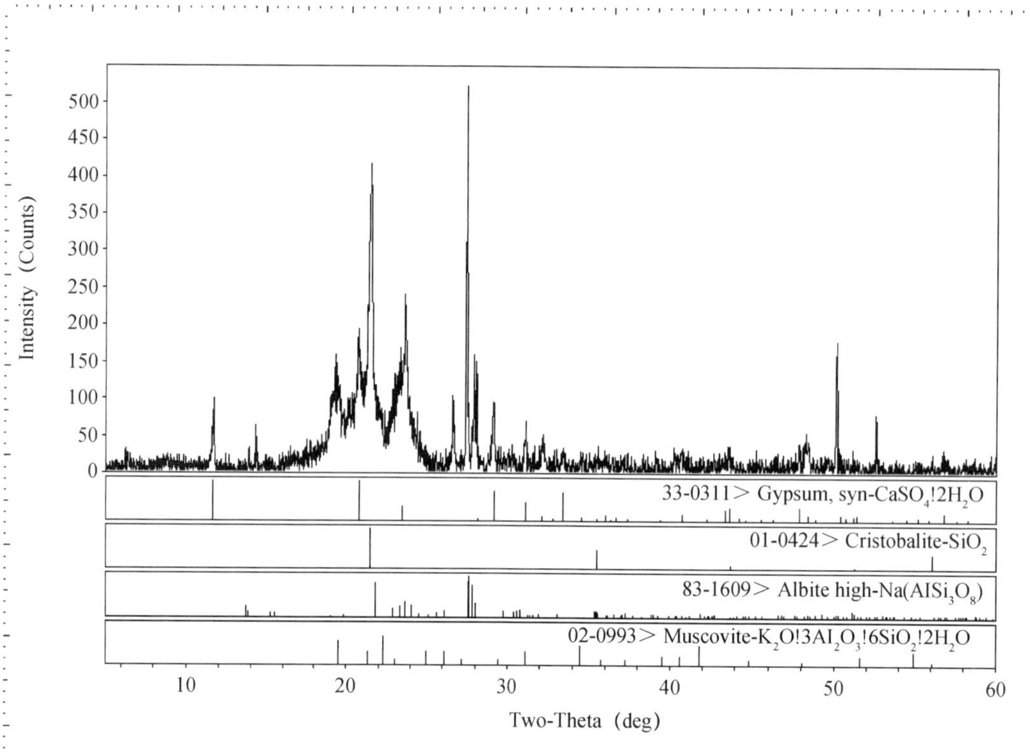

图一三

四、结　　语

空间狭小的乐都北山石窟不仅是我省富有特色的石窟，同时也是我国石窟中极富特色的一种。这些石窟虽然有一部分属于未完成产品，但大多数都是开凿完毕，并且使用过一段时间。譬如我们在LDⅣ：2石窟壁上的泥仗（图六）就发现较厚的烟炱，说明该石窟曾被居住使用过一段时间。这些石窟中曾经有壁画，我们化验过黑白两种颜料，黑色为烟炱，白色为石膏，这与甘肃北凉时期的壁画颜料都是一致的[11]。是否洞内原来有佛像，现在不能确认，不过根据现有的空间来看，即便有，也只是极个别洞窟中有，如LDⅢ：2石窟。该石窟为人字披顶，虽然现存进深只有1米左右，初期的窟口已被风雨严重侵蚀，但原初可能进深较大。东壁顶部靠近人字披顶部处有一直径20、深8厘米的圆形浅窝，其上亦残存草拌泥痕，似置造像固定头部所用，这个做法和敦煌北朝有些石窟很相似[12]。不过乐都北山石窟绝大多数应该是不置佛像的。

尽管乐都北山石窟目前残损得很厉害，但其基本布局、规模及其位置，与丹霞地貌一起，形成了一幅人文和自然有机结合的宏伟景观。精心保护，巧思开发，深入研究，相信乐都北山石窟定将熠熠生辉，发挥其本来的历史和文化价值。

注　释

[1] 乐都县志编纂委员会：《乐都县志》，陕西人民出版社，1992年，第471页。

[2] 乐都县志编纂委员会：《乐都县志》，陕西人民出版社，1992年，第52页。

[3] 杨应琚：《西宁府新志》，青海人民出版社，1988年，第123页。

[4] 彭华：《中国丹霞地貌研究进展》，《地理科学》2000年第3期。

[5] 苏铣纂修，王昱、马忠校注：《西宁志》卷二，青海人民出版社，1993年，第13页。

[6] 杨应琚：《西宁府新志》，青海人民出版社，1988年，第165页。

[7] 转引自李文实：《南凉兴亡及其故都遗址的发现》，《西陲古地与羌藏文化》，青海人民出版社，2001年。

[8] 乐都县志编纂委员会：《乐都县志》，陕西人民出版社，1992年，第471页。

[9] 李文实：《南凉兴亡及其故都遗址的发现》，《西陲古地与羌藏文化》，青海人民出版社，2001年，第378～400页。

[10] 国家文物局：《中国文物地图集·青海分册》，中国地图出版社，1996年，第276页。

[11] 于宗仁、赵林毅、李燕飞、李最雄：《马蹄寺、天梯山和炳灵寺石窟壁画颜料分析》，《敦煌研究》2005年第4期。

[12] 赵声良：《敦煌北朝石窟形制诸问题》，《敦煌研究》2006年第5期。

乐都北山石窟的功能、性质及相关问题

施兰英　汤隆皓　汤惠生

乐都北山（又称裙子山）石窟在历史文献中几乎没有任何记载，个别文献中即便是偶尔提及，基本上也都是猜测之语。虽然近代以来科学考古已经有了长足的发展，但乐都北山石窟也未经正式调查过，更谈不上研究。既然两份^{14}C测年分别表明是从晚唐至北宋初期的（一个是公元760～882年之间；另一个是公元1116～1218年之间，参见同期《青海省乐都北山石窟调查简报》一文），那我们应该根据这一科学测年来考察一下晚唐至宋代河湟地区佛教的传播、流行、教化以及开窟供养等情况。

一、北魏南凉以来的禅修窟

从乐都北山石窟的大小尺寸来看，鉴于石窟进深最大的只有4米多，口阔者也不到5米。从现在的情况来看，有些石窟中可能普遍有壁画，但塑像（至多也仅仅是一身而已）可能只是曾经存在于个别洞窟，如LDⅢ：2洞窟，所以我们不难想象这些石窟与传统意义上的石窟寺应该是有所不同的。而且所有石窟很难攀爬，即便是多少年以后山脚下已经因雨水流逝堆积出很大的锥形堆积土坡，但很多石窟还是很难接近。早期开凿为什么刻凿在这种难以登临的悬崖峭壁上？这正是早期佛教石窟的特点之一，这些石窟并非为人瞻观佛像或接受朝拜的寺宇，而是供僧人修行的禅窟。譬如敦煌莫高窟北区就有很多禅窟，兼有修禅和观像两种功能。图一是北山Ⅲ区的石窟，我们可以发现很可能是当年开凿后即封闭起来用于禅定修行的封闭禅窟。为了避免外界的打扰，不但要选择常人无法企及的高度开窟，而且还要加以封闭。

禅定窟，修习禅定的窟宅。出家僧人为避免喧闹，多于偏僻幽静的山林岩窟间坐禅，故名。南本《涅槃经》卷二八："师子吼言：如来何故入禅定窟？善男子！为欲度脱诸众生故。"[1]重禅定，多禅僧，是五凉佛教的一大特点，习禅者多觅僻静之地，特别是水边崖际开凿窟室更是禅行观影的最佳去处。所以早期佛教石窟多与禅僧有关。五凉时期既弘佛法，又聚禅僧，文献记载新疆以东最早的较具规模的开窟造像，始于沮渠蒙逊在凉州（今武威）南山兴凿的凉州石窟，并非偶然之事。7世纪道宣撰《集神州三宝感通录》卷中云："于（凉）州南百里，连崖绵亘，东西不测，就而断窟，安设尊仪，或石或塑，千变万化，有礼敬者惊眩心目。"[2]

北朝时期的高僧大德们都带着众多弟子在这种禅定窟中修行，如麦积山石窟，著名僧人玄高就曾经率领数百僧俗在此地进行禅修，而且数日不食，却面无饥色。《高僧传》云："帛僧光（昙光）少习禅业……光每入定辄七日不起。"释僧周"性高烈有奇志操，而韬光晦迹人莫能知，常在嵩高山头陀坐禅"。还有竺僧显，"常蔬食诵经业禅为务，常独处山林头陀人外，或时数日入禅亦无饥色"[3]。

"即灵崖以构宇，凿仙窟以居禅"[4]，这一早期的禅定思想，影响了河西走廊众多东晋十六国时期石窟的开凿，肃南马蹄寺石窟群即是河西走廊较早开凿的典型石窟之一。据《晋书·郭瑀传》载，马蹄寺最早由东晋人郭瑀曾"隐于临松薤谷，凿石窟而居"，后来才扩展成寺院的规模。

二、吐蕃—唃厮啰时期的禅宗传承

"一朝燕贼乱中国，河湟没尽空遗丘。"[5]安史之乱以后，整个五凉地区陷于吐蕃，所谓"自凤翔以西，邠州以北，皆为左衽矣"。整个河湟地区虽然沦为蕃地，但这种开窟坐禅的隐修传统却依然继承下来，禅宗依然流行。吐蕃时期的佛教文化分为卫藏、敦煌、宗哥三个流派。卫藏地区主要接受印度佛教；敦煌佛教以法成系统为主；宗哥佛教是由摩诃衍传承的藏人的禅宗传承——善知识传承。"顿渐之诤"之后，摩诃衍返唐回到了宗哥，在宗哥建立了禅宗的传播基地[6]。

摩诃衍自述本宗指归为："离一切言说相，离自心分别相，即是真谛。"正如《五部遗教·大臣遗教》所云："和尚摩诃衍说：身之坐法和身之安法二中，此开示身之坐法。坐在舒适的坐垫上，身体伸直，两眼观鼻，舌顶上颚，紧结跏趺坐，三门不放逸，如法而坐。"[7]因为心性与佛性无任何差别，清净心即佛性是天赋观念，本无需人为地洗涤与布施，所以，只要定心修得了真理，就可以得到真理而成佛。这显然是慧能"即心即佛"之本体论的翻版；次为"修得无念无贪即可成佛"。摩诃衍说："善者转为善趣，恶者转为恶趣，迨破除身语一切善恶意念之后，则顿时可入无念境界"而成佛。三为不立文字，不研习佛经的"顿悟成佛"法[8]。摩诃衍主张不须修法以扫除文字蔽障，但凭扬眉动睛，坐观静思，徐徐入定，方寸（心）不乱，便可直指人性，体验佛性[9]。正是由于禅修的宗教特性，只需观想，而无需供奉修行，我们方能理解乐都北山的禅修窟何以如此狭小和不易攀爬。这些空间狭小的石窟正是为了"坐观静思，徐徐入定"的禅修；之所以修建在常人不宜攀登的崖壁高处，也正是为了不受打扰。

宗哥城在哪里？根据雍正年间的《甘肃通志》，李智信认为乐都县的大小古城就是宗哥城[10]，铁进元等人反对李智信的说法，理由是宗哥政权以佛教为统治基础，李立遵等将十二岁的唃厮啰立为王，没有佛教活动，其统治是极难维持的，而大小古城迄无佛教遗迹发现[11]。而事实上大小古城距北山石窟南只有2千米。这样一个规模的石窟群，堪比一个大规模寺院。如果大小古城真是宗哥城，那么北山禅窟的存在就更加顺理成章了。

宋代亦然。宋代河湟地区吐蕃部落民众普遍信奉禅宗的看法在学界已达成共识，认为河湟吐蕃部落信奉的佛教虽归入藏传佛教范畴，但受汉传佛教禅宗影响[12]。吐蕃人信仰佛教后，又增加了在河湟地区吐蕃人中流行的用藏语传播的禅宗佛教。吴均认为五代时期“河陇地区原吐蕃移民与当地诸属部以及嗢末部后裔、党项、吐谷浑、突厥、回纥诸族部及近百万汉族人民交错杂居，互相依存，走向融合发展的道路”[13]。这也就是说在河湟地区，还是汉人占多数。因此，对于宋代河湟吐蕃部落民众所信奉的佛教可归入佛教禅宗的范畴，然而其又有自己独自的特点，如藏汉双语是佛教语言；所诵经籍是贝叶傍行，修行方式是不守戒律，因此我们可称之为禅宗系统的宋代河湟佛教[14]，或者可以称之为唃厮啰政权佛教抑或青唐佛教[15]。

大中祥符七年（1014年）李立遵将唃厮啰迁移至宗哥城独自立文法一事则说明佛教势力已远远超过苯教势力，佛教已经成为河湟人的主要宗教信仰，并且被河湟统治者加以利用。熙河之役之后，北宋收复了熙、河、兰、会、岷等州，宋统治者认为“蕃俗佞佛，故佛事怀柔之”，于是“乃赦数州皆建佛寺”[16]，目的是借助佛教达到稳定统治。

有人统计唐代僧尼人数与人口数的比例是1：322，而宋代的平均比例是1:60左右，最高时的比例达1：43[17]。由于唃厮啰政权时期所建的寺院数量有限，寺院经济尚未充分发展，所以绝大部分僧人还是居家修行，相当一部分僧人居留在数百个大小部落中间[18]。宋《岷州广仁禅院碑》记载了大部分僧人修行的情况：

> “西羌之俗，自知佛教，每计其部人之多寡，推择其可奉佛者使为之，其诵贝叶傍行之书，虽侏离鴃舌之不可辨，其音琅然如千丈之水赴壑而不知止。又有秋冬间，聚粮不出，安坐于庐室之中，曰坐禅。”[19]

史料记载反映了河湟僧人普遍存在的修行特点，即不守戒律，在家修行，诵读经典。这也说明河湟僧人的修行场所在村寨而不是庙宇，这正是河湟地区佛教流布的特点[20]。居家或辟洞坐禅是汉传佛教禅宗的修行方式，也是河湟僧人修行的特点[21]。

有学者总结道，晚唐至北宋初期，或吐蕃至唃厮啰时期，“河湟一带的西蕃佛教仍保持着修禅特点，显然与这一地区历史上曾流行禅宗的传统有关，而前弘期（吐蕃时期）藏族禅宗的发祥地在晚唐五代时又成为卫藏后弘期佛教文化复兴的发祥地，这两者在地理位置上的重叠显然就不是一个历史的偶然了”[22]。

三、与乐都北山石窟可能相关的僧人

前面我们只是分析了唐末宋初，或吐蕃到唃厮啰时期，亦即从吐蕃前弘期到后弘期开窟修行的禅宗在河湟地区发展的历史背景，那么我们再跟进一步，具体是谁或在谁的直接影响下开创了这种在山洞内坐禅的静修方式？在历史文献中我们可以查验到很多此时与洞和窟直接相关的资料。我们还是从前弘期开始。

“益西央禅师在他80岁那年坐化在赤伽蒙约的山洞里，这个隐蔽的禅修地也是当年虚空藏禅师坐化的地方。益西央圆寂后，他的弟子们将他的遗体运往安琼（An-cung）的隐蔽地。”[23]在敦煌写卷中提到“安琼山”，又称安琼南宗（或阿琼南宗），为“坎布拉十八宗”之一（“宗”在这里意即山峰），坎布拉即今青海化隆境内。益西央是虚空藏的徒弟，而虚空藏则又是摩诃衍的徒弟，师徒三人在公元790～840年之间在宗哥一带活动，使禅宗得以流行传播。

10世纪末吐蕃末期名僧、也就是射杀吐蕃灭佛赞普达磨的拉隆·贝吉多杰，在他射杀达磨时，“智勇双全的密咒师拉隆·贝吉多杰正在岩洞内闭关修习”[24]，也就是正在叶尔巴岩洞修习。叶尔巴，也称扎叶巴，距拉萨市东郊36千米处，现属达孜县管辖[25]。拉隆·贝吉多杰可能就是叶尔巴修习地的开创者。当然，开创时期所谓的佛殿很可能是岩洞或简单的避风建筑，而不像现在那样高阔华丽[26]。在拉隆·贝吉多杰将长矛刺入赞普胸膛（有不同的说法，有的说用弓箭）之后，“藏了道具，剪了马鬃把马放于旷野，回到了修习的岩洞，封住了洞口，关闭修行”[27]。有趣的是有人认为这个洞穴就是青海省尖扎县的安琼南宗洞窟[28]，也就是我们前面谈到的虚空藏和益西央坐化的地方。尽管这些传说之间难免有穿凿附会和张冠李戴的地方，但在乐都北山Ⅲ区发现的尚保留有封门的石窟（图一），似乎是对这个说法基本史实的印证。

以上文献中的各种线索中可以与乐都北山石窟使用考古学交叉断代（Cross Dating）的物质证据就是今青海省平安县城湟水北岸有白马寺（古称玛藏岩寺）和今化隆县境内的丹斗寺

图一 LDⅢ区有封门的禅窟

（亦称丹底寺）。在这两个寺的洞窟中，都发现有壁画的残存，据研究认为都具有宋代的风格[29]。关于这个白马寺的创建人虽然学者们看法不一[30]，但一般都认为是10～11世纪开始创建的。白马寺刚开始时的创建或许对理解和推定乐都北山石窟的时代及其性质更有所助益，我们这里援引吴均先生的说法。

当达磨灭法时，卫地曲卧日地方的藏饶赛（gtsang rab gsal）、约格迴（gyo dge vbyung）、玛尔释迦牟尼（dmar shakya mu ni）三名僧人（藏史称三智士）立即携带律藏和论藏等经籍，逃亡西部羊同（阿里）转赴黎城（新疆南部），接着又辗转东行，到达大藏尕甘的宗喀地区，隐居于今青海平安、贵德、尖扎一带。后来常驻丹斗寺，晚年收喇勤贡巴饶赛为徒：

> “先是，三智士晚年，离开丹斗，来到今青海平安县城湟水对岸，藏饶赛与玛尔释迦牟尼于北山红岩金刚崖下凿洞静修，约格迴则于其东西的山谷修行。喇勤晚年，利用其社会力量，于此红岩金刚崖下，大规模地凿山辟洞，修建佛殿、塑造佛像等，命名为玛藏岩寺，作为讲学中心，此寺今通称白马寺……白马寺原来的规模，建筑艺术，堪与炳灵寺相比美，但由于地处交通要冲，在历史长河中，屡经兵燹，被焚毁而又重建多次，加之湟水北侵，冲刷剧烈，自红岩子沟口至寺东被湟水冲塌的悬崖处，一里多长山崖上多处洞穴，已经被毁坏或坠入湟流之中，但悬崖之上的栈桥痕迹，洞窟遗墟，尚可依稀辨认。尤其是寺东那一部分，三十年代，还是通行车马的大道，但四十年代中，受湟水冲刷的山崖相继崩塌，道路移至河之南，从那些崩塌的洞窟中，还可以看到零星残存的壁画纯属藏传佛教的风格，与西宁土楼山东部遭坍塌、焚毁的壁画残迹相同。据考证，两者属于同一时代，系宋代作品。”[31]

白马寺后期经过大规模的扩展后，形成现在的模样。而根据上述记载，实际上当初的情形应该就像乐都北山一样，都是空间狭小的禅修窟；现在依然可以从没有完全坍塌的洞窟中看到当初的风貌。

四、结　　语

乐都北山石窟在岁月的侵蚀下，除了洞窟本身勉强保留下来外，其他能说明问题的特征与证据几乎全部毁坏殆尽。由于载录阙如，我们在历史文献中也无法查询。所幸，我们借助现代科技的测年手段来确定其年代，然后顺着时间这个线索顺藤摸瓜，再从历史文献中去寻找与之相关的记载与著录，从而廓清一段被湮灭的历史事件和真相，同时也了解了乐都北山石窟的开凿及其开凿的原因和功能。可以说乐都北山石窟的发现，是青海省或整个藏区首次发现的禅宗遗迹，它们为历史上河湟地区禅宗的传播和流布，为那些传说中高僧大德们传道护法时所做的贡献与事迹，同时也为语焉不详、细节阙如的历史记载，提供了物质证据。

注　释

[1]　转引自任继愈主编：《佛教大辞典》，江苏古籍出版社，2002年，第1232页。

[2]　道宣：《集神州三宝感通录》卷中，《大正新修大藏经》52册，河北佛教协会，2020年，第2106页。

[3]　南朝梁僧慧皎撰、汤用彤校注：《高僧传》卷 11，中华书局，1992年，第401～414页。

[4]　唐释道宣：《广弘明集》二十九上，《鹿苑赋》，国家图书馆出版社，2018年，第441页。

[5]　司马光：《资治通鉴新注》卷223，陕西人民出版社，1998年，第7537页。

[6]　张亚莎：《吐蕃时期的禅宗传承》，《西藏民族学院学报》2004年第1期；佟德富：《试论禅宗在吐蕃社会的传播及其影响》，《内蒙古社会科学（汉文版）》1999年第3期；万么项杰：《喇钦贡巴饶赛尊证师二汉新考》，《西藏研究》2015年第1期。

[7]　转引自戴密微著、耿升译：《吐蕃僧诤记》，甘肃人民出版社，1984年，第200页。

[8]　巴卧·祖拉陈哇：《贤者喜宴》，《西藏民族学院学报》1983年第1期。

[9]　转引自黄奋生：《藏族史略》，民族出版社，1985年，第116页。

[10]　李智信：《关于宋代邈川、宗哥、保塞等城堡地望的探讨》，《青海社会科学》1989年第5期 。

[11]　铁进元、易光华、徐显成：《安夷县址、宗哥城址考辨》，《青海社会科学》1994年第2期。

[12]　祝启源：《唃厮啰——宋代藏族政权》，青海人民出版社，1988年，第272～279页；蒲文成：《青海佛教史》，青海人民出版社，2001年，第37页；吴均：《论喇钦贡巴饶赛》，《青海师范大学学报》1990年第1期；秦永章：《唃厮啰政权中的政教合一制统治》，《青海民族学院学报》1988年第1期；朱普选：《宋代藏传佛教及其在青海的传播》，《青海民族学院学报》2008年第4期；芈一之：《西宁历史与文化》，辽宁民族出版社，2005年，第242～244页。

[13]　吴均：《论拉勤贡巴饶赛》，《青海师范大学学报》1990年第1期。

[14]　张虽旺：《宋元时期佛教在河湟地区的传播和影响》，陕西师范大学博士论文，2015年，第140页。

[15]　芈一之：《西宁历史与文化》，辽宁民族出版社，2005年，第240页。

[16]　张维：《陇右金石录》卷3，甘肃省文献征集委员会校印，1943年，第37～39页。

[17]　刘怡东：《宋代佛教政策论稿》，巴蜀书社，2005年，第167～172页。

[18]　祝启源：《唃厮啰——宋代藏族政权》，青海人民出版社，1988年，第276页。

[19]　张维：《陇右金石录》卷3，甘肃省文献征集委员会校印，1943年，第37～39页。

[20]　祝启源：《唃厮啰——宋代藏族政权》，青海人民出版社，1988年，第276页。

[21]　张虽旺：《宋元时期佛教在河湟地区的传播和影响》，陕西师范大学博士论文，2015年，第147页。

[22]　张亚莎：《吐蕃时期的禅宗传承》，《西藏民族学院学报》2004年第1期。

[23]　张亚莎：《吐蕃时期的禅宗传承》，《西藏民族学院学报》2004年第1期；〔日〕冲本克己著、李德龙译：《敦煌出土的藏文禅宗文献的内容》，《国外藏学研究译文集》第8辑，西藏人民出版社，1992年。

[24]　娘·尼玛韦色：《娘氏宗教源流》，拉萨人民出版社，1988年，第438页。

［25］　扎西当知：《吐蕃末期名僧拉隆·贝吉多杰生平拾零》，《西藏大学学报》2010年第3期。

［26］　扎西当知：《吐蕃末期名僧拉隆·贝吉多杰生平拾零》，《西藏大学学报》2010年第3期。不过吴均先生说拉隆·贝吉多杰修行的岩洞就在今循化孟达天池附近的东如山中，参见吴均：《论喇勤贡巴饶赛》，《青海师范大学学报》1990年第1期。

［27］　芭·丹杰桑布：《苯教源流·弘扬明灯》（藏文），中国藏学出版社，1991年，第184页。

［28］　吴引水、吴均：《循化孟达天池古建筑遗墟及地理文化考辨》，《青海民族研究》2009年第4期。

［29］　吴均：《论喇勤贡巴饶赛》，《青海师范大学学报》1990年第1期；索南才让：《藏传佛教后弘期下路律法发祥地——丹斗寺》，《群文天地》2011年第12期。

［30］　吴均：《论喇勤贡巴饶赛》，《青海师范大学学报》1990年第1期；黎宗华：《河湟古刹白马寺》，《青海民族学院学报（社会科学版）》1987年第4期；万么项杰：《喇钦贡巴饶赛尊证师二汉新考》，《西藏研究》2015年第1期；谢佐：《白马寺小史》，《青海民族学院学报》1982年第1期。

［31］　吴均：《论喇勤贡巴饶赛》，《青海师范大学学报》1990年第1期。

民和巴州石佛寺石像初探

杜　玮

石佛寺石刻位于民和回族土族自治县巴州镇巴一村内（图一），现存庙堂修建于2013年7月17日。据第三次全国不可移动文物普查资料及当地村民描述来看，原石像直接暴露于地面，旁有一大柳树，有石像9座均无头，半身埋于土（图二）。2013年当地村民将其挖出，找到残破头像4件，残件若干，修佛堂名曰石佛寺，置于中堂内，头像3件仅有1件可辨识为主尊头像，现已与身像对应放置，其余3件由于残破较多并无一一对应，搁置于庙堂中。石像虽在寺中供奉，但对其来源、背景却知之甚少，也未有学者做过解读。

2019年10月青海省文物考古研究所丝绸之路南亚廊道（青海段）联合调查队对其进行了详细的调查、测量和记录。在随后的整理中发现青海地区鲜有该类石像的发现，对应其他区域的相关发现和历史文献资料，本文将对石像本身及其历史背景做详细的介绍和初步的探讨。

图一　2019年拍摄石像现状

图二　2009年拍摄石像原状

一、石像描述

现存石刻有带底座残石像9尊，残身2件，残头像4件，无法辨识残件若干。石像均为红砂岩雕刻，雕刻精美、线条流畅。根据其大小及造型，可将石像分为主像1尊，侍从8尊。由于石像较重加之为寺院所供，无法移动，导致个别石像无法绘制正射影像，只能尽可能绘制其线图。

主像　整体保存较好，坐式，形象高大威猛。方脸披发后梳，发与脖同齐，脸部与左侧脖有残缺，后期拼合导致头像略下移。外着道袍华服，内有甲。祥云形敞领。宽袖束华带。右手握华带，左手置于左膝。光脚置于底座，底座残。主像通高145、底长90、底宽58厘米（图三）。

左侧四侍从像　从内至外分别编号左1～左4（图四）。

左1：体型瘦长。头部与右臂残。内甲外袍，方形曲领，腰上束华带，下束假带，腰两侧裹抱肚。左手握假带。脚着鞋，鞋头已残。底座有斜线，残破严重。底座长50、宽32、高18厘米，佛像残高126厘米（图五）。

左2：体型健壮。头部与双臂残。仅有残左手贴与抱肚，着服与左1同。底座长宽高同左1。佛像残高125厘米（图六）。

左3：仅残存下身。下身着服同左1。底座刻有折线纹，底座长宽高同左1。佛像残高70厘米（图七）。

图三　主像正视图

图四　左侧四像（图从右至左编号为左1～左4）

左4：石像残存膝以下，衣饰与前3略有区别。中有蔽膝。底座长36、宽32、高18厘米，佛像残高52厘米（图八）。

右侧四侍从像　从内至外分别编号右1～右4（图九）。

右1：头部残，着宽袖道服，中有蔽膝，蔽膝端有圆形装饰，下着裙。双手捧一册置于胸前。底座长45、宽32、高18厘米，残高130厘米（图一〇）。

右2：头部残，内袍外着甲，方形曲领无节。腰上束华带，下束假带。腰两侧裹抱肚。右手置于身后，左手执印置于胸前。底座刻有折线纹，长宽高同左1。石像残高124厘米（图一一）。

右3：头部残，着服与左1同。右手执物，物已残。底座刻折线纹，长宽高与左1同。石像残高126厘米（图一二）。

图五　左1石像线图

图六　左2石像线图

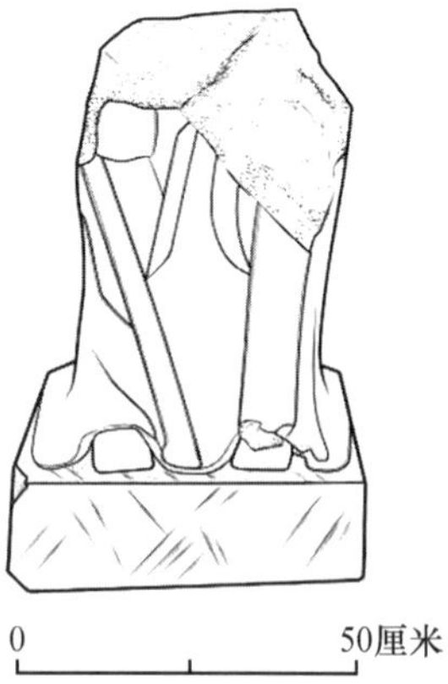

图七　左3石像线图

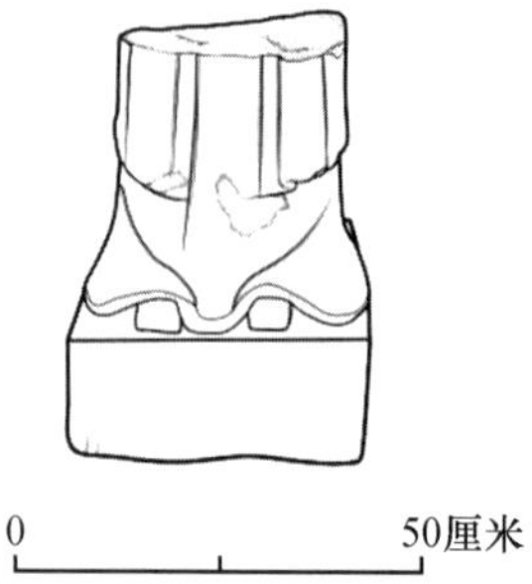

图八　左4石像线图

图九　右侧四像（图从左至右编号为右1～右4）

图一〇　右1石像线图

图一一　左1石像线图

图一二　右3石像线图

右4：头部与上身部分残，长袍，腰束华带，腰两侧裹抱肚。右手呈握状，执物置于胸前，左手握华带（图一三）。

残身像　2件。

残身像1：头部与膝以下残。着宽袖道袍，领部装饰有祥云纹霞帔，手臂搭有联珠纹披锦。双手捧物置于胸前。物已残，像残高85厘米（图一四）。从衣着及断痕可以确认其为左4残缺部分。

残身像2：头部与下身残。着服与左1同。左手呈握状持物置于胸前，物已残。像残高46厘米（图一五）。从衣着及断痕可以确认其为左3残缺部分。

残头像　4件。

残头像1：头戴冠，冠顶部残，冠沿直。五官除耳部保存较好。面长28、宽17厘米（图一六，1）。

残头像2：头戴冠，冠顶部残，冠沿呈相接弧状。五官保存较差，仅嘴部保存较好。面长29、宽18厘米（图一六，2）。

残头像3：仅残存鼻下部，嘴两侧有獠牙，应为兽面。残长13、宽15厘米（图一六，3）。

残头像4：仅残存发髻。残长18、宽17厘米（图一六，4）。

图一三　右4石像

图一四　残身像1

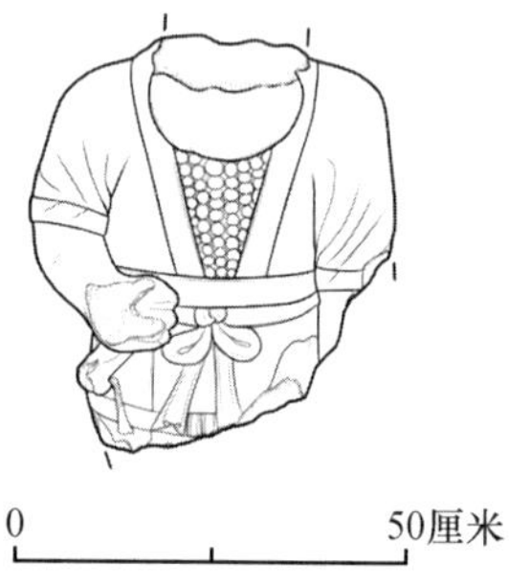

图一五　残身像2

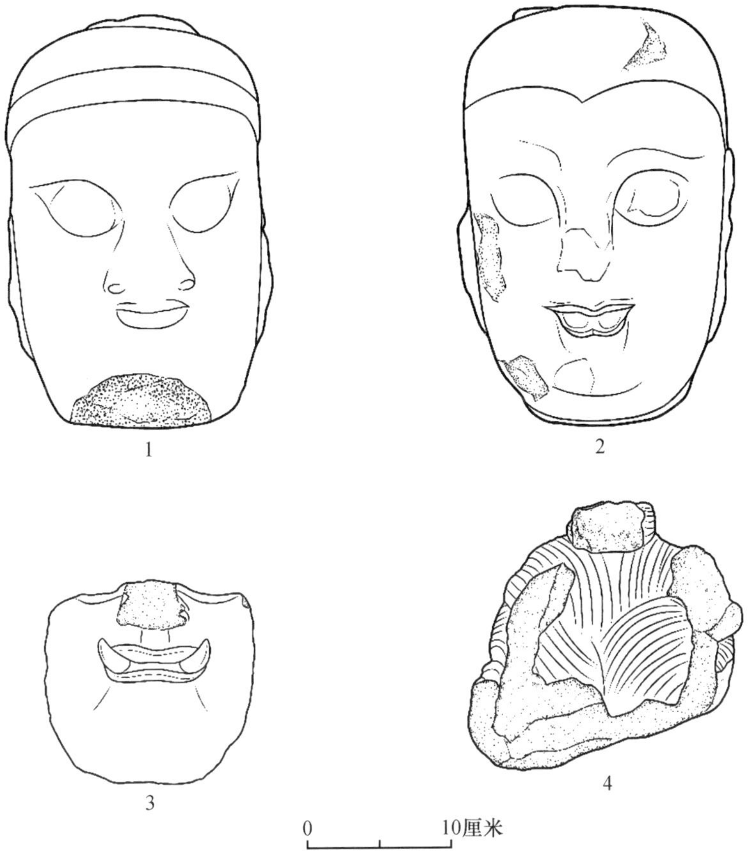

图一六　残头像

二、形象解析

从上文的描述我们可以看出石像残破较为严重，庆幸主像保存较好，其余石像的细枝末节也为本文解析石像形象提供了条件。虽石像现存庙堂名为石佛寺，但从主像的造型、服饰和侍从手捧之物来看并无佛教佛像特点。观历史中人像以石为载体出现，无非是宗教造像、圣人贤者、皇亲贵族以及陵园摆放、墓中所葬的石象生。通过和几类石像的对比研究，现基本可以确认，石像为道教供奉石像。主像为真武大帝，侍从像可分为两组，一组为近身侧侍，分别为执册金童、捧印玉女；二组主尊前六侍从为真武大帝六元帅。

真武古称玄武，是道教尊奉的重要主神之一，真武的民间称谓众多，诸如北帝、黑帝、玄武、祖师爷、荡魔天帝、真武大帝、玄天上帝、披发祖师、上帝公、北帝公等，其最早由四灵中的玄武演变而来，玄武之名早在战国时期就有出现，如《楚辞·远游》中就有“召玄武而奔腾”。东汉后期玄武地位不断上升，直至成为道教主神之一。宋元之际，随着民间对真武崇拜的普及，真武人格化的传说开始日益繁盛。宋太祖时已有真武大将之说。宋天禧年间真武被诏封为“真武灵应真君”，元大德七年被加封为“光圣仁威玄天上帝”，一跃而为北方最高神。湖北武当山文物管理所藏有一尊宋代崇宁至大观年间铜铸真武像，是现发现最早的真武拟人形象。明代是真武大帝信仰发展最为繁荣之际。明朝初期，燕王朱棣为巩固政权，宣称其父朱元璋和自己取得天下，是武当真武神的“阴翊”。为报答神恩，朱棣登基后，即下诏封真武为北极镇天真武玄天上帝，并于永乐十年遣隆平侯张信等率二十多万军夫工匠，历时十二年在元代宫观旧址上大规模修建武当山的宫观庙堂，建成八宫二观、三十六庵堂、七十二岩庙、三十九桥、十二亭的特大道教建筑群。使得武当山成为举世闻名的道教圣地。虽历经朝代更替、战乱等，现仅在湖北武当山历代真武造像仍有127尊[1]。

道教经书中描绘真武形象基本上是披发黑衣，金甲玉带，仗剑怒目，足踏龟蛇，形象十分威猛。宋初成书的道经《元始天尊说北方真武妙经》中关于真武大帝的形象记载为“披发跣足，摄踏龟蛇”[2]。南宋赵彦卫《云麓漫钞》卷九曰：“披发黑衣，仗剑蹈龟蛇，从者执黑旗，自号奉祀益严，加号镇天佑圣。”[3]肖海明《真武图像研究》中以图例的形式绘制了真武大帝整个形象的演变[4]，为我们简明扼要地表现了从最初的玄武到现在我们看到的真武大帝形象。从湖北武当山金顶所供明代真武大帝像及历史文献中所描述的真武形象来看完全与石佛寺所供奉主像吻合。

真武侍从从最初龟蛇二将、金童玉女，经过其供奉体系的不断完善，逐步增加至三十六神将、五百灵官等。三十六神将多为神话或历史人物，比如关公、王灵官，温琼等。灵官更为庞大复杂，其中常见的有王灵官，温、赵、马元帅等，后期还将雷部诸将以及天罡、地煞、天干、地支、日游、夜游、八卦八方主者、五斗掌军、飞天神将加入其中，还将一些民间熟悉的名将收归其中，形成一个庞大的侍从体系。

虽说其侍从体系庞大人数众多，但从目前发现的记载、画像、造像等来看，最常见的一般为两侍从，既执册、捧印或为捧剑、执旗或此四侍从同时出现，但极少见八侍从或者更多同时出现的情况。一般在文献记载和壁画中所出现的侍从最多，造像一般以二侍从出现，极少见四或八侍从。现存实物证据中河北陵县太极宫壁画中就有十侍从。调查者分析十人分别为周公、桃花和八位御前将军[5]。在《明代武当山志二种》记载“太岳太和宫金殿内安奉：真武一尊，从神四尊，灵官一尊、玉女一尊、执旗一尊、捧剑一尊”[6]。关于实物我们可以看到湖北武当山金殿内供奉有真武神像、金童、玉女和水火二将。

现石佛寺侍从位置为后人随意放置并无参考意义。根据文献及实物资料的对比，初步可将石佛寺内八尊侍从像分为两组，一组为近身侍从，分别为执册金童、捧印玉女。二组主尊前六侍从为真武六元帅。但由于侍从像残破较为严重，无法一一对应其名称，但从服饰以及所持之物，也能窥探一二，分析如下：

右1身着道服、手捧册，即为近身侍从捧册金童。

左4与残半身像1所组石像，着服与右1大体相同，领部和衣袖装饰有女性霞帔和披锦，虽手捧之物已毁，但从其他特征足以判断其为捧印玉女。

其余六像残缺较多，无法准确推断，从现状来看左1、左2、左3与右4手势相似度较高，均为右手均握拳持物置于胸前，所握之物已毁，左手握腰带。但从服饰来看右4又与其他相差较大。

右2、3两像与其他4像略有区别，两像服饰基本相同，而且手势区别于其他四像。右3所持之物毁坏严重无法判断。右2所捧之物残存部形似长方体，无剑与旗的特征。因此仅能将其归为六神将，是否有常见神将捧剑、执旗，从现状无法判断。

三、背景初探

在对石像进行调查的同时我们也就其背景询问了当地村民，从村民的介绍中我们获得两个较为重要的信息，其一，在此地曾有一石佛寺，由于清同治年间民族动乱等原因，导致石佛寺被毁，后由当地郭氏组织，经政府及当地村民共同筹资后重新修建。其二，早先传闻此地有三大殿，石像所在为太和宫，不知何年被毁。虽有这样那样的传闻，但从现状来看明显将其作为佛像来供奉，对其为真武道教形象并无只字提及。因此只能通过文献梳理其背景。

在《民和县志》宗教篇中关于道教的记载为“道教传入民和地区时间不详。民国时期，古鄯、巴州皇庙有道士、道姑。解放初期，全县有道士4名，道姑4名。住有道士或道姑的庙宇即：巴州隍庙、古鄯隍庙、总堡龙泉寺、东沟驮古岭寺”[7]。并无石佛寺或太和宫任何记载。现巴州城隍庙，位于石佛寺西北200米处，关于巴州城隍庙《青海省志·宗教志》中记载为唐代建造[8]。研究文章中有人认为是唐代建造[9]。也有人认为是1148年，由四川丰都的全真道龙门派丹阳马真人创建[10]。现所见城隍庙为近年重建，根据城隍庙内住持介绍，重修庙宇为原址重建，最早为宋代修建。虽无准确证据，但以城隍庙人格神的供奉体系来看，与石佛寺内真武石像略有冲突，非一庙供之。

巴州虽为唐蕃古道节点乡镇，然在历史中以文献记载的形式出现并不常见，长时间以驿站形式出现，记载多是一笔带过。石像及其背景资料更是无从考证。《碾伯所志》中虽有提及石佛寺[11]，也只是记载位于县东北侧，又与现实不符。虽存在方位辨识有误的可能，但无详细记载只能做一旁证。从石像的精美程度以及侍从规格等来看，此石像供奉并非草草之事。经过多方查证，在记载青海明清时期大土司李氏家族《西夏李氏世谱》一书中发现一碑文《降母神祠庙记》，为探究其背景提供了可能。

从碑文记载来看《降母神祠庙记》为时任陕西等处提刑按察司副使东郡人高显所撰，详细描述了降母神祠庙的修建背景，从碑文来看降母神祠庙为青海李土司家族李氏第五代李宁为祭祀其母许氏而修建，《西夏李氏世谱》一书对《降母神祠庙记》碑刻所在地来源并无交代。查阅历年出土、征集文物也并未发现其实物，但从碑文所记事件来看，碑文并非杜撰，应该为李鸿仪早期收集所得，其收集又在“文革”期间被毁。虽有遗憾但书中收录全文也实属难得。

立碑者李宁为李英曾孙，李巩长子。关于其生平记载较少，《西夏李氏世谱》中记载为

“弘治十年四月袭锦衣卫指挥使，晋都督佥事，嘉靖二十三年九月卒”[12]。其父李巩字贞德，李英之孙，明成化十七年（1481年）考中进士。官至尚宝司丞。弘治初年因葬父，辞官返乡。返乡后恰逢巴州、川口大旱，李巩在巴州调查时，发现古渠痕迹，率家众疏通水渠，水渠自巴州南至川口。修渠事迹李巩所撰碑文《新修扎都水渠记》上有详细记载[13]。李巩逝后葬于何处，《西夏李氏世谱》中记载为“葬巴原。即今享堂。继会宁伯葬者是也”。《碾伯所志》记载“明尚宝寺丞李巩墓所在治东南巴州原”。《碾伯所志》中巴州原即现在巴州所在地，并非指享堂。且当地民间传说中一直有李土司墓葬于巴州之说，今享堂两座李土司墓分别为李英和李昱之墓，在《碾伯县志》有相关记载[14]。现三普资料公布享堂为李土司墓群。巴州李巩墓由于平整土地等原因，现并发现，但从文献及碑刻内容等来看基本可确认其墓应在巴州。

《降母神祠庙记》中记载李宁之母李巩之妻“卒于正德戊寅五月十七日，享年五十有八也”，“择吉启司丞之隧而合葬于巴原”，由此可知李宁之母徐氏也葬于巴州。而李宁所建降母神祠庙建于何处碑文中并无交代，赵英在其硕士论文《李土司家族制度研究》中认为其修建于民和上川口，并未交代缘由[15]。查阅相关资料并未看到有关记载降母神祠庙建于上川口。从李巩与其妻徐氏葬于巴州，且李巩“初司丞公以归葬都督。留置河湟。十年有五”，李巩去世前15年基本在家乡度过，虽称通称河湟，但从葬地及《新修扎都水渠记》中记载事迹来看，其生活之地即为现巴州。降母神祠庙的修建并非李宁亲至而建，其因“调卫河州……而子未还”，而是有乡里白祥、曹文等修建。降母神祠庙本就为祭奠其母而建，其母与父均葬于巴州，父又长期生活于巴州，且由乡里而建，从以上种种我们基本上可以确定降母神祠修建于巴州。

关于降母神祠庙中所奉之神记载为“作前殿三间，则九天圣母之神。项氏之神同祀”。九天圣母即九天玄女，民间又俗称为“九天娘娘”“九天玄女娘娘”“九天玄母天尊”。九天圣母是道教神灵体系中比较重要的一位神格，在道教神仙信仰尤其是女仙中占有重要地位。九天圣母信仰起源甚早并流布，信仰地域遍及全国。然项氏之神并无任何相关记载。《西夏李氏世谱》中所摘录《降母神祠庙记》未说明碑帖来源，我们无法了解其碑文的准确性。但就“项氏之神”中“项”字本文作者认为是有误的，应该为“顼”，即为“顼氏之神”，顼即颛顼，“五帝”之一，姬姓，号高阳氏，黄帝之玄孙。真武大帝本为颛顼的辅佐之神玄武，后来真武大帝接替北方天帝颛顼成为镇守北方的天帝，由此我们可以基本认定所祀“项氏之神”即为真武大帝。

关于真武信仰，在前文中有所交代，不在此赘述，明代鼎盛的真武信仰在青海也极为活跃，明宣德初年，经土司李英奏请获准在今西宁市建成真武庙，随后明宣宗因李英军功和治辖有方，给真武庙御赐“广福”观名。大抵同期，西宁北边的北武当山（今大通老爷山）修建了规模宏大的真武观。非真武信仰的道观更是比比皆是。

然以上背景探讨仅为文献梳理，是否完全吻合并不能一语定之。关于石像本身年代的判断，现存明代真武大帝造像尤以湖北武当山为最多，但其公布资料较少，从金顶真武大帝像来看，形态、服饰基本与石佛寺所供相同。由于侍从像头部残缺较为严重，所残存头部又无法与石像一一对应，侍从形象上判断难度较大，但从侍从服饰上我们不难发现，其明代特征明显。明代王圻及其儿子王思义所撰《三才图会·服饰》中详细记载描绘了明代服饰[16]。其特征与侍从服饰吻合度极高，如方形曲领、华带、假带等细节可一一对应。

四、总　结

石佛寺9尊石像及残件由于缺失出土环境，无法用考古学的方法对其进行研究。相关背景信息又极为稀少，这让探究其背景变得较为困难。幸有《降母神祠庙记》为我们探究其背景提供了直接的材料。此类石像及组合在青海乃至全国也实属难得，石像本身即为珍贵文物，对其背景的探究为复原相关历史有着较为重要的意义。通过对石像本身的解读及对《降母神祠庙记》的分析，基本确认石像为明代正德戊寅年（1518年）由李土司家族李宁主持修建降母神祠庙所供奉。

青海地区出土石质文物本就较少，多为不可移动文物，如岩画、石刻、石窟寺等。可移动文物中石像文物更是凤毛麟角，基本上以小型石器、石碑、石像生等为主。如新石器时代石刀石斧、王莽虎符石匮、东汉三老赵掾碑、唐代石马石狮、明代张氏家族墓石像生等。其中以宗教造像出现的基本为石刻、石窟或为泥塑，道教石像更是绝无仅有。且青海地区早期道教寺院或已彻底损毁或为重建，文物实物缺失严重。石佛寺石像的发现填补了这一领域的空白。

青海地区本为多民族多宗教交流之地，道教传统更是源远流长，从早期西王母传说到明代真武信仰，虽记载较多，但实物证据较少，石佛寺石像的发现及对其背景的探讨，补充完善了青海地区道教发展史，其背景中所涉及的李土司家族在青海历史发展中扮演着极其重要的角色，降母神祠庙的修建完善了其家族的活动事迹，也为其多元的宗教信仰体系提供了重要的证据。

注　释

[1] 肖海明：《真武图像研究》，文物出版社，2007年。

[2] 经书抄本较多，先故宫博物院藏《元始天尊说北方真武妙经》为清康熙五十年（1711年）圣祖玄烨泥金写本，一册。

[3] 赵彦卫：《云麓漫钞》卷九，丛书集成，中华书局，1996年。

[4] 肖海明：《真武图像研究》，文物出版社，2007年。

[5] 程长进、尚珩、关琪：《蔚县真武庙调查报告》，《文物春秋》2014年第5期。

[6] 任自垣、卢重华著，杨立志点校：《明代武当山志二种》，湖北人民出版社，1999年。

[7] 民和回族土族自治县志编纂委员会：《民和县志》，陕西人民出版社，1993年。
[8] 青海省地方志编纂委员会：《青海省志・宗教志》，西安出版社，2000年。
[9] 李卫青：《河湟流域道教信仰与多元文化互融研究》，《青海社会科学》2016年第6期。
[10] 马靖节：《试析青海东部河湟地区民俗与道教——以民和、乐都两县民俗与道教为例》，《青海民族研究》2007年第1期。
[11] 李天祥：《碾伯所志》，《中国西藏及甘青川滇藏区方志汇编》，学苑出版社，2003年。
[12] 李鸿仪编纂、李培业整理：《西夏李氏世谱》，辽宁民族出版社，1998年。
[13] 李天祥：《碾伯所志》，《中国西藏及甘青川滇藏区方志汇编》，学苑出版社，2003年。
[14] 李天祥：《碾伯所志》，《中国西藏及甘青川滇藏区方志汇编》，学苑出版社，2003年。
[15] 赵英：《李土司家族制度研究》，陕西师范大学，2007年。
[16] 王圻及、王思义：《三书会要》刻本，槐荫草堂，1607年（明万历三十五年）。

（原刊于《中国土族》2020年秋季刊，此文补充相关图片）

黄河源区玛多县哈姜盐池的调查研究

王 玥 陈 亮

一、历史沿革与地理环境

哈姜盐池位于果洛藏族自治州玛多县扎陵湖西侧2千米处，地理坐标为N35°03′51.0″，E97°54′15.61″，海拔高程4254米。盐湖四边均为较低山体，湖体呈长方形，南北长、东西宽，盐湖形成一个小型的盆地。盐池和盐槽均是提炼盐的设施，主要部分在盐湖的东岸边沿，盐池现存50个盐槽和6个盐池。盐槽东西长200、南北宽60米，面积为18 000平方米，单个盐槽宽2、深0.2米，建于1949年前；盐池呈正方形，边长为100米，面积约1万平方米。盐池东岸有两座厂房，建于20世纪60年代。由于该盐池的面积不大，而且位于较偏远的行政归属又几经变更的少数民族地区，所以地名表述尚不规范，也见有译为“哈江盐池”者，本文中均用“哈姜盐池”来叙述。

（一）果洛州与玛多县的历史沿革

明代，中央王朝对居住在边远地区的各少数民族实行着土司制度，而果洛属朵甘思行都司。明末清初，果洛名义上虽然属青海和硕特蒙古王固始汗之子孙所辖之地，但自从元朝覆灭后就已名存实亡，当时称为郭罗克的各部落由于地理位置和自然环境的限制，一度游离在各大的少数民族统治集团之外，是一种各自为政的较为散乱的状态。郭罗克各部落当时分为上、中、下“三果洛”。上果洛称为昂欠本部落，分布于今达日县、班玛县、玛多县和玛沁县境内；中果洛称为阿什姜本部落，分布于今甘德县、久治县和玛沁县境内；下果洛称为班玛本部落，分布于今班玛县境内[1]。

清康熙六十年（1721年），清廷接到驻扎在西藏的蒙古王关于郭罗克“肆行抢掠”的奏章后，派四川提督岳钟琪率四川杂谷脑土司及松潘驻军前往征讨，岳钟琪大军很快攻破三果洛四十一寨，于是三果洛的头人均归降清朝，朝廷授给中果洛头人丹增土千户，上果洛头人噶屯、下果洛头人彭措土百户职衔，并颁给号纸，准予世袭，隶属于四川松潘卫管辖。但由于距离卫治较远，三果洛实际由绿营兵松潘镇所属漳腊营管辖。清雍正元年（1723年），松潘总兵周英开始创修《松潘志》，将其所收集的材料于嘉庆十九年（1814年）汇编入《四川通志》，这是清代有关于郭罗克土官、人口、名称等最为系统的记载，至清末，果洛又有译作“俄洛”“果罗”等，解放后通用“果洛”译名[2]。

玛多县地处黄河源头，由于受自然地理条件的影响，人口繁衍慢，人口稀少。1958年前的玛多有和科、夸科和查科三个并存的藏族部落，其中以和科部落居首，包括黄河、黑河、扎陵湖三个乡的草原，部落头人自清道光七年（1827年）起相传五代，约有130年的历史。1952年果洛藏族自治州建立，辖达日、甘德、班玛和久治四县，今玛多县所在地区当时则由达日、甘德两县管辖；1956年9月，达日县成立和科区，辖今玛多黄河、黑河、扎陵湖和县国营牧场等乡场地区；1956年9月，甘德县成立花石峡区，辖今玛多花石峡、黑海、清水等乡的全部地区；1957年12月，设立玛多县，到1959年，又将玛多县划归于海南藏族自治州管辖；1962年5月1日至今，玛多县由海南藏族自治州又重新划归果洛藏族自治州管辖[3]。

（二）地理环境与盐池形成

哈姜盐池及其临近的扎陵、鄂陵二大湖区位于黄河源区的中部，哈姜盐池不像鄂陵湖是黄河源区重要的调节性湖泊之一，不仅与黄河贯通，还有一些小的支流的水流注入，哈姜盐池基本上没有地表径流的补给，仅有少量的季节性水流和降水的补给，因此，哈姜盐池最终成为一个半干的盐池[4]。哈姜盐池的形成反映了全新世中期黄河源区地质构造的变化、河湖体系的演变以及气候变化的过程，其形成可以大致分为两个阶段，第一阶段为古湖区的形成，这一阶段处在全新世的大暖期，此时形成了大型冰水台地，在青藏高原的不断隆升以及印度洋夏季风的控制下，降水和季节性冰水逐渐增多，使得古黄河可以切开多石峡，形成了黄河源区大湖区[5]；第二阶段为盐湖的形成，这得益于中全新世的重要气候事件，即距今约4500年前后的大降温事件[6]，以及由此发展的在黄河源区内的大范围的持续了2000多年的长期干冷气候[7]，因为降雨的减少，蒸发量的增大，使得哈姜盐池最终形成。通过以上表述可以认为，在哈姜盐池的形成过程中，气候的变化起到了决定性的作用。

黄河源区在全新世时期是一个整体的大湖泊，由于地质构造差异运动和河流侵蚀等慢慢演变成现在众多分散的小湖泊，其中大多数为淡水湖，剩下的一些因为水源枯竭和水分大量蒸发而没有补给等原因而最终成为盐湖。逢干旱年份，降雨量少，蒸发强烈，使湖水位下降，湖水咸化加剧，使小湖泊变成季节性湖泊，甚至变成小盐湖[8]。除了哈姜盐池外，中华人民共和国成立后的调查证明，现存有大小盐池13个，面积普遍较小，其中较大而又知名者还有南措盐湖，位于玛多县城以西，鄂陵湖东北；擦大措盐湖，位于玛多县城以西，南措西北；茶措盐湖，位于玛多县城以西，南措西北；斗格茶卡盐湖，位于玛多县城东北清水乡与花石峡乡交界处；乎里茶卡盐湖，位于玛多县城东北黑海乡[9]。

二、哈姜盐池的盐业生产历史和现状

哈姜盐池含盐浓度较高，每逢夏秋多雨季节，地面上的盐质溶于水汇于湖中，经冬春两季的风吹日晒，盐在湖面上呈灰白色小颗粒，沉积于水底后就可以捞取。黄河源区自有人类以来这个原始天然盐池的盐便为当地居民自由采掘，作为人畜食用。哈姜盐池历史上一直处于无人管理的状态，后来随着藏族地区佛教的传入和兴盛以及商品经济的发展，川北、甘南和青海等地的藏族人民大都由此赴西藏朝圣或经商，因此这里便成了著名的出入藏要道，往返哈姜盐池时，大多驮运食盐返乡自售。主要由果洛和四川西北部各藏族部落与商队自行采运，渐渐形成了经年不衰的贩盐驮牛群。

就现在文献资料记载来看，哈姜盐池的开采经营自清朝开始，更早的记录还没有发现。据马鹤天于民国二十八年考察所记："盐产亦富，有大海二，一在黄河之南，错甲让之东，周围里许，惟水分重不易采取。一在黄河南距河十余里，在错甲让山之东，周围十余里，每年取盐期仅三四月，因六七八月内水量倍增，而九十冬各月又为冰期，不能采取。取盐之法甚简，用铜铁瓢取出，俟干即得。此二海盐，除供三果洛人民食用外，兼供康北各县牧民之需。"[10]其中所记第二个湖应该就为哈姜盐池，说明在清末至民国时期，哈姜盐池的采运就相当活跃兴盛。

在1940年以前哈姜盐池一直是无人管理的原始盐湖，1941年，马步芳兵分三路进攻果洛各部落，发现此盐湖，认为有利可图，便将哈姜盐池（大盐湖）、南措（小盐湖）归公经营，同时设立哈姜盐务局，任命乌吉部落头人米福堂为盐务局局长，派驻盐警筑堡设卡，专征盐税。年产原盐8000余担，每年征收税银约3万元。1947年，运盐通道由鄂陵湖东沿湖而上，湖边山坡草地上人踩畜踏留下的驮盐小道至今仍依稀可辨。被当地群众称为"达拉尕玛"（意为下马圈）的地方，曾是哈姜盐务局的大马圈。同时盐务局还在南措附近设一马圈，俗称上马圈，当地群众称"达拉贡玛"，此二地因此得名，相沿至今。哈姜盐务局税卡最早设在下马圈，该局包括局长、科长、秘书、办事员、盐警等共有50多人，配有武器马匹。中华人民共和国成立时该局配有机枪3挺，连枪12支，手榴弹1000多枚，子弹7万余发，驻军最多时曾达到1个团。税卡依山傍水，地势险要，易守难攻，税卡门口战壕直通山顶，居高临下，控制四周，税卡门前竖一木杆，常悬有人头，以示惩戒。税卡设在运盐商队必经之地，凡驮盐者必缴盐税方可放行，稍有怠慢者轻则遭受毒打，重则性命难保[11]。

1950年，玛多地区解放，哈姜盐务局逐由玉树州接管经营。盐务局配有管理干部，民警和采盐工人，负责生产和销售业务。1951年省盐务管理局在哈姜盐场设哈姜盐务支局，归玉树盐务分局管辖，1955年移交果洛州管理，称"哈姜盐务局"。1958年移交玛多县，1962年改称"玛多县盐场"。1964年以后，销量逐年下降，盐产量随之减少，但为方便群众生活用盐，国家仍不惜财力，人力办盐场。1970年，为便利哈姜盐外运，哈姜盐场投资3万多元，玛多县政府拨款2万元，扎陵湖乡投资6万元，修建了扎陵湖黄河桥。为了多生产盐，1977年国家拨出专款8万元，修建储盐库2栋共12间，面积440平方米。为了扭亏增盈，盐场从1978年起更名为“玛多县盐渔厂”，并同时从事渔业生产，隶属玛多县工交科。重新整修晒盐池，加宽了场内盐池间运输道路和外运公路，使其与倒邦公路相接，当年生产原盐5000吨。1979年生产原盐56吨，1980年生产原盐80吨。1981年后由于原盐销路不畅，停止生产。此后，间或少量生产。1985年2月，盐渔场移交玛多县开发总公司管理，改称玛多县渔盐公司，主要从事捕鱼[12]。

哈姜盐池所产的盐虽为湖盐，但为天然滩晒。滩晒这种方式属于大范围地利用湖岸的面积，即在冬春季节湖水消退后，沉积于干涸湖滩上的卤水，自然蒸发结晶，形成灰白色的固体盐，并非沉积结晶。夏秋雨季，湖水上涨，盐即溶解。生产季节性特征明显，唯有在干旱年份，即夏秋季节才可生产。此种天然的滩晒盐只需木板刮取，即可装运，生产工艺极为简单。中华人民共和国成立前哈姜盐池年产盐万余驮（约700吨），哈姜盐池以其丰富的储量，誉满整个青、甘、川、康藏区。

哈姜盐池所产盐主要销往川北的康庆多巴，以及“三果洛”阿什羌拉吉、那旺、康干、康赛、麦仓等地，还有一部分运往四川甘孜、石渠、邓柯、德格一带，有的甚至运往云南边境。哈姜盐（包括哈姜、南措、措巴尕则等湖盐）驮道，西南通玉树，牛站十余站（每站20～30千米）；东达四川松潘一带，二十六七牛站；北运香日德，五六牛站。到了20世纪80年代，依赖着修建好的倒邦公路（倒淌河—西藏邦达）、青川公路（花石峡—四川阿坝，玉树—四川甘孜）、青藏大道（囊谦—西藏理塘）等几条新的公路运输线，逐渐形成了辐射青南地区、川西北和西藏东部地区的盐运网络[13]。

三、哈姜盐池的历史意义与价值

盐是人类不可或缺的生命必需物质，所以盐作为人类日常生产生活的必需品，一旦开始较大范围的规模化的生产，就会成为文明发展的重要影响因素。就现在的盐业考古发现和史料记载来看，人类活动较为聚集的地区往往都是盐业资源较为丰富的地区，而通过控制和占有盐业资源，形成族群的聚集生活和生产，进而产生聚落，再形成地域性的经济和文化中心，即城邦。这说明研究早期盐业的生产、流通和利用，有助于了解古代先民是如何适应和利用环境，如何进行文化交流，如何进行人类活动和族群迁移，也可以进一步研究和探讨早期大型聚落的发展和国家的形成过程中食盐所起到的作用。任何一个民族文化的诞生发达地区，必然具有食盐的充足供应这一重要的先决条件。

以长江三峡巴楚地区的盐泉和黄河流域山西省的河东盐池为例，可以看出盐在人类文明演进中起到的关键作用。长江三峡巴楚地区盐泉的发现和开发的时间，推测是在距今约4000年前后，即中原王朝中的夏朝时期[14]，由此可见，只有社会生产力发展和人类对自然的认知还有原始社会分工到达较高的水平，才可能开始开发和利用盐。黄河流域是中华民族的重要发祥地之一，而位于黄河中下游的河东地区，在中华文明起源过程中占有极为重要的位置，这里的河东盐池长久以来以其拥有的特殊盐业财富和孕育出的众多考古学文化而构成了丰富多彩且独特的池盐文化，与整个中原地区的华夏文明有着密不可分的关系。而哈姜盐池，处于黄河源区，同样居于黄河流域这一人类文明发展区域，同时黄河源区又是羌人的重要活动区域，所以哈姜盐池的盐文化对青藏高原地区甚至整个西部地区的人类文明都有着重要的作用。

（一）哈姜盐池与古代羌人之间的关系

关于羌人的分布，《后汉书·西羌传》记载："西羌滨于赐支，至于河首，绵地千里……赐支者；《禹贡》所谓赐支也，南接蜀汉徼外蛮夷……"赐支也称析支，指黄河在积石山南北上下的第一和第二大河曲，而其中"至于河首""南接蜀汉徼外蛮夷"则比较明确地说明了羌人的分布情况。到了南北朝后期，白兰羌、党项羌等名称常见于史籍之中，其活动的中心地带就是现在的果洛地区和与之相邻的四川阿坝、甘孜和甘肃甘南等地区。《新唐书·党项传》中记载："党项，汉西羌别种，魏晋后甚微，周灭宕昌，而党项始强。其地古析支，东据松州、西叶户、南迷桑等羌，北吐谷浑处，山谷崎岖，大抵三千里，以姓氏为部，一姓又分为小部落，大者万骑，小数千，未能相统，故有细封氏、往利氏、颇超氏、野辟氏、房当氏、米禽氏、拓跋氏，而拓跋最强。土著，有栋宇，织牛羊毛覆屋，岁一易。俗尚武，无法令、赋役。男女衣裘褐，被毡。畜牦牛、马、驴、羊以食，不耕稼。地寒，五月草生，八月霜降，无文字，候草木记岁……"《禹贡·雍州》有"浮于积石，至于龙门西河"以及"织皮昆仑析支渠叟，西戎即叙"的记载。《汉书·地理志下》金城郡河关县原注"积石山在西南羌中，河水行塞外，东北入塞"，指出积石河关，是以小积石山得名，而积石山又在河关西南羌族分布区域。对黄河上游的流向与民族分布说得比较明确。当时的羌人除了今日果洛藏族的先民，还有其他民族。《史记·夏本纪·集解》引孔安国说曰："此四国在荒福之外，流沙之内。羌髳之属皆就次序，美禹之功及戎狄也。"这就明显地把析支作为羌人或西戎的一支，所以《后汉书·西羌传》就把析支作为最早时期的羌人来叙述。这种析支羌的时代，史籍并没有讲清楚，但大体是把她（他）们作为商代就已经开始的一个族属来对待的。

从考古学角度来看，以黄河流域代表性的仰韶文化为主的古代人类文明通过以关中豫西晋南等地区为中心，不断向西部扩大和演进发展，逐步形成了华夏的大系统，而羌文化就是传统的中原文明在向西发展的过程中，与西部土著文明融合演化而来的族群，本质上说，羌人应该是整个华夏族群中的一员，是中华民族文化多元性的组成成分[15]。青海本土青铜时代著名的卡约文化，年代距今3000年左右，相当于历史年代的西周时期，其分布范围东起甘青交界，西至青海湖畔，北至祁连山麓，南达阿尼玛卿山麓，遗存数量达1700余处。其分布之密集、数量之多、范围之广远远超过了青海其他任何一种文化遗存，而且其主要分布区域就是湟水流域。湟水作为黄河在上游地区的重要支流，说明卡约文化的族群在西周时期开始就在黄河流域建立了古代文明。而其中的阿哈特拉类型的分布区域就到达了阿尼玛卿山东北的黄河河曲处，即黄河源头地区。这一带，即为史书记载之赐支，就说明卡约文化先民的活动区域与析支羌的活动区域大体相同。既然这个类型的分布地域与时代都和析支羌大体相当，把它推测为析支羌的遗存，就是有一定根据的。对早期羌人来说，析支羌应当是非常重要的一支，所以《后汉书·西羌传》几乎把析支当做羌人之祖来看待[16]。

公元7世纪初，吐蕃王朝崛起于今以西藏为主的藏区，尤其是松赞干布即位后，对内排除旧贵族，迁都逻些（今拉萨），对外征服了羊同（今阿里地区）和苏毗（今西藏东北部），然后向东扩展疆域，灭掉了散居在黄河、湟水一带的吐谷浑诸部，“进兵攻破党项及白兰诸羌，率其众二十余万，屯于松州西境……”因受吐蕃侵扰，当时除一部分党项羌内迁至陕甘一带外，其余未及迁徙的遂为吐蕃所并。此后吐蕃人与留居在这里的党项、白兰等羌人融合同化，逐渐发展为今日果洛藏族的直系祖先[17]。以上史实表明，今日果洛地区的藏族人民，是由古代羌人、吐蕃、党项、蒙古族和其他民族在悠久历史演变中相互融合而逐渐形成的。

任乃强认为羌族与羌族文化的形成不会超出四个核心地区，第一个也是最大的一个是羌塘地区。羌塘地区有百多个湖泊和近百个涸湖盆地，地面铺的全是盐块。羌民族和古羌族文化，就是在此诞生的。第二个是昌都东北的察零多盐泉，后来发展成苏毗、东女国和西康地区的一些部落。第三个就是哈姜盐池。通天河区的原始人类，其食盐供应起初是依赖羌塘的，所以他们曾密集于通天河上游，但这里水草较差，于是有一部分人向下游移动，到了黄河源区发现了哈姜盐池，便固定下来形成了又一个羌族文化中心。后来发展为“多弥部”“党项部”，与康区的“白兰部”和昌都的“苏毗部”，构成古羌族的三个文化核心。羌族文化发展，在这时近于顶点，其时间大约距今一万年以上。第四个是茶卡盐湖。羌族从哈姜盐池地区向北发展，艰难地通过了一个低湿地带后（从柴达木延伸到四川的若尔盖将近一千公里的斜长地带），发现了茶卡盐湖，从而形成了又一个羌族文化核心，大约要晚于哈姜盐池发现的几千年[18]。由此可见，古代羌人均是以盐湖和盐池为族群的活动中心，周围作为活动区域，而且迁徙活动的轨迹也是逐盐而下。

（二）哈姜盐池与“藏彝走廊”

“藏彝走廊”（也有称“藏羌彝走廊”）最早是费孝通先生于20世纪80年代初提出的一个民族历史区域化的概念，主要是指从青藏高原东部的甘肃、青海交界处一直向南，沿着四川松潘草原向南经横断山脉到达滇西的横断山脉的一系列南北走向山脉和河流等构成的一条古代民族的活动走廊。该区域因其特殊有利的地理条件，如有怒江、澜沧江、金沙江、雅砻江等大水系流经过，形成了若干天然河谷通道和优良台地等适宜人类活动、居住和繁衍生息的环境，自古以来就成为众多民族和族群频繁迁徙流动和交流的重要场所之一，也是沟通西北与西南地区种类繁多、支系庞杂的各少数民族之间的重要通道。这一条特殊的历史文化积淀区域，保留着大量古老的人类活动留下的文化遗迹，由于该地区的历史文化的区域性、连续性和特殊性，在我国的民族格局中具有独特地位和特殊价值[19]。

任乃强认为哈姜盐池是古羌人从青藏高原东北部草原地带向成都平原迁徙和扩张的起点和重要盐业供应地：几十万年前青藏高原黄河源区的古羌人（氐羌）向几个地方扩张，其中向东迁徙和扩张的一支便进入了川西高原及其边缘河谷地带，他们经过岷江上游的河谷地带最终来到了成都平原，演化为了最早的古蜀族群之一。而推动这一支羌人迁移和发展的主要动因在于食盐的开发和行运，由于哈姜盐池的开发利用，使得在这一地区的其他盐业资源未被发现利用之前的相当长的历史时期内青南、川西等广大地区的食盐需求都是由哈姜盐池所供应的[20]。可以看出，在哈姜盐池未被发现和利用以前，这一时期的古代羌人尚未发现和开发出品质较高的食盐，也就更不会有富余的食盐来进行行运。因此，从哈姜盐池制盐区域的形成到巴楚地区发现盐泉开始产盐供应古蜀地之前的这一段时间，是哈姜盐池产盐向古蜀地区运输经营和古代羌人向成都平原活动的重要时期。在哈姜盐池未成为盐池时，其所在的整个黄河上游地区生态环境良好，适宜于古代人类的繁衍生息，创造出了独特的早期文明，并影响了青藏高原东部及邻区的人类文化发展[21]。哈姜盐池形成之后，古代羌人发现了盐池，并且开始通过天然卤水晒制食盐，改善饮食，增强体质，推动聚落的壮大和文明的发展。也是因为后来气候的变干变冷，使得黄河上游地区已经不再适应古代羌人的生产生活，在古代靠天吃饭，自然环境决定人类生存发展的情况下，由于自然环境变得恶劣，就增加了人类族群寻找条件更适宜的地区迁徙的紧迫感和强大动力，于是古代羌人就开始从气候恶劣的西北地区往气候环境较好的西南地区迁徙和扩张，并在当地定居生活，这也就是藏彝走廊的形成。

随着人类对自然认知的不断提高和拓宽，食盐的发现和开始食用经历了较为漫长的时间。早期先民主要依赖天然盐分，如盐湖、海水、岩盐、盐泉等，进入新石器时代以后，随着农业的兴起、人口的增长、劳动强度的增大，人类的饮食结构开始发生变化，对食盐的需求剧增。随着对食盐认识的深化，特别是井盐和池盐的发现，先民开始从偶然的尝盐取盐发展到有意识地制盐，从而聚集、依附于产盐区的周围从而形成聚落。因此，古代文化最先形成的地方通常是盐业资源区。这方面最典型的例子主要有山西运城的河东盐区和四川巴东盐区。运城盐池古称鹾海、古海，因位居黄河以东而称河东盐池。此地狭小闭塞，但因为有河东盐池，这里就成为中华文化最早萌芽和发展的地区之一，传说中的尧都平阳、舜都蒲阪、禹都安邑等，都在运城盐池附近，而盐池所在的现在山西省运城市，也有丰富灿烂的考古学文化。四川巴东巫山地区的盐泉是西南地区人类最早发现的盐泉之一，这里属于秦巴山区，自然环境较为恶劣，但由于拥有食盐，这一带同样也成了文明较为发达的地区，孕育出了著名的三星堆文明和金沙文明。

由于食盐不像陶器、石器、粮食等其他遗物一样有极难保存下来的这种特殊性，所以虽然它与人类文明的演进关系密切，却很难成为当下考古学的主要研究对象。因此，关于古代早期盐产地及相关问题的研究，在现在的科学技术条件和文献记载缺失的情况下，始终是一个难题。中华人民共和国成立前，果洛一直处在边远闭塞的部落分割状态，与内陆直接交往甚少，政治、经济、文化落后，而且藏族人民多用口头传说或续谈家史族谱的形式来叙述历史，其中难免出现以讹传讹或疏漏残缺之处。现在扎陵、鄂陵湖地区有嘉洛、鄂洛以及卓洛等扎帐的遗迹[22]。根据现存的资料，我们无法明确包括哈姜盐池在内的整个黄河源区的盐湖的食盐开发时代究竟可以追溯到何时。远古时代以哈姜盐池为代表的黄河源区盐池的食盐开发，乃至整个青海省其他盐业地区的盐业开发历史，都值得进一步研究和解读。

注　释

[1] 崔永红：《青海史话·土官与土司》，青海人民出版社，2004年，第116、117页。
[2] 《果洛藏族自治州概况》编写组：《果洛藏族自治州概况》，民族出版社，2009年，第35、36页。
[3] 《玛多县志》编纂委员会：《玛多县志》，中国县镇年鉴出版社，2001年，第16页。
[4] 陈智梁：《黄河源区哈江盐池的成因与意义》，《第四纪研究》2007年第4期。
[5] 王明龙、胡发德、李钟武：《贡嘎山地区第四季冰期探讨》，《横断山研究文集》，四川科学技术出版社，1989年。
[6] 吴文祥、刘东生：《4000a B.P.前后降温事件与中华文明的诞生》，《第四纪研究》2001年第3期；吴文祥、刘东生：《4000a B.P.前后东亚季风变迁与中原周围地区新石器文化的衰落》，《第四纪研究》2004年第2期。
[7] 刘嘉麟、倪云燕、储国强：《第四纪的主要气候事件》，《第四纪研究》2001年第2期。
[8] 周敬等：《黄河源区哈姜盐池和苦海（豆错）的地球化学特征研究》，《盐湖研究》2010年第3期。
[9] 青海省地方志编纂委员会：《青海省志·盐业志》，黄山书社，1995年，第23页。
[10] 马鹤天：《甘青藏边区考察记》，甘肃人民出版社，2003年，第268页。
[11] 青海省地方志编纂委员会：《青海省志·盐业志》，黄山书社，1995年，第162、163页。
[12] 青海省地方志编纂委员会：《青海省志·盐业志》，黄山书社，1995年，第64、70、75页。
[13] 青海省地方志编纂委员会：《青海省志·盐业志》，黄山书社，1995年，第139、141页。
[14] 屈小强：《试论先秦时期的三峡经济文化带》，《天府新论》1994年第5期；刘卫国、曾先龙：《渝东地区古盐业发展史初探——从忠县㽏井沟发现原始制盐工具说起》，《盐业史研究》2000年第3期。
[15] 叶茂林：《甘青地区史前考古与早期羌文化探索》，《四川文物》2016年第6期。
[16] 俞伟超：《关于“卡约文化”的新认识》，《青海考古学会会刊》1981年第3期。
[17] 《果洛藏族自治州概况》编写组：《果洛藏族自治州概况》，民族出版社，2009年，第33、34页。
[18] 任乃强：《羌族源流探索》，重庆出版社，1984年，第16、17页。
[19] 费孝通：《关于我国的民族识别问题》，《中国社会科学》1980年第1期；费孝通：《民族社会学调查的

尝试》，《费孝通从事社会学五十年》，天津人民出版社，1983年；费孝通：《谈深入开展民族调查问题》，《中南民族学院学报》1982年第3期。

[20] 任乃强：《四川上古史新探》，四川人民出版社，1986年，第21～38页。

[21] 石硕：《藏彝走廊地区新石器文化的区域类型及其与甘青地区的联系》，《中华文化论坛》2006年第2期。

[22] 角巴东主、才项多杰：《关于"格萨尔"是否历史人物之我见》，《青海社会科学》2010年第3期。

通天河域藏族古民居特点兼谈山居建筑形成

宋耀春　索南旦周　李占国

一、概　　述

民居者百姓栖身之所。《说文》载：“居，蹲也，从尸。古者居从古，俗居从足。”有居住、休息、占据、停留等意。藏居分平顶土石木屋、拂庐毡帐二式。《旧唐书·吐蕃传》载：“其人或随畜牧而不常厥居，然颇有城郭，其国都号为逻些城。屋皆平头，高者至数十尺。贵人处于大毡帐，名为拂庐。”[1]《新唐书·吐蕃传》载“其赞普居跋布川，或逻娑川，有城郭庐舍不肯处，连毳帐以居，号大拂庐……容数百人……部人处小拂庐……屋皆平上，高至数丈”[2]，乃汉文献对藏居最早记载。

二、选址特点

通天河域藏人皆居平顶石木之屋，以自然村落格局似星辰散落江畔。小者三五户，大者几十。声名甚硕者如仲达、拉司通、拉则、兰达、布由加国、卓木其、木苏等村。村间相去甚近，不过十余里耳，此见彼之炊烟袅袅，彼闻此之牧歌悠悠，亦极少不通世外者，独享恬淡清幽之乐。此坐落布局彰显战略防御之能，诸村独立又可互援。表现民众身处苦寒环境，既独立担当，又逢难团结互助之态度。

村址多择址于崇峻之腰，高山起栋，下临江衢。此类建筑藏区曰“宗”（音译），意即造于高山，住、防兼具之屋。屋之朝向多以地形、地势定，偏南、北者多，亦有坐西向东者，几无正向。座向之选亦与大河流向干系甚大，盖此段河水趋势东南，按地理决定论，于两岸择南北建屋，似成必然。至于风水堪舆之论，自成体系，亦有其道理，本文不述。

三、建筑特点

"依山坐基，就壁造屋，房山一色，外素内华"为域内古居总特点。屋皆二层往上，高者可达五层，如布由加国；寻常二三层，如卓木其、仲达诸仓。面阔往常概14～17米/间，极者若布由加国达31米；通高往常概7～9米/间，极者若卓木其松杰仓概14米。造屋采青褐片石作砌，建筑之彩与山体之彩相融，外观朴素，风貌和谐。

窥平面：底层参差，多因凿壁作基突遇巨石，人力不可撼所致，是故底层多与崖体相融；二层往上规矩，盖因二层做退台，抄平崖坡坐于山体。体现顺应自然，尊重自然，最小干预，利用自然之设计机巧（图一、图二）。

观立面：屋皆平顶，少门多窗，高耸峻峭，收分显著。屋微而势巍，宅大者400～500平方米，小者70～100平方米。立面皆拔地倚天，丰墙峭址。盖因建于崇岭，须仰视方可见，又因收分显著，造冲破天际之势。《营造算例》定收分大式7∶1000，小式1∶100，该域民居皆出其右，自有其规。俗例"掷整羊自屋顶凸角，至地恰成两破，此收分最为适度"；屋宅仅辟一门沟通内外，门皆低矮，高1.5～1.7、阔0.9～1.2米，矮门之规，源自藏人神话："弱郎[3]不能曲脊，穿堂入室额必触楣，不得入。"乃防邪祟闯入之举，实具挡煞之功，其效类影壁；窗亦有其规，自下而上由少渐多，由小渐大。底层无窗；二层之窗矮小，皆开合式；三层窗宽大，皆落地槛窗（图三、图四）。

观室内布局及功能划分：底层大，少隔墙以扩空间。因绝窗致采光、通风受阻，多阴潮霉腐之气。作圈养牲畜，堆放草料、燃料，搁置农具用。中庭安置木梯通二层，为登楼唯一通道，亦有独木梯者，晨置夜抽，提防匪患；二层为家主活动区，佛堂（也有置于三层者）、客堂、寝室、庖屋、恭所、天井等置此层；天井再置梯攀天台，作远眺、晾晒之所，房屋作晾肉房或佛堂。屋面设除雪及落水口若干（图五、图六）。

四、做法特点

藏建之营法，墙采片石、块石为砌料，柱梁檩枋、装饰装修以木为材，间有泥浆、杂土料，属石木结构。

地面营法：无地梁基础，仅掘0.3～0.5米浅基槽，亦有随地势构地垄者。室内仅夯实平整，做法简糙。不规则块石柱础以隔潮。

墙体营法：石料干摆外墙，先做阴阳角，延至墙身，顺丁咬茬严丝合缝，阳角利如刀锋，草拌泥浆填隙，顶置0.5～0.8米平帽女墙；室内围闭或块石，或胡济（一种自制土坯砖），或

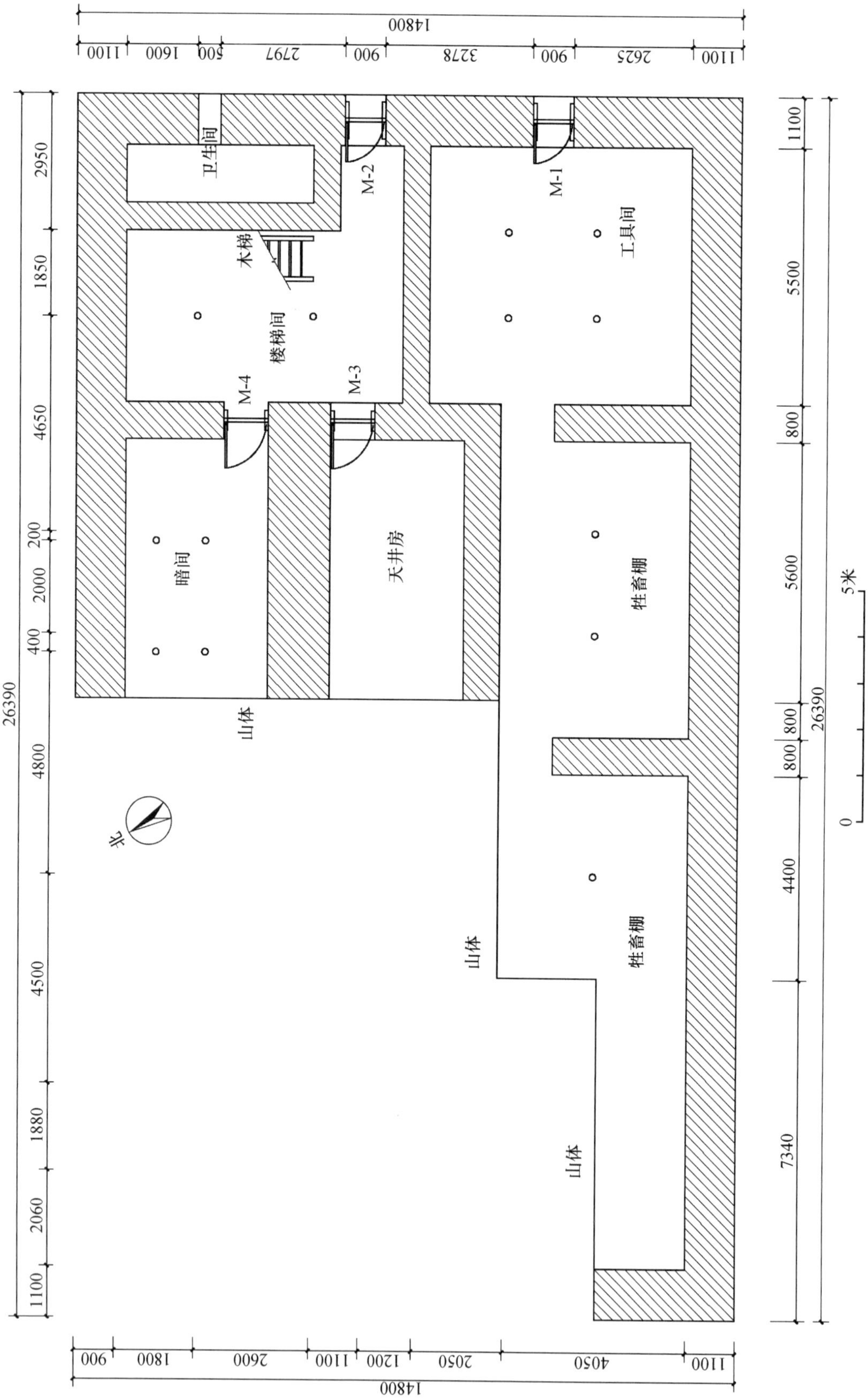

图一　木苏仓家宅一层平面图

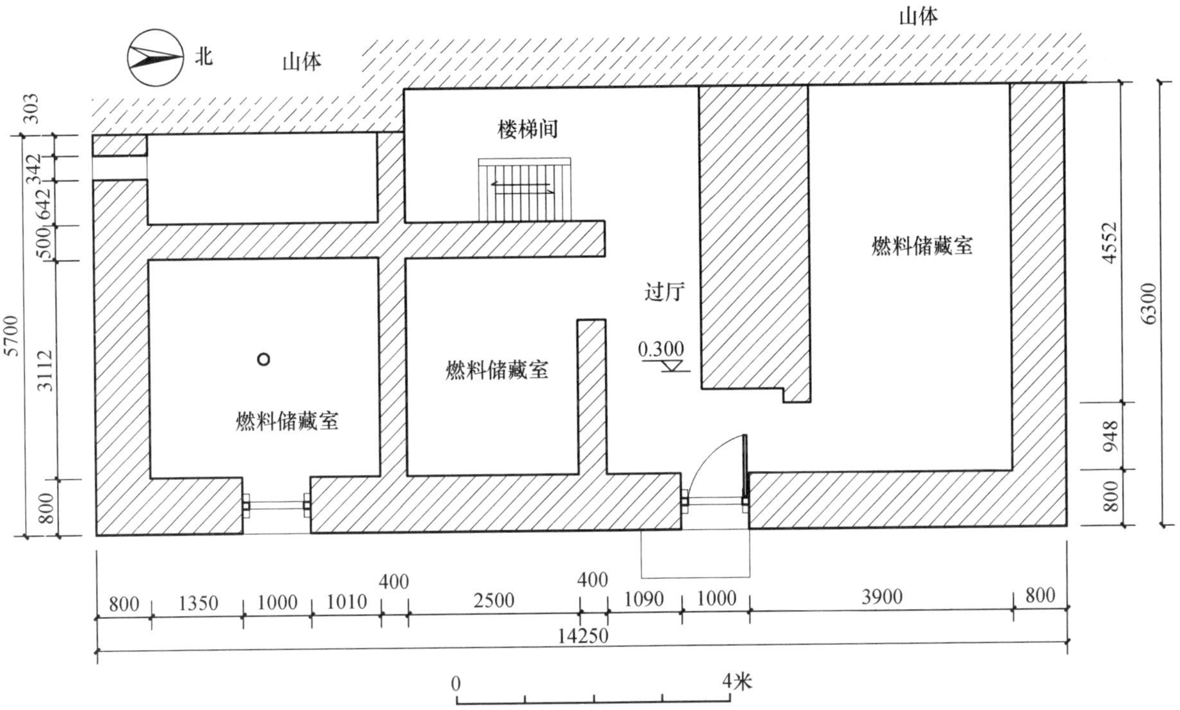

图二　琼珠松宝家宅古民居一层平面图

有柽柳编篦墙。善用多材混合制作围闭。

结构方式：柱墙承重结构，柱承檩，檩承椽为其基本式。檩头落两山，墙内无隐柱，横联凭檩，纵联凭椽。佛堂及前檐柱头加置替木（托木）。大木构架少见榫卯，上下柱网亦有少许错位，底柱沿经纬网按需增加，对结构适当补强。底层材仅斧剁锛凿，更有不剥树衣者。余部用材锯刨平整，光滑顺直，尤佛堂材最为考究。

屋面铺装法：于椽上平铺石板，曰石望，或有劈柴做望者，曰柴栈。椽木一端尖钝，乃运输拖行所致；望上覆柳条、树皮，再盖含碎石骨料之湿杂土，拍光压实。防水仅靠屋面坡度与杂土厚度，性差。

小木营法：门粗笨，常于地面置矩形门枕，截面7～9、长约40厘米。枕上托框，框顶置三五短方椽，椽担横木过梁，一枕做枢纽，安单扇实木门。大门高前已述及，室内门高1.8～1.9、阔0.7～0.9厘米，不施雕绘；窗分两类：一为开合，外罩梯形套，状似牛头，藏语称“巴卡”，属典型藏式，因牦牛为本族图腾崇拜之物，窗套创作牛面，寓吉祥、兴旺[4]。窗分内外，外平框做十字，类今之防盗栏，内框后装双扇实木板，亦有单扇，以穿销之。开则纳亮，闭则绝光。今时多变为玻璃扇。框顶置双层叠涩方椽，藏语曰“八苏”，亦有下方上圆者，较为少见，椽上披檐。一为推拉，见于顶层，装于井干、板壁墙，外观一体，内窥有别。抱框内走马、绦环、裙板皆雕绘藏八宝等吉祥图。窗扇为套方、龟背锦、步步锦等，似不见支摘式样。

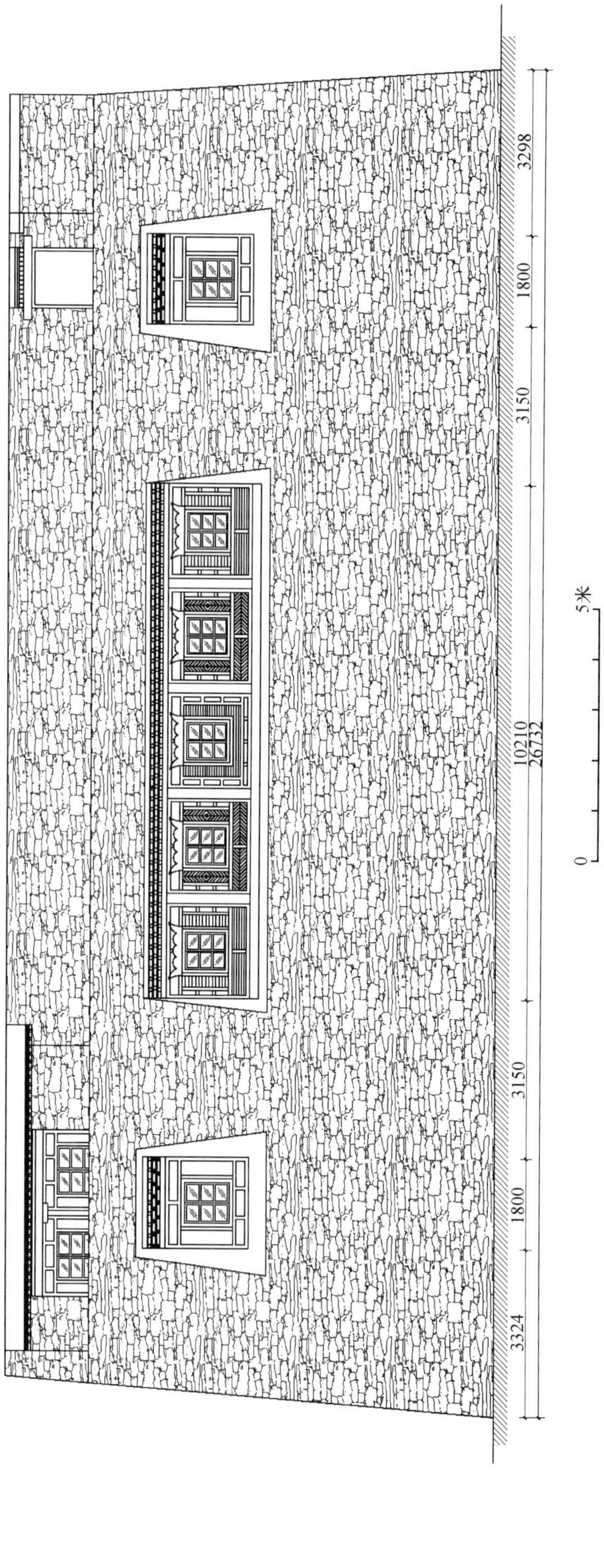

图三　木苏仓家宅立面图

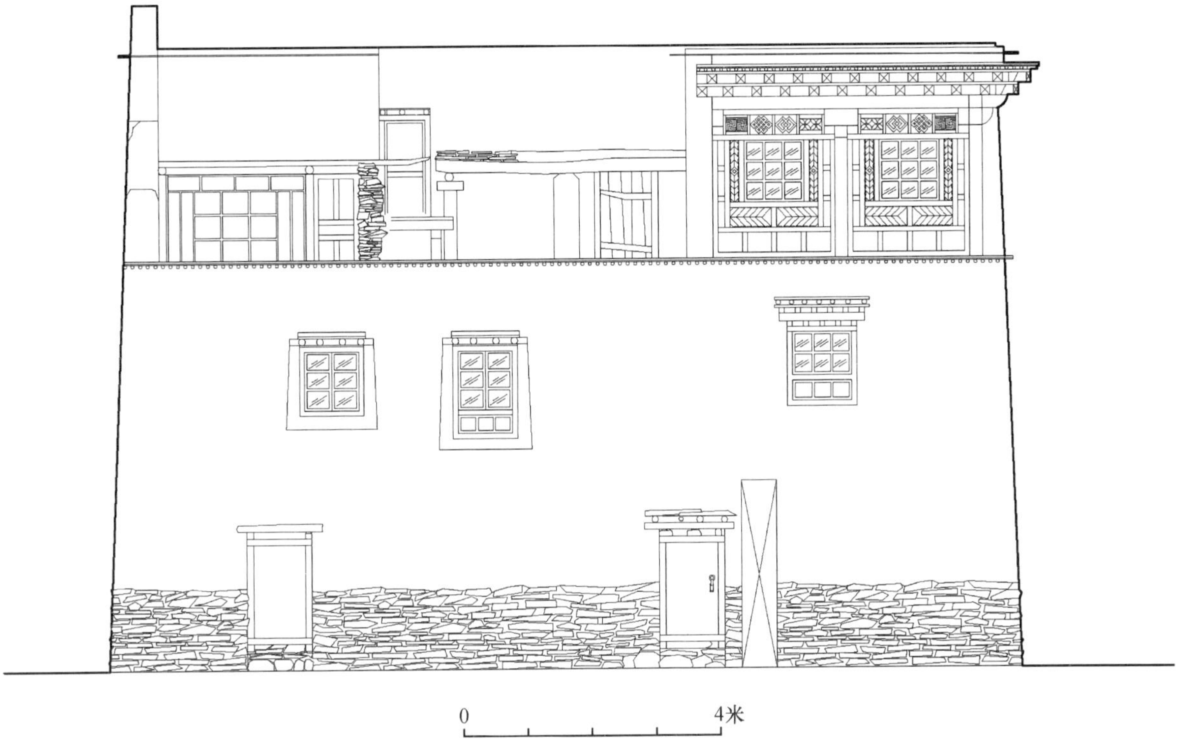

图四 琼珠松宝家宅古民居立面图

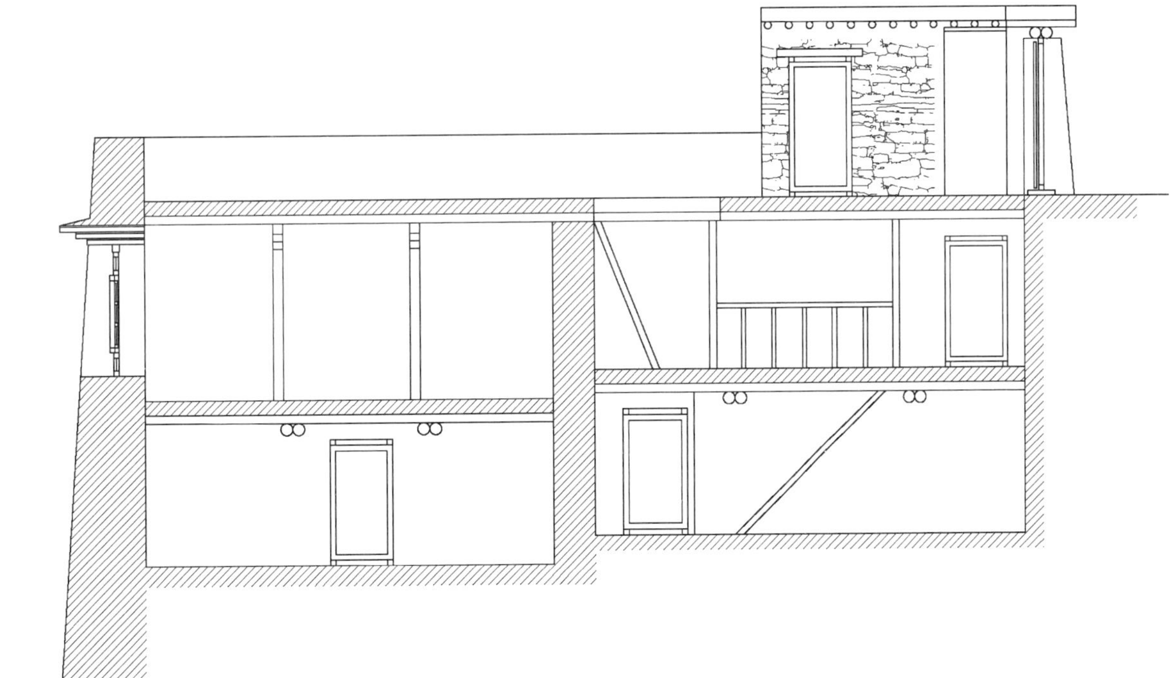

图五 木苏仓家宅纵剖面图

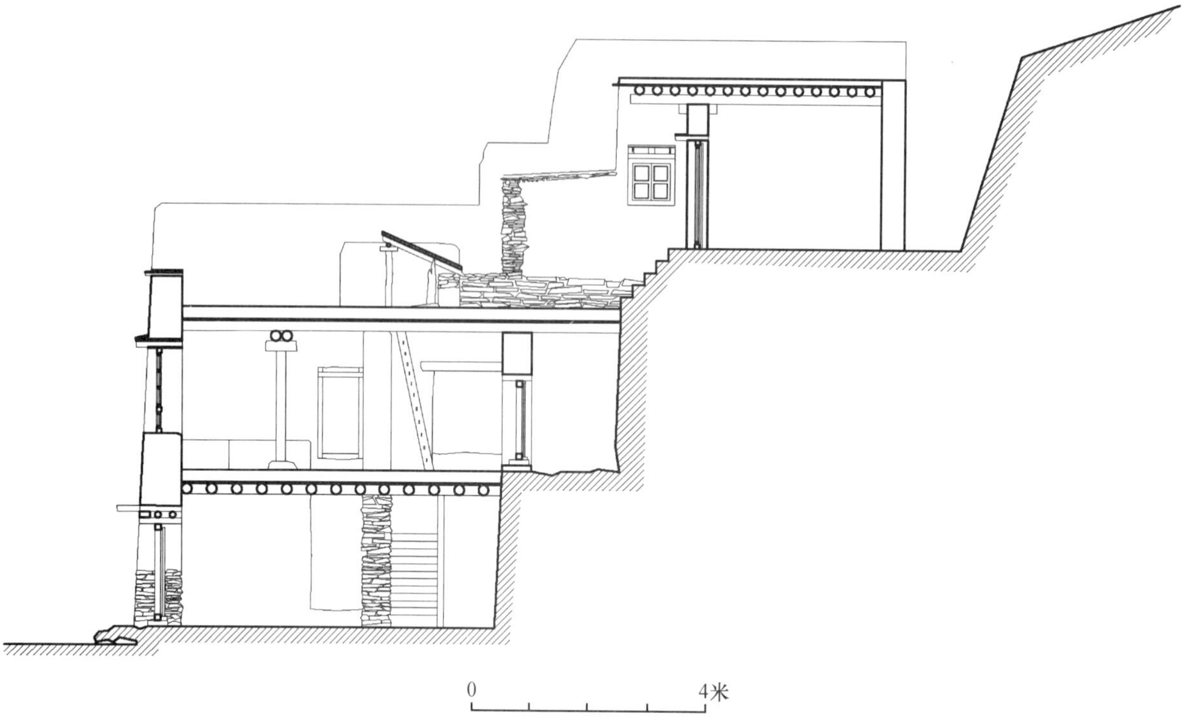

图六　琼珠松宝家宅古民居纵剖图

五、装修特点

“紧扣要旨，主次有别，无拘小节”是其地建筑装修之总风格。装修以窗、佛堂要旨，余部平素。窗亦限顶层大窗。受汉地棂窗影响，窗扇多做龟背锦、套方、一码三箭等，裙板施红、黄、蓝、绿等绚彩，走马板多雕绘盘长、宝瓶等藏八宝祥瑞图样。装修之核在佛堂，因民皆尚释，故装饰极奢。地铺柏板，不喜钻生，溢柏树之清香。柱分方圆，并无定式，视材而定，若为圆柱则刨削光滑，若为方柱则棱角峻立。柱身皆饰朱丹，柱头上部仿刻座斗，联珠以束腰，下披莲草共组柱头，并施五彩。柱头承托木，当地曰“干果”。镌刻鳌鱼及火焰，施重彩。“干果”托方檩，施宝珠吉祥草软卡，描金“六字真言”方心。檩托两枋两椽，形似蜂窝之枋曰“尕聪”，形似莲瓣之枋曰“边玛”，长短二方椽曰“波利”。四件合曰“波利尕聪”。“边玛”“尕聪”均为细木作，亦施重彩。做客藏家凡见此类装修必为佛堂，亦乃建筑之睛也。余部几无装修，做工大刀阔斧，酣畅淋漓，墙无白浆，柱无油饰，顶无天花，地无铺装，尽显朴素憨厚之态。

六、建筑意匠

1. 高山起栋，临水而居之理念

段首言明，藏建非尽筑于山，川亦有之。约4000年前之昌都卡若文化遗址即现木骨泥墙与半穴双层石墙“楼屋”，上人居，下圈畜[5]；稍后之拉萨河谷曲贡文化遗址，亦存石砌房基[6]。卡若时以石为砌，黄泥抹缝之法已被采用；下畜而上居之形式出现。卡若、曲贡文化遗址分居澜沧、拉萨河二级平缓带，此时驻民仅择近水而居；20世纪90年代，方家于象泉流域发现象雄时期大量山居建筑遗址，证此阶段现“弃川而慕山”之相，吐蕃亦然，延至今世。择山而居从方便生活方面实为弃易择难。彼时川居亦延续，乃另生枝节，不述。

择山居因二。一曰外因：遭逢忧患须择艰苦之境而居。此患或为兵寇之灾，此为被动。然仅避匪寇兵燹之灾似显单薄，盖因一地遇匪，不能处处遇匪，此时遇寇，不能时时遇寇，遇太平即可返川，然其后高山起栋成定式因何？二曰内因：精神世界产生变化，促使择山而居，此为主动。或有外因迁徙山中，然必有内因久居山中。料此内因无外山石草树之自然崇拜；无外丰产、平安、驱病禳灾、长寿健康之追求；无外今世福泽、来世幸福之祈盼。因“斯巴苯”并无明确教义可寻，乃万物有灵，多神崇拜，不可强释（图七、图八）。

图七　木苏古民居群

图八　卓木其古民居群

2. 舍远就近巧取材，山陡房高半借山的形成

就地取材乃地理决定，山势陡峭运料维艰，就地取材便成不二。随山就势建屋之意识，首先受改造自然之能力限制，此能力曰生产工具，技术手段。营建遇巨石不可撼，便顺应自然，机巧避让、改造、利用，用最省之工达满意之效。玉树通天河流域民居底层后檐常见突兀巨石，遇此营建者或少盖一二间，或以崖壁替代后墙，并不强力摧之（图九、图一〇）。

3. 避御为主营造理念的形成

因其选址外因为预防兵燹匪寇，营建融防御因素乃属自然。石墙宽厚，门矮窗纤，入口唯一，窗之分布下少上多，置射击瞭望洞，木梯晨置夜抽，均现强烈自卫意识。所建之屋兼济居、御二功能。高山建屋，避祸防御，躲避凡尘祸患之表象，实乃内心平静、追求和平、与世无争之追求，乃放弃物质世界之富贵荣华，追求精神世界充实饱满之体现。

4. 外素内华，突出神居营建模式的形成

屋之装饰、风貌必晚于居之功能。藏建而言，宗教建筑体量巨大、金瓦红墙、装修精美、华丽考究；民居建筑朴实无华、实用为主、石墙素顶、架构直接。两者投入、体量、用材、风格反差强烈，此乃神居与人居建筑之异。与释教在藏区历史的社会地位、政教合一之体制、长期形成的供养关系有关。虽暂缺藏区颁行建筑等级的律法文献，但观宗教建筑外在表现，必存约定俗成之习惯法。故底层百姓之屋自不允宏大奢华。又因民皆尚释，于家中置富丽神居供奉释迦乃百姓朴素之做法（图一一、图一二）。

图九 木苏古民居群

图一〇 卓木其古民居群

图一一　奢华内装彩画

图一二　奢华内装彩画

5. 神人畜共处模式的形成

前已述及，上下二层，人畜共居模式自卡若文化时期延续至今。圈畜屋下原因有三：一曰节约营建成本；二曰便于牲畜管理；三曰牲畜安全。藏地多苦寒，资源匮缺，冬夜御寒，牲畜入圈方可得生；牲畜产子、疗伤、投食等作业方便；又因另行造圈势必资源浪费，下层置圈经济实惠；高原多狼、熊等猛兽，又恐匪寇袭扰，牲畜不宜距人太远。多重顾虑之下，形成人畜共居模式。自释教入藏，万民敬之，百姓于居处置佛堂以供养，终成神、人、畜共居各层模式。此模式蕴含藏民族之智慧、对生命之尊重。

七、总　结

通天河流域之民居从选址到装修，极具地方特色。居山慕水，趋避御祸的表象下，蕴含藏人对自然、世界和自我的认识，研究民居是解密当地历史、文化、艺术之重要环节，是对文献之重要补充，其地古民居是藏建史中的一本活字典。

附记：成文得到天津大学丁垚教授、青海省文物考古研究所王玥女士帮助，特此致谢。

注　释

［1］ 刘昫：《旧唐书·吐蕃传》，中华书局，1975年，第5219页。

［2］ 欧阳修、宋祁：《新唐书·吐蕃传》，中华书局，1975年，第6072页。

［3］ 弱郎，藏语音译，译为行尸，是指人死后再起来到处乱闯，危害活人。所谓“弱郎”既非复活也非诈尸。藏族所言“弱郎”，就是指有些邪恶或饥寒之人死去之后，其余孽未消，心存憾意，以至死后起尸去完成邪恶人生的余孽或寻求未得的食物。但必须在其躯体完好无损的状态下才能实现。起尸后无法转身，无法弯腰，无法说话。

［4］ 高莉：《卫藏地区藏式门窗的装饰特点》，《价值工程》2010年第19期。

［5］ 霍巍：《论卡若遗址经济文化类型的发展演变》，《中国藏学》1993年第3期。

［6］ 王仁湘：《拉萨河谷的新石器时代居民——曲贡遗址发掘记》，《西藏研究》1990年第4期。

（原刊于《青海文物》2019年总15期）